U0840592

iPhone
简史

[美] 布莱恩 · 麦切特 Brian Merchant / 著

吴奕俊 郭恩华 杨凯丽 / 译

天地出版社 | TIANDI PRESS

图书在版编目（CIP）数据

iPhone简史 /（美）布莱恩·麦切特著；吴奕俊，郭恩华，杨凯丽译. —成都：天地出版社，2019.1
ISBN 978-7-5455-3992-9

Ⅰ. ①i… Ⅱ. ①布… ②吴… ③郭… ④杨… Ⅲ. ①苹果公司—移动电话机—经济史 Ⅳ. ①F471.266

中国版本图书馆CIP数据核字（2018）第132908号

著作权登记号 图字：21-2016-263

iPhone简史

iPhone JIANSHI

出 品 人	杨　政
著　　者	［美］布莱恩·麦切特
译　　者	吴奕俊　郭恩华　杨凯丽
责任编辑	杨　露　袁静梅
装帧设计	思想工社
责任印制	葛红梅
出版发行	天地出版社 （成都市槐树街2号　邮政编码：610014）
网　　址	http://www.tiandiph.com http://www.天地出版社.com
电子邮箱	tiandicbs@vip.163.com
经　　销	新华文轩出版传媒股份有限公司
印　　刷	河北鹏润印刷有限公司
版　　次	2019年1月第1版
印　　次	2019年1月第1次印刷
成品尺寸	165mm×235mm　1/16
印　　张	26.75
字　　数	370千
定　　价	68.00元
书　　号	ISBN 978-7-5455-3992-9

咨询电话：（028）87734639（总编室）
购书热线：（010）67693207（市场部）

目 录
CONTENTS

引 言

拆 解

2007 年 1 月 9 日，史蒂夫·乔布斯穿着其标志性的黑色高领毛衣、蓝色牛仔裤和一双白色的运动鞋，大踏步登上苹果世界产品展销会（Macworld）的舞台，发表为时 20 分钟的年度主题演讲。在开始之前，他稍做停顿，好像在整理思路。

“每隔一段时间，一种革命性的产品就会出现并改变一切，”他说，“那么，今天，我们要推出三种改变世界的革命性产品。第一个是可触摸控制的宽屏 iPod，第二个是革命性的移动电话，第三个是突破性的互联网通信设备。简而言之，一个 iPod，一个电话，一个互联网通信设备……

“你现在明白吗？这不是三个相互独立的设备，而是一个设备，我们称它为 iPhone。”

“今天，”他补充道，“苹果公司将重新定义电话。”事实确实如此。

“你来自哪里？”

“加利福尼亚，洛杉矶，好莱坞。你呢？你来自哪里？上海？”

在乔布斯做出承诺后近十年时间里，我匆匆忙忙地在上海浦东机场与这个城市的商业区之间奔波，司机不断地将他的手机透过塑料隔板递给我。我们就这样用一款翻译软件进行交流。

“不，不是上海，我来自杭州。”

在烟雾的笼罩下，上海的霓虹灯变得柔和起来。从这里望去，地平线看起来像是电影《银翼杀手》的屏幕截图一样：华丽的，在看似灰色烟雾的弥漫中扭曲的摩天大楼在优雅地隐去。

我们之间的谈话听起来生硬而不自然，但是大部分内容还是可以理解的，谈话内容从他晚上过得如何（还不错）到他开了多久的出租车（8年），然后又谈到这个城市的经济状况（越来越不景气）。

“小道消息说会好转。但是，情况还是一样，没起色。”Siri 女性语音播报助手说道。司机启动汽车时，行驶的速度非常慢，近乎爬行，这时车子正好行驶在高速公路的中间，我紧紧抓着安全带，一辆辆汽车从我们身边飞驰而过。

“房子，买不起。”我点点头，他再次加速。

真有趣，我心想，我在上海与他人开始的第一场对话——在这里，成千上万技术娴熟的工人组装并输出 iPhone——也是借助 iPhone 而得以实现的。

在一次没有无线网络的跨越大西洋的航行中，我焦虑难耐，在长达几个小时的飞行中，我一直盼望着能快一点用上我的 iPhone；我口袋里的手机压抑得就像是一个即将爆发的黑洞。你或许知道这种感觉：每当你把手机落在家里或者陷入没有信号的境地时，这种没有手机的感觉会让你感到焦灼难耐。这时，手机就是一根救生索。我很想回家，于是我不得不挤时间跟妻子和我那两个月大的儿子通过视频联系，更别提看邮件、推特、新闻或是做别的事情了。

怎么会出现这种情况？这个设备怎么就成了人们新的生活中心？它是如何帮助我们消磨时光，让事情看起来像是十年前科幻小说那样的？怎么就能把一个通晓全球语言的翻译装进口袋里？它是如何成为我们最离不开的那个设备的？

我曾在上海花费一年的时间来努力寻找这些问题的答案。

通常来说，激进文明的变革不会总是迅速而悄然无声的，它们往往会以某种方式发生。但是，智能手机却在几年时间里悄悄地完全占领了世界市场，而我们却几乎没有察觉。以前，我们只有在家或在工作的时候才能使用计算机，而如今，我们能带着它去往世界各地，同时还可以使用互联网、直播间、交互式地图、固体成像相机、谷歌、流式视频、近乎无限地选择各种游戏、

Instagram（照片分享）、优步、推特以及脸书——这些平台在大约两届总统任期的时间内就对我们该如何交流、赚钱、消遣、恋爱、生活等方方面面进行了重新整合。这里的“我们”是指美国人民，其中拥有智能手机的人从 2007 年的 10% 增加到了 2016 年的 80%。

这一变革从一开始就将 iPhone 变成了消费性电子产品界最耀眼的明星，它是整个零售界的明星。这种地位不会被改变，不，即使这样说也低估了它。从这一点来看，iPhone 或许真的是所有资本主义的顶尖产品。

霍雷斯・德迪尤是技术行业的分析师兼苹果专家，2016 年，他列出了各种类别中的一些畅销产品。顶级汽车品牌，丰田花冠：4300 万台；最畅销的游戏机，索尼游戏机：3.82 亿台；排名第一的系列畅销书，《哈利・波特》：4.5 亿册；iPhone：10 亿部，这可是一个 10 位数的数字。“iPhone 不仅是畅销手机，也是畅销的音乐播放器、畅销的相机、畅销的显示屏和畅销的计算机。”他总结道，“简单来说，它是有史以来最畅销的产品。”

它还在不断吸引更多人的眼球。据尼尔森说，美国人每天盯着屏幕的时间长达 11 个小时。据估计，有 4.7 个小时都是花在手机上。（这样一来，就只有 5 个小时的清醒时间是留给那些更加传统的生活方式：吃饭、锻炼、在家与公司之间奔波。）如今，85% 的美国人认为移动设备是他们日常生活的核心部分。你可能觉得自己在使用手机上所花的时间够多了，但是，英国心理学家所做的研究表明，或许你使用手机的时间是你所认为的两倍。这么说是有道理的，因为我们几乎不会让手机离开视线——这种附加的依恋前所未有。“选择一个自己会一直带着的新设备，这种可能性在过去几乎为零。”研究移动技术的历史学家乔・艾格说道：“衣服——旧石器时代出现的东西。在这之后人们发明了玻璃。然后是手机。能够上这个名单的东西很少，如果想要手机上这个排名，那么，它就必须成为几乎全世界人们都需要的东西。”

同时，这个在全世界大受欢迎的设备使得苹果公司成为世界上最有价值的公司之一。这种科技新闻所称的“上帝手机”如今占该公司收益的三分之二。据报道，iPhone 的利润空间高达 41%~70%。（难怪那些如今比 iPhone 更加随处可见的谷歌安卓手机要高度模仿 iPhone，它们拉开了该行业内最激烈的专利争夺战的序幕。）2014 年，华尔街分析师在试图确定世界上最有利可图的产品的时候，iPhone 位居榜首——超越了万宝路香烟。相比那种在市场上被无情地兜售给消费者并使其成瘾的药物，iPhone 更有利可图。

这里也存在一种相互依赖的关系。和许多人一样，我使用 iPhone 看新闻；如果手里没有谷歌地图的话，我就会迷路；我时常会瞥一眼该设备，以防错过一些通知；我会检查推特和脸书并通过留言板与人聊天；我会使用 iPhone 写邮件、调整工作流程以及扫描图片。作为一名记者，我会用它来记录访谈内容，并且拍摄一些可供发布的照片。

iPhone 不仅仅是一种工具，还是现代生活的基本手段。

那么，我是如何又为何抵达上海，寻找 iPhone 的灵魂的呢？这开始于数月之前——当时我又一次弄坏了一部 iPhone，你知道的，它从口袋里滑落出来，然后屏幕上就出现了一条小裂缝，接着小裂缝就会分裂扩散成蜘蛛网的形状。

这一次，我还是没有去买一部新的手机，而是决定抓住机会学习如何自己修理并且弄清楚显示屏下面有什么东西。我被这件事情困扰多年，却仍然没有头绪。于是，我去了美国著名的 iFixit（拆机网站）总部，它位于加利福尼亚海岸的圣路易斯－奥比斯波。该公司公布了小设备维修的“金标准”和“指南”，而作为一名娴熟的专业维修人士，安德鲁·戈德堡是该公司最重要的拆解工程师。

不久之后，我曾使用为 iPhone 专门定制的拆卸工具 iSclack——这个工具看起来像是一把老虎钳，其末端由吸盘固定——我使用这个工具的样子看起来像个初中一年级学生。我的 iPhone 6 和它破裂的屏幕就夹在这个工具的两个夹钳之间。我当时犹豫了一下：如果我用力过猛的话，就有可能会切断一根至关重要的电缆，那么我的手机就完全没救了。

“做这个动作要快。”戈德堡说，同时指着这个设备，它正开始从吸盘上脱离开来。工作室的灯光闪烁着，我其实已汗流浃背。我动了动双腿，稳住自己，突然啪的一声——我信任的这台私人助理被安全地打开了，像汽车的引擎盖被打开一样。

“很简单，对吧？”戈德堡说。确实很简单。

但是这种舒缓是短暂的。戈德堡断开了电缆并将内部的铝板移出。不一会儿的工夫，我手机的内部零件就摆在了我面前一个小小的设备拆解台上。老实说，这让我感到非常不舒服，那感觉就像我在停尸房里看着一具尸体一样。我的 iPhone，这台亲密的个人生活导航员，现在看起来就像是标准的电子垃圾。

该装置的左侧填满了一块长而扁平的电池，这块电池占到 iPhone 基板面一半的面积。右侧是逻辑电路板，这就像一个托架形的巢，里面装满了各种使 iPhone 起死回生的芯片。一堆电缆像蛇一样盘绕在顶部位置。

“有四根不同的电缆，它们会将显示部件连接到手机的其他组件上。”戈德堡说，“其中一个就是接收触控输入的数字转换器。这样一来，它就要与一系列嵌在玻璃屏下面的触控电容一起共同起作用。其实你看不到它们，但是，当你的手指触控到那里时，它们就能探测到你触控的地方。所以，这是一根独立的电缆，液晶显示屏有独立的电缆，指纹传感器也有其独立的电缆。而最后一根电缆是连接前置组件和照相机的。”

本书的目的是为了追踪这些电缆——不仅追踪手机内部的电缆，而且追踪全世界有史以来所有的电缆。为了获得更好的、触觉更灵敏的技术，人类和科学不断突破，最终产生出了一种如此普遍的设备，我们认为这是理所当然的。iPhone 融合了大量先前的发明和知识，其中一些可以追溯到古代时期。实际上，iPhone 可能就是那些促进现代技术进步的不同因素之间密切联系的最有力的象征。

然而，有这样一个人，他单独一人凌驾于 iPhone 的发明之上，他就是史蒂夫·乔布斯，因为在通常情况下，他的名字会被首先列在苹果公司最重要的设备专利上。但实际上，乔布斯只不过是苹果公司传奇故事中的一小部分。

“人们对乔布斯有着非常狂热的崇拜，表面上看来，他似乎是这个改变世界的小装置的发明者，但事实上他并不是。”科技史学家大卫·艾杰顿说道，

“颇具讽刺意味的是，在当今这个信息时代和知识社会，最古老的发明神话却被大肆宣扬。”他所指的是爱迪生神话或单独发明者的神话，即一个人在经过无数次的辛苦工作之后，会想出一种改变历史进程的发明。

托马斯·爱迪生并没有发明灯泡，但他的研究团队发现了灯丝，这种灯丝能发出美丽持久的光芒，这对于将灯泡变成世界瞩目的产品来说是非常必要的。同样，史蒂夫·乔布斯也没有发明智能手机，但是他的团队确实曾让全世界的人认为是他发明的。然而，单独发明者的概念仍继续存在，这对创新行为来说是非常具有吸引力的一种方式；这是一种简单的、引人注目的方式，而且从道义上来看似乎是正确的，因为努力工作且有杰出想法的人不愿放弃靠辛劳和个人牺牲而赢得的财富；同时，这也是一种能产生反作用并且具有误导性的虚构。

我们很少看到这种情况：一种新技术只有一个发明者或只有一个负责团队。无论是轧棉机还是电灯泡，还是电话的发明，大多数技术都是由两个或多个完全独立工作的团队同时或近乎同时发明的。正如专利专家马克·莱姆利所说的，许多想法真的是“在酝酿之中”。无数具有创新思维的人都会在特定的时间内检测各种尖端技术，并试图推进这些技术。他们当中有许多人像那些传说中的爱迪生一样努力工作。但是，那些我们所认为的具有标志性的发明家，通常来说，他们的最终产品在市场上销售得最好，他们会讲述一些最令人难忘的故事，或者在那些最重要的专利战中大获全胜。

iPhone 是一种集体成果，它的影响很深刻，几乎是不可想象的。正如拆解台上堆放的手机内部零件所显示的那样，iPhone 通常被认为是一种融合技术。它就像是一艘装满各种发明的集装箱船，其中有许多发明，我们尚未完全了解。例如，多点触控软件，它赋予 iPhone 一种互动魔术，用户可以借此滑动屏幕、缩放图片和调节焦距。而乔布斯公开声称这项发明是苹果公司自己的，其实，早在数十年前，一代代的先驱者们就已经发明了多点触控软件，他们来自各个不同的地方，有的来自欧洲核子研究中心的粒子加速器实验室，有的来自加拿大多伦多大学，有的来自致力于让残疾人获得便利的初创公司。贝尔实验室和欧洲核子研究中心等机构为研究和实验提供了孵化支持，政府部门投入数亿美元的资金来支持他们。

但是抛开单独发明者这一错误观念，并且认识到成千上万的创新者为该设备做出的贡献，还不足以说明我们是如何发明 iPhone 的，还需要原材料和努力才能使构想成为发明。几乎每个大洲的矿工都发掘了这些难以获得的元素，最后这些矿物被用来制造 iPhone。中国许多城市里大大小小的工厂中成千上万的工人把这些元件组装在一起。在 iPhone 的故事中，每一个工人和矿工都是必不可少的组成部分——如果没有他们，那么任何人都不会拥有 iPhone。

我们不得不同时关注所有的技术、经济和文化趋势，这样，iPhone 才能最终让我们实现 J.C.R. 立克里德所称的人机共生状态，即我们与一种无处不在的数字辅助工具和娱乐资源共存，它能强化我们的思想，促使我们产生冲动。我们越了解这种最受消费者欢迎的产品背后的复杂性及其所需要的工作、灵感和成功前所承受的磨难，就越能更好地了解消费者为何会如此迷恋它。

这些都不会削弱苹果公司的设计者和工程师们所取得的成就，因为是他们最终将 iPhone 推向了市场。

如果没有他们在工程上的知识、关键的设计以及软件的创新，就不会有这个完美的、精心打造的设备。但是，在某种程度上，由于苹果公司的保密政策，甚至没有人知道他们是谁。

这种秘密文化延伸至实体产品本身。你有没有曾试图撬开你的 iPhone，看看里面是什么样的构造？苹果公司希望你最好没有这种想法。苹果公司之所以能成为全球最有利可图的公司，其中一个原因就是要让人们远离拆机的“停尸房”。乔布斯对他的传记作者说，倘若允许人们对他的设计进行胡乱修补，“这只会让他们把事情搞砸”。于是，苹果公司就用一种专有的梅花形螺丝将 iPhone 密封起来，这样一来，没有专门的工具，你就无法将其打开。

“我曾听到有人说，哎呀，我的手机不像以前那么耐用了，”iFixit 的首席执行官凯尔・韦恩斯说道，“我说你可以换电池。我向上帝发誓，我曾听到有人质疑说手机内有电池。”随着灵巧、密封的智能手机的出现，我们不知道里面是什么，但还是开心地刷卡购买，因为，借用亚瑟・C・克拉克的话说，这种非常先进的技术像魔法一样吸引大众。

所以，让我们把 iPhone 拆开，探索其起源并评价其产生的影响，打破乔布斯、爱迪生式的单独发明者神话，了解 iPhone 是如何发明出来的。

为此，我去了上海和深圳，然后溜进了手机制造工厂，中国工人就是在这里把一个个手机零件组装在一起的。我请一位冶金学家将 iPhone 碾碎，想弄清楚里面究竟有哪些元素。我爬进一座矿井，在这里，童工们从坍塌的山体深处淘出锡和黄金。在美国最大的网络安全会议上，我看到黑客们在控制我的 iPhone。我遇见了移动计算之父，并听到了他的一些见解，这些见解涉及 iPhone 对于他的梦想来说有什么意义。在大量默默无闻的先驱者们的帮助下，我追踪了多点触控软件的起源。我采访了一位做过变性手术的芯片设计师，他让 iPhone 拥有大脑；我见到了一些默默无闻的软件设计天才，他们将 iPhone 的外观塑造成了今天的样子。

事实上，我与每一个愿意接受采访的 iPhone 设计师、工程师和总经理都交谈过。我的目标是，当读到本书的最后一页时，你会看一眼 iPhone 的黑色镜面，这时你看到的不是乔布斯的图片，而是一组无数创造者的图片。而且我相信，你会对这个把我们带到未来世界的设备有一个更细微、更真实、更吸引人的描绘。

如果要对苹果公司做一个简要的说明，那就是研究 iPhone 是一项充满矛盾的任务。各种相关专家、各种匿名消息源和博客帖子都对苹果公司的所作所为提出了这样或那样的意见。苹果公司在新闻发布会上所说的一些隐晦的话语通常会成为“官方”记录。苹果公司几乎不允许其员工接受任何形式的采访，而那些能够采访该公司员工的记者通常是由于他们与苹果公司有长期而友好的关系，因此才能通过层层筛选。而我不是这些记者中的一员——老实说，我甚至对这种小装置都不感兴趣。（虽然我在科学和技术领域已经摸爬滚打数十年，但是，我的大部分时间都是用来研究如何防止石油泄漏的，对于产品的展示却涉猎甚少。）我多次请求采访苹果公司高管和员工，但都遭到了拒绝。蒂姆·库克从来没有回复过我的邮件。为了讲述这个故事，我在湿冷的桌球酒吧见了苹果公司的现任雇员与前雇员，或通过加密通信与他们交谈，并且保证不透露接受我采访的员工姓名。许多来自 iPhone 团队并且仍在苹果公司工作的员工告诉我，他们非常愿意参与到这本书的写作中——他们想让全世界的人都知道 iPhone 的精彩故事——但是，由于害怕违反苹果公司严格的保密政策，他们最终拒绝了我的采访请求。我可以自信满满地说，我与 iPhone 创新者的几十次访谈，我和研究 iPhone 的记者和历史学家的对话，还有我拿到的关于 iPhone 的各种资料都帮助我对这个设备做了一个全面且准确的描述。

这种描述将会以两种途径进行呈现。第一种就是让你进入苹果公司，展示 iPhone 是如何经过构想，原型设计，然后由众多无名的创新者进行创造的——他们开创了新的操作和信息交互的方法。不知有多少人生产了这样一种设备，但最终是苹果公司制造出了 iPhone。第二种方式就是，我努力寻找制造 iPhone 所需的原料来源，并与那些使 iPhone 在全球热销成为可能的脑力劳动者和体力劳动者们见面。这些内容将从第一章开始介绍，从分析“智能手机”这个拥有百年历史的概念出发，探索汇集于其中的强大技术，调查所有零部件在中国的组装情况，造访它们的最终归宿：黑市和电子垃圾场。

于是，我们的第一站就始于加利福尼亚库比蒂诺的苹果公司的总部，这里位于硅谷的心脏地带。

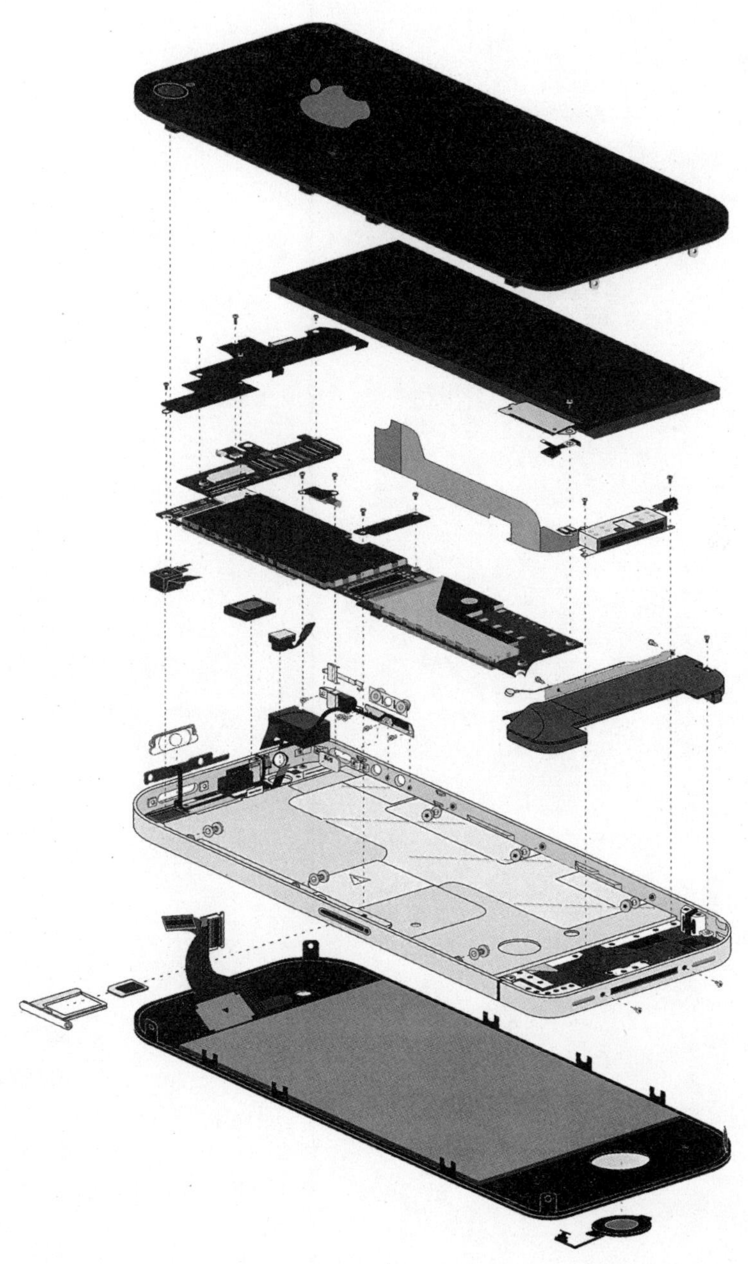

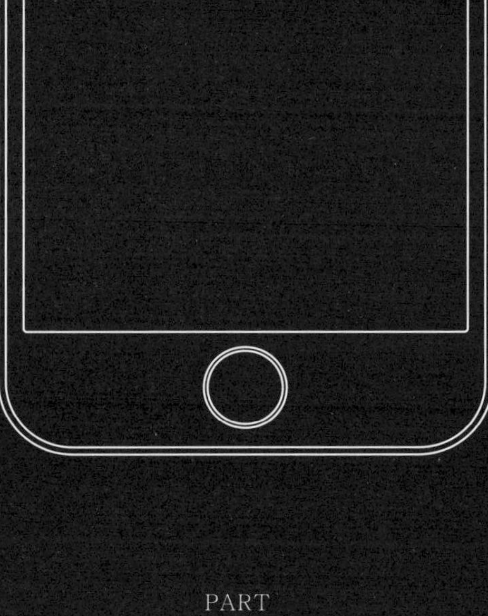

PART

1

探秘 iPhone 世界

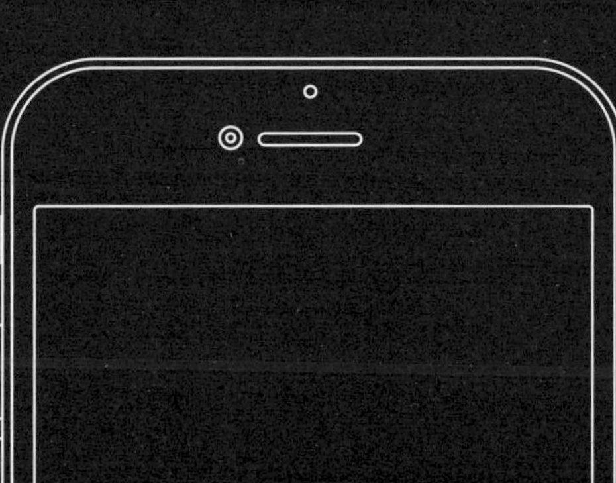

苹果公司的用户测试实验室位于“无限循环”2号，该实验室已经被搁置好多年了。在这个著名的工业设计工作室大厅里，一面单向镜将这片空间分隔开来，这样，隐藏在暗处的观察者们就可以观察普通人是如何操作新技术的。但是，自从乔布斯于1997年重新担任CEO以来，苹果公司就没有做过用户测试了。在乔布斯的领导下，苹果公司会向消费者展示他们想要的产品，而不会征求消费者的反馈。

但是，这个被废弃的实验室会为苹果公司里一小群“不安分”的人提供一个理想的“藏身”之处，他们已经悄悄开始实验一个新项目。几个月来，这个团队已经召开了多次以“自由式头脑风暴”为主题的非正式会议。他们的任务虽然不明确，但却很简单——探索新的丰富交互。让我们暂且称他们为ENRI团队，该团队规模很小，它的成员包括：苹果公司几位年轻的软件设计师，一位重要的工业设计师，还有一些敢于冒险的输入工程师。实际上，他们正尝试着发明与机器交互的新方式。

从一开始，个人计算机就依赖于一个有百年历史的旧框架，该框架只能执行人类的命令：一个像打字机一样的键盘，与19世纪新闻工作者用来撰写稿件时所使用的基本工具一样。这件输入工具唯一的主要附加物就是鼠标。在整个20世纪后半叶的信息革命中，大多数人使用打字机和鼠标就足够了——近乎无限的数字化发展潜力，枯燥无味的旧用户界面。

到21世纪初，互联网已经成为主流并且不断成熟。网络媒体是复杂的、交互式的。苹果公司的产品iPod正在把数字音乐转移到人们的口袋中，而个人电脑已经成了地图、电影和图像的中心。ENRI 团队预测，不久之后，打字和（鼠标）点击将被证明是一种极其烦琐的操作方式，所以，我们需要发明一些新的方法与丰富的媒体互动——尤其是在著名的苹果电脑上。“我们是一个很小的核心秘密团体，”其中一名成员约书亚·斯特里克顿说道，“我们的目标是重新构想 Mac 的输入方式。”

该团队正在试验各种尖端硬件——移动传感器、新型鼠标，研究一种被称为“多点触控”的新兴技术，来探索一种更为直接的操纵信息的方法。他们在举行这些会议时非常地谨慎小心，就连乔布斯都不知道他们正在举行会议。手势操控、用户控制，以及设计趋势将成为新世纪计算机控制学术语，因为这种秘密合作的核心就是开发 iPhone。

然而，在很大程度上，iPhone 首创者们的成就被这个严格保密的团体及其已故 CEO 隐藏起来了，搁置在了这面单向镜的另一边。换句话说，iPhone 的创始故事并不始于史蒂夫 · 乔布斯，也不始于一项手机革命的宏大计划，而是始于一群“不安分”的软件设计师和硬件黑客，他们捣鼓出了人机共生的下一个发展阶段。

组建团队

“对于大多数人来说，他们至今仍不知道什么是用户界面设计。”初版 iPhone 团队的一名成员告诉我。这是因为，“用户界面”听起来就像是从技术手册里挑出来的一个术语，这个术语本身似乎是专门设计来让我们的感觉变迟钝的。“用户界面（UI）领域没有摇滚明星级别的设计师，”他说，“也没有一个像乔尼 · 艾维一样的人物。但如果有的话，那就是巴斯 · 奥丁和伊姆兰 · 乔德里。他们俩就是用户界面领域的列侬和麦卡特尼（音乐家约翰 · 列侬和保罗 · 麦卡特尼）。”

在苹果公司处于最低潮的时期，奥丁和乔德里见面了。奥丁是一位荷兰的软件设计师，他在设计一些吸引人的好玩的动画方面非常有天赋。1997 年，他被雇用加入人机界面团队。这一年，苹果公司大出血，造成了 10 亿美元的损失，乔布斯回归之后，制止了这种经济上的失血状况。乔德里是一位敏锐的英国设计师，音乐电视和苹果公司的图标设计都对他有影响。在几年前他就来到了苹果公司，并在乔布斯严苛的裁员计划中得以幸存。“有一天，我在停车场吸烟的时候，第一次见到了伊姆兰，”奥丁说，“我们当时说了句‘嘿，老兄！’”他们俩真是奇特的一对；奥丁是一个瘦高、随和的人，他似乎有着天生的好脾气，而乔德里是一个认真、时尚的人，他浑身上下散发着一股严肃沉着的气息。但是他们俩一拍即合，非常谈得来。很快，奥丁就说服乔德里加入了 UI 团队。

在那里，他们与格雷格·克里斯蒂一起做事，后者是纽约人，于 1995 年来到苹果公司，开发牛顿掌上电脑——这是苹果公司创造的个人数字助理（即 PDA），是对早期移动电脑的一种尝试。他说：“我的家人都以为我疯了才会来到苹果公司，为这家显然即将破产的公司工作。”牛顿掌上电脑销量欠佳，所以乔布斯决定将其停产，而克里斯蒂最终将会负责管理人机界面团队。

随着乔布斯重新把焦点转移到苹果公司的头号产品 Mac 上，奥丁和乔德里开始着手对这个老旧操作系统的外观及触感进行更新。他们创造了各种闪烁的按钮、动画进度条，以及光滑、透明的外表，这让 Mac 重新焕发出吸引力。两人之间的创意合作伙伴关系不断发展。他们证明了这一点：长期以来，用户界面的设计都被人嘲笑为无趣，尤其是灰色的用户设置和下拉菜单的设计；还有克里斯蒂提出的“旋钮和刻度盘”——现在是时候进行创新了。随着奥丁和乔德里如明星般在苹果公司内部崛起，他们又开始向新的领域进军。

幸运的是，他们即将找到这个新领域。

在马萨诸塞州接受土木工程师培训期间，布莱恩·胡皮会在休息时拿起史蒂文·列维所著的《疯狂的卓越》（*Insanely Great*）来读。这本书记录了在 20 世纪 80 年代初，乔布斯是如何将苹果公司里的关键人物与公司里的其他成员隔离开来，并在他们所属部门的门上插了一面海盗旗，促使他们开创了麦金塔电脑的先驱。胡皮对这本书爱不释手。“我当时就想，哇，能在苹果这样的公司工作会是一种什么样的体验呢？”就这样，他放弃了自己当时的学习计划，重新回到学校学习机械工程学。后来，他听说乔布斯重新回到苹果公司并成了掌舵人——这真是一个意外发现。1998 年，胡皮在苹果公司找到了一份输入工程师的工作。

他被安排从事有关 iBook 笔记本电脑的研究工作，在工作过程中，他结识了工业设计团队，在乔尼·艾维的带领下，该团队的影响力已经开始上升。乔布斯对公司进行了精简，使公司重新专注于设计，而且，工业设计团队设计的吸引人的、色彩闪亮的 Blue iMac，彻底告别了笨重的米黄色台式机设计，在 20 世纪 90 年代末帮助苹果公司扭转了命运。然而，结果证明，这份工作并没有胡皮想象的那么疯狂。他的主要工作内容就是搞定笔记本电脑，然后不断更新其后继版本。他并没有放弃土木工程的学习，只专注于更新笔记本电脑硬件；在飘扬的海盗旗下面，他正在追求一些更能震动业界的东西。于是，他专门向一位行业设计师——邓肯·科尔请教。在来苹果公司工作之前，邓肯·科尔曾在一家知名的设计公司艾迪欧公司工作。“在所有从事工业设计的人员中，邓肯是最不像工业设计人员的一个。”乔德里说，“他对屏幕上发生的变化和屏幕的设计形状都很感兴趣。”

“坐下来并真正地专注于讨论以用户为中心的原则来设计我们的输入方式，我们一直在讨论的这件事是多么酷啊！”胡皮说。他们想重新构想人类从一开始是如何与计算设备互动的，然后去探索，他们到底想要这些互动变成什么样。于是，科尔去找了乔尼·艾维，向他确认该工业设计团队是否能支持小团队定期召开会谈来研究这个课题。艾维完全赞成这项计划，这真是个好消息。如果有人想要着手进行一项疯狂的具有变革性的计划，并且希望该计划能够实现，那么工业设计团队就是一个理想的去处。

胡皮说：“从政治的角度来看，我知道这要征得工业设计团队的同意，因为他们拥有所有的权力，而且他们当中还有史蒂夫的眼线。”

胡皮在一个笔记本电脑项目中结识了格雷格·克里斯蒂，当时，奥丁、乔德里已经在和科尔一起工作了。芯片架构专家及“牛顿”资深研究者迈克·卡尔伯特，以及胡皮的老板史蒂夫·霍特林都参加了谈话。后来，有新招募的人员加入——他们刚聘请了来自麻省理工学院媒体实验室的约书亚·斯特里克顿。斯特里克顿在这个媒体实验室待了多年时间，沉浸在将技术与音乐融合的实验中。为了完成他的硕士论文，他制作了一个用于手部跟踪的激光距离探测器，它可以感知到多根手指。胡皮说：“他看起来像是一个具有很多交互经验的人，当时我就想，他非常适合加入这个头脑风暴小组。”

2003 年，当约书亚·斯特里克顿来到苹果公司时，该公司再一次因为前景不明而受到冲击。iMac 已经赢得了用户们的赞誉而且销量也很稳定，但此时却爆发了科技泡沫，利润下跌，苹果公司自乔布斯回归以来第一次出现了亏损状况。而当时 iPod 还没有流行起来，公司上下的员工对此感到很不安。“我刚来苹果公司时，”斯特里克顿说，“股票的价格大概只有 14 美元，所有的人都没有加过薪，这种情况已经持续很久了。”苹果公司把他安置在一个没有窗户的、堆放故障硬件的办公室里。“他们给了我一台笔记本电脑和一台台式电脑，”他说道，“而这两台机器总是死机。”同时，库比蒂诺总部充满了对苹果的“盲信者”，他们当中有很多人毫不隐藏自己对史蒂夫·乔布斯的崇拜。“苹果公司是一个奇怪的地方，”他说，“你随处都可见到一些跟乔布斯穿着一样的人。”有太多形似乔布斯的人了，老实说，斯特里克顿都无法辨认出谁是真正的乔布斯。斯特里克顿自从来到库比蒂诺后就一直在寻找乔布斯——因为他的论文导师多年前曾在苹果公司工作，所以他想代表导师向乔布斯打个招呼。当他在自助餐厅排队买玉米煎饼时，乔布斯就站在他旁边，而他却把这位 CEO 当成了一位助理。斯特里克顿说："我当时没有认出来是他，还以为是某个喜欢穿着跟他一样的人。"

斯特里克顿很年轻——他刚刚拿到博士学位，来到苹果公司时才 25 岁，他希望在这里能找到像他一样的新人。"但是，公司里的大多数员工都是中年男性，这让人感到有点震惊。"他说道。他发现这里的人总是沉默寡言，气氛沉闷，令人窒息，他把这一点归因于对乔布斯的崇拜。"我有朋友在谷歌工作，他们在那儿就像没有父母管教的孩子一样四处乱跑。但在苹果公司，人们好像都没有提出想法的权利，也没有执行的权利……所有一切都被史蒂夫从头到脚地管着。"斯特里克顿说。

胡皮认为，斯特里克顿的所有技能——对触摸式传感器以及控制这些传感器所需的软件具有独特的知识，以及强大的音乐感和实验天赋——虽然并不能用来很好地协调苹果公司的企业文化，但它们都将很好地转化并渗透到项目中。

所以，iPhone 原型机的主要开发者是一些来自欧洲和美国东海岸的工程师。他们是在乔布斯回归之前或刚回归时期来到苹果公司的，当时苹果公司正处于混乱的复兴时期。他们都是一些 20~30 岁的有志青年，热衷于尝试新的技术。巴斯·奥丁是一位用户界面设计方面的天才，他从排版和游戏中获得了一些灵感；伊姆兰·乔德里是一位受黑客影响的设计师，他能够跨越 SV 和 MTV 之间的鸿沟；约书亚·斯特里克顿是一位受过麻省理工学院训练，精通传感器设计的专家，他对电子音乐和触摸屏有独特的天赋；布莱恩·胡皮是一位多面能手，他什么都能做；邓肯·科尔是一位装饰设计师，他致力于将工业设计与数字界面相结合。在行业资深人士史蒂夫·霍特林和 PDA 开创者格雷格·克里斯蒂的支持下，ENRI 所举行的会议将为下一代移动计算机定下蓝图。

新的丰富交互

ENRI 项目始于一次在苹果公司最神圣的密室里所产生的简单的头脑风暴。几个年轻人开着他们的笔记本电脑，围着会议桌讨论；他们在白板上面画一些图示并进行一些主题展示。他们记了大量的笔记，并且每周都会举行例会。“我们通常是在工业设计室会面，你知道，会谈时，大家就天南地北地提出各种不同的观点，”胡皮说，“中心问题很简单，根据我们的经历，我们想开发出什么样的新功能？”

他们进行的这些对话实际上就是向前迈出了一小步，因为这种思想之间的相互交流在当时并不常见。斯特里克顿说：“奇怪的是，你有一个工业设计团队，而且他们所制作的都是一些实物模型，但它们都是一些没有实际功能的模型，就像你走进手机商店时看到的一些塑料模型一样，他们制作的模型就是那样的。他们花了好长时间观察各种不同的形状和版式，然后制造了一些加重版本的模型，但这似乎有点适得其反，因为他们不知道这些模型在实际应用中是一种什么样的体验。”

ENRI 会议旨在改变这一点，帮助这些著名的设计产品融入功能齐全的输入技术和用户界面，并为它们如何共同发挥作用注入新的思想。胡皮说：“我们走进了这间工业设计室，你知道的，就只是在那里交谈。这种情况持续了整整六个月。”

有很多的想法，有些是可行的，有些是无聊的，还有一些古怪的、类似于科幻小说的想法。胡皮说，其中有一些想法，他“可能还不能谈论”。因为 15 年过去了，它们还没有被开发出来，而“苹果公司仍然希望在将来某一天或许能将它们开发出来”。

“我们当时在研究各种各样的东西，”斯特里克顿说，“有相机追踪、多点触控，还有新式鼠标。”他们研究了具有深度感应技术的飞行时间法（TOF）相机，就像将要在 Xbox Kinect 中使用的那种相机一样。他们探索了强力反馈控制装置，该装置使得用户能够通过手指触摸直接与虚拟物体进行交互。

斯特里克顿补充道：“当时手机还没有被摆到桌面上来讨论，它们甚至都不是讨论的话题。”然而，该工业设计团队却制造了大量的手机。但不是智能手机，而是翻盖手机。这种流行的手机的外壳在设计室里到处都是。“苹果公司一直在制作许多各种各样的翻盖手机，”胡皮说，“我所说的是非常具有苹果风格的、漂亮华丽的手机，但它们基本上都是带按键的手机。”（这或许就可以解释，为什么苹果公司在这时就注册了域名 iPhone.org。）

谈话开始关注一个反复出现的让该团队感到非常沮丧的话题。胡皮说：“反复出现的那个话题就是我称之为‘操纵’的话题，讨论的是像滚动和缩放这类关键的东西。”

人们希望能够通过更丰富、更具交互性的媒体来处理这类关键的东西。如今，网络蓬勃发展，计算机更加强大。这些证明，几十年来，键盘和鼠标的组合限制了用户界面的发展。“这实际上是从列表清单记下‘我希望它能更好地发挥作用’这类事情开始的。”胡皮说。在 2002 年，如果你想放大一张图片，必须把光标拖到一个菜单上，点击菜单，选择你想要放大的量，然后再次点击或者按回车键；如果要翻转或平移画面，那就需要再多点击几次，找到滚动条上那个小圆球，然后拖动它。你或许认为这是非常简单的事情，但是如果让你每天做几十次这样的动作，那就非常痛苦了——尤其是对设计师和工程师来说。例如乔德里，他对直接与屏幕进行交互很感兴趣——简化诸如关闭窗口这类易于接受的行为。“如果你只需轻轻地敲几下，就能完成指令，那将会怎么样呢？”他说道。这种直接的操作可以使操纵计算机更高效，更有表现力，更有趣。

幸运的是，如果不完全按照 ENRI 团队人员所追求的方式来做的话，当时已经有一种消费者技术使用户们得以做一些类似的事情。实际上，苹果公司的一名工程师正在使用这种技术。在那个时候，蒂娜·黄已经开始使用一种不同寻常的黑色塑料的触摸屏设备，该款设备是售给那些患有手疾的电脑用户的。它是由一家名为 FingerWorks 的公司生产的。“当时我做了很多工作，包括用鼠标进行测试，还有很多拖放的动作，”黄告诉我，“于是我深受腕部疼痛的困扰，我想这肯定会促使我去购买 FingerWorks 的产品。”

“追踪板可以让她使用一连串流畅的手势，将一些复杂的指令直接传送到她的 Mac 电脑中。追踪板的原理就是让她利用所谓的多点触控手指追踪技术，而这，”乔德里说，“激发了该团队对这项技术的研究。”

斯特里克顿说：“我们多少有点儿开始对多点触控技术不那么认真对待了，对此很多人都产生了共鸣。”他对这家新兴的公司很熟悉，而且他提议他们应该伸出援手。胡皮说：“我当时想，你知道的，我们已经见过这些家伙了。”在过去几年，他们一直在库比蒂诺进进出出，参加各种会议，但他们从来没有得到太多的支持。FingerWorks 是由一位杰出的博士生韦恩·维斯特曼创立的，当时导师在他的博士论文中提出了此建议。尽管苹果公司的市场部门普遍认为这项核心技术是令人钦佩的，但他们不知道该如何使用或销售多点触控技术。“我们说，好吧，现在是时候再研究一次了，”胡皮说，“结果发现，哇，他们真的想出了如何使用电容感应来生产具有多点触控技术的设备。”我们如果不理解这一点，那么就不可能理解现代计算语言或 iPhone。

触　摸

当时，触摸技术在很大程度上局限于电阻屏——想一想老式的自助取款机（ATM）和机场的自助服务查询机。在一个电阻式触摸屏中，其显示屏是由两层包裹着电阻材料的薄片组成的，并且被一条狭小的缝隙隔开。当你用手指触摸屏幕时，就会将两层薄片按压在一起，这样就记录了手指触摸的位置。电阻式触摸通常是不精确的，经常出一些小故障，用起来很让人失望。任何曾花了 15 分钟时间将手指放到一个飞行终端触摸屏上，却只得到一些闪烁的按钮和随机选择的人，都会敏锐地发现电阻式触摸的缺陷。电容式感应并不是靠力量来记录触摸位置的，而是靠我们体内的电化学发挥作用。因为我们都是电导体，当我们接触到电容表面时，它就会造成屏幕静电场变形，这样就可以测得电容的变化，并进行十分准确的定位。而 FingerWorks 公司好像已经掌握了此项技术。

ENRI 团队的成员把手放在了 FingerWorks 公司生产的这个设备上面，发现设备配的图表详细描述了几十种不同的手势。胡皮说："我把它比作一种非常奇特的乐器，没有多少人能学会如何演奏它。"就像过去一样，苹果公司的一些发明者们看到了简化的机会。胡皮说："这一概念的核心就是存在一些这样的手势，如双指缩放和双指滚动。"

一种全新的、徒手操作计算机的方式，不使用鼠标媒介，也不使用老式的键盘，看来似乎是一条可行的正确道路。ENRI 团队非常热衷于这一问题的研究：根据维斯特曼开创的以手指为基础的多点触控语言，打造一种新的用户界面——即使他们不得不重新编写或简化其中的词汇。乔德里说："这种想法不断被提出——我们希望能够像移动桌面上的一张纸一样，轻松地移动屏幕上的图标。"

对于触控板和触摸屏平板电脑来说，这是一种理想的选择。长期以来，这种想法一直被消费市场追求，但却从未被完美实现——对于那些仍然希望看到移动计算蓬勃发展，开发“牛顿”（具有一个电阻触摸屏）的资深人士而言，这无疑是件有趣的事情。

为了获得 UI 设计灵感，苹果公司的发明者们多次考察其他组织。事实上，苹果公司在硅谷的最初考察也是如此，获得灵感的过程犹如普罗米修斯的神话一般。1979 年，史蒂夫·乔布斯领导的一支年轻的苹果工程师队伍参观了施乐帕克研究中心，并把目光投向了其具有开创性的图形用户界面（GUI）上，这种界面上含有各种窗口、图标和菜单。乔布斯和他的“海盗”团队借用了其中一些想法创造麦金塔电脑。当比尔·盖茨创造了 Windows 系统，乔布斯认为他窃取了苹果公司的成果而对他大喊大叫。盖茨冷静地回应道：“哦，史蒂夫，我觉得我们可以换个角度来看待这个问题，我觉得它更像是这样的：我们两家公司都有施乐这个富有的邻居，我闯进了这家公司并偷走了它的电视机，后来发现你已经偷过了。”

当巨头组织们与特拉华州的一些研究触摸操控学者们会面时，ENRI 团队开始思考他们如何能在同一时间开始进行多点触控的实验，以及如何让结合了 FingerWorks 技术的 Mac 设备工作。从一开始，他们就要面对一个主要障碍——他们想要与透明的触摸屏进行交互，但是 FingerWorks 的技术使用的却是一种不透明的键盘板。

怎么解决？老方法，硬件入侵。

操　纵

为了找到创作原型的灵感，该团队成员上网寻求帮助。胡皮说，他们发现了工程师们通过在不透明的屏幕上进行投影，从而进行直接操作的视频。“我们当时就在想，这正是我们所讨论的问题。”

他们带来一台 Mac 电脑，设置了一个投影仪，并把它挂在桌子的上方，然后把触控板放在投影仪的下面。这种想法其实就是将 Mac 电脑屏幕上所显示的任何东西都通过投影仪投射下来，这样就会在触控板的上方形成一个人造的“屏幕”。胡皮说：“大致来说，我们就是在桌子上方架了一台投影仪，再加上这个触控板，这样看起来就像是桌子上放了一台 iPad。”

问题是，我们很难对这个新“屏幕”聚焦。格雷格·克里斯蒂说：“那天我直接回家了，然后从我的车库里拿了一些特写镜头，把它们安装在了投影仪上。这些镜头产生了神奇的效果。”胡皮说：“如果你找到了正确的聚焦方法，你就可以将屏幕上的图像投影到这个东西上。”

最后，他们需要一个显示屏。为此，他们转向使用低技术含量的屏幕。他们将一张白色的打印纸放在了触摸板上，这样就完成了对触摸屏的模拟。显而易见，它并不完美。“你能从屏幕上看到投下来的模糊的手指影子，”巴斯·奥丁说，“但这已经足够了，我们可以开始探索能够使用多点触控技术来做些什么。”

Mac 电脑、投影仪、触摸板、纸组合起来发挥效用——勉强可以这么说——但是如果他们要认真地实验触摸控制的话，那他们也需要定制软件，并按自己的需要调整界面。斯特里克顿也曾研究过这一点。“为了检测手指，我写了很多处理算法，”斯特里克顿说，“还有一些施胶软件（glue software），使他们能够获得由实验产生的多点触控数据。”

虽然该项目很随意，但它还是蒙上了一层隐秘的气息。“我忘记了是哪一天，我听到有人说：‘好了，我们不允许再谈论这件事情了。’”斯特里克顿说，但确实有那么一天。理由很充分，ENRI 团队的实验突然变成了一个令人兴奋的未来，但是，如果史蒂夫·乔布斯过早地发现这个实验并且不同意的话，那么整个计划就会被迫停止。

用户测试

这个实验装置非常适合它的“新家”——就是那个空置的旧用户测试

实验室。它很宽敞，大概有一间小教室那么大。硕大的监控摄像机悬挂在天花板上，在单向镜的后面有一间房间，看起来像是充满了各种混音板的老式录音室。“我敢肯定，这在 20 世纪 80 年代算是顶级的设备了。”胡皮说，“我们笑着说，录像设备都是家用录像系统（VHS）格式！”他们需要经过安全检查之后才能进入——当时，公司里只有少数几个人能进入这里，而克里斯蒂就是其中一个。

“这个地方有点奇怪，”斯特里克顿说，“讽刺的是，我们试图在用户测试室内解决用户体验的问题，但却无法将真正的用户带进来。”奥丁和乔德里在这里花费了很长时间来确定样品和设计图，构建了一个全新的触摸式用户界面基本架构。他们用斯特里克顿的数据，对 FingerWorks 的一些手势加以改造，并对他们的新想法进行检验。他们专注于修复 ENRI 团队的问题：双指缩放代替了“放大镜”图标，简单点击屏幕简化了点击、拖动滚轮的动作。

在整个过程中，他们的创造性伙伴关系形成了一种强大的共生关系。乔德里说：“巴斯在技术方面更擅长一点，而我在艺术元素方面可以做出更多贡献。”很小的时候，乔德里就对技术如何与文化交互很感兴趣。他说：“我一直想加入这三个地方：中央情报局、音乐电视网或苹果公司。”在苹果高级技术团队实习过后，他在库比蒂诺得到了一份工作。他的朋友们都半信半疑。他们说：“你会把所有的时间都花费在设计一些小图标上。”他对他们笑了笑，然后默然接受。“事实证明，他们只说对了三成。”

然而，他在图标设计方面的天赋使他成为巴斯动画实验的理想人选。奥丁说：“我们在一起工作时配合得非常好，他设计了更多的图案和漂亮画面——他真的很擅长对整体风格的设置。而我在交互式原型设计以及感觉和动态分谱方面做得更好一点。”当然，他这么说很谦虚。迈克·斯莱德是史蒂夫·乔布斯以前的顾问，他把奥丁描述为一名巫师：“他用 90 秒的时间摆弄着屏幕，点击按钮，于是，不管史蒂夫要求什么样的图片，都会如他所愿。这家伙就是我们的偶像，而史蒂夫对此只是笑了笑说道：‘有点进展。’”奥丁的父亲在阿姆斯特丹郊外经营一家平面设计公司，所以他从小就学会了编程——或许这是他天生就会的东西。不管怎样，就连托尼·法德尔这样的行业巨头都称赞他是一位有远见的人。跟他一起开发 iPhone 的一位同事这样说：“对于巴斯，我不知道还能说些什么，那家伙就是一位天才。”

事实证明，这种全新的触摸式模板前景一片大好，甚至达到了令人无比激动的程度，乔德里和奥丁——这对用户界面领域的列侬和麦卡特尼，常常会在那里工作一整天，有时他们都完全没意识到这一点。

乔德里说：“我们日出而作，日落而归，我们常常忘记吃饭。如果你曾经谈过恋爱，那你就不会只想到自己，我们工作时就是这样。我知道这有点夸大其词。”

奥丁说：“这里没有窗户，有点像赌场。所以，当我们抬头看表时，发现已经快四点了，我们常常一工作起来就会忘记吃午饭。”

他们开始让工作不受外界干扰，即使是他们的老板格雷格·克里斯蒂也不行——他们不希望任何事情干扰他们的进程和发展势头。“在那段时间，”乔德里说，“我们不与人交谈。出于同样的原因，我们的创业启动也进入了隐身模式。”他们不希望在他们有效地展示出 UI 所隐藏的巨大潜力之前，该项研究被叫停。自然，他们的老板感到很苦恼。

乔德里说：“我记得当时我们打算去科切拉，而克里斯蒂告诉我们：‘当你们从这次沙漠狂欢之旅归来后，或许可以告诉我你们在那里到底在干些什么。’”

他们做出了引人注目的样品展示，展现了多点触控的潜力，你可以缩放和旋转地图，还可以用手指在屏幕上快速拨一下，屏幕就会弹出各种图片。他们上传了一些度假的照片，然后使用多点触控技术对其进行实验。“他们是提出用户界面概念的专家。”胡皮说。当奥丁用两根手指对彩色团块进行旋转并放大，在一种平滑、灵敏的状态下操纵像素时，人们会被吸引过来。奥丁和乔德里说，很显然，他们正在研究的东西具有革命性发展潜力。

“很快，它带来了一些很酷的体验，”奥丁说，“你可以摆弄一些东西，把它拖到屏幕上，然后它就会弹起来，或者你可以用两根手指放大，做类似的手势操作动作。”你知道，这种东西将成为一种新型的移动人机共生设备的基础。

是时候让这些天才接受考验了。

好戏上演

通过少量的演示工作和一个合理可靠的装置，邓肯·科尔向乔尼·艾维以及工业设计团队的其他成员展示了早期的原型机。“它太棒了！”核心成员道格·萨茨格用非常惊讶的语气说道。在他们当中，感受最深刻的是艾维。他说：“这将改变一切！”

但是，他还不愿意与乔布斯分享这个项目——这个模型很笨重，还处于一种不精致的概念状态，他担心乔布斯会否定它。“因为史蒂夫会非常快速地给出他的意见，我不会当着其他人的面向他展示什么东西，”艾维说，“他可能会说这是垃圾，并扼杀这个想法。我认为这些想法是非常脆弱的，所以当我们在开发它们时，要温柔以待。我发现，如果他对此感到愤怒，那可太不妙了，因为我知道这个模型非常重要。”

几乎所有人都被吸引了。“任何人一看到它就会说：‘这是我见过的最酷的东西。’”胡皮回忆道，“当人们看到这个东西，使用它，把玩它，他们就会双眼放光。所以，我们认为这个东西真的具有某种魔力。”

问题是，史蒂夫·乔布斯也会这么认为吗？毕竟，乔布斯才是终极权威——如果他没有看到发展潜力的话，那么他一句话就可以毙掉这个项目。

这个设备成功了，展示的样品非常引人注目。他们明确表示，用户可以通过一种更流畅、更直观的方式来触摸、拖动、翻转以及操纵信息，而不需要点击鼠标和打字。

胡皮说："乔尼认为是时候向乔布斯展示了。这时候，与其他所有事情一样，只是时机的问题。如果你在史蒂夫心情糟糕的时候找到他，在他眼里所有的东西都是狗屎，他会说：'再也不要给我看这个东西了。永远不要！'所以，你要非常认真地观察他的心情，知道什么时候把东西拿给他看。"

在此期间，这件桌子大小的设备就放在了位于"无限循环"的秘密监测实验室里，将未来的形状投射在了一张白纸上。

CHAPTER

1

智能手机的
诞生、发展之路

如果你之前曾听过，那么请阻止我继续说。

曾经，一位来自世界最知名技术公司之一的有远见的创新者认为，通信的未来发展在于将移动手机与计算能力结合起来。他认为，关键在于确保这个新设备能够本能地运行，这样的话，用户在拿起它时，就能有一种熟悉的感觉。它有一个触控屏，你可以用手指触控屏幕以控制这个设备，还有一个方便操纵的主屏幕，上面分布着各种图标，你可以通过点击来激活它们，它具有网络和电子邮件访问功能，还有各种游戏和应用软件。

但是，他首先要做的就是必须及时制造一个原型机，以便在一个非常公开的展示活动中把它推向世界，在这样一种场合，它将会吸引媒体的注意力。为了在约定期限内完成任务，这个有远见的创新者把他的团队压迫到了近乎崩溃的边缘。紧张的形势与日俱增。技术失败了，再次尝试，再次失败。出乎意料的是，在这个大型展示的当天，这种新的混合型手机几乎不再是一种尝试。

这个创新者走到聚光灯下，并承诺手机将会改变一切。

于是，智能手机就这样诞生了。

那年是 1993 年。

这个有远见的创新者就是小弗兰克・卡诺瓦，他在位于佛罗里达州波卡拉顿的 IBM 实验室担任工程师。Simon 个人通信器是第一部取得广泛认同的智能手机，其原型是由卡诺瓦在 1992 年进行构想和设计的，并且获得了专利。这是万维网向公众开放的前一年，而 15 年之后，乔布斯首次向公众推出了 iPhone。

虽然 iPhone 是第一款完全成为主流的智能手机，但它本身并不是一个突破性的发明。美国计算机历史博物馆（这是世界上最大的计算机历史博物馆，收藏与计算机相关的文物）馆长克里斯·加西亚说："我真的不把 iPhone 看作是一项发明，它甚至在技术汇总和精明的包装方面都算不上成功。"他说："iPhone 是一种融合技术，在任何领域都算不上是创新。"

智能手机的最基本的创新就是将电脑引入一个全世界每个家庭都可以访问的设备——电话。这些选择是为了使手机智能化，如使用触控屏界面和前台操作程序，这在塑造现代世界方面将会产生重要影响，而这些基础在 20 年前就已经打好了。

正如著名的计算机科学家比尔·巴克斯顿所说的："Simon 的创新在几乎所有的现代触屏手机中都有体现。"

截至 1994 年，弗兰克·卡诺瓦不仅帮助 IBM 发明了一款智能手机，而且还将这款预测到了 iPhone 几乎大部分核心功能的手机推向了市场。Simon 的第二代创新产品是 Neon，它从来都没有进入市场，但是当你转动手机时，它的屏幕也会随着转动——这是 iPhone 的一个标志性特征。而如今，Simon 只是计算机发展史上一个令人好奇的"脚注"。所以，问题来了：为什么 Simon 没有成为第一代 iPhone？

"都是时间的原因。"卡诺瓦手里拿着第一代智能手机苦笑道。这是一部黑色的、外观四四方方的、如砖块一样大小的手机。"实际上，当时的一些技术条件就只能允许我们生产这种手机。"他说。

我们在卡诺瓦宽敞的、略显凌乱的办公室里坐着，他的办公室位于圣克拉拉，是硅谷的核心地带，附近还有大美洲主题公园。卡诺瓦如今在一家名为 Coherent 的工业激光公司工作，管理着一支工程师团队。从这里到库比蒂诺只有 20 分钟的车程。他正拿着已经下线（装配完成）的第三只智能手机 Simon，系列编号 3。不久之后，他就要把这部手机送到史密森尼博物馆，因为历史学家们已经意识到了它的价值。

它是一台计算机，所以必须启动后才能使用

“它是一台计算机，所以必须启动后才能使用。”卡诺瓦笑着说。这时，我们听到了 Simon 发出的哔哔声，这显然是人们在 20 世纪 90 年代时经常听到的一种声音。随后，黄绿色的液晶屏幕亮了起来，当我用手触控屏幕上面的图标时，比如一个叫作通信簿的图标，一个新的应用程序就这样被打开了。电池持续时长只能维持几秒钟，所以我们把它插上插头以接通电源，但在其他方面，它依然能够无缝工作。数字键盘用起来很灵活，还可以玩 slide-tile 游戏，果然，感觉像一部 8 位机的 iPhone。

“这就是 Simon 的产品。”他说，“在这个产品发行的前一年，也就是 1992 年，我们就已经设计出了它的原型。为了这次技术展示，我编写了大量的应用程序——各个种类的都有，我们称之为有远见的东西，我希望它们能够在此展示，所以，我将地图、全球定位系统（GPS）和股市行情都考虑在内了。我们设计了一款具有多种功能的应用程序，还设计有各种各样的游戏。”由于当时云系统还不存在，而且一些大型的硬盘驱动器太大了，无法安装在手机内，所以，许多应用程序都无法安装到机身内。因此，他们后来计划创造一个支持安装附加卡的系统，附加卡插入之后，GPS 等应用程序的功能就能够启动，他提议创造一款老派的 IRL 应用商店。

如今，50 岁的卡诺瓦精力充沛而且反应迅速。他的头发剃得干干净净的，蓄着浓密的灰色小胡子，脸上挂着机敏淘气的微笑。他在佛罗里达州长大，喜爱修修补补和把玩一些小玩意儿；他比乔布斯更像沃兹尼亚克，喜欢在业余时间研究计算机硬件。“我是一名黑客，而且，那个时代的黑客意味着你能够从零开始制造一台电脑。所以，我就一直在制造各种类型的电脑。”他说道，“其中一些是在史蒂夫·沃兹尼亚克主板设计的基础上制造的。要我说，住在佛罗里达州是一件不幸的事，因为接触不到硅谷一直在研究的东西。”

他毕业于佛罗里达理工学院的电气工程学系，毕业之后便在 IBM 工作。他在这个公司工作了 16 年，由于精通电脑硬件和软件技术，他在工作期间不断得到提拔。在 20 世纪 80 年代，他加入了一支“高级研究团队”，该团队负责 IBM 第一台笔记本电脑的工程设计，而且尽可能地把它的体积设计得小一点。卡诺瓦说：“其中一个目标就是设计一台可以装进衬衣口袋的电脑。”

但是，研究者们没有这种可以让一台电脑变得那么小的技术。随后，当笔记本项目碰壁时，其中一个 IBM 的同行为该团队带来了一次偶然的机遇。卡诺瓦说：“在波卡拉顿，我们让摩托罗拉完全按照我们所走的路线发展，摩托罗拉是一家大型工厂，制造各种无线产品，这些产品在当时是非常受欢迎的。”这是很谦虚的说法，其实在 20 世纪 90 年代初，摩托罗拉已经是世界上最大的手机销售商。当时，其佛罗里达州分公司有一个不同寻常的经营理念——他们对资料共享和与 IBM 公司合作很感兴趣。工程师们开始探索一些如何将两家科技巨头的产品线组合在一起的方法。“每个人都在思考，如何将一台收音机安装到台式电脑里面。”

但是，卡诺瓦有更大的野心。“我立马就清楚了，其实你想要的根本不是外观看起来像电脑的东西。如果你正在制作一台收音机，那么你希望它是便携式的，因为你想要一只手就能握住它，你希望它是能通过直觉来操作的，如果是这样的话，那么，你的大拇指可以做些什么呢？你不想选择某些东西，所以，每次你想要它执行某个指令时，就必须输入一个命令，在 DOS 时代，人们就是这样启动程序的。”虽然弗兰克·卡诺瓦不知道如何称呼它，但是他实际是想要打造一部智能手机。

卡诺瓦说：“我们找到了摩托罗拉，一起做一个联合项目，实质上是一个智能手机项目，但却遭到了拒绝。他们说：‘是这样的，对你们这种还不成熟的想法，我们还有所怀疑。’”不过，他们同意在幕后支持卡诺瓦的团队，并且为他们提供最新的手机模型。“我们不得不擦掉这些名字，而且必须喷上摩托罗拉的标志，因为当时我们所制造的第一代智能手机原型使用的正是他们的零部件。”

摩托罗拉不想与第一代智能手机扯上关系。不久之后，IBM 显然也不太愿意。卡诺瓦对我说："老实说，IBM 对这项业务真的不感兴趣。"但是，他相信自己已经抓住了一些开创性的内核，他只需要资金支持来证明这一点。他已经说服了其中一位销售经理支持 Simon，但这位经理还必须说服他的老板。

卡诺瓦说："他的销售方式就是，我给他一个列表，上面列有一些用户可以用智能手机做的事情。于是，他拿起一个大包，里面装满了各种小玩意儿，然后背着它走到我们博卡拉顿的负责人面前，说：'好吧，我们需要资金，而且这笔资金是为了制造一个有很多功能的东西。'然后，他掏出一个计算器、一台 GPS 收音机、一大本书和几张地图，把它们用力地放在了负责人的桌上，说：'它有这个、那个的功能。'说着，他开始把包里的东西全部倒在了桌子上，接着说道：'你知道的，所有这些东西都会出现在同一个设备中，而不是像现在这样独立存在。'"

这代集大成的设备的演示也可追溯到 1992 年。当时，弗兰克的团队获得了资助，为了能在计算机分销商展览会上的未来技术展位进行展览，该团队紧赶慢赶制造了一个能够正常运作的一体原型机，随后又在一个重要的贸易展上进行展览。经过该团队长时间的工作，卡瓦诺新发明的宝贝成了实验室一道熟悉的风景——这个新生代发明者及其发明能够及时脱颖而出的唯一方法就是带着这个发明前往 IBM。

这场闪电战最终得到了回报，该项目暂时获得了舆论界的好评，而且 IBM 为卡诺瓦的团队提供了更多的资源。"对我来说，当务之急就是用户可以轻松使用这个界面，就像拿起手机一样简单。"卡诺瓦说道。而这正是 IBM 所做的事情。

"Simon 在很多领域都走在时代的前列。"卡诺瓦满怀希望地说道。这是一种保守的说法，不出 20 年，智能手机就会征服世界。

“这真算不上什么新鲜事。”马特・诺瓦克说，“苹果和三星认为是他们发明了这些技术，但是，总有一些技术是先于他们而出现的，至少在名义上是这样。”

诺瓦克现在运营着 Paleofuture，这是一个致力于收集和分析人们以往对于未来的幻想和预测的博客，而我们正在讨论的是智能手机的现代理念以及类似设备悠久的历史——不管是真实的还是虚构的——这些设备的出现都先于 iPhone 甚至 Simon。

iPhone 这类设备的愿景可以追溯到 19 世纪末。最早的和最引人瞩目的是乔治・杜・莫里耶在 1879 年所画的连环漫画，该漫画被刊登在了具有讽刺风格的《笨拙画报年报》上。该漫画名为《爱迪生的电话屏》，这是人们的一种设想，即如果著名的美国发明家成功地将电话与移动图像发射器结合起来，那么结果会是什么样？但是这种设想转瞬即逝。

如果将这幅漫画中维多利亚时代的方言翻译成现代英语的话，你稍微瞥一眼就会发现，有钱的家长跟他们在参加夏令营的孩子正在面对面交流。如今，智能手机广告商也做出了与莫里耶的设想相同的承诺——即承诺人们永远不会错过与家人和朋友相处的每一时刻，承诺他们能够自由自在地沟通，还承诺他们拥有一个可以通往世界的门户。

1890 年，未来派画家和讽刺作家阿尔伯特・罗比达在其绘本《二十世纪》中描述了另外一种电话屏：这个电话屏能将对话、音乐和场景本身传递到一个透明的、能够直接看见的水晶盘上……于是，我们在巴黎就能目睹距离欧洲千里之外的地方所发生的事件——多么神奇啊 。

需要说明的是，这些愿景中，有许多都是具有讽刺性的——他们认为这个相互联系的电气化的世界充满了谬论和纷扰。所以，实际上，这些被证明是正确的预言在当时却不一定值得庆祝。

罗比达想象人们正使用他发明的电话屏来进行一些娱乐活动，比如从一些遥远的地方观看戏剧、体育赛事和新闻。莫里耶漫画中的人们使用这

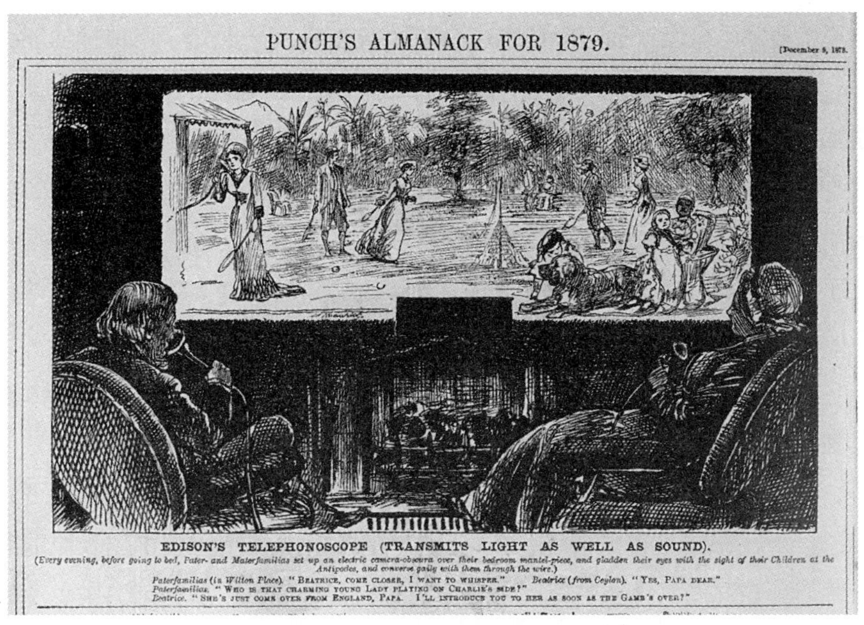

乔治·杜·莫里耶于1879年所画的连环漫画《爱迪生的电话屏》

图中文字如下：

每天晚上睡觉之前，父母会在他们卧室的壁炉台上架起一个电动投像器，开心地看到他们在地球另一端的孩子，并通过电路传播与他们愉快地交谈。

父亲（在威尔顿）：“碧翠斯，靠近一点，我想跟你说点悄悄话。”

碧翠斯（在锡兰）：“好的，亲爱的爸爸。”

父亲：“正在查理身边玩游戏的那位迷人的年轻女士是谁？”

碧翠斯：“她刚从英格兰过来，爸爸。游戏一结束，我就把您介绍给她认识！”

个设备与家人和朋友保持联系，这种联系不受地域范围的限制。这是当今动能最强的两款手机的漫画，早在 19 世纪 70 年代，他们就对其中的两个主要功能做了概述——一个是光速社交网络功能，另一个是视听传播功能。

这些想法，不管是异想天开的还是切实可行的，都不断地补充到某些学术界所称的科技文化之中，并在科技和文化之间相互作用。这是一种能够推动发明和想象力产生的思维，所以，在 19 世纪末出现的这些特殊的智能手机概念、愿景和想象就不足为奇了。当时，出现了一系列的发明实物，几乎每一项都是从电报发展而来的，由于受到这些发明实物的影响，电力革命正在全面展开。

在法国大革命期间，第一个光学电报或视线信号灯投入使用，在法国和奥地利之间传播军事信息。它们每分钟只能传播两个字的信息量，但是，这些信息可以在一瞬之间就传播许多英里。这一整体概念古已有之：想象一下，在公元前 900 年，在花费了一天的时间抵御入侵中国长城的敌人之后，在弥漫的硝烟中识别出了友好的代码的感觉，这种感觉至少应该像收到新的点赞通知一样让人安心。

电报是在 1837 年兴起的。当时，萨缪尔·摩尔斯将电的一种形式商品化，使得数据通过其同名密码（摩尔斯密码）能跨越很长的电线传输。据技术发展史领域的研究学者卡洛琳·马文说："从历史的角度来看，电脑只不过是一个具有惊人记忆力的瞬时电报，而且其中所有的通信发明都只是对电报原始工作的精心设计。"

"这次变革始于首次将电应用到通信中，在这个长期变革过程中，19 世纪的最后 25 年时间尤为重要。"马文说，"在这期间，20 世纪的 5 个大众传媒工具的原型被发明了出来，它们分别是电话、留声机、电气照明、无线电和电影。"如果你正在数的话，就会发现，这些就是你口袋里的智能手机的主要功能。

许多技术进步都是从追逐这些萌芽开始，最后得出了符合逻辑的结果，这包括高分辨率视频、无限播放列表、LTE 无线网络等。但是最终，手机成了所有这些早期的变革性电子技术的载体。

就 Simon 而言，卡诺瓦说："它首先是一部手机，根本算不上是一台计算机，确实，它必须拥有一台计算机所需的全部特点，但是，你不应该把一台计算机呈现给最终用户。你要把一个非常简单的基础用户界面呈现给他们，你应该让计算机隐身。"

他的办公桌上放着一部固定电话，他拿起话筒放到耳边，说道："这种电话的界面设计简单自然。"在 20 世纪 90 年代，每个人都知道如何使用电话，因为它在现代文明中是最基本的设备。

然而，在一个世纪以前，电话是非常新奇的，许多投资者和官员都以为它是一种玩具。即使如此，亚历山大・格雷厄姆・贝尔也不是第一个创造这个概念的先锋。在 19 世纪 70 年代，许多人都想过用电报传声，通常而言，有大约 6 个人被列为电话的发明人，其中包括伊莱沙・格雷，他是一名电气工程师，恰巧跟贝尔在同一天申请类似的专利。

但是贝尔是起决定作用的开发者、提出者和营销者，很像当代的托马斯・爱迪生以及现代的史蒂夫・乔布斯。他还是一个很有天赋的语言学家和教育家，开发了一款帮助听障人士学习说话的程序。

根据贝尔所说，就像许多具有神话色彩的美国发明一样，电话突然就开始普及了。"如果在声音产生的过程中，我能让电流的强度随着空气的密度变化而变化，"贝尔说，"那么，我应该能够通过电报传送语音。"根据赫伯特・N・卡森在 1910 年对电话发展所做的历史记录，贝尔"梦想着用一种新的可以携带人声而非摩尔斯电报码符号的机器来代替电报及其笨拙的符号语言"。贝尔说："如果我能让一个聋哑人说话，那么我就能让金属说话。"起初，他设想在电线的一端放一把竖琴，在另一端放一个"扩音器"；然后，传到扩音器里的声音音调就会被竖琴的琴弦所复制。他向外科医生朋友克拉伦斯·J·布莱克博士提起他的实验，当时这个朋友也正在测试新的技术来改善他的可见语言项目。“你为什么不用真正的耳朵？”他问道。贝尔勇敢地尝试了。

这个外科医生从一个死者的头上切下了一只耳朵，包括耳鼓膜和周围的骨头。贝尔拿起头骨碎片，用一根吸管在一端触碰鼓膜，在另一端接触烟熏过的玻璃。当他对着这只耳朵大声说话时，鼓膜的振动让吸管在玻璃上画出几条微小的痕迹。

卡森指出：“这是在整个电话发展史上最了不起的一件事，对于一个不知情的旁观者来说，没有什么比这更惊人和荒谬的了。这位年轻的教授面色苍白，拥有一双黑色的眼睛，他站在那儿对着一个死人的耳朵认真地唱歌、低语、大喊大叫，人们怎么能理解他从中获得的这令人毛骨悚然的喜悦？他或许是某个巫师、食尸鬼或疯子吧？而塞勒姆正是巫术迷信的发源地。当然，如果贝尔生活在两个世纪前，他的实验可能不会进行得那么顺利，他或许会由于这种黑色魔法而被抓。”通过这个实验，贝尔注意到薄薄的鼓膜可以通过骨骼有效地传递振动。于是，他构想了一种“薄膜电话”——有两个铁盘，每一个铁盘里都有一个仿鼓膜，彼此之间距离很远并且用一根电线相连。其中一个铁盘用来捕捉声音的振动，另一个用来再现这种振动——这就是电话的理论基础。不管怎么说，在电话的技术 DNA 中植入真正的人耳再合适不过了。贝尔在 1876 年获得了他的电话专利，今天它被广泛认为是有史以来最有价值的专利之一。

虽然声音通过电线进行传输的效果足以吸引人们的注意，但是，在该项技术被证明有效之后，贝尔还是花了大量的时间，让每一个想到它的人都不仅仅把它当成是一种科学上的奇妙之物。他带着此项发明去参加了费城百年纪念博览会，在那里，他将这项发明展示给观众看。贝尔是一位精明的商品宣传者，早在史蒂夫·乔布斯之前，他就进行了一系列的巡回演讲来展示自己发明的电话。卡森写道：“贝尔用善于雄辩的口才对这一普

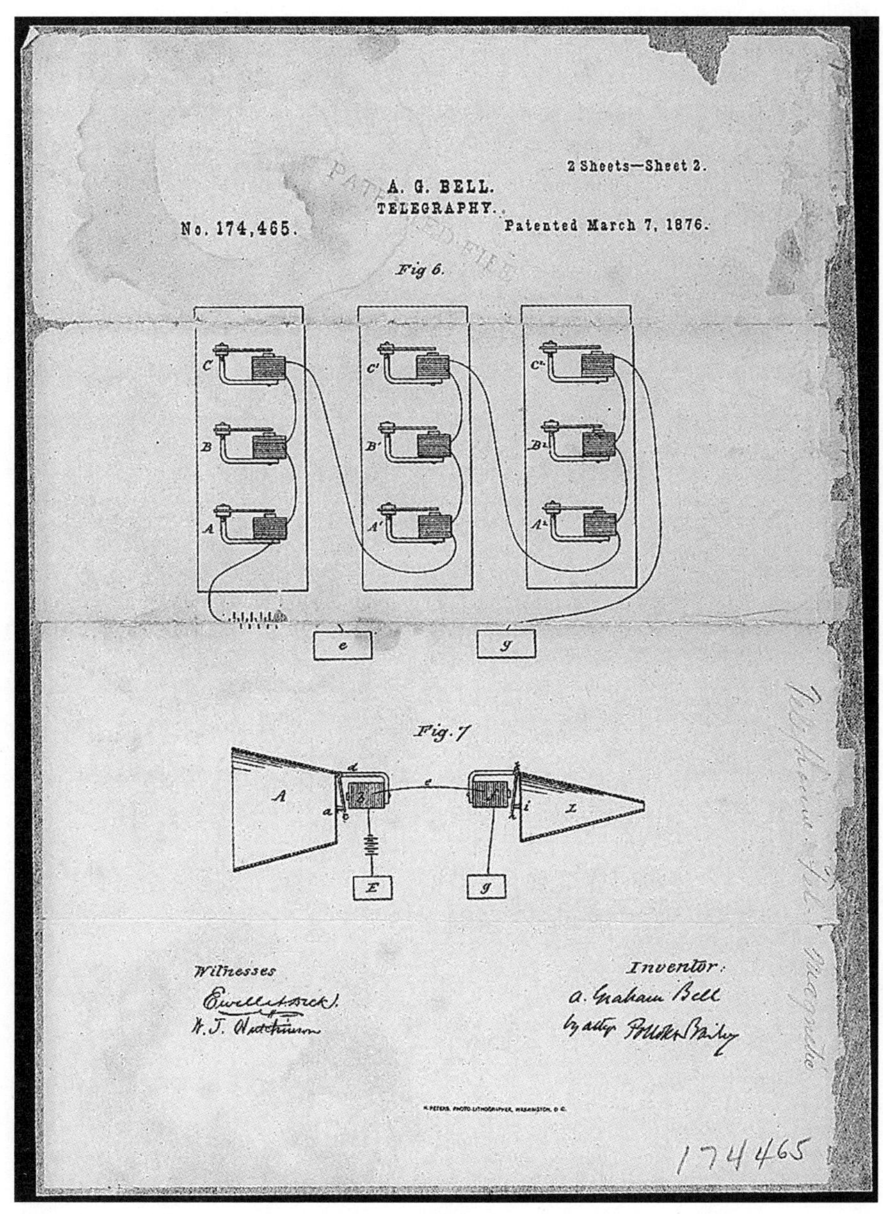

1876 年，亚历山大・格雷厄姆・贝尔申请得有些不光彩的“最有价值”的专利

及世界的电话进行了图文并茂式的描述。”到 1910 年，整个美国出现了 700 万部电话，而当时的美国人口有 9200 万人。“如今，在大多数地方，电话的存在被认为是理所当然的，好像它是这个星球上的一种自然现象。”这个最初版的电话使我们开始了一种长达百年的彼此之间能够相互联系、能随时找到对方的生活。

下一步就是剪断电话线，让电话成为移动电话，这个想法早在 20 世纪初就已经出现了。讽刺杂志《笨拙画报》在《预测 1907》一期上发表了一幅漫画，非常有预见性地描述了未来移动通信的发展：一对已婚夫妇在草坪上背对而坐，全神贯注地盯着他们的设备。这幅漫画讽刺的是电话对社会的影响与日俱增，未来一片黯淡，因为未来人们会独自坐在他人旁边，埋头观看他们的设备所输出的内容而忽视周遭的环境——是不是该放声大笑？

毫不夸张地说，第一部真正的移动电话实际上是一部汽车电话。1910 年，喜欢捣鼓小器具的发明家拉斯·麦努斯·爱立信将一部电话安装在了他妻子的汽车内，他用一根杆子上的电线接通了悬挂在瑞典乡村道路上方的电话线路。“虽然从某种意义上说，爱立信的移动电话只是一种玩具，但是，通过摇动手柄就能产生足够的电力以接通电话，而且这种方法确实奏效了。”移动手机历史学家乔·艾格说道。当然，以该项发明命名的公司将会成为世界上最大的手机公司之一。

1917 年，芬兰的一位发明家埃里克·蒂格斯泰特在声学和麦克风方面取得了突破性的进展，这为他赢得了“芬兰的托马斯·爱迪生”的称号——他成功地申请了一个似乎是第一个真正的移动手机专利。在申请丹麦 22901 号专利时，蒂格斯泰特将他的发明描述为“一个具有非常薄的碳质麦克风的袖珍可折叠电话”。它更像是一个翻盖手机的直系祖先，但是，它与 iPhone 在独特设计和美学特征方面有一些共同点——精薄简洁。这是我见过的最早的真正具有现代风格的移动手机设计。当时也开始出现一些

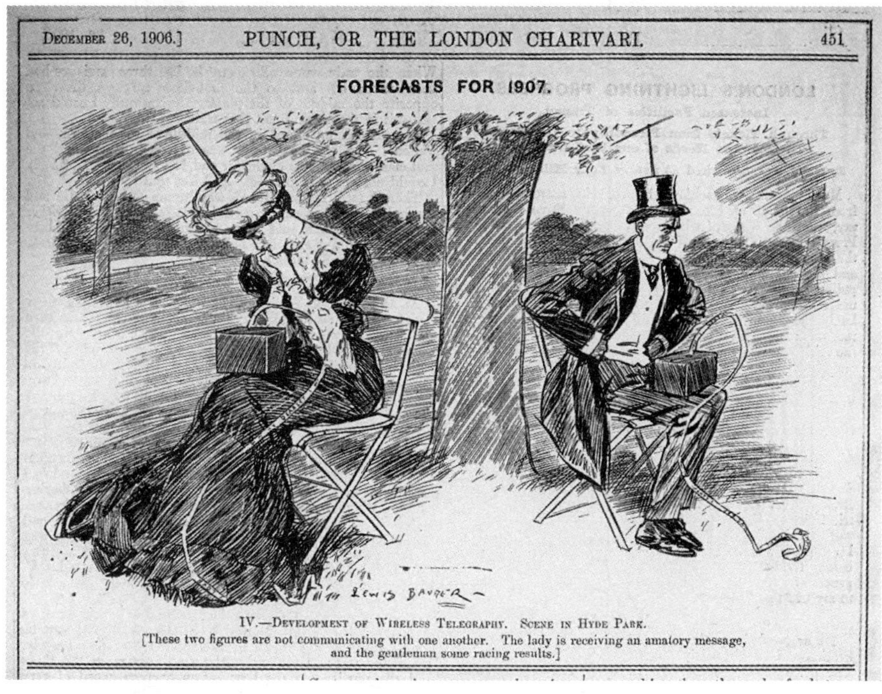
December 26, 1906.] PUNCH, OR THE LONDON CHARIVARI. 451

FORECASTS FOR 1907.

IV.—Development of Wireless Telegraphy. Scene in Hyde Park.

[These two figures are not communicating with one another. The lady is receiving an amatory message, and the gentleman some racing results.]

讽刺杂志《笨拙画报》在《预测 1907》一期上发表的一幅漫画

图中文字如下:

这两个人彼此之间并没有交流。那位女士收到一条求爱短信,而那位男士收到的是一些跑马比赛的结果。

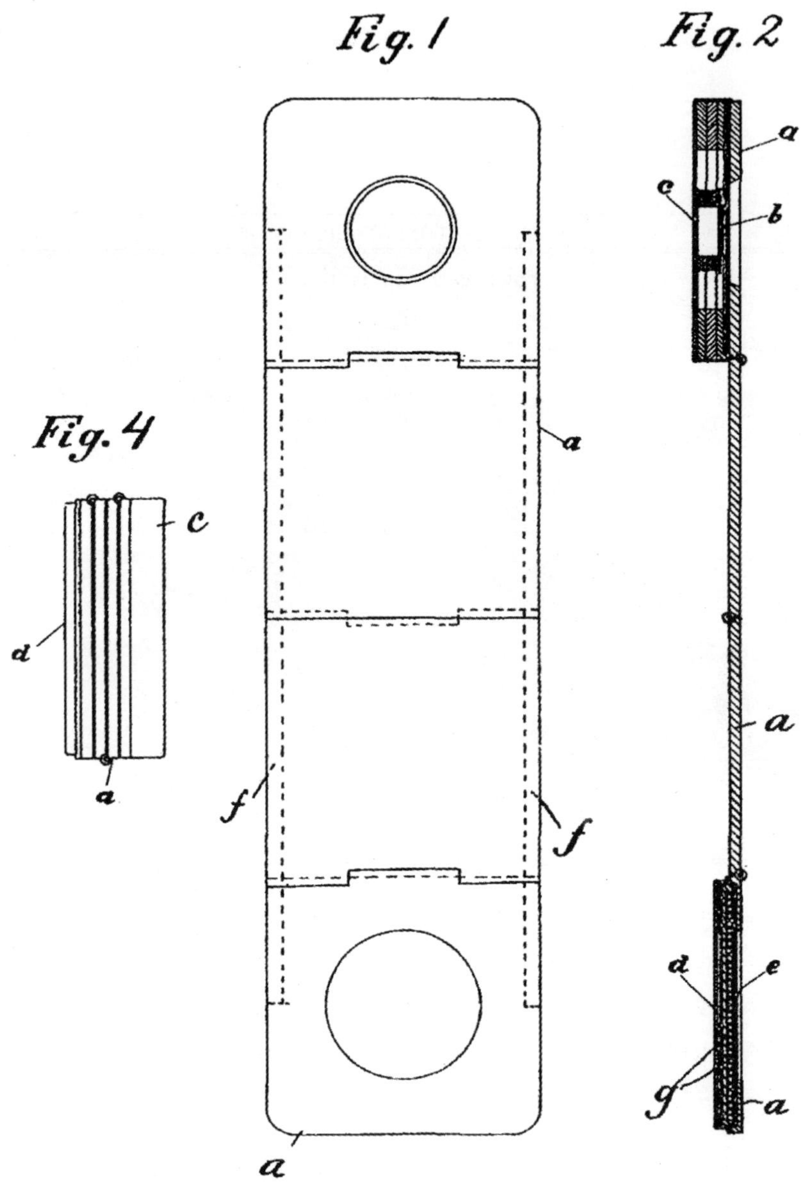

大约 1917 年，埃里克・蒂格斯泰特的“超薄”移动手机专利

关于手持设备、通信网络和数据共享的新想法，这些想法预言互联网、移动计算机处理技术以及全球互联互通将会出现——至少当时比较有远见的未来主义者是这么想的。

著名的科学家和发明家尼古拉·特斯拉告诉《科利尔》杂志："当无线电完全普及应用时，整个世界将被转换成一个巨大的大脑，事实上，所有的东西都是一个真实而有节奏的整体中的粒子。不管距离有多远，我们都能够即刻与他人交流，不仅如此，尽管相距千里，我们依然能够通过电视和电话看到他人并听到他们的声音，就像面对面交流一样；与现在的电话相比，能够实现这种功能的工具将会变得非常简单。一个人能够在他的背心口袋里携带一个这样的工具。"

显然，他的技术预测才是我们强调的重点，而不是他提到的服装剪裁——如今这种带口袋的背心已经过时了，但是，类似于智能手机技术的概括、沟通全球的能力，以及像互联网的"大脑"都是具有先见之明的。

智能手机的其他主要功能，如触控屏功能，也正悄悄向科技文化进军。触控屏操作通信设备的设想可以让世界各地的人们进行交互或接收实时信息，这种设想既会成为科幻小说的支柱，又会成为对实际工程的一种追求。有时候很难分辨其中的区别。

在 20 世纪 40 年代和 50 年代，一些最具影响力的计算机科学家认为个人电脑在将来某一天将被视为知识扩大器，这些设备将帮助人们应对这个日益复杂的世界。万尼瓦尔·布什是一位杰出的工程师，曾任美国科学研究与发展办公室主任，他的设想是只要用户用手轻轻触碰一下麦克斯存储器，这个"内存索引"设备就会让他们访问庞大的数据库。同时，他的同事兼学徒 J.C.R. 立克里德已经预见了人机共生的未来，他在 1950 年时这样写道："希望在不久的将来，人类的大脑和计算机将会非常紧密地结合在一起，而由此形成伙伴关系，其思考方式将与单一的人脑截然不同。"没有任何的征兆暗示这个最终将大脑和计算机紧密结合在一起的载体，使人机

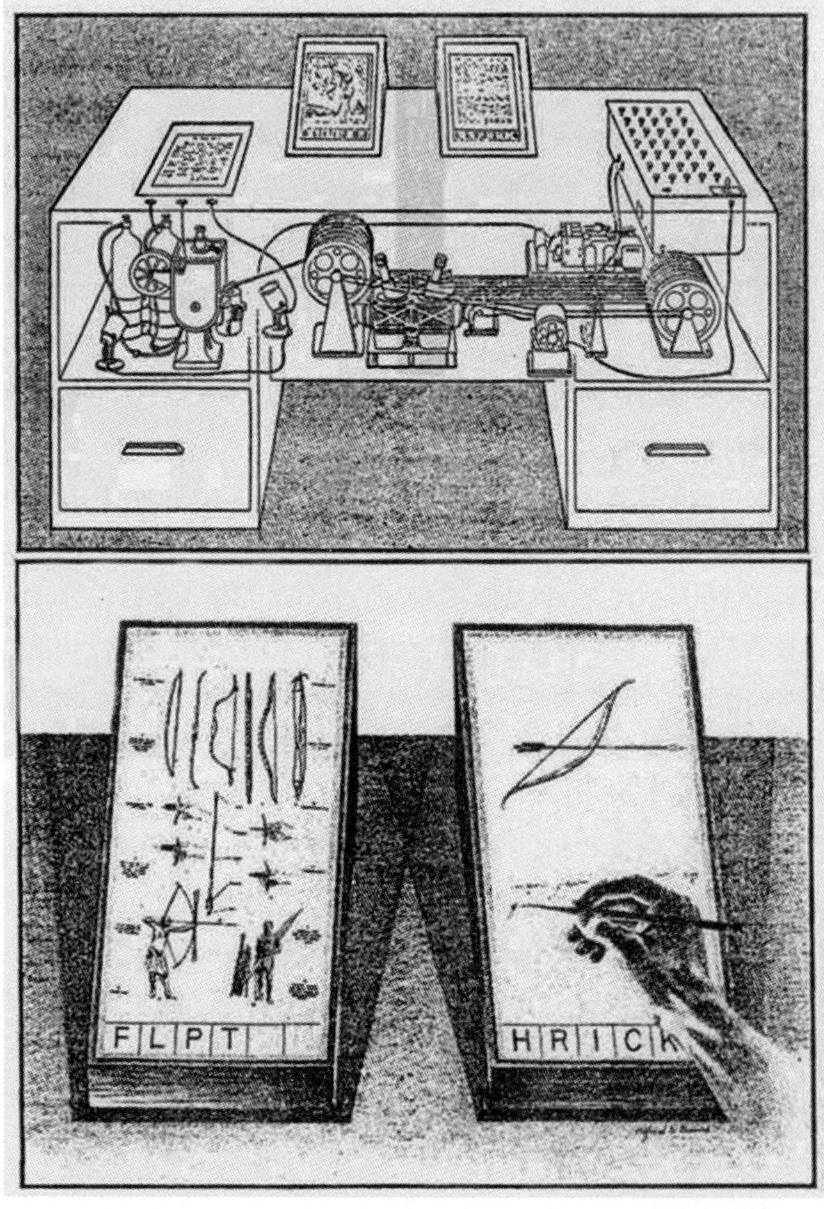

万尼瓦尔・布什的麦克斯存储器，1945 年的《生活》杂志展示了其草图

共生成为可能的东西是手机。

事实上，现代计算机与现代移动手机出现的火花都源自同一个领域，这预示着它们彼此之间密不可分的关系。就在贝尔实验室发现了现代计算机的关键组成部分晶体管之后，手机就变得非常切实可行了。

科幻小说也塑造了智能手机的雏形，其中有两大灵感来源十分突出。“毫无疑问，第一个灵感来源是《星际迷航》。”加西亚说，“三角器和通信器是直接影响，我已经跟几个专门提到过《星际迷航》的创新者交谈过了。”第二个灵感来源是《2001：太空漫游》，其特色是一个叫作 Newspad 的设备。“我认为在 60 年代后期，《2001：太空漫游》是对 iPhone 和 iPad 类设备最主流的展现。”诺瓦克说，“如果你见过《2001：太空漫游》里的 Newspad 的话，我的意思是说，你会发现那就是个 iPad。”

大约在同一时间，艾伦·凯设计了第一台移动计算机——“动力书”（Dynabook）笔记本电脑。这种可以随身携带的设备与全球信息公共设施的结合，比如美国国防部高级研究计划署网络或者双向有线电视这样的设施，使用户足不出户便可访遍全世界的图书馆和学校（更别提各种商店和布告板了）。

在未来半个世纪里，计算机和手机将沿着两条相互独立的轨道发展，研究者们会研发更小、更快、更多功能的手机和计算机，直到它们最终小到可以集成到一体。

第一个被明确包装成“智能手机”的设备是爱立信 R380。这是一款中规中矩的翻盖手机，翻盖开启时，触控屏就会显示出来，用户可以使用触控笔来控制触控屏。诺基亚推出了一款可以运行应用程序和播放音乐的手机。还有一款在 1998 年发布的设备，它实际上就用了 iPhone 这个名称——一种被誉为三合一的“互联网触屏电话”，具有电子邮件阅读器、电话和互联网终端的功能，由一家名为 InfoGear 的公司出售。

“如果没有这些设备，那么 iPhone 将永远不会出现。”加西亚说，“我要再补充一点，如果在 20 世纪 90 年代出现的这些设备中，有任何一个取得了成功，那么，iPhone 也永远不会出现，因为苹果公司不会在这样一个即将取得成功的领域看到什么机会。”

变得智能

弗兰克·卡诺瓦看到了这个领域。但在 1993 年，他当时很焦虑。

在谈到 Simon 第一次公开展示那天的情景时，他说：“我走到外面，深吸了一口气。我给佛罗里达州的伙伴们打电话，告诉他们：‘我们都准备好了，准备开始了。’总部很紧张，他们准备了一个备选方案，因为他们不知道我们是否真的准备好了。”卡诺瓦在回忆这件事的时候越来越兴奋。

“当我站在会展中心外面的那一刻，手机里有我的日程表，我可以和别人在手机上交谈并分享日程安排。我们甚至对它进行了设置，这样他们就可以给我发消息，并从总部佛罗里达更新我的日程表。那一刻，哇，真的是与众不同。在当时，这不是 IBM 个人电脑，不是具有 DOS 提示符的经典台式电脑，也不是一部可以拨打语音电话的手机，而是一种人与人之间相互联系的方式，而这就是重点。那一刻，我站在计算机分销商展览会（COMDEX）外面，找机会做一次深呼吸，当时，我意识到这将会是一次改变世界的展示。”

如果说这是一部好莱坞电影，或者哪怕是一个 TED 演讲或一本企业管理畅销书，那么现在就是所有的辛勤工作都得到回报的时候。这是 Simon 的员工们克服困难的时候，因为他们宣称自己会发布一个畅销的、改变世界的产品，并在世界摆上零售货架。

但是，这种情况却没有发生。

在 1994 至 1995 年间，在公司停止生产该产品之前，IBM 自发售之日起的六个月内只售出 5 万台 Simon。然而，当我宣布要采访第一个获得智能手机专利的人时，大家的普遍反应是：他一定是喝醉了。“哈哈，呃，正如你看到的那样，我并没有喝醉。”卡诺瓦克说道，并且指着他的工程师办公室——虽然并没有很简朴，但也一点都不奢华。“不管怎样，IBM 获得了此项专利。我几乎每年都会接到电话，邀请我去捍卫之前的技术专利，帮助各种公司展示智能手机的渊源。”

Simon 没有畅销的原因有很多。（用商业行话来讲，就是它没有取得成功或失败了，但是，这么说有点用词不当，因为我们很难争辩说占有重要地位的 iPhone 前身失败了，就像你不会说爱因斯坦的祖父由于没有提出相对论，所以失败了。）其中有一些显而易见的原因：价格太贵，零售价为 895 美元。它体积庞大，机身笨重，之所以这样设计是因为当时还没有大规模地使用 Wi-Fi，只能通过拨号来发送邮件。而且，不像 iPhone，它的媒体性能也是非常有限的，不能播放高清视频或高音质的音乐，而且游戏设计也很粗糙。

“说实在的，它的外形丑爆了。”卡诺瓦笑着说。但是，在当时，它不得不被设计成这样子，因为要储存硬件。就像卡诺瓦克所说的，一切都是时间的问题。

这样想一下，史蒂夫·乔布斯是现代历史上最著名的企业家之一。我在写这本书的时候，弗兰克·卡诺瓦的名字甚至在维基百科上都查不到。（等到此书出版的时候，他当然会出现在维基百科上，或许已经被编进了智能手机之中。）我采访过的大多数 iPhone 工程师都没有受到 Simon 的影响，有些人甚至都没有听说过，有些已经把它忘了。但是，不可否认的是，这两款手机在许多功能和理念方面都有重叠的部分。这些设备在某些方面几乎是通用的，或许是因为他们的发明者们都是从共同的技术概念和丰富历史预测的流行文化中获得灵感的。

Simon 是 iPhone 的雏形，这一点难以动摇，但是，这一点被 iPhone 黑色的外壳和如今的尺寸掩盖了。重点并不是苹果脱离了 Simon，重点是智能手机的概念框架，人们想象着他们用移动电脑能够做什么，这远比 iPhone 出现的时间早得多，甚至比 Simon 还要早。

“正是由于这种推拉战略，”诺瓦克说，“才有了蒂姆·库克在 2012 年对布莱恩·威廉姆斯的采访。蒂姆·库克拿起他的 iPhone 说：‘这是《杰森一家》，我是看着《杰森一家》长大的，而这就是《杰森一家》。’当然这不是。但它却体现了他的想法、成长以及未来技术的模样……2013 年，我花了一年的时间把《杰森一家》的每一集都看了一遍，这里面没有一个设备可以被当作 iPhone。但是在库克的记忆中，iPhone 就是源自于此。每一篇未来小说都是一个罗尔沙赫氏试验。”

与其他突破性技术一样，智能手机是建立在无数人的汗水、理念和灵感之上的。科技进步是渐进的、集体的、影响深远的，而不是自发的。“iPhone 是多元发展的。”加西亚说，“没有哪一种技术只有一个发展方向，每一种创新都会带来一系列新的创新。”

影响我们生活的技术几乎不会突然或莫名其妙地出现，它们出现在由大多数默默无闻的贡献者们所带来的非常冗长、复杂和流动的过程中。

这个将理念与突破最终融入智能手机的故事可以追溯到一个世纪之前，这个原材料与基本材料必须结合在一起才能生产出一部真正的智能手机的故事风靡全球。既然我们正在调查 iPhone 的早期开端，那么让我们来看看 iPhone 所用材料的起源吧！

CHAPTER

2

iPhone 里那些神秘的化学元素

赛罗里科山像一座巨大的布满灰尘的金字塔，玻利维亚旧殖民地城市波托西（海拔 4090 米，是世界上海拔最高的城市）就位于它的脚下。当你沿着高速公路向着该城市的城门走去时，从几英里远的地方，你就会看到这座“富庶山”。这座地标式的山丘还有一个绰号为“吃人的山”。这座拥有两个绰号的矿山自 16 世纪中期开始就已经被开采了，当时，初到这里的西班牙人开始征召土著的盖丘亚族印第安人来开采赛罗里科山。

几百年来，这座吃人的山为西班牙帝国提供了大量的资金。到 16 世纪，世界上约 60% 的银都是从这里开采出来的。截至 17 世纪，矿业热潮使得波托西成为世界上最大的城市之一，居住在这里的人口达到 16 万——包括当地土著人、非洲奴隶和西班牙殖民者，这座城市成为在当时比伦敦还要大的工业中心。还有更多的人会来到这里，他们中的很多人会被这座吃人山吞噬。据说，有大约 200 万到 800 万人死于塌方、硅肺病、寒冷或饥饿。

人类学家杰克·韦瑟福德写道：“如今，赛罗里科山在资本主义和随后的工业革命中是第一个，或许也是最重要的一个纪念碑。”事实上，“波托西是第一个资本主义城市，因为它为资本主义提供了主要原料——金钱。波托西提供的金钱不可逆转地改变了世界经济的面貌”。南美洲第一个货币铸造厂仍然矗立在市中心的广场上。

如今，赛罗里科山已经被完全掏空了，地质学家说整座山可能会坍塌，波托西也会随着它一起塌陷。然而，仍然有大约 15000 名矿工在矿山工作，其中数千名都是童工，一些童工甚至只有 6 岁，他们从变得越来越薄的山壁上掏出锡、铅、锌和一点点银。而其中的一些锡很可能就在你的 iPhone

里面。

我们在矿井下面停留的时间不到半个小时。

我们中任何一个尝试过进入矿井的人都看到了这个致命的矿井内部，因为有胆量的波托西人带领他们参观了那些在赛罗里科山下面构成一座迷宫的隧道和竖井。我的朋友和同事（兼翻译）杰森·科佩勒决定和我们一起冒险尝试。我们的向导玛丽亚，同时也是一名小学老师，她告诉我们只会去一些"安全"的地方参观。"没错，"她说，"每年仍有很多人死在矿井里，而最近两个是在上周遇难的，他们还只是孩子，因为喝醉了，迷了路，结果就冻死了。""当然，我们不用担心。"她说。

我们计划戴上安全帽，穿上工作靴和防护披风，带上前照灯，然后下到一英里左右的深度，进入赛罗里科山。在进去之前，玛丽亚在矿工市场停了下来，在这里，我们买了一些古柯叶和一瓶浓度为 96% 的酒精溶液，准备作为礼物送给任何一个我们可能遇到的工人。头顶上的阳光火辣辣地照射下来，但是空气却冷得刺骨。从矿井的井口向外看，我们看到一辆辆生锈的矿车经过，而远处的波托西城也慢慢展现在眼前。

我很紧张。即使每周都有游客来这里探险，即使每天都有孩子在这里工作，但是这个破烂的矿井隧道依然令人恐惧。波托西是世界上海拔最高的大城市，而我们所在的地方比这个城市还要高，高出大约 1500 英尺。这里空气稀薄，致使我呼吸急促。我们将沿着一个狭窄的漆黑的矿井下去，井口是由一些易裂的木梁支撑的，一看到这些易裂的木梁，吸进这些充满硫酸的空气，我唯一的冲动就是转身回去。

成千上万的工人每天都做这样的工作。在开始之前，他们会贿赂恶魔。我有没有提到过赛罗里科山的矿工们都崇拜恶魔？如果没有专门的恶魔，那么就是某个叫埃尔蒂奥的魔鬼。他的嘴里塞满了烟蒂和古柯叶，脚下摆放着啤酒罐；矿工们留下这些贡品以祈求好运。神或许可以统治天地，但是在地下，恶魔却占据统治地位。我和杰森、玛丽亚三人为他点上了三支香烟，然后就准备深入地下。

在赛罗里科山采矿是一个分散式的工作。该场所名义上归玻利维亚国营矿业公司所有，但是，矿工们并没有从国家那里获取薪酬，他们基本上都是在一些松散合作企业工作的自由职业者。这些企业收集锡、银、锌，和铅矿，并将它们卖给冶炼厂和加工商，后者转而又将它们卖给更大的商品买家。这种自由模式，加上玻利维亚是南美洲最贫穷的国家之一的事实，使得矿井的管理工作变得困难重重。

缺乏监督很好地解释了为什么有多达 3000 名儿童可以在赛罗里科山工作。2005 年，由联合国儿童基金会（UNICE）、国家统计局和国际劳工组织所实施的一项联合调查表明，有 7000 名儿童在玻利维亚波托西、欧鲁罗和拉巴斯的矿山工作。根据世界童工组织在 2009 年做的一项历史和区域调查，在整个区域的矿业中心，包括瓦努尼和安特克拉，也发现了童工。在玻利维亚有太多的童工，以至于在 2014 年，国家修正了其童工保护法，在法律上允许年仅 10 岁及以上的儿童做一些工作。这不包括采矿——对于处在任何年龄的儿童来说，在矿井工作是非法的。但是，由于缺乏执法力度以及合作社结构的存在，童工很容易钻法律的空子。仅 2008 年，就有 60 名儿童在赛罗里科山的采矿事故中遇难。玛丽亚告诉我们，这些孩子在矿井的最深处，在一些较小的、成年人难以到达的地方工作，而这些地方很少会经过仔细地检查。这是一项高风险、高度不稳定的工作，孩子们通常是跟随他们的父亲下矿井，一方面是为了补贴家用，另一方面是为他们自己挣学费。对于一些没有技术的劳工来说，采矿是他们能找到的最有赚头的工作。

曾经的矿工伊弗兰·马纳涅，现在做的是向导工作，他 13 岁时就开始在这里做工。他父亲曾在赛罗里科山做了一辈子的矿工。马纳涅少年时就跟他父亲一起在矿井工作，帮忙补贴家用，在接下来的 7 年内他一直跟在父亲身旁工作。如今，马纳涅的父亲患上了硅肺病，许多在矿井工作多年的工人由于吸入矽尘和其他有害的化学物质而深受这种肺病的折磨——这就是那些在赛罗里科山工作的全职矿工的平均寿命只有 40 岁的部分原因。

工人们按照从赛罗里科山山壁上开采的可销售的矿物数量获得报酬，而不是按小时获得报酬。他们用镐和炸药把岩石炸碎，然后把它们装进用于运输的矿车。据说这些工人不相信更高效的技术，因为他们认为这样会减少他们工作的机会。因此，赛罗里科山的采矿工作看起来还和数百年前一样。

如果运气好的话，这些矿工每人一天就可以赚 50 美元，这在这里可是一笔大数目。如果他们没有找到大量的银、锡、铅或锌，那么就一毛钱都赚不到。他们把开采到的矿产品卖给当地的一个加工商，加工商会现场熔炼小量的矿产品，并将更大量的矿石运出城市，运到一家有工业规模的冶炼厂。

银和锌通过铁路运输被运到了智利。锡被运往北部玻利维亚的一家国营冶炼厂——玻利维亚文托冶金公司，或一家私人冶炼厂——奥玛莎公司。在那里，锡可以作为制造苹果产品的原料。

据彭博社 2014 年报道："如今，大约有一半的锡矿被用来制作焊锡，将电子产品内部的部件焊接起来。"焊锡几乎全部是由锡矿制成的。

所以我认为，矿工和儿童使用最原始的工具在世界上最大最古老的持续运营的矿山——这个矿山曾为 16 世纪最富裕的帝国提供了大量资金——开采的金属矿，最终都用来制造当今最先进的一种设备了。它为世界上最富有的公司之一提供了资助。

我们是怎么得知苹果公司使用的是文托冶金公司的锡的呢？这个简单，苹果公司自己这样说的。

苹果公司将其供应链中的冶炼厂列为供应商责任报告的一部分，并且对公众开放。文托冶金公司和奥玛莎公司都在该名单之列。通过多种来源，如工地上的矿工以及行业分析师，我能够确定从波托西开采的锡矿确实都运往了文托冶金公司。

多亏多德 - 弗兰克金融改革法案晦涩难懂的修正案，其目的是阻止各公司使用来自刚果民主共和国的冲突矿产，所以各上市公司必须公开其产品中含有的所谓的冲突金属（锡、钽、钨和金）的来源。

苹果公司表示会在 2010 年开始筹划其供应链。2014 年，苹果公司开始公布它所使用的经过确认的冶炼厂名单，并表示它正努力彻底摆脱购买冲突矿产的冶炼厂供应链。（截至 2016 年，苹果公司已经成为行业内第一个使其供应链中所有的冶炼厂都同意接受定期审计的公司。）

这是一次大的壮举。苹果公司使用大量的第三方供应商生产构成 iPhone 类设备的组件，而所有这些供应商都使用自己的第三方供应商来提供更多的零部件和原材料。这形成了一个巨大的公司、组织和企业活动者网络。苹果公司几乎没有直接购买任何制造产品所需的原材料。

这意味着，为了发掘制造苹果手机的原材料，几乎每个大洲的上千名矿工会经常在残酷恶劣的环境中工作，而 iPhone 就是这样生产出来的。

这原材料到底是什么呢？ iPhone 最基本的组成成分到底是什么？为了弄清楚这些，我向经营着 911 冶金企业的矿业顾问大卫 · 米肖讨教，他帮助我分析确定了组成 iPhone 的化学成分。据我们所知，这是首次进行这样的分析。

2016 年 6 月，我在位于曼哈顿第五大道的苹果旗舰店买了一部全新的 iPhone 6，然后把它送到了米肖那里。米肖把它送到了一家冶金实验室进行了以下测验。

首先，他们称了一下该设备的重量，重 129 克，与苹果广告中所说的一样。然后，他们将 iPhone 放在一个用于粉碎岩石的对冲机中，在这样一种密闭环境中，一个重 55 千克的锤子从 1.1 米的高空落下，砸在了 iPhone 上。锂离子电池着火了。然后，重新把整个手机零件拿出来并粉碎。米肖说："令我惊讶的是，摧毁它竟然那么困难。"就这样，他们提炼出了原材料并进行分析。

在这一过程中，科学家们能够鉴定出构成 iPhone 的元素有哪些。

"有约 24% 的成分是铝。"米肖说，"你会看到手机表面是一层铝。你想不到的是，这层铝的重量占到整个手机装置的四分之一……因为铝非常轻，而且价格便宜，一磅才一美元。"

iPhone 中含有 2% 的钨，这种原料通常是从刚果开采而来的，用于制造手机振动器和屏幕电极。钴是手机电池的重要组成部分，也是在刚果开采的。金是该设备中最值钱的金属，含量并不多。

"并没有检测出多少贵重金属，或许价值只有一两美元。"米肖说，"一英磅镍值 9 美元，而该设备中含有 2 克多镍。"镍被用在了 iPhone 的麦克风中。

iPhone 里的砷比任何一种贵重金属都多，大约有 0.6 克，但是浓度很低，不会产生毒性。镓的数量却多得惊人。"这是在室温条件下，唯一一种以液体形式存在的金属。"米肖说，"它是一种副产品，必须通过开采煤矿才能获得。然而，铅的含量却很少。全世界都在努力摆脱铅的困扰，但是却很难做到。"

他们发现，整个手机所使用的各种合金与氧、氢和碳密切相关。例如，铟锡氧化物用于制作触控屏导体，氧化铝用于制作机壳表面，氧化硅用于 iPhone 的核心——微芯片的制作。砷和镓也是用于制作微芯片。

手机内置微芯片的组成原料是硅，约占到整个手机原料的 6%。而电池的组成成分远远不止这些：它们是由锂、钴和铝共同构成的。

每一个 iPhone 内部都含有一些在整个手机质量中所占比重很小的元

	化学元素	iPhone 中重量占比	重量（克）	每克均价	在 iPhone 中的价格
铝	Al	24.14	31.14	$ 0.0018	$ 0.055
砷	As	0.00	0.01	$ 0.0022	$ –
金	Au	0.01	0.014	$ 40.00	$ 0.56
铋	Bi	0.02	0.02	$ 0.0110	$ 0.0002
碳	C	15.39	19.85	$ 0.0022	$ –
钙	Ca	0.34	0.44	$ 0.0044	$ 0.002
氯	Cl	0.01	0.01	$ 0.0011	$ –
钴	Co	5.11	6.59	$ 0.0396	$ 0.261
铬	Cr	3.83	4.94	$ 0.0020	$ 0.010
铜	Cu	6.08	7.84	$ 0.0059	$ 0.047
铁	Fe	14.44	18.63	$ 0.0001	$ 0.002
镓	Ga	0.01	0.01	$ 0.3304	$ 0.003
氢	H	4.28	5.52	$ –	$ –
钾	K	0.25	0.33	$ 0.0003	$ –
锂	Li	0.67	0.87	$ 0.0198	$ 0.017
镁	Mg	0.51	0.65	$ 0.0099	$ 0.006
锰	Mn	0.23	0.29	$ 0.0077	$ 0.002
钼	Mo	0.02	0.02	$ 0.0176	$ 0.000
镍	Ni	2.10	2.72	$ 0.0099	$ 0.027
氧	O	14.50	18.71	$ –	$ –
磷	P	0.03	0.03	$ 0.0001	$ –
铅	Pb	0.03	0.04	$ 0.0020	$ –
硫	S	0.34	0.44	$ 0.0001	$ –
硅	Si	6.31	8.14	$ 0.0001	$ 0.001
锡	Sn	0.51	0.66	$ 0.0198	$ 0.013
钽	Ta	0.02	0.02	$ 0.1322	$ 0.003
钛	Ti	0.23	0.30	$ 0.0198	$ 0.006
钨	W	0.02	0.02	$ 0.2203	$ 0.004
钒	V	0.03	0.04	$ 0.0991	$ 0.004
锌	Zn	0.54	0.69	$ 0.0028	$ 0.002
	总计	100%	129 克		$ 1.03

16GB iPhone 6 化学元素含量分析表

素，不足以显示在分析报告中。除了像银这样的贵重金属外，还有一些重要元素，即稀土金属，如钇、钕和铈。

所有这些元素，不管有多么珍贵或者多么丰富，必须先从地下挖出来，才能制成制造手机所需要的合金、混合物或塑料。苹果公司没有披露这些非冲突的矿产来自哪里，但是，多年以来，许多矿产来源已经被报道了出来，以下是一些新闻节录，介绍 iPhone 中的一些重要元素是如何被开采出来的。

铝

铝是地球上最丰富的金属，它也是 iPhone 中含量最多的金属，这主要因为其阳极化的外壳。铝主要是从铝土矿中提炼出来的，铝土矿通常是经过露天开采而来的，这种行为会破坏自然景观并危及生存环境。生产一吨铝需要四吨的铝土矿，并且会造成大量多余的废物。铝冶炼厂消耗了全球 3.5% 的电力。在这个过程中，它们释放的温室气体的浓度是二氧化碳的 9200 倍。

钴

钴源于刚果民主共和国，在 iPhone 手机中，锂离子电池中的钴含量最多。2016 年，《华盛顿邮报》发现，在刚果民主共和国的钴矿上有许多小型矿坑，矿工们拿着手工工具在这些小型矿坑里夜以继日地劳作。他们很少穿防护设备，而这些矿井几乎全都不受监管。童工们也在这里辛苦劳作。调查发现，“伤亡屡见不鲜”。

钽

苹果公司宣布其获得了上市公司历史上最大的企业利润，就是在这个时候，它证实了钽的供应商是非冲突的。长期以来，钽的供应主要来自刚果民主共和国，那里反叛分子和军队一样压迫儿童和奴隶在矿井工作，并且利用采矿赢得的利润来维持他们的暴力活动。之所以会出现大量的掠夺、童兵和种族灭绝事件，就是因为有冲突矿物的支持。

稀土金属

iPhone 由数百个组件构成，这些组件需要一系列的稀土金属。例如铈，它可以用在溶剂中，使触控屏变得光滑并给玻璃着色；还有钕，它可以用来制造一些强有力的微小磁铁，许多消费电子零件中都有这种磁铁。而开采这些元素是一项复杂的工作，有时还会中毒。

大多数稀土金属都来自同一个地方——中国北方的一个自治区内蒙古。在那里，采矿所产生的副产品创造出一个灰色的被有毒废物浸泡的湖泊。英国广播公司（BBC）调查员蒂姆·莫恩是真正看到这个湖泊的少数人之一，他告诉我说：“我们对于 iPhone、平板电视等这类产品的贪求创造了这个湖泊。”

我们通常会把稀土这个术语解释为非常稀有的金属，事实上并不是这样，它们并不稀缺。例如，为了获得少量的钕，工人们需要做的就是挖掘大量的泥土，这是一个需要大量能源和资源的过程，因此也产生了大量的废物。与所有企业一样，苹果公司将业务外包给中国。（一家名为莫利矿业的美国公司试图将西南沙漠的稀土金属开采得一干二净，但在 2014 年，该公司破产。）英国广播公司调查显示，这个湖泊不仅有毒性，而且具有放射性——从湖床上收集到的黏土经测试，其放射性比背景辐射高出 3 倍。

锡

在苹果公司列出的锡冶炼厂名单上，大约有一半都来自印度尼西亚的邦加岛。其原因或许正如《彭博商业周刊》报道所揭示的那样，这里是它的生产合作伙伴富士康获取锡的地方。邦加岛的矿井混乱无序并且是致命的。矿工们涌向数以千计的小型矿坑中，每一个都有 15 至 40 英尺深，其中有许多都是不合法的，他们用镐或徒手把锡从地下挖掘出来。矿井老板经常使用拖拉机来挖矿坑，留下一堵堵近乎垂直和不稳定的土墙，这些土墙很容易坍塌砸在矿工们身上。2014 年，矿工死亡率为每周一人。在彭博社发布该项报告之后，苹果公司派遣了一名特使前往印度尼西亚，并承诺与当地团体以及“地球之友”环保组织共同努力，但是，这会产生什么样的影响并不完全清楚。同时，采矿行为使岛上的大部分植物都遭到了破坏，矿工们纷纷挖掘海底矿石，破坏了礁石和海洋生物的栖息环境。

米肖对一些数据进行了汇总，并预估生产一部 iPhone 需要挖多少矿。根据世界各地采矿活动提供的数据，他确定，为了制造一部重 129 克的 iPhone，矿工们需要开采大约 34 千克（75 磅）的矿石来获得其原料金属。整个 iPhone 中的原料金属总价值约为 1 美元，而其中黄金的含量虽然很小，但价值却占到总价值的 56%。同时，92% 的岩石开采出的金属只占到整个设备重量的 5%。换句话说，只有通过大量的开采和提炼，我们才能获得 iPhone 中少量稀有的元素。

截至 2016 年，iPhone 的销售量为 10 亿部，也就意味着需要开采 340 亿千克岩石。这是对地球的一次大量开采，是一次载入史册的开采。在提取金属的过程中，处理一吨矿石需消耗三吨的水。米肖说，这就意味着，每一部 iPhone 污染了约 100 升（或 26 加仑）的水。生产 10 亿部 iPhone 就会污染 1000 亿升（或 260 亿加仑）的水。

此外，米肖说，从一吨矿石中提取黄金通常需要 2.5 磅（1136 克）氰化物，因为该化学制品可以用于溶解岩石，并将贵重金属分离出来。因为生产一部 iPhone 需要开采的 34 千克矿石中有 18 千克是用来寻找黄金的，所以就需要 20.5 克的氰化物来分离出足够多的黄金。

所以，根据米肖的计算，为了生产一部 iPhone，平均每个工厂需要开采 34 千克的矿石，消耗 100 升水和 20.5 克氰化物。

“这太令人震惊了！”他惊叹道。

在赛罗里科山一个深深的矿井里，玛丽亚、杰森和我正躲在一个坍塌的支撑梁下面，正检查岩石缝里的矿物沉淀，我们用头灯照明，沿着隧道里的岔路口前进，看起来好像永远也走不到尽头。这底下一片漆黑。杰森和我都是属于瘦高颀长的身材，而这个隧道只有 4 英尺高，我们伸展不开，只好半蹲下来，摇摇晃晃地前进。四周密不透风，感觉空气密度很大，在这种环境中，杰森开始变得焦虑，于是，我也跟着焦虑起来。导游将“月光”烈酒的瓶子打开，这是我们买给矿工们的礼物，然后将酒瓶放在鼻子下面。彼此之间传递着闻这样一瓶难闻的醒神酒确实有效。

不一会儿，我的头就撞在了顶棚上，一层沉积的灰尘撒在了我的脸上。我用 iPhone 拍摄视频和几张模糊的闪光照片，矿壁上的沉积物——也许是硫黄，散发着一种诡异的美丽。

杰森看起来脸色苍白。我明白了，整座山就是一座滴答作响的地质定时炸弹。上千名矿工每天都在隧道里工作，刚进去就产生这种恐惧的感觉真的很愚蠢，而我们就是这些愚蠢的人。但是，我敢打赌，大多数 iPhone 用户如果在这里待上 20 多分钟，他们就会待不住。杰森想往回走。

不知不觉，我们正在黑暗之中往回走，最终，在拐角处出现了一个小

赛罗里科山的矿井内

光圈。

正如我所说的那样，我们在这里待的时间不到半个小时。

向导伊弗兰·马纳涅——一个十几岁就开始在这里工作的矿工，直言不讳地说道，他的两个朋友现在正在医院里躺着，他的父亲也生病了。“每年，仅在赛罗里科山就有超过 15 名矿工死亡。”他说。他在告诉我这件事的时候没有一丝的悲伤之情，因为这种事在这里是再正常不过的了。人们为此付出的代价是难以估量的，iPhone 的几十种元素背后的这些故事，几乎在每个大洲都会发生。

这是一种让人不安的事实，但是，我们最好还是接受这样一种事实。在致命的环境中，矿工们使用原始工具为我们的设备生产原料。许多 iPhone 中的基本元素都是从这样一种环境中挖掘出来的，在这种环境中，大多数 iPhone 用户甚至连几分钟的时间都无法忍受。只要对这些金属还心存欲望，那么，资源丰富但资金不足的国家就会面临一场艰苦的斗争——需求将继续推动矿业公司和商品经纪人寻找获得这些金属的方法。像玻利维亚这样的国家政府，将挣扎着管理这一行业。在不久的将来，为了给 iPhone 的制造提供原料，矿工们将会继续做一些劳苦的、容易感染肺病的工作。

还有一种重要材料我们没有提到，这就是你拿起 iPhone 时碰到的第一个东西——化学钢化防刮擦玻璃。

CHAPTER

3

是谁成就了著名的大猩猩玻璃？

这是一种普遍的让人心痛的感受——你的手机从手中滑落，你冲上去想要抓住它，却与之失之交臂，于是，它落在了地板上，留下了一道令人心痛的裂痕。然后，你把它捡起来，焦虑感不断上升，你几乎不忍心去看一看你的手机屏幕是否幸免于难。这时会出现两种感受，一种是你惊讶地看到它确实幸免于难，终于松了一口气；另一种是你看到它没有幸免于难，陷入绝望。但是，细想一下你的手机被虐待的情形——与一串房门钥匙共同放在你的前侧口袋里，你几乎不会注意到屏幕上由钥匙刮出的刮痕，有时你会将手机屏幕朝下在粗糙的表面上滑动，或者是手机从桌子上面掉落下来——这时，覆盖在显示屏上的玻璃就显得十分重要了。那么，这种玻璃从何而来呢？

如果你的祖父母曾经给你做过砂锅菜，把它放在一个白色的、看起来不容易破碎的盘子里，另外，盘子上还印有矢车菊的图样，那么，你就是在用这种可以制成玻璃的材料吃饭，这种玻璃具有保护 iPhone 屏幕的功能。这种盘子是用康宁餐具的材料制作的，这是一种由全美最大、最古老、最有创意的玻璃公司生产的一种微晶玻璃合成材料。

在 20 世纪 50 年代初，康宁的发明者之一，一位名为唐·斯图基的化学家，在纽约州北部公司总部的实验室中用光敏玻璃进行实验。他将硅酸锂样品放入熔炉中，并将其温度设置为 600℃（约 1100F）——大致是比萨烤箱的温度。唉，控制器发生了故障，使得温度上升到了 900℃（约 1650F）——大致是中性熔岩从地下出来时的温度。当斯图基意识到这一点时，他打开了熔炉门，原以为他的实验和设备都被破坏了，然而，让他惊喜的是，他发现硅酸盐已经变成了一个灰白色的盘子。他试图把它从熔炉里夹出来，但是，它却从钳子里滑了下来，落在了地板上。奇怪的是，它非但没有破碎，反而从地面上弹了起来。

在那之前，至少有半个世纪的时间，发明家们在发明防碎玻璃方面屡屡受挫。1909 年，一位法国的化学家和装饰艺术家埃多阿赫·贝内迪克特斯在实验室里爬梯子时，不小心把一个玻璃烧瓶碰倒了，烧瓶从架子上掉了下来，但是，玻璃烧瓶并没有破碎，也没有四处散落玻璃碎片，相反，这个玻璃烧瓶完好无损。令贝内迪克特斯困惑的是，当他研究过这种玻璃后发现，它含有硝酸纤维素，一种液态塑料，液体已经蒸发并留下了一层薄膜。这层薄膜兜住了玻璃碎片，并防止它们在受到冲击时四处扩散。

这位艺术家兼发明家在接下来的 24 小时内疯狂进行实验，他知道早期的汽车挡风玻璃是易碎的，这一点非常危险，而他找到了一种解决办法。就在当年晚些时候，贝内迪克特斯申请了世界上第一个防碎安全玻璃专利。虽然这种玻璃更安全，但是，汽车制造商起初对这种更昂贵的玻璃并不感兴趣。直到第一次世界大战时，贝内迪克特斯发明的其中一种玻璃被用于制造美国士兵防毒面具的目镜，安全玻璃的制造成本才变得便宜起来。（军事规模的工业化往往具有这样的效果。）而在 1919 年，即在贝内迪克特斯意外发现这种惊喜整整 10 年后，亨利·福特开始将这种玻璃用于制造挡风玻璃。

然而，唐·斯图基才是第一个发明合成玻璃陶瓷的人。康宁继续称之为微晶玻璃。这种玻璃很轻，比钢硬，而且比典型的玻璃要坚硬得多。康宁把这种玻璃卖给了军队，在那里，这种玻璃被用来制造导弹的前锥。但是，真正的福音是康宁发现这种玻璃与另一种处于上升地位的微波技术合作，在未来餐具发展方面，康宁的碗碟餐具系列——康宁餐具——将会发展得很好。它们像新鲜出炉的烤薄饼一样畅销。

在 20 世纪 50 年代后期，按照康宁公司的一个著名的传说所述，当时康宁公司总裁比尔·德克尔与该公司的研究、开发主管威廉·阿米斯特德进行了交谈。“玻璃会碎。”德克尔说，“你为什么不解决这个问题呢？”

康宁餐具不会破碎，然而它却是不透明的。鉴于这种材料获得了成功，所以该公司的研发预算实际上翻了一番。因此，康宁推出了一个实验，该实验有一个响亮的名字，叫“肌肉计划”，目的是创造一种更坚固的透明玻璃。其研究小组调查了当时他们所知的所有玻璃强化方法，大致可分为两种类型：一种是古老的回火技术；另一种是玻璃热强化技术，这是一种更新的技术，当加热时，分层玻璃的新分层会以不同的速率延展。当这些多层的玻璃冷却时，研究人员希望它们会压缩并强化终端产品。“肌肉计划”实验结合了回火和分层技术，在1960年和1961年间达到了惊人水平。不久，这一实验就研制出了一种新的、具有超级强度的玻璃，值得注意的是，这是一种防碎和防刮擦玻璃。

2012年，一位调查康宁与苹果公司关系的记者布莱恩·加德纳解释说：“公司的科学家调整了最近开发出来的，将玻璃浸泡在热钾盐中的强化玻璃的方法，这是一种突破。他们发现，浸泡之前，在给定的玻璃成分中加入氧化铝，将会使玻璃产生意想不到的强度和耐久性。”

这种巧妙的化学强化过程依赖于一种新的被称作“离子交换”的新方法。首先，砂——大多数玻璃的核心原料，与化学制品混合产生一种重钠铝硅酸盐，然后将玻璃浸在钾盐中并加热至400℃（752F）。康宁表示，在最初的一次混合中，由于钾比钠重，所以，“大离子被填充到玻璃的表面，形成压缩状态”。他们把这种玻璃称为Chemcor，它比普通的玻璃要坚固得多，而且它还是透明的。

Chemcor的强度是普通玻璃的16倍。据说，这种玻璃可以承受每平方英寸10万磅的压力。当然，这必须得到研究人员的确定，于是他们开始对这种神奇的玻璃进行压力测试。他们站在研究中心的屋顶，将由Chemcor玻璃制成的杯子扔到一块钢板上，玻璃杯没有破碎。于是，他们加大一点力度，在实验中，他们将冷冻鸡掷在新的玻璃片上。幸运的是，Chemcor 玻璃也被证明是耐得住冷冻鸡所产生的压力的。

到 1962 年，康宁公司认为这种玻璃已经进入了黄金销售期。但是，康宁公司不知道该如何将 Chemcor 推向市场。或者，更确切地说，公司有太多的想法。于是，康宁公司在曼哈顿市区召开了一场新闻发布会，来展示 Chemcor 玻璃，并让市场得知这种玻璃。不管人们对它进行撞击、掰弯还是扭曲，都没能打碎它。这种特技表演产生了良好的推广效果，无数有关这种玻璃的咨询蜂拥而来。贝尔电话公司也曾考虑使用这种玻璃来防止人们对电话亭的恶意破坏。眼镜制造商看中了这种玻璃。康宁公司自己为潜在产品的开发提供了约 70 种构想，其中包括为监狱制造坚固的窗户，没错，还有防碎的挡风玻璃。

但是，与贝内迪克特斯的情况一样，感兴趣的人寥寥无几，几乎无人购买。一些使用当时在法国很受欢迎的层压技术的汽车制造商认为，Chemcor 真的太坚硬了。在汽车制造商精心协调碰撞测试时，他们发现，如加德纳所说："头骨与之相撞后，会严重受损。"在发生车祸时，如果车内的人想幸免于难，那么，就要打破挡风玻璃。美国汽车公司（AMC）生产的一些经典汽车都有使用 Chemcor，但是这种汽车很快就停产了。

到 1969 年，投入到该产品的资金已达到 4200 万美元，而且 Chemcor 有望增强全世界的窗格玻璃整体品质。但是，市场调查表明，没有人真的愿意购买这种超坚硬的昂贵的玻璃，因为它太贵，太独特了，Chemcor 和"肌肉计划"于 1971 年被废止。

35 年之后，即 2006 年 9 月，就是史蒂夫·乔布斯打算向全世界介绍 iPhone 的 4 个月之前，他怒气冲冲地出现在苹果公司的总部。

"看看这个。"他对一个中级主管说，手里举着一个 iPhone 原型机，它的整个塑料显示屏满是刮痕，原因是他把它与钥匙放在了同一个口袋。

“看看这个。屏幕上是什么？”

“是这样的，史蒂夫。”这个主管说，“我们设计了一个采用玻璃屏幕的 iPhone 原型机，但是在一米落地测试中，百分百失败……”

乔布斯打断了他：“我只想知道你有没有把这该死的实验做成功。”

这次交流或许反映了一点乔布斯众所周知的极其强势的性格，但是他的这一性格也确实产生了一些影响。

“在最后一刻，我们将塑料屏幕换成了玻璃屏幕，这就像打了一个弧线球。”最初的 iPhone 工程团队负责人托尼·法德尔笑着对我说道，“这种临时调整的事情已经屡见不鲜了。”

原本的计划是推出一款具有坚硬的树脂玻璃显示屏的 iPhone，就像苹果公司已经推出的 iPod 一样。而乔布斯的观点彻底改变了这一计划，他给 iPhone 团队不到一年的时间去寻找一种可以通过落地测试的替代品。但问题是，在消费市场上，根本找不到这种刚好符合要求的玻璃，市场上所销售的大部分玻璃，要么是太脆弱，易碎，要么就是太厚，没有吸引力。于是，苹果公司开始首次尝试由公司内部设计一种钢化玻璃。对于这个尝试持续了多久，并不清楚——其实，在 21 世纪中期，苹果公司还没有组建强大的材料科学部门，但是后来，他们放弃了这种尝试。

乔布斯的一位朋友建议他联系一位名叫温德尔·韦克斯的人，他是纽约一家名叫康宁玻璃公司的首席执行官。早在发明了可微波的陶瓷制品之后，康宁公司就不断创新——该公司的研究人员不仅发明了微晶玻璃，还发明了低损耗的光导纤维。1970 年，这种光导纤维促进了有线互联网的发展。2005 年，随着时髦的翻盖手机 Razr 越来越受欢迎，康宁公司重新利用已经废弃的 Chemcor 玻璃，看看是否能为手机提供强大又实惠的防刮擦玻璃。由于标志性灵长类动物猩猩具有“强壮和美”的特点，所以，他们给这种玻璃取代号为“大猩猩玻璃”。

就这样，苹果公司首席官最近去位于纽约州北部的康宁公司总部拜访了其首席执行官，当时韦克斯正在全力重振长达半个世纪之久的研究。乔布斯告诉韦克斯，苹果公司正在寻找一种玻璃，于是，韦克斯就把有关大猩猩玻璃的研究告诉了他。

沃尔特·艾萨克森在他所著的传记《史蒂夫·乔布斯传》中很好地记录了这次已是臭名昭著的交谈。乔布斯对韦克斯说他怀疑大猩猩玻璃是不是足够好，并开始向这个全美顶级玻璃公司的CEO解释玻璃是如何制作的。“你能闭嘴吗？”韦克斯打断乔布斯，“让我来教你一些科学知识？”乔布斯着实被吓了一跳，对他来说，在会议上受到这样的惊吓是非常罕见的，于是他沉默了下来。而韦克斯则走向了白色书写板，概述了是什么使得该公司生产的玻璃如此出众。乔布斯被说服了，于是，他恢复了其乔布斯风格，在短短几个月内就购买了康宁公司能够生产的所有大猩猩玻璃。

“我们达不到这种生产能力。”韦克斯回复他，“现在，我们的工厂都不生产这种玻璃了。”他抗议道：“及时扩大订单是不可能的。”

“别担心！”乔布斯回答道，“集中精力，你们能搞定的。”据艾萨克森所说，韦克斯在讲述这件事的时候仍然惊讶地摇着头。“我们在6个月内就搞定了。”他说，“我们生产了一种从未生产过的玻璃。”

早在50年前，康宁公司就制造出了这种玻璃的样品，但是从未如此大批量地生产过。在此后的几年内，市场上所出现的几乎所有的智能手机，其屏幕都会被这种玻璃覆盖。

大猩猩玻璃的制作过程是一种被称为熔化提取的过程。正如康宁公司解释的那样：“熔化态玻璃被注入一个‘溢流槽’中，将这个槽注满，直到玻璃液均匀地流过两侧。接着，从底部重新汇合或熔化，并且从这里把它提取出来，形成一块平整的玻璃连片，这种玻璃片非常薄，只能以微米来测量。它的宽度大约是一张铝箔那么宽。下一步就是使用机械臂来帮助溢出的玻璃熔液变得光滑，然后将其浸在钾离子的熔液中，并进行离子交换，这样会使大猩猩玻璃变得坚硬。”

康宁公司的大猩猩玻璃是在一家工厂里制造的，这家工厂坐落在肯塔基州哈罗德斯堡（这里的人口有 8000 人）的卷烟厂和广阔的畜牧场之间。该工厂雇用了数百名工会工人和大约 100 名工程师。

“康宁公司来到这个地方建工厂是为了雇用一些从小在农场长大的工人。” 2013 年，当地农民扎克·伊普森这样告诉美国国家公共电台（NPR），“因为他们知道该如何工作。” 在这个以丰富的烟草产量而出名的世外桃源般的小镇之外，有一家最先进的玻璃工厂，而世界上最畅销的一种设备的一个重要组件就是在这里制造的。在美国加工制造的 iPhone 零件并不多，而这就是其中之一。“当我告诉别人我在这个以波旁威士忌、马匹和农田而著称的牧草之州生活工作时，他们都很惊讶这里竟然会有这种高科技工厂。” 工程师肖恩·马库姆说。

大猩猩玻璃现在是消费电子行业最重要的材料之一。我们的手机和平板电脑都使用了这种玻璃，不久之后，几乎所有的领域都会用到这种材料。康宁公司有一些大计划，它设想智能屏幕——当然，是用大猩猩玻璃制造的——会覆盖所有日益发展的智能家居表面。在将 Chemcor 玻璃首次推向市场失败的 50 年后，大猩猩玻璃或许最终会被用来制造汽车挡风玻璃。

拿下苹果公司合约有助于公司蓬勃发展，而不仅仅因为 iPhone 本身很受欢迎。随着 iPhone 成功地与康宁公司合作，三星、摩托罗拉、LG 和几乎所有其他手机制造商纷纷加入了智能手机角逐的行列。

在一个被关闭的研究实验室等待了数十年之后，“肌肉计划” 仍然在那儿，是 iPhone 帮忙唤醒了这项技术，现代世界越来越成为一个在触控屏上运行的世界，而这项技术有助于防止这个触控屏因为刮擦而被损坏。

CHAPTER

4

多点触控技术究竟来自哪里？

世界上最大的粒子物理研究所在法国和瑞士的边境铺展开来，就像一个急速发展的郊区城镇。欧洲核研究组织，也就是常被人们称为欧洲核子研究组织（CERN）的机构，由迷宫般的办公园区以及质朴无华的建筑构成，其面积大得惊人，连在那里工作的人们都会时常迷失方向。

CERN 知识迁移团队的法律专家大卫・马聚尔，也是当天我们一行人中不熟悉环境的一员，他说道："我还是会在这里迷路。"欧洲核子研究组织的代言人，工程师本特・斯顿普也这样说。我们在这些看似没有尽头的走廊里徘徊了好多圈，转错了好几个弯。"这些建筑的编号是没有逻辑的。"马聚尔说。我们目前正在 1 号楼，但是隔壁的那座建筑却是 50 号。"所以，最后终于有人为 iPhone 设计了一款应用程序，帮助人们找路。我一直都在用这款应用程序。"

欧洲核子研究组织以大型强子碰撞型加速装置而闻名，这是一个可以在地下 17 英里深的环形场地运行的粒子加速器。科学家们就是使用这种设备发现了希格斯玻色子，即所谓的"上帝"粒子。几十年来，欧洲核子研究组织一直是 20 多个国家间的合作活动的主办机构，这是一个超越地缘政治紧张局势，促进合作研究的避风港。在这里，我们对宇宙本质的理解取得了重大进展。而且，我们在更加贴近日常生活的领域，如工程和计算机领域，也取得了重大进展，这几乎就是一种意外收获。

我们在楼梯间上下穿梭，对遇到的学生和学者点头示意，或凝视着那些曾获得诺贝尔奖的物理学家。在其中一个楼梯井，我们从 95 岁高龄的杰克・斯坦伯格身边走过，他因 1988 年发现了子型中微子而获得诺贝尔奖。

“他仍然会时常拜访这里。”马聚尔说。我们乐于迷失其中，寻找一种几乎被历史遗忘的技术的诞生地：形成于 20 世纪 70 年代早期的触控屏技术，它的发明者说，它能够进行多点触控。

当然，多点触控是苹果公司的 ENRI 团队在寻找改写人类与计算机交谈的语言的方法时开发出来的。

“我们开发出了一种非凡的新技术，多点触控技术。”史蒂夫·乔布斯在其 iPhone 发布会的主旨演讲中称，“它运行起来像魔术一样神奇，你不需要使用触屏笔，它比任何安装在手机内的触动显示器都更准确，它会忽略一些无意触碰，非常智能。你可以在这种触控屏上做多指手势。而且，好家伙，我们已经取得了它的专利。”乔布斯讲完之后，人群沸腾了起来。

但这有可能实现吗？

很明显，乔布斯之所以如此积极地宣传多点触控技术，是因为它使得 iPhone 在竞争中立于不败之地。但是，如果你把多点触控技术定义为能够检测到至少两个或多个同时触碰的界面，那么，该项技术早在 iPhone 首次亮相之前就以各种形式存在几十年了。然而，它的大部分历史仍然不为人所了解，其发明者们要么被遗忘了，要么就是不受重视。

由此，我们认识了本特·斯顿普。这位丹麦工程师在 20 世纪 70 年代开发了一款触控屏，用于管理 CERN 的控制中心，这个控制中心有一个惊人的名字，叫作“超质子同步”加速器。他提出要带我参观 CERN，向我展示“电容式多点触屏诞生的地方”。斯顿普认为，他开发的触控屏与 iPhone 之间有直接的联系。从一定程度上来说，两者是“近乎一致的”，他说，苹果公司如果没有引用他的系统，那么他们的专利或许会无效。

“这项技术首次开发是在 1972 年完成的，用在了超质子同步加速器中，其工作原理于 1973 年在 CERN 的一份出版物上发表。”他告诉我，“这种屏幕已经是真正的电容式透明多点触控屏幕了。”

我在日内瓦“爱彼迎”上租了一间房子，在一个秋日的清晨，斯顿普来到这里接我。他是一个精神矍铄的 78 岁老人，一头白色的短发，而且他的表情自带一丝顽皮的微笑。他的眼里散发出一种好奇的光芒（弗兰克·卡诺瓦的眼睛里也闪着这种光芒，我们称之为不求回报的发明家的闪亮目光）。当我们开车去 CERN 时，他亲切地和我们闲聊，并给我们指出一些地标性的建筑。

有一个巨大的、外观似野兽派风格的穹顶，这就是“科学和创新之球”，还有一个 15 吨重的钢带雕塑，被称为“漫游无限”，我们接下来的日子也可以用漫游无限来形容。

在接触斯顿普的触控屏之前，我们顺便参观了一个对移动计算机时代和现代计算机时代起到重要作用的地方——万维网的诞生地。毕竟，没有万维网的“互联网通信器”是引不起人们多大的兴趣的。

万维网的起源地可以说是一个非常不起眼的办公区。除了一块纪念牌外，它看起来和你预想中的研究中心办公室别无两样：实用，但有点单调。各位，未来不是在水晶宫里打造出来的，而是在 20 世纪 80 年代，在这里发展起来的，当时，蒂姆·伯纳斯·李创建了他习惯称之为“万维网”的东西。在试图简化 CERN 大量物理学家之间的共享数据时，他设计了一种系统，可以将信息页面与超文本链接联系在一起。

该事件深深铭刻在科技史上。在距离蒂姆·伯纳斯·李的隐秘天地不远的地方，距此仅一步之遥的一间小木屋里，本特·斯顿普为现代计算机发展进程迈出了鲜为人知的一步。没错，最早的一个具备多点触控功能的设备也是在相同的环境下发展起来的——与万维网诞生时的机构相同、背景相同，尽管那是 10 年前的事情。iPhone 的一个重大飞跃是，它使用多点触控技术，使我们能以一种顺畅的、令人满意的方式接触到丰富的网页内容。然而，这里却没有一块纪念触控屏的牌子——其他地方也没有。斯普顿开发的屏幕只是一个不起眼的脚注，连科技史学家也得眯着眼睛才能看到。

而且，大多数触控屏创新者依然是不起眼的。这是一个至关重要但却被低估了的领域，因为来自各个截然不同的行业和学科的思想必须汇聚在一起，才能使多点触控技术转化为现实。多点触控技术最初的一批拓荒者是音乐学家，他们在寻找将创作理念转化成声音的方法。其他的拓荒者则是技术员，他们在寻找一些操纵数据流的更有效方式。一位早期技术“梦想者”认为触控是实现数字化教育的关键。后来有一位梦想者认为，使用触控屏比使用键盘更有益于人们的手部健康。半个世纪以来，人们满怀激情，努力将提高创造力、效率，与教育和人类工程学结合起来，以促进触控技术的发展，最终将多点触控技术融入 iPhone 中，融入主流。

史蒂夫·乔布斯在 2007 年发表的主旨演讲中提到，他和苹果公司已经发明了多点触控技术，紧接着，比尔·巴克斯顿就收到了纷至沓来的邮件。“是这么回事？”“你们不是很多年前就做了这样的事情吗？”如果真有一个公认的多点触控教父的话，那个人或许就是巴克斯顿了，他的研究令他走在交互技术的前沿。巴克斯顿在硅谷著名的“施乐帕克研究中心”工作，与鲍勃·穆格一起做音乐技术实验。1984 年，他的团队开发了一种可以实现持续多点触控感应的平板式设备。1985 年，他在多伦多大学与人合著了一篇论文，名为“多点触控的三维触控感应平板电脑”，这篇论文首次使用了这个术语。

对于每一封邮件中的询问，巴克斯顿并没有一一回复，而是将这些问题的答案汇编成一个文档并发布到了网上。“多点触控技术具有悠久的历史。”巴克斯顿解释道，“准确来说，在 1984 年，我在多伦多大学的团队就已经致力于研究多点触控技术了，同年，第一台麦金塔电脑发布，而我们不是第一个发明该技术的人。”

那么，谁是第一个发明人呢？“或许，贝尔实验室的鲍勃·博厄伊是设计出第一个我所见过的可操作多点触控系统的人。”他告诉我，“几乎没人知道这件事，因为他未曾取得过它的专利。”像许多发明一样，其母公司不太确定能拿这项发明来干什么。

“不过，在我们接触多点触控技术原型之前，”巴克斯顿说，“如果想要真正了解触控技术的根源，那么，我们有必要研究一下电子音乐。”

“音乐家在通过一种技术媒介来表达强大的创作理念方面，或许比有史以来其他任何领域的专家都要早得多。”巴克斯顿说，“有些人会争论说武器制造行业走在最前面，但是他们或许少了些创意。”还记得伊莱沙·格雷，也就是格雷厄姆·贝尔在电话业的主要竞争对手之一的吗？他被称为合成器之父。那是在 20 世纪初期。“合成器的历史可以追溯到很久以前。”巴克斯顿说，“它可以追溯到各种不同的领域，所以很难说是谁发明了什么东西。”“其中用到多种不同的技术，”他说，“以改变体积、压力和电流容量。”“在触控屏的发明过程中也是如此。”他补充道。

“毫无疑问，从人类感知的角度来说，触控——就是人类会用手指去做的事情，始终都是乐器的一部分。例如，你是如何弹奏出一个音符，如何用小提琴琴弦弹出一个颤音，等等。”巴克斯顿说，“人们开始致力于研究各种能够捕捉到这种细微差别的电路，这不仅仅是‘我触碰到了没有？’的问题，而是‘我在触碰时要使用多大的力？’以及‘如果我做一些移动手指之类的动作，声音会变得更大一些吗？’的问题。”

第一个尝试用手势控制电子音乐的人是莱昂·特雷门。流传在国外的俄罗斯乐器——泰勒明电子琴在 1928 年获得了专利。另外，这种琴还有两根天线，一根控制音调，一根控制音量。这是一种很难演奏的乐器，你对它最大的了解可能就是在古老的科幻电影和迷幻的摇滚音乐中所产生的幽幽的复古音效。然而在当时，这种乐器被视为是非常严肃的，至少在明星演奏家弹奏时是这样的，艺术家克拉拉·洛克莫尔记录了其与世界级音乐家谢尔盖·拉赫玛尼诺夫一起演奏的二重奏。

泰勒明电子琴使罗伯特·穆格受到了启发，他将继续创造流行音乐最著名的合成器。他不仅建立一个基准，解释机器在感知到人类手指的触碰时会如何解析其中细微的差别，除此之外，他还设计出了触控板的形式。“与此同时，鲍勃还开始为驱动合成器制作具有触控感应功能的触控板。”巴克斯顿说。当然，在与他同行业的人中，他并不一定是第一个这样做的人，一位名叫休·凯恩的加拿大学者制造了电容式触控传感器。（回顾一下，这种更复杂的触控屏是通过感知人类手指所带来的电容变化而产生作用的。）还有一位叫唐·布奇拉的伯克利电子音乐嬉皮士，他为肯·凯西的公共汽车接通电线以演奏音乐《快乐的恶作剧者》，同时他还是一位合成器创新者，但是，他只为那些他认为值得的乐器制作合成器。像巴克斯顿一样，这些人在他们的听觉实验中开辟了电容触控技术。

我们今天所公认的第一个触控屏设备是由英国皇家雷达机构的工程师埃里克·阿瑟·约翰逊在 1965 年发明的。它是用来改善空中交通管控的。

在约翰逊时代，每当一名飞行员要求改变其飞行计划时，空中管制员必须用电传打字机敲出 5 至 7 个字符的呼号，并将其输入到电子数据显示屏上。这种多余的步骤不仅浪费时间，而且容易出错。

他认为，基于触控的空中交通管制系统将会使管制员们更有效地改变飞机的飞行计划。

约翰逊最初的触控屏提议是，在一个阴极射线管的表面缠上铜线，基本上就能创造一个可触控的电视。该系统只能记录一次触控，但是，现代触控屏的基本原理就是这样的。它是电容性的，是一种更复杂的触控屏，从一开始就能感觉到手指触控所产生的电容变化。

这种触控屏可以连接到一个数据库，该数据库囊括在特定区域飞行的所有飞机的全部呼号。屏幕上将会显示“一个呼号对应一根触控线”。当一架飞机要求识别自己时，管制员就会轻轻地碰一下这种呼号所对应的触控线。随后，系统就会提供一个选择，可输入经过许可的飞行改变计划。这是一种智能的方式，能够减少考虑每个细节时的反应时间，以及由于一些不正确的字符而导致的事故。

“当然还有其他可能的应用。”约翰逊说道，“例如，如果某人想要打开一个主屏幕上的应用程序，或者要控制一台粒子加速器。”

约翰逊对技术做出了如此重要的贡献，然而，有关他的记录却很少。因此，对于他跨入到触控屏领域的原因，只是一种猜测。我们知道约翰逊在他的专利中引用的先有技术至少有两个奥蒂斯电梯专利：一个是基于电容的接近感应（一种当乘客进电梯时，电梯门不会关上的技术），另一个是触控响应的电梯控制装置。他还取得了通用电气、美国国际商用机器公司、美国军方以及美国马赫和铸造公司的专利。所有这 6 项专利早在 20 世纪 60 年代中期就已经申请了。即使触控控制没有用来控制计算机系统，这种想法也是“广为流传”的。

最后，他引用了一项 1918 年的“打字电报系统”专利。打字电报系统是由一位住在美国康乃迪克州的年轻的意大利移民弗雷德里克・吉奥发明的，基本上算是一台打字机，不过已经变成了平板大小的网格，所以，每一个按键都可以连接到触控系统。这就像是智能手机键盘的模拟版本。它将允许基于字母、数字和输入等信息的自动传输——触键打字电报基本上是一个初步原型的即时通信工具。这意味着，触控屏从一开始就与通信紧密地联系在一起，而且，如果没有电梯感应的发明，有关触控屏的构想或许也不会存在。

约翰逊发明的触控屏确实被英国空中交通管制员采用，而且他的这一系统一直延续使用到 20 世纪 90 年代。但是，他的电容式触控系统很快就被电阻式触控系统超越了，这种系统是由美国原子科学家萨缪尔・赫斯特所带领的一个团队发明的，用于跟踪他的研究。基于压力的电阻式触控更便宜，但是它不精确，常常令人郁闷——在过去几十年里，它让触控技术有了一个恶名。

回到欧洲核子研究组织，我被带领着穿过一个拥挤的开放式大厅，有些会议正在进行中，而且到处都是科学家，然后进入一间简朴的会议室。斯顿普拿出一个厚厚的文件夹，接着又拿出一个，直到拿出一个 20 世纪 70 年代的真实的触控屏原型机。

斯顿普在这里是为了证明他的技术被用在了 iPhone 中，而马聚尔在这里是为了证实我没有将其视为欧洲核子研究组织的官方立场，当我开始意识到这一点时，气氛突然变得很紧张。当斯顿普开始给我讲述他是如何实现多点触控技术的故事时，他们很礼貌地讨论了一些细节。

斯顿普于 1938 年出生在哥本哈根。高中毕业以后，他在丹麦空军服兵役，在那里，他学习了无线电和雷达工程。服役期满后，他曾在一家电视工厂开发实验室工作，为未来产品改进新的显示技术和原型。1961 年，他在欧洲核子研究组织找到了一份工作。当欧洲核子研究组织将其第一个粒子加速器质子同步加速器（PS）升级为超质子同步加速器（SPS）时，需要一种方法来控制这个庞大的新机器。质子同步加速器已经够小了，所以，用于设置控件的每个设备可以单独操作。不过，质子同步加速器要测量周长的 1/3 英里，而超质子同步加速器要测量的则长达 4.3 英里。

“用固定线路将设备直接连接到控制室的旧方法在经济上是不可能实现的。”斯顿普说。他的同事弗兰克·贝克的任务是为新的加速器创建一个控制系统。贝克意识到，触控屏技术这个新兴领域，或许适用于超质子同步加速器，于是，他去找了斯顿普，问问他是否能想到些什么。

“我想起了 1960 年我在电视实验室工作时所做的一个实验。”斯顿普说，“我观察到女士们花费大量时间制作了电视所需要的小线圈，这些小线圈后来被放在了电视机的印刷电路板上，这时，我想到或许有可能直接在印刷电路板上把这些小线圈印刷出来，这样一来就会节省很多成本。”他认为这一想法可以再次发挥作用。“我认为，如果你可以印刷一个线圈，那么你现在也可以在透明的基板上打印一个有非常小的线条的电容器——像玻璃一样透明的基板，然后将电容器合并到电路中，当手指触碰玻璃屏幕时，这种电路就可以检测到电容的变化……这样的话，你可以说 iPhone 的触屏技术可以追溯到 1960 年。”

1972 年 3 月，他在一本手写笔记中概述了他的电容式触控屏幕的设想，其中还有一些固定数量的可编程按钮。贝克和斯顿普共同起草了一个提案，并将其交给了欧洲核子研究组织的更大的负责机构。1972 年底，他们公布了一个以触控屏和小型计算机为中心的新系统的设计。“通过呈现依赖于以往的决策而做出的连续选择，触控屏将会使单个操作员只使用几个按钮就可以操作大型控制桌面。”斯顿普写道。像电视机一样，这些屏幕将以阴极射线管为基础。

欧洲核子研究组织接受了这个建议。但是，超质子同步加速器尚未完成制造，而工作又不得不开始着手，所以，欧洲核子研究组织的管理者们给他提供了一个被称为“挪威营房”的场地——这是一个在露天草坪上架设的临时车间。整个车间大约有 20 平方米。有了这一理念，斯顿普利用欧洲核子研究组织的大量资源来建造一台原型机。另一位同事已经掌握了一种称为离子溅射的新技术，这种技术可以让他在一张干净柔软的聚酯薄膜片上沉积一层铜。“经过我们的共同努力，创造了第一批基本材料。”斯顿普说，“这个实验最终第一次成功地让透明的触控电容嵌在了一个透明的表面上。”

斯普顿的 16 键触控屏控件在 1976 年开始投入使用，当时超质子同步加速器也开始上线。他并没有停止对触控技术的研究，最终，他设计了一款更新版本的触控屏，这种触控屏能够沿着按照 X 轴和 Y 轴排列的电线更精准地记录触控，这使它更接近我们今天所知道的现代多点触控。他说，超质子同步加速器能够实现多点触控，它可以同时记录多达 16 个触碰点，但是程序员们却从未好好利用这一潜能。他们认为根本没这必要，这就是他的下一代触控屏没有开发成功的原因。

“目前 iPhone 所使用的触控技术正是在 1977 年的这个报告中提出来的。”斯顿普说着用手指了指这份订好的文件。

他制造了可以使用的产品原型，但是却无法吸引研究中心为其提供资金支持。“欧洲核子研究组织友好地告诉我，第一代屏幕运行良好，为什么还要耗资来研究其他版本？我不追求这种东西。”他说道，“然而，过了几十年之后，当企业需要将触控屏安装到手机上时，这时的人们理所当然地去挖掘老思想和旧技术，这有可能实现吗？行业要借鉴以往的经验，这样才能创造如今 iPhone 使用的技术。”

所以，触控技术就被开发出来了，并用在了音乐播放、航空运输和粒子加速器的操控方面。但是，那些有望被大规模使用的第一代触屏计算机根本没有配置合适的触控屏。即使如此，它们在推广触控计算这一概念方面却至关重要。而且，一家超级计算机公司——控制资料公司（CDC）的 CEO 威廉·诺里斯也认同这种触屏计算机，因为他认为触屏是数字化教育的关键。

比尔·巴克斯顿给诺里斯打电话说：“在 20 世纪 70 年代的时候，你还在想计算机长什么样子，根本不会想到这一令人惊奇的远见。”这里说的是将终端机用于商业和研究领域。“在控制资料公司，他看到了触控屏的潜力。”在经历了 1967 年的底特律暴乱之后，诺里斯突然想通了，发誓要使他的公司及其技术成为推动社会平等的动力。这意味着他要在经济萧条的地区建立工厂，为工人的子女提供日间看护，为那些长期失业者提供咨询服务并提供工作。这也意味着他要想办法让更多的人能用上电脑，并想方设法使用技术来支撑教育的发展。柏拉图系统（自动教学用程控逻辑）

刚好符合要求。

自动教学用程控逻辑是一种教育培训系统，于 1960 年首次开发出来。其终端显示器散发着第一代等离子显示板才具有的独特的橙色的光。到 1964 年，柏拉图 IV 系统有了一个触控屏和一个经过精心设计的可编程的用户界面，旨在提供数字化教育课程。柏拉图 IV 系统的屏幕本身无法记录触控，相反，它的四条边上都安装有光感应器，这样光线就能覆盖整个屏幕。于是，当你触控到某一个点时，就会中断这种光束，这会告诉你的计算机此时你手指的位置。诺里斯认为，这种系统就是未来发展的趋势。这种简单的触控式交互和简单的交互式导航意味着任何一个使用终端的人都能上课。

“诺里斯将柏拉图系统商业化了，但是他让整个州，从幼儿园到 12 年级的教室里都安装了这种系统。虽然不是每个学校都有，但是，他正努力将计算机放到课堂之中。15 年之后，带有触控屏的麦金塔计算机才得以问世。”巴克斯顿说，“不仅如此，这家伙还写了这些关于计算机将如何改革教育的宣言……这绝对是不可思议的！他用实际行动证明了这一点，在过去，几乎没有一个大型企业这样做过。”

据说，诺里斯公司向柏拉图系统投入了 9 亿美元的资金，而它却等了将近 20 年才获得收益，在这之前，该项目没有显示出任何收益的迹象，哪怕是一点点都没有。但是，柏拉图系统开创了一个充满活力的早期网上社区，该社区在许多方面都与尚未到来的万维网类似。它拥有留言板、多媒体和数字报纸，所有这些都可以通过触控等离子体显示器来操作，而且，它还普及了可触控计算机这一概念。诺里斯一直销售、推广柏拉图系统，直到 1984 年，因为当时控制资料公司的财务状况下滑，董事会敦促他下台。但是，诺里斯下台后，柏拉图系统依旧普及到了全美各大高校和教室（尤其是美国中西部地区），甚至传播到国外。虽然柏拉图系统并没有一个真正的触控屏，但是，简单又直观的触控计算的设计思想已经传播开来。

在 2006 年之前，柏拉图 IV 系统仍在使用之中，在诺里斯去世一个月后，最后一套柏拉图 IV 系统才停止使用。

有句格言说：技术自由发展的时候，对技术而言是最好的时候。不过，多点触控的重点是改善其自身，改进将各种思想、冲动和想法转化成计算机命令的方式。从 20 世纪 80 年代到 90 年代，触控技术继续发展，主要是在学术界、研究和工业生产中。摩托罗拉制造的触控屏计算机没有发展起来，同样，惠普公司的也没有发展起来。人机界面的实验越来越多，实验装置上的多点触控功能，如多伦多大学巴克斯顿的平板电脑，也变得越来越流畅、精确，反应速度越来越快。

但是，这需要一名喜欢钻研技术的工程师——他长期忍受着手部伤病的困扰——制造一种多点触控的方法，使其最终成为主流。当然，还得加一点运气，让这种技术能被介绍到大型技术公司才行。

特拉华大学一名电气工程专业的毕业生韦恩·维斯特曼在他 1999 年发表的博士论文中提到了“手势跟踪、手指识别和多点触控表面的拨弦式操纵”。论文中的致谢令人感动。

谨以此稿献给我的母亲贝茜，她找到了各种巧妙的方式来对抗慢性疼痛，也教会了我。

韦恩的母亲患有慢性腰背痛疾病，大部分时间都不得不卧床休息，但是，她并没有那么容易就被打倒。举个例子，她会拿几个土豆放到床上，躺卧着把土豆皮削好，然后从床上爬起来把它们煮熟，为家人准备晚餐。她是美国大学妇女联合会（the American Association of University Women）的主席，所以她每次都是在卧室里召开会议，在那里，她会躺在床上主持会议。她非常勤奋，最终找到了治疗她所患疾病的方法，她的儿子也是这样做的。如果韦恩和贝茜在面对慢性疼痛时，没有选择坚持不懈地反抗，多点触控技术或许永远都不会被用在 iPhone 上。

韦恩对 iPhone 所做的贡献已经从人们的视野中逐渐模糊，很大程度上是由于苹果公司具有禁止性的保密政策。苹果公司不允许韦恩公开接受采访。但是，我曾和他的姐姐艾伦·霍勒交谈过，她和我分享了韦恩的家族史。

韦恩于 1973 年在密苏里州堪萨斯州出生，在惠灵顿小镇长大，这个地方实际上非常接近美国中部地区。他的姐姐比他大 10 岁，他们的父母贝茜和霍华德都是知识分子，这在惠灵顿的乡下是非常罕见的。霍华德的第一份工作是在一所高中教学，但他被迫辞职了，原因是他坚持对课程进行改革。

起初，韦恩对摆弄一些小玩意儿很感兴趣。“父母给他买了几乎所有的乐高玩具。”霍勒说。而且，在他 5 岁的时候，他的父母就让他开始学习钢琴。“摆弄小玩意儿和弹钢琴是开启他创新精神的两件事情。”她说。他们在他的卧室里装了一列电动火车，它在卧室里绕圈行驶，绕过一个个家具。“在他们看来，这个孩子是个天才。”霍勒说。“韦恩确实很出众。可以说，他在 5 岁的时候，学习速度比我的一些同龄人还要快。”她回忆道，“他在学习一些新东西方面，简直比任何人都要快。我父母让他读一些经典，给他订了《科学美国人》。”

贝茜不得不进行背部手术，这意味着，从此开始，她一生都要与疼痛做斗争。“这对我们家来说，又是一件非常重要的大事，一年之后，由于慢性疼痛的折磨，她基本上算是一个残疾人了。”霍勒说道。当时，霍勒已经是一个十几岁的青少年了，担负起了照顾韦恩的责任，“像母亲一样陪在他身边”。“我不得不照顾他，类似于抚养他，让他远离麻烦。”霍勒说。

霍勒离开家去上大学时，就把她的弟弟单独留在了家里。韦恩已经没有跟其他孩子玩了，他那时每天都要做姐姐以前所做的家务。“做饭、扫地、整理洗好的衣服，虽然当时的他才 8 岁，但是，所有的事情都要接管。”在十几岁的时候，韦恩就在他父亲的学校里，试图用一些电路和零件来自己发明一些东西。他的爸爸买过一些工具，用来教学生学习电路和电的知识，而韦恩能帮助修理一些被高中生用坏的装备。

韦恩以优异毕业生的身份毕业，获得了毕业致辞的机会，并拿到了普杜大学的全额奖学金。在大学期间，他的手腕患上了肌腱炎，这是一种重复性过度劳累导致的损伤，这种疾病将困扰他大半生时间。他在写论文的时候，在电脑前面一坐就是几个小时，他的手开始隐隐作痛。但是，他没有感到绝望，而是努力寻找治疗这种疾病的方法。他拿出了一个由 Kinesis 公司制造的符合人体工程学的特殊键盘，并安装了滚轮，使他能够在来回移动手指进行打字时，减少重复性劳损。这种键盘非常好用，他认为足以用来申请专利，而堪萨斯城专利局却不这样认为。但韦恩没有气馁，他不顾路途遥远，去了华盛顿的 Kinesis 办事处，那里的高管们都喜欢这个设计概念，但是，他们又觉得制造成本太高。

韦恩提前完成了在普杜大学的学业，并跟随他最喜欢的一位教授尼尔·加拉格尔去了特拉华大学。当时，韦恩对人工智能很感兴趣，于是，他开始跟随一位卓有成就的博士约翰·伊莱亚斯攻读博士学位。但是，随着研究的进展，他发现很难缩小研究范围，集中精力进行研究。

同时，韦恩的重复性过度劳累损伤复发了，而且更严重。实际上，几天下来，他打字最多只能打一页纸的量。

“我疼得无法忍受，根本无法敲键盘。”他在稍后的采访中说道。（韦恩只接受了几次采访，大部分是在他加入苹果公司之前，所以，稍后的那些引用都是来自这几次采访。）出于必要，他开始寻找键盘的替代品。“我发现我的手就像光学按钮和电容式触控板一样，更能持久承受零接触压力。”韦恩开始思考如何利用他的研究创造一个更舒适的工作表面。“我们开始寻找这样一种键盘。”他说，“但是，市场上没有这样的键盘。”当时的触控板制造商告诉伊莱亚斯博士，他们的产品无法处理多指输入。

“结果，我们就从头开始制造整个产品。”韦恩说。他们把大部分的努力都转移到了打造新的触控屏设备上，最后他写了一篇以“转变”为话题的原创论文，专注于人工智能的研究。韦恩灵感爆发，于是他又有了一些关于零接触压力的多指触控板该如何发挥作用的想法。“我之前弹过钢琴。”他说，“十指连弹看起来有趣而自然，这启发我创建一种互动，这种互动流畅得更像弹奏乐器一样。”

韦恩和伊莱亚斯打造了自己的无键盘触控屏设备，这种设备可以通过手势进行识别。他们使用为人工智能项目而开发的一些算法，立马就能识别复杂的手指触碰和多指触碰。如果他们能够彻底成功，那么，这对像韦恩一样患有重复性劳损的患者来说将会是一种天赐的福音，而且在当时或许是一种更好的输入数据的方法。

但是，这却使他们的一些同事感到震惊，因为他们觉得这有点奇怪。谁愿意长时间地在一个平板上敲字？尤其是键盘作为一种主导的人机输入机制，已经存在几十年了。“早期，我们为台式机做的在平板上打字的实验受到了质疑。”韦恩说，“虽没有触觉反馈，但是，我们发明的算法有助于让在平板上打字的人有清爽的感觉，而且相当准确。”

韦恩的顾问伊莱亚斯博士具有将韦恩突发奇想的算法运用到功能硬件中所需的技能和背景。担任系主任的尼尔·加拉格尔确保学校能够资助他们早期的原型机。此外，韦恩还受到了美国国家科学基金会（National Science Foundation）的支持。打造一台能够多点触控的设备成了韦恩研究的内容，成了他论文的主题。他发明的“新颖的输入整合技术”既可以识别单点触碰，也可以识别多点触碰。不管你正在使用什么样的程序，你都可以在键盘打字和多指交互之间进行无缝切换。听起来耳熟吗？当你需要键盘的时候，键盘就在眼前，当你不需要的时候，你可以把它放在一边。

而韦恩把重点放在了建立一系列能够代替鼠标和键盘的手势。比如说这样的一些手势，用你的食指和拇指在平板上面选择一个区域，好，同时进行裁剪，而不是放大。向右旋转手指以执行一个打开的命令，同样，向左旋转手指以执行一个关闭的命令。他编制了一套手势表，他相信，这个表有助于让人机界面变得更流畅、更高效。

韦恩的首要动力仍然在于提高键盘对手的友好性；平板可以减少重复程度，而且要求用户的敲击更轻。三百多页的论文本身就是最终的证明，因为这是韦恩使用多点触控来完成的。“由于我每天使用这一原型机来准备这份论文，”他总结道，“我发现多点触控板系统整体上几乎和典型的鼠标键盘组合一样可靠，甚至比它更高效，更加不会让人感觉到疲劳。”这篇论文于 1999 年发表。“在过去几年中，互联网的发展已经使得电脑加速渗入到我们的日常工作和生活方式当中。”韦恩写道。“这种发展将键盘的低效率转变成了严重影响效率的顽疾，”他继续说道，“就像苹果公司的 ENRI 团队一样，传统的机械键盘虽然有各种优势，但与现代软件所要求的丰富的图形操作基本上是不兼容的。因此，使用能灵敏感应到多点触控的界面来代替这种键盘，并识别手势动作……这样就大大改观了人机交互的界面。”他这番话非常正确。

论文的成功发表使老师和学生都受到了激励，伊莱亚斯和韦恩开始认为，他们碰巧找到了一种有销路的产品。当韦恩还在特拉华大学攻读学位时，他们就为该设备申请了专利，并成立了自己的公司，叫 FingerWorks。该大学本身也成为这个初创公司的股东。这是在孵化器和加速器成为流行语之前的几年，当时除了斯坦福大学和麻省理工学院外，没有几所大学为校内发明者提供这种支持。

2001 年，FingerWorks 推出了 iGesture 数字平板，这是一个鼠标垫大小的键盘。你可以在平板上拖动手指，传感器会追踪手指的运动，手势识别功能被植入其中。这种平板赢得了创意专业人士的钦佩，他们形成了一个小小的用户群。《纽约时报》报道了 FingerWorks 发布的第二代产品——价值 249 美元的 TouchStream Mini，这是一个全尺寸的键盘替代品，由两个触控板组成，用户可以一手拿一个。

“韦恩博士及其联合开发者约翰·伊莱亚斯，”报纸记录道，“正努力将他们的技术出售给一些患有同类疾病的人群，这种疾病或许会阻碍他们使用电脑。”问题是，他们没有销售部门。

尽管如此，人们对这家新公司的兴趣逐渐增加。他们通过网站卖出越来越多的平板，而且用户群体也不仅仅局限于一些专用用户；他们开始称自己为手控粉丝（Finger Fans），并用这个名字开了一个在线留言板。当时，FingerWorks 大概卖出了 1500 个触控板。

在费城投资博览会上，他们吸引了一个当地企业家杰夫·怀特的注意，他刚刚出售了自己的生物技术公司。他走近这个公司的展位。“于是我就对他们说：‘给我看看你们都有什么产品。’”怀特在后来接受 Technical.ly Philly（费城的一家报社）的采访时说道，“他把手放到了笔记本电脑上，我明白了……我马上就明白了他们正在做的事情会产生什么样的影响，这是一个多么大的突破啊！”他们告诉怀特，他们正在寻找投资者。

“恕我直言。”怀特对他们说，“你们没有管理团队，没有任何商业培训，如果你能找到一个管理团队的话，我可以帮你们筹集剩余的资金。”据怀特所说，FingerWorks 的团队直接就说：“呃，你刚卖掉了自己的公司，那么，为什么不来我们公司呢？”怀特说：“让我成为公司的联合创始人，并且给我创始人的股份。”这样，他就会按照他们所说的，加入他们的公司——他不会拿薪水的。“这是我做过的最棒的决定。”怀特说道，“是他酝酿出了一个简单明确的战略。韦恩患有腕管综合征，所以，他的主要目的是帮助那些患有手部残疾的人。”“韦恩有一个非常崇高而且令人钦佩的目标。”怀特说，“而我只想要让它在尽可能多的系统上出现，并且通过这种方法赚些钱。于是我问他：‘如果我们在一年之内卖掉这家公司，你能接受吗？’”怀特与当时的几家主要的科技巨头会面——包括美国国际商用机器公司（IBM）、微软公司（Microsoft）、日本电器公司（NEC），当然，还有苹果公司（Apple）。大家都感兴趣，但是没有一家愿意拍板。

与此同时，FingerWorks 的发展势头仍在不断高涨，它在手控粉丝上的用户群不断扩大，而且该公司开始受到一些主流媒体的赞扬。2005 年初，FingerWorks 的 iGesture 平板赢得了美国消费类电子展（CES）最佳创新奖，这是科技行业每年都会举行的大型年度行业展。

但是，当时苹果公司的一些执行官们认为 FingerWorks 并不值得大家关注——直到 ENRI 研究团队决定支持多点触控技术，他们才改变自己的看法。即使是这样，据当时苹果公司内部的一位知情人士透露，苹果公司的执行官们给了 FingerWorks 一个很低的报价，而工程师们起初是拒绝的。所以，投资团队的负责人史蒂夫·霍特林不得不亲自给他们打电话，证明他的决定是有道理的，而最终他们全都同意了。

“苹果公司对此非常感兴趣。”怀特说，“很快，许可协议就变成了收购协议，整个过程花费了大概 8 个月。”

作为交易的一部分，韦恩和伊莱亚斯将会前往西部，成为苹果公司的全职职员。苹果公司将会获得他们的多点触控技术专利，而合伙人杰夫·怀特将会获得一大笔意外之财。“但是，韦恩对于将 FingerWorks 卖给苹果公司持有一些保留意见。”他的姐姐透露道。韦恩非常坚持他最初的使命——为许多患有腕管综合征的用户或其他患有重复性劳损的用户提供一个键盘替代品。他仍然认为 FingerWorks 正在帮助填补这样一个空白，但是，从某种意义上说，他要放弃一小群充满激情的用户群。果然，在 2005

年的时候，FingerWorks 的网站关闭，整个手控粉丝社区都惊讶不已。

一个名叫芭芭拉的用户，向创始人发送了一条信息，然后将这条信息发给了整个团队。

我刚刚收到了给韦恩·维斯特曼所写邮件的回复（非常及时），在邮件中我问他："你把公司卖了吗？你们产品线是否会交由另一家公司继续生产？"韦恩回信道："我希望能继续生产，但如果停产的话，我也希望能一切顺利，而如果我们都祈祷一下，或许这一基本技术永远都不会消失。"

2007 年 iPhone 宣布问世时，突然一切都变得合情合理了。苹果公司为多点触控设备申请了专利，同时将韦恩的名字也列在了专利人名单上，而手势操控的多点触控技术与 FingerWorks 的多点触控技术极其相似。几天后，一家特拉华州报纸最后一次公开采访韦恩时，他强调了这一观点："实际上，有一点区别是非常明显的，即 iPhone 是一个具有多点触控的显示屏，FingerWorks 的产品只是一个不透明的界面。"他说："它们之间具有明确的相似性，不过，苹果公司无疑又向前迈进了一步，将多点触控技术用在了显示屏上。"已经停产的 Touch Stream 键盘变得备受追捧，尤其是在那些患有重复性劳损的用户中间。在一个叫作 Geekhack 的论坛上，据报道，有一个叫 Dstamatis 的用户花了 1525 美元买了一个以前售价为 339 美元的键盘："我用 FingerWorks 的键盘已经有大约 4 年了，从来都没回顾过以往。"充满激情的用户认为，FingerWorks 的平板电脑是唯一一种严格符合人体工程学的键盘替代品，而如今它们停产了，有不少的手控粉丝将其归咎于苹果公司。"2005 年，患有慢性重复性劳损的人突然被冷漠的史蒂夫·乔布斯弃之不管。"Dstamatis 写道。

"苹果成功地将当时在市场上占有重要地位的医疗产品挤出了市

场。”适用于深受过劳性损伤困扰的计算机用户的主要产品还没有出现，而 iPhone 和 iPad 也只是对原始平板电脑中的人机交互做了些许的创新。苹果公司已经采用了 FingerWorks 的手势库，并将其简化成一种孩子都能够理解的语言，这使得它变得非常受欢迎。（记得苹果公司的布莱恩·胡皮曾经将 FingerWorks 的手势库称为“外来语”。）然而，如果 FingerWorks 公司一直坚持经营下去，那它还能为我们带来一种新的、更丰富的交互语言吗？无疑，成千上万的 FingerWorks 公司用户的生活品质都得到了显著提高。事实上，如果不是蒂娜·黄（Tina Huang）使用了 FingerWorks 公司生产的平板电脑之后缓解了她的腕关节疼痛，苹果公司 ENRI 的工作人员或许一开始根本就不会调研多点触控技术。而且，韦恩帮助苹果公司应用在 iPhone 上的多点触控技术已经成为全球安卓系统、平板和触控板实际使用的语言，如今的用户已经达到数十亿人。（还有一点值得注意的是，iPhone 里面还配备了一些残障人士使用的辅助功能，其中一些功能能够帮助那些听力和视力障碍者。）

韦恩的母亲因患癌症于 2009 年去世。一年后，他的父亲也去世了。他们两个都不用 iPhone，他父亲的原则就是不用手机，不过他们为儿子所取得的成就感到自豪。事实上，整个威灵顿都是这样。艾伦·霍勒说整个小镇上的人都把韦恩看作是当地的英雄。

像他的母亲一样，韦恩找到了一种治疗慢性疼痛的妙方。在这个过程中，他最终让触控屏成为电脑的一大主要操作方式，我们现在所说的第一个手势语言库就是由他编写的。

这让我们想到了乔布斯声称的苹果公司发明了多点触控技术，有什么证据能够证明这一点吗？“他们当然没有发明电容式触控技术或多点触控技术。”巴克斯顿说，“但是他们对现有的技术做出了贡献，这一点毋庸置疑。”毫无疑问，是苹果公司将电容式触屏和多点触控推向了行业的前沿。

苹果公司利用半个世纪以来的触控创新，买断其中一个主要的创新先锋，并且对其做了巨大的改变。不过，仍然存在一个问题：早在 10 年前，触控技术的基础就已经打好，为什么过了那么长时间它才成为人机交互的中心模式？“这个过程一直都很长。”巴克斯顿说，“事实上，在成为人机交互的中心模式方面，多点触控比鼠标发展得要更快一点。”

巴克斯顿将这种现象称为“创新的长鼻子”（Long Nose of Innovation），这一理论基本上是假设一些发明被埋没了几十年之后，使它们变得吸引人或有用武之地的环境和技术才会发展起来。鼠标在直到 Windows 95 到来时才成为主流。在此之前，大多数人都是使用键盘在 DOS 上面打字，或者，更有可能的是，他们什么也不用。

“总而言之，iPhone 是第一个真正成功的拥有模拟接口的数字设备，在这一点上，它取得了巨大的突破。”巴克斯顿说道。他非常具有诗意地描述了多点触控是如何将直觉动作化为具体操作的：“在这之前，你戳过、捅过、拍过，穷尽各种手段，然而一切丝毫不动，死气沉沉。你没有触控轻抚，你只是不断地用力，你不停地戳、戳、戳，然后屏幕上出现了一个光点，闪烁着。有东西有了反应，但依然看不出活力。”

苹果公司使得多点触控变得流畅，但是它并没有发明这一技术。这就是为什么会出现这种情况：集体、团队、多个发明者共同建立了一个历史。一个核心的、普遍采用的技术就是这样出现的——在这个案例中，最终的成功来自超越极限的音乐实验，加上追求效率的、聪明的、有创新精神的工程师，还有理想化、热衷教育的首席执行官，以及想办法要战胜自身病痛的机智科学家。

“我一直在想人们对史蒂夫·乔布斯和爱迪生的情结——有许多人都把他们当作发明家，而他们俩也只是其中的两个大师而已——真正让我担心的是，那些经过培养训练而成为创新者或设计者的年轻人们正是被太多爱迪生神话、天才设计师、伟大的创新者、史蒂夫·乔布斯、比尔·盖茨或其他什么的洗脑了。”巴克斯顿说，“从来都没有人从集体、团队和历史的角度教育过他们。”

回到欧洲核子研究组织，本特·斯顿普的事例令人印象深刻，他的发明为 iPhone 的发展奠定了基础。有关触控屏的报道发表于 1973 年，一年以后，一家丹麦的公司开始根据原理图生产制造这种触控屏。美国的一家杂志刊登了一篇关于它的报道，当时最大的几家科技公司蜂拥而至，要求获得相关信息。“我去了英国、日本，走访了各地，了解了很多与欧洲核子研究组织发展相关的东西。”斯顿普说。这看起来似乎是完全有可能的，即斯顿普的触控屏创新被吸收到了触控屏的血液之中，而他却没有获得任何赞美或报酬。此外，就像大多数的年轻技术一样，我们几乎不可能分辨出哪些是先出现的，哪些是同时出现的，又有哪些是最基础的。

参观结束后，斯顿普邀请我去他的家中。离开时，我们看见一个年轻人在人行道上小心翼翼地走着，眼睛紧紧盯着手里的手机。斯顿普笑了笑，摇头叹息，仿佛在说：“这一切就是为了这样一个结果吗？”

或许所有这一切就是为了得到这样的结果。致力于创新——真正的创新，不一定是营销部门创造出来的流行词。所带来的其中一个麻烦就是，通常情况下，我们很难看出这些发明是如何发挥作用的，或者它们是否发挥了作用。这一创新或许会编入一个复杂的网络之中，其中的任何一条线都是不可预测的，又或许会为丰富的创新点子“四处传播”添砖加瓦。约翰逊、特雷门、诺里斯、穆格、斯顿普、巴克斯顿、维斯特曼，还有他们身后的团队，如果 iPhone 界面的发展少了他们其中任何一个人的贡献，谁能知道它会变成什么样呢？当然，要想完全把一种技术发展成一种大家都想要的产品，并把它推向市场，然后生产制造和销售，还需另一套技术，而苹果公司恰好在这方面很擅长。

但是，想象一下，你看到智能手机和平板电脑的兴起，看到全世界都在使用电容式触控屏，看到一位亿万富翁 CEO 登上讲台，宣布是他的公司发明了这些设备——这已经是你成功验证了你的设计概念的 30 年后。想象一下，你用自己的养老金在日内瓦的郊区租了一间位于三楼、只有一个卧室的公寓，你在阳台上看着这个设备，你有证据证明你设计的 DNA 就在该设备中，但是却发现似乎没人在乎。恐怕这种体验是大多数的发明者、创新者和工程师都会有的，他们的集体付出最终促成了 iPhone 这样的产品。

我们并不擅长构想一些技术、产品甚至是艺术品，因为它们的牵扯面过于复杂，有时，这些成果往往是一代代人协作努力的结果。人们的大脑无法清晰地构想出这些最终的产品，因为它们是具有生态系统性的东西。我们想看到的是在顿悟中突然发明创造出的最终产品，以及拥有光辉事迹的百万富翁，而不是感天动地的先驱发明者和相比最终产品而言不明朗的发明前景。

iPhone 的成功，

不仅是因为它融合了众多高度发展和成熟的技术，

更多的是它在此基础上的独特的创新！

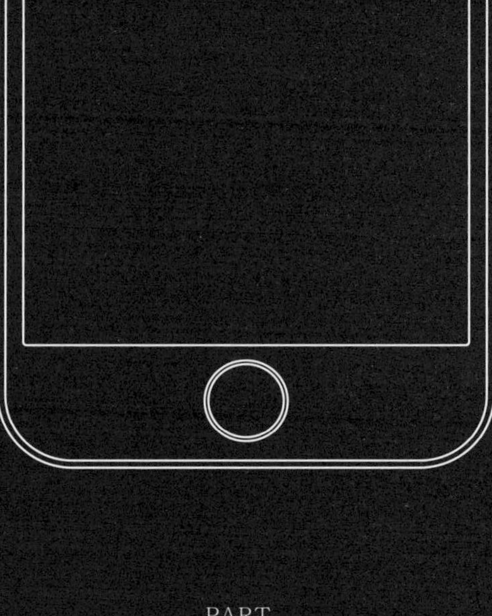

PART

2

独到的设计

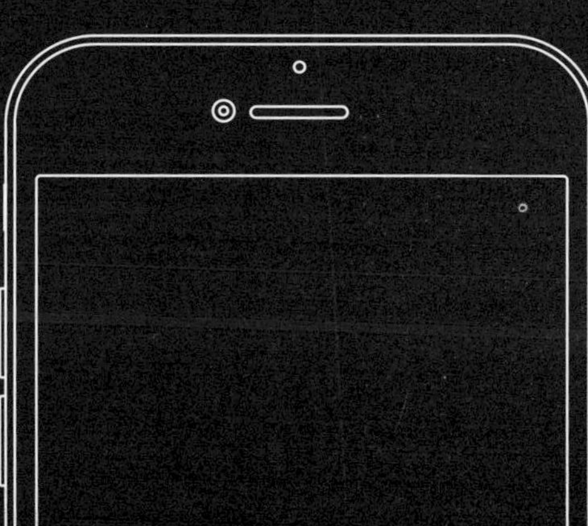

最终，乔尼·艾维认为，这一切都恰合时宜。或许是因为乔布斯经常访问 ID 工作室，与以往不同的是，在这次访问中，他的心情格外好；又或许艾维认为工程师和 UI（user interface 用户界面）向导组合出来的样品——双指缩放、旋转地图，与他们将要演示的一种拼凑起来的、不稳定的设备一样好。不管是什么原因，在 2003 年夏季的某一天，艾维带着乔布斯进入了紧挨着他设计室的用户测试工厂，在那里，他宣布 ENRI 项目揭牌，并亲自体验了多点触控的力量。

“他完全不为所动。”艾维说，“他认为这个想法没有什么价值。我觉得自己真的非常愚蠢，因为我当时觉得这是一件非常了不起的事情。我说道：‘这样，我来举个例子。想象一下，数码相机的背面，为什么会有一个小屏幕和所有这些按钮呢？它为什么不能全都做进屏幕里呢？这是我当时能够想到的第一个应用程序，这个例子很好地展示出这一技术的应用在当时还处在很早期的阶段。’”

“他仍然非常非常不屑一顾。”艾维说道。

在乔布斯看来，这就是一个平板电脑大小的装置，有一个投影仪投向一张白纸。苹果公司的首席执行官寻找的是产品，而不是科研项目。

据艾维所说，在接下来的几天时间里，乔布斯仔细考虑了一下，显然，他改变了主意。事实上，不久之后，他发现自己很喜欢多点触控。后来——正如我们在前一章提到的——他公开宣布是苹果公司发明了它。随后，他继续告诉记者沃尔特·莫斯伯格，他自己提出了制作多点触控平板电脑的想法。“其实我将告诉你的是个秘密。”乔布斯说，“实际上，我是第一个开始制作平板电脑的，我想到了我们可以摆脱键盘，在一个多点触控的玻璃显示屏上打字。”然而，在艾维向乔布斯展示之前，他甚至都不知道触控屏平板电脑项目。况且，他一开始还拒绝了这个项目。

“当他看到第一个原型机时，”乔希·斯特里克森说，“我认为所说的话要么是‘这个东西我只能用来在马桶上阅读电子邮件’，要么就是我听到的另外一个版本，他想要一种可以在上卫生间时使用的设备。两种说法都有。”不管怎样，这成为产品的规格之一。乔布斯想要一块可以在上面阅读邮件的玻璃面设备。

有一次，ENRI 工作组成员围着 ID 工作室站着时，格雷格·克里斯蒂突然来访。他定期与乔布斯会面，了解多点触控技术。“现在，史蒂夫在这方面取得了哪些最新进展？”有个人问道。

“呃。”格雷格说，“首先，每个人都需要记住是史蒂夫发明了多点触控。所以，每个人都要回去修改一下以往的记录。”他说完之后笑了笑。

他们翻了个白眼，冷笑道：“都是史蒂夫·乔布斯的功劳。”即使是现在，每当提起莫斯伯格事件，胡皮都会被逗乐。“史蒂夫说：‘是的，我去找了我的工程师，然后告诉他们我想要一个可以做这个、这个还有这个的设备。’——这完全是胡说八道，因为他从来没有这样要求过。在乔布斯看了 ENRI 团队的演示之前，没有人听他谈及过多点触控技术。据我所知，在乔尼向他展示了多点触控样品之后，这个东西就一直萦绕在他的脑海之中……于是，你知道的，史蒂夫就有了这样的举动：后来，他回到公司，宣布这是他的想法，而不是有人要说服他。”胡皮笑着说道，“他看起来并不觉得难受，因为这在乔布斯主导的苹果公司中是无法改变的事实。这很正常。”

乔布斯的认可提高了该项目的地位，而且，不出所料，激起了公司内部的兴趣。“相关的会议要比以往多得多。”胡皮说。这个项目获得了批准，使得 ENRI 实验中的一些片段、想法和雄心转化成产品。在硬件上的努力将设备转化成一个工作原型机（在当时是一个多点触控平板电脑），代号为 Q79。这个项目被锁定了。

不过前路仍旧漫长。

举个例子，该装置仍然依赖于 FingerWorks 制造的塑料平板。“接下来要面对的问题就是，你到底该如何在一个清晰的屏幕上实现多点触控？”胡皮说，“我们不知道该如何实现这一点。”

“因为 FingerWorks 触控板里肯定装了芯片。每一个小小的 5 平方毫米大小的区域，都会有一个电机接入到芯片——于是就会有很多的芯片覆盖整个设备。”胡皮说。对于一个不透明的黑色平板，你可以将这些芯片隐藏起来，这没问题。但是，在玻璃屏幕下面该如何隐藏它们呢？胡皮很想知道。

于是，乔希·斯特里克森查资料，仔细研读了有关触控技术的科技文献，深入挖掘这些论文和已经公布的实验，并且提出了一些替代方案。在苹果公司进行研究一直都不是件容易的事情，在史蒂夫·乔布斯回来之后，他关闭了曾经为工程师和设计者们提供了档案资源的公司图书馆。尽管如此，斯特里克森坚决地说：“一定还有更好的办法。”

更智能的皮肤

不久之后，他就带来了一些好消息。斯特里克森认为他找到了一种解决方案，可以让他们在玻璃屏上实行多点触控，而无须用到大量的芯片。

“我发现了索尼智能皮肤系列产品。”斯特里克森说。索尼正在成为苹果公司的主要竞争对手之一。在便携式音乐播放器方面，苹果公司推出了 iPod，使得索尼正在失去其市场份额。索尼也一直在研究电容式感应。

“索尼的这篇文章显示，用户可以通过行和列来实现真正的多点触控。”斯特里克森说，“这意味着屏幕上分布的电极晶格可以感测触控。”

乔希·斯特里克森认为，这是该项目最关键的时刻之一。这篇文章，呈现了一种实现多点触控的“更优雅的方式”，只是还没在透明的表面上实现这一点。所以，按照索尼智能皮肤的概念，他自己动手拼凑出一个自制的多点触控屏幕。“我用一块玻璃和一些铜带制作了第一个像素。整个设备就是这样开始的。”他说道，完全没有因为这一方法是从竞争对手那儿借鉴而来的而感到不爽，“我的研究背景就是从现有领域中寻找方法。”这种做法，以及在另一家公司研究的基础上开发新产品的前景让苹果公司的法律团队感到不安。“一旦开始开发多点触控技术，律师都建议我们再也不要进行这类搜索了。”斯特里克森懊恼地回忆道，“如果你对以前出现了什么技术都不了解，我觉得会很难创新。”

不管怎样，这种像素就是切实的证据，证明你无需在设备里装满芯片才能实现多点触控。输入团队现在不得不将这单个像素扩展成一个完整的、平板电脑大小的控制面板。所以他们开始大采购。

“我们找了很多东西。我们从‘无线电小屋（Radio Shack）’这家店拿了些零件，或者说从其他任何可以找得到的地方弄了些需要的零件，然后把这些零件装在玻璃屏上。”胡皮说，“这是一块玻璃，里面粘着几块铜电极，我的意思是把这些零件全部装好，摆成一个电路试验板的样子。”工程师们就是使用电路试验板来设计电子产品的原型的；他们开始着手制造真正的电路试验板，它们是木质的，用酵母处理过，工程师们用锡把电线焊接在这个电路板上面，后来这块东西变成工程师们用来做实验的标准工具。

这种触控技术在之前从来都没有发展到这个程度。该团队制造了三个这样的电路试验板——它们有玩扑克牌的桌子那么大，各种零件排列在上面——以证明该装备能够真正实现人机交互。有一个众所周知的原型机留了下来，这个原型是 iPhone 发展最早期阶段的证明，目前它已经被收藏在了苹果公司的一间办公室中。有人给我看了第一块电路实验板为数不多的照片，它看起来和普通的电路板一样，像一块绿色的混音板，上面装了一块嵌入式屏幕，屏幕四周全是严格设定好的电路。

为了准确地了解用户的手是如何与触控屏进行交互作用的，斯特里克森编了一种工具，可以在手掌和手指触碰传感器时创建一个实时的可视化图像。“这有点像把手放在钉床上的感觉。”胡皮说，“在另一边可以对用户的手创建一个三维图像。人们称之为多点触控视觉化程序。”“这就像我们在屏幕上显示的第一个东西一样。”斯特里克森说。据胡皮所说，目前，苹果公司仍然在用多点触控视觉化程序来监控触控传感器。

斯特里克森也借机改变了这个新设备的音乐功能，并编写了一个程序，能够将触控板转换成一个可以演奏的泰勒明电子琴。他的手可以左右移动来调节音高，同时也可以上下移动来控制音量。使用最原始的 iPhone 就像使用俄罗斯的原型合成器一样，因为当时的 iPhone 还没有太多其他功能。“我们从做这类傻事中获得了一些乐趣。”胡皮说。

它的发展前景很诱人，多点触控不仅可以促成一款用户可以直接操作的平板电脑的发展——这种电脑有趣、高效，还很智能，而且它也可以用在传统计算机的整套触控板和输入机制中。在当时，他们还远没有想象到手机版本的出现。

硬件团队正在组装一块可操作的触控屏。乔布斯对此非常上心。工业设计团队正在研究一些有关外形设计的想法。平板电脑需要一个芯片来运行斯特里克森打造的触控传感器软件。

这个团队以前从来没有设计过定制芯片，但是他们的老板史蒂夫·霍特林设计过，于是他带领团队继续开发。“他只是说：‘是的，没问题，我们只要招些标，就能做出这样的芯片……这得耗资 100 万美元。8 个月后，我们就会有这种芯片。’”胡皮说。

他们选定了南加州的芯片制造商博通公司（Broadcom）。苹果公司有了一个不同寻常的举动，它邀请博通公司的代表们到苹果亲自看看“奇迹”的发生。“在此之前，我相信这种情况从来没有发生过。”胡皮说。霍特林认为，如果这些外部承包者们看到我们的演示，他们会备受鼓舞，这样一来，他们就会把工作做得又好又快。于是，博通公司的一支小型团队就被带到了测试实验室。“我们看到这些人异常兴奋，这是一个令人激动的时刻。”胡皮说道，“实际上，这些人当中有一位如今就在苹果公司工作，他当时是那个团队的成员之一，他仍然记得当天的情景。”不过，他们仍然需要花费几个月的时间才能完成芯片的制作。

“与此同时，还有一股强大的驱动力来促使他们制造更多外观和触感都与原型很像的芯片。”胡皮说。随着该项目的发展，他们需要越来越多的人手。这个团队的成员很清楚，如果他们不能交货，高管们就会对他们失去兴趣。“我们最终制造了这样一种插留式显示屏，看起来像是一个 iPad，但是，它是插在计算机内的。”斯特里克森说，“这是我所奋力争取实现的一个目标，就像我们已经成功制造了一个可以交到他们手中的设备。”

然而，他们所提供的第一批原型平板电脑并不是真正的一流产品。

“他们制造的许多原型产品基本上都像平板电脑，像 Mac 平板电脑这种产品的电池续航时间不会超过 1 个小时。”斯特里克森笑着说，“这种产品没有什么用处。”这比巴斯·奥丁的评估要好一点了。毕竟，他不得不使用它们来做用户界面。他当时笑着说：“用这样一种外壳包裹，里面肯定会过热，而且电池续航时间也大概只有两分钟。”

这个团队制造了大概 50 个这种原型机，外形像原始的 iPad 一样，是一块厚厚的白色平板。通过这种方式，软件设计师们可以将触控板插进 Mac 软件中，而不会影响任何性能或功能，而且，负责用户界面的团队可以继续完善界面。

文化冲突

随着此项目的推进，该团队的成员因受到苹果公司僵化的企业文化的影响而感到苦恼。斯特里克森就是其中一个，他不习惯该企业的层级结构和古板沉闷的氛围。他是一位雄心勃勃的非正统的研究者和实验者，当时他才刚从麻省理工学院毕业。他的老板史蒂夫·霍特林指责他在会议上打断上级（如霍特林）的讲话；同时，斯特里克森反驳道霍特林是一个僵化的“公司人”。他说，更糟糕的是，这些人组成的精英群体钳制了决策的制定。“有很多人在那里待了很长很长的时间，像市场营销高级副总裁菲尔·席勒这类人，他们一直都在。这个群体算是个‘老字号’。”他感觉自己的想法在会议上被摒弃了。“正如我所看到的那样，在这里，并不是每一个人都应该有想法。”

离开了这个项目之后，斯特里克森感到孤独和沮丧。“我尝试着找人聊，但总是不奏效……甚至连人力资源部门都在试图帮助我。”他说，“把我介绍给其他人。”

奥丁的好脾气也会时不时地遇到挑战。他每周都会与首席执行官进行会议，然而经常会发现乔布斯的脾气坏得让人难以应付。“有那么一段时间，”奥丁说，“大概有几个月或者半年时间吧，我都没有参加史蒂夫的会议。”乔布斯的气量很小，经常会严厉责骂他的同事，所以奥丁不愿意参加他的会议。“我就是不想参加，我当时想：‘不去，乔布斯是个混蛋。’有太多的时候，乔布斯都毫无缘由地大发脾气。”他说，“没有人会理解我的感受，因为大多数人都非常渴望参加这些会议，就像，哦，那可是乔布斯的会。但是，我已经厌倦了。”

在整个过程中，该团队的成员并不清楚他们实际上正在努力制作的是什么。一个电力满满的可以触控的 Mac 平板电脑，还是一个具有完全不同的操作系统的移动设备？试着把你的思绪转移到遥远的 20 世纪之初，当时，触控屏平板电脑还没有被大范围地使用，这种设备更像是星际迷航类科幻故事里的东西，而不是现实中的产品。

ENRI 团队眼前一片茫然。

适合所有人的用户界面

奥丁和乔德里摆脱了移动然后点击的操作模式，继续接纳各种直接操作的可能性。他们的演示样品变得更加精细，也显得更有野心。“你有一种前景无限的感觉，这对用户界面设计有很大帮助。你拥有的几乎是一张白纸。”奥丁说。

“第一次，我们有了可以直接操作的东西，与我们以往所称的直接操作截然不同，以往我们是直接点击图标，但是要通过鼠标才能完成。”格雷格·克里斯蒂说，“在你和计算机之间还有一个额外的中介，就像操作一个机器人一样。如今，却不是这样。这种直接操作是手与像素之间的接触。”

这种直接操作意味着一直以来占据主导地位的移动—点击式的操作规则被打破了。“因为我们是从头开始，所以我们没有任何限制，于是研究开发就变得更有活力，转换过程也更出色，这使得整个计算机给人一种之前从未见过的感觉。”奥丁说，“结合实际的多点触控，那就更加神奇了。在某些方面，这一切都是很自然的，它拥有自己的虚拟现实。”

为了制造这样一个新的虚拟现实，奥丁跟随着自己的直觉，集中精力搞了一些有趣的设计。他一直都喜欢玩电子游戏，他让自己沉浸在玩游戏一样的情绪之中，试图让看起来最无关紧要的互动也给人一种引人注目的感觉。“我所感兴趣的是，你如何才能制作一个人们用起来感觉很有趣的东西，但同时也很有实用性。”奥丁说，“就像 iPhone 上的滚动功能一样，滚到底时整个画面会弹一下，我把它描述为有趣，但同时它也很实用，当这个功能出现时，人们会说：‘哦，这很有趣。’而你就会想要再来一次，再看一下效果。”

早期的视频游戏像吃豆人（Pac-Man ）和大金刚（Donkey Kong）——这是巴斯·奥丁从小玩到大的游戏——是在做一些高度重复的事情，会用一堆小胡萝卜和奖赏吸引玩家。用一些非常有限的重复性动作——上去，下来，跳，跑——进入下一关的关键是控制尺寸不大的按键，当你做到这一点时，游戏就会行云流水般让人满足地过关，你的得分就会提高，然后你会看到下一关的内容。

“游戏就是这样，对吧？他们想让你继续玩下去。”奥丁说。所以，他的设计敏感性就是让你想发现接下来的内容，去摆弄，去探索。“出于某种原因，软件必须是乏味的。我从来都不知道，为什么人们不会将对游戏的这种关注放在软件里的移动方式或任何软件交互上，使其成为一种愉快的体验。你明白我的意思吧？”他们为一个全新的计算机品牌画出了一幅蓝图，奠定了一个愉快的，甚至是让人上瘾的、能蓬勃发展的基础。奥丁设计的动画在很早的时候就已经深入我们内心，乔德里的风格感将其深化，这或许是我们对智能手机如此着迷的一个原因。

这些效果全部都是他们用奥多比（Adobe）软件完成的。

“我们使用 Photoshop 和 Director 做了整个用户界面。”乔德里笑着说道，“就像制作一件铝箔材料的弗兰克·盖里的作品一样，这是有史以来最颠覆的设计。”几年后，他们告诉奥多比公司：“他们感到太意外了。”

小故障

截至 2003 年底，苹果公司依然还没有从低谷反弹，变成一个现金充裕的大型企业。一些员工被常见的问题困扰：低工资和糟糕的办公设备。随着工资涨幅停滞不前，员工们对把精力投入到未来的兴致也就不高了。

“当时的资金非常紧张。”斯特里克森说，“工资相当低，大家都不开心，工资不涨，也没有奖金。”斯特里克森和胡皮的电脑存在很多毛病，经常发生故障。苹果公司都不愿换掉他们毛病不断的 Mac 电脑。

事实证明，他们需要的不仅仅是可以触控的 Mac 原型机。“这很有趣，因为我们不得不买一台个人电脑。”斯特里克森说，“所有的固件都是针对 Windows 系统的，所以我们最终用这些零件造了一台 Windows 电脑……但这比弄来一台能正常运行的 Mac 电脑要更容易。”

虽然 Q79 的发展势头越来越猛，即使乔布斯还在董事会任职，但市场营销部门仍然对该产品持质疑态度。他们完全想象不出为什么会有人想用便携式的触屏设备。

斯特里克森回想起自己在一次会议上大动肝火，原因是一些年轻的工程师试图为这种平板电脑发声，但他们的想法遭到了否决。他们与蒂姆·布赫一起聚集在 ID 工作室，后者是苹果公司内首个在该项目背后施加影响力的苹果高管之一。其中一位营销代表非常愤怒，所以布赫不得不终止会议。“他说：‘听着，这里的任何一个人都可以提出观点。’”斯特里克森回忆道，“这是最大的问题……我们正试图定义一种新的计算机设备，却没有人认真地和我们讨论这个问题。”

营销部门对如何出售新的触屏设备的计划也并没有真正地鼓舞年轻工程师们的士气。他们汇集了一个演示文稿，展示他们如何定位平板电脑以把它卖给房地产代理人，他们可以用这种平板向客户展示房屋的图像。“我当时想，哦，天哪，这跑题跑得太远了。”斯特里克森说。

乔布斯增加了 Q79 项目的保密性——每当有产品在公司里运输时，都必须用一块黑布盖着——这也变得很麻烦。“如果你不信任你的员工，那么这类项目的沟通该如何进行？”斯特里克森问道。

在苹果公司做一个得到乔布斯支持的秘密项目，而负责 Q79 的团队又公开获得了创新奖，却又不能说到底创新了什么，很少有事情看起来如此矛盾。

苹果公司的整个硬件部门会时不时地聚集在一起，召开一次全体会议。“每一次会议都会颁发一个奖励。”斯特里克森说，“有时是质量奖，有时是表现奖，等等。在一次会议上，深入参加触屏项目开发的 Mac 工程的副总裁蒂姆·布赫站起来发表了一场演讲。他完全绷着脸说：‘我们正在颁发的是一个新的奖项——创新奖。’”他把 Q79 团队带到台上，把奖杯颁发给了他们，是一个与真苹果大小一样的石制抛光红苹果。除此之外，他不会说什么，也说不了什么。“他们真的什么也没说，完全沉默。”斯特里克森说，“他们给这个团队发了奖，却不能告诉大家他们是因为发明了什么东西而获奖。”

想象一下在库比蒂诺，因为创新开发了某样东西，一些只有代号的项目获了奖，我们听到大家对此报以礼貌的掌声，扬起了赞许的眉头，但公司又禁止其他人了解开发的是什么，这就像电影艺术科学院给科恩兄弟的新电影颁发奥斯卡奖一样，只有学院的内部成员才能看到电影的内容。

“这是内部保密的经典鬼扯。”胡皮说，“那个奖我还留在了某个地方。”

“同时，输入团队找到了一个供应商，后者可以高质量、大规模地生产这种高科技面板。公司安排了与中国台湾的深夜电话会议和去台湾的行程。当时市场上液晶显示屏供不应求。”斯特里克森说，“所以，很难找到可以生产的流水线。”

最后，他们终于解决了时间问题，但是又有了一个大问题。“我们从温泰克收回了第一代科技面板来测试。”斯特里克森说，“你把它装在屏幕上，接下来你就会知道，屏幕上看起来全是格子。”

触控传感器在平板电脑表面创建了一条突出的电极高速公路，于是，斯特里克森用另外一种发明隐藏了这种交通线。他突然想到在这些高速公路之间也做一些虚拟的电路图样，这样就使这种有电极高速公路的面板看起来像是一个统一的、完整的薄片。“这是在开发过程中关键的触控专利之一，然而，当时苹果公司的法律团队拒绝了这一专利。”斯特里克森回忆说，“一旦 iPhone 开始迅速发展起来，他们说：‘哦，我们需要重新考虑一下这个专利！’”

萌　芽

芯片正在制作当中。多点触控技术正在玻璃屏上发挥作用。几十台平板电脑的原型机一直在循环地传来传去。但是，正当平板电脑项目本应该有所突破时，它遇到了一系列的挫折。

首先，目前还不清楚电脑要用的软件将会是什么样子的，这个触屏设备将会运行什么样的操作系统，等等。“对于这个项目的走向，我们遇到了一点困难。”奥丁说，“当时还没有 iOS 操作系统，只有一堆我们做的奇怪的演示用的原型机。”

“当时还没有产品。”克里斯蒂说，“巴斯做了几个样品机，一个是用两根手指扭转这个图像，另一个是滚动一个列表。这两个样品机都缺乏令人叹服的优点。人们似乎会说，为什么要做这个？总会有人质疑……尽管在当时，与其竞争对手相比，苹果公司的触控板已经非常好了。”

其次，照这样下去，这种平板电脑的售价会很高。

“我记得在一次特别的会议上，我们全都围着其中一个 ID 平板站着，然后我们问大家：‘你们会用这个东西来做什么？另外，你愿意花多少钱来买这个东西？’”胡皮回忆说，“我们当中大多数人会说：‘呃，我想我们会用它来，比如，看照片或坐在沙发上上网。但我真的不会用它来写电子邮件，因为它没有一个好用的键盘。’”大家似乎都不确定，这令人不安。“最后的结果是，每个人都愿意支付五六百美元来购买这种产品。”

问题是，这个设备所用的原材料价值都是上千美元，基本上相当于一台笔记本电脑的成本。“而且乔布斯打电话说：‘我们不能卖这个——太贵了！’”胡皮说。

最后，同样也是最重要的是，乔布斯患了重病，他将于 2004 年时离开几个月，因为他要去做拖了很久的手术，切除他胰腺上的恶性肿瘤。“这是乔布斯第一次生病，这使得正在进行中的任务停了下来。”斯特里克森说，“乔布斯不在的时候，一切都停了，这简直是太奇怪了。”

于是，Q79 团队开始发声。

斯特里克森对这个似乎没有取得进展的项目感到沮丧。“有太多的障碍试图阻止人们参与。”他说。他看到营销部门的人在闲聊，在乔布斯离开期间，他听到的都是毫无结果的争论。

他到了崩溃的边缘。由于缺乏进展，该项目的未来充满不确定性，管理上也有阻碍，斯特里克森感到非常苦恼，精疲力竭。最终，他只想做点东西。

胡皮说：“他告诉我，‘这些家伙真的不想做这个项目’。他只是有点生气，他认为苹果公司并没有很重视该项目。所以他有点想退出这个项目。”他辞职了。乔希·斯特里克森离开了苹果公司，他认为触屏项目永远都不会有结果。除了卖掉他的股票外，对于离开苹果，他没有什么可遗憾的地方。“这是一件很有趣的事，但就像，嗯，我总是喜欢把有趣的东西拿出来，让人人都能看到它。”

苹果手机

直到 2004 年底，乔布斯宣布苹果公司要生产手机，该项目才恢复活力。

“我接到乔布斯的电话。”奥丁说，“他说：‘我们打算生产手机，这种手机没有按钮，只有一个触控屏。’这是一则大新闻。”

但是，这对于硬件团队来说却是一件苦乐参半的事，该团队希望将多点触控技术转变为一套使用相同控制论语言的输入设备。“这是典型的史蒂夫·乔布斯风格。”胡皮说，“‘抛开其他一切，我们开始做手机……’把其他所有的东西都抛在脑后，我们当中有不少人感到有点失望，因为我们心想：手机？没开玩笑吧？”

起初，他们的成果是似乎尺寸变小了。“但是，这正是史蒂夫·乔布斯必须给我们的愿景。他说：‘不，这尺寸对手机来说非常完美。’”一方面，小的尺寸会减少误操作，另一方面，这有助于将触控技术推向市场。“它在手机市场上的销售前景一片光明。”胡皮说，“从某种程度上说，它有运营商的补贴。这个价值 800 美元的手机，他们以 200 美元的价格就出售了，因为他们知道，这样会吸引大众来购买。”

不久之后，乔布斯就会让 iPod 团队与 Mac 软件团队竞争，以改进和生产一种更像是手机的产品。将苹果公司备受赞誉的操作系统塞进一个手机中，这一艰巨的工作还需要再花两年时间才能完成。

高管们会互相冲突，有些还会辞职。程序员们需要花费几年时间，夜以继日地写代码，以让 iPhone 准备好发售，在这一过程中，他们的社交和婚姻生活被打乱了，有时还会损害到他们的身体健康。

但是，这在多年以前就已经开始启动了。iPhone 这一概念不是史蒂夫·乔布斯想象的产物，虽然他会对其外观和设计进行严格的监督、改进和策划，而是一种开放式的对话，好奇心与合作的产物。它是其他公司所研发的技术培育出来的产物，然后，苹果公司的顶尖人才对其进行了巧妙地改进——但这些人才一直没有被记录在苹果公司公开的历史当中。

胡皮将这一过程比作乔布斯访问施乐帕克研究中心的那次经历，当时，他们第一次见到图形用户界面，在那以后的几十年中，Windows 窗口和菜单栏将会主导计算机用户界面。“就这样，这一次奇怪的小插曲变成了这样一个非常具有影响力的大事件，令人惊奇的是，它竟然成功了。”

胡皮说，“也有可能失败，但它确实成功了。”

多亏了 ENRI 团队奇怪的小插曲，你所使用的用户界面原型软件远远超过了其他任何同类产品——通过智能手机的主屏幕，你只需触控一下，就能打开一个个网格图标，可以进行滑动、缩放或者轻轻点击——如今已经被带入寻常百姓手中。

“它现在运行得如水般流畅。”伊姆兰·乔德里说，“但注意到的人并不是很多。”

实际上，它依然完全不为人所知。iPhone 的用户界面已经很普及了，然而运行起来要如水般流畅，看起来容易，做起来其实很难。iPhone 可以多点触控的防刮擦屏幕后面有一个非常复杂的系统。本书的下几节将探究 iPhone 的硬件设备——微型电池、相机、处理器、Wi-Fi 芯片、传感器等。有了这些，这台特殊的设备才得以运行。

CHAPTER

5

接入现代生活的“燃料”——锂离子电池

除了冰冻干燥的两极以外，智利的阿塔卡玛沙漠是地球上最干旱的地方。在这里，你很快就能感受到干旱的程度。灼热的感觉从喉咙下方开始，然后转移到口腔顶部，很快，你的鼻窦会感觉像在沙漠的阳光下灼晒了一周的动物的皮肤。克劳迪奥正开车载着我和我的修理工詹森，从智利最大的矿镇之一卡拉马里南部出发，透过车窗，我们看到的是安第斯山脉如棕红色地毯似的在不断延伸。

我们正前往阿塔卡玛盐水湖，它是世界上最大的锂矿所在地。智利化学矿业公司（SQM），或者叫智利化学与矿业协会，以前属于国营，如今由一个前独裁者的女婿经营。该公司是硝酸钾、碘和锂的主要生产商，官员们同意让我和詹森做一次私人访问。

阿塔卡玛看起来并不是超级干燥，在冬天的时候，站在远处也能看见白雪皑皑的山脉。然而，在这个有整整 41 万平方英里的高山荒漠上，每年平均降雨量只有 15 毫米（约半英寸），在某些地方甚至更少。这里有许多气象站在长达一个多世纪的历史记录中从来没有过降雨记录。

在阿塔卡玛最缺水的地区几乎没有任何生命，就连微生物都没有。我们停留在最著名的贫瘠地带之一——月亮谷。其贫瘠程度类似于火星，所以，NASA（美国国家航空和宇宙航行局）利用该地区测试其火星探测器，尤其是他们用来寻找生命的设备。我们感谢这个贫瘠而又神秘的地方，因为是这个地方让我们的 iPhone 得以运行。

智利的矿工们每天都在这个类似外星的环境中工作，从大量的海洋盐水蒸发池中提取锂。这种盐水是一种天然存在的盐水溶液，在这里有巨大的地下储量。数千年来，附近安第斯山脉的径流已经将矿物质沉积到盐滩，导致盐水中的锂浓度异常高。锂是最轻的金属和密度最低的固体元素，虽然它广泛分布在世界各地，但它从来不会以纯元素的形式自然存在，因为它太容易发生化学反应了。必须将其从化学混合物中分离和提炼出来，因此，获取锂的成本往往是很高的。但是在这里，盐水中高浓度的锂与这里超级干燥的气候结合，使得矿工们可以很好地利用古老的蒸发方法来获取这种越来越贵重的金属。

阿塔卡玛绝对是生产锂的富矿。智利目前锂的产量占全球供应总量的三分之一，占总探储量的四分之一。多亏了阿塔卡玛这个地方，智利经常被称为“富含锂矿的沙特阿拉伯”。（后来，有许许多多的国家被称为“富含锂矿的沙特阿拉伯”。邻国玻利维亚的锂矿甚至更多，但是目前还未被开采。）锂离子电池是笔记本电脑、平板电脑、电动汽车，当然还有智能手机的首选电源。那些认识到锂在工业中占据重要地位的人越来越多地将锂描述为“白石油”。在 2015 年至 2016 年间，由于锂的预计需求量直线上蹿，所以锂的价值翻了一番。

虽然其他的矿井正在开发中，但是地球上开采锂的最佳地点就在智利高原地带。

在行驶的过程中，我发现一个被鲜花、照片和路边的遗骸碎片所环绕的十字路口。这样的十字路口一个接着一个地出现。

“没错，这就是著名的死亡路线。”司机克劳迪奥告诉我们，“有些人不熟悉这些道路，而且他们非常疲劳，结果开到了路外面。

锂使我们的 iPhone 电池成为可能，然而通往这种材料产地的道路却是一条死亡之路。

20 世纪 70 年代，锂离子电池被首次开发出来，因为专家们担心，由于依赖石油，人类正在走向一个不同的、更真实的死亡之路。科学家、公众甚至石油公司都极度渴望找到石油的替代品。然而，在此之前，电池技术停滞不前已经有将近 100 年的时间了。

第一个真正的电池是由意大利科学家亚历山德罗・伏特于 1799 年发明的，旨在证明他的同事路易吉・加尔瓦尼青蛙电的观点是错误的。加尔瓦尼让电流流过死亡青蛙的神经系统——这样一系列的实验启发了玛丽・雪莱创作其科幻小说《弗兰肯斯坦》（或译《科学怪人》）——然后他开始认为两栖动物体内储存有“动物电”。他注意到，当他用一把铁质手术刀解剖挂在黄铜钩上的青蛙的一条腿时，它往往会抽搐。伏特认为，他朋友的实验实际上表明，电荷会通过一个潮湿的介质从两种不同的金属仪器间流过。（结果证明，他们两个都是正确的，生物体的肌肉和神经细胞的确会有生物电流过，而青蛙的肉体是电极之间的介质。）

一块电池基本上由三部分组成：两个电极（带负电荷的阳极和带正电荷的阴极）和两个电极之间的电解质。为了验证他的理论，伏特把锌片和铜片交叉堆叠，然后在每两片之间夹一块盐水浸泡过的布。这堆看起来蠢笨的东西就是第一个电池。

它的工作原理与大多数现代电池一样，通过氧化还原反应来实现。化学反应会使阳极中的电子增强（在伏打电堆中，锌是阳极），然后它们想跳到阴极（在伏打电堆中，铜是阴极）。而电解质——不管是盐水浸泡过的布，还是死去的青蛙——会阻止它们跳到阴极。但是，如果你用电线连接电池的阳极和阴极，那么就会接通电路，所以阳极就会氧化（失去电子），而这些电子就会流向阴极，从而在该过程中产生电流。

约翰・弗雷德里克・丹尼尔在伏特的电堆概念的基础上加以延伸，创造了一种电池，可以作为实际的电源。1836 年，丹尼尔电池开始崛起，此外，还促成了电报的兴起。

此后，电池创新发展缓慢，从伏特的铜锌电极发展到汽车使用的铅酸电极，然后发展到我们今天所使用的锂电池。“电池非常简单——它

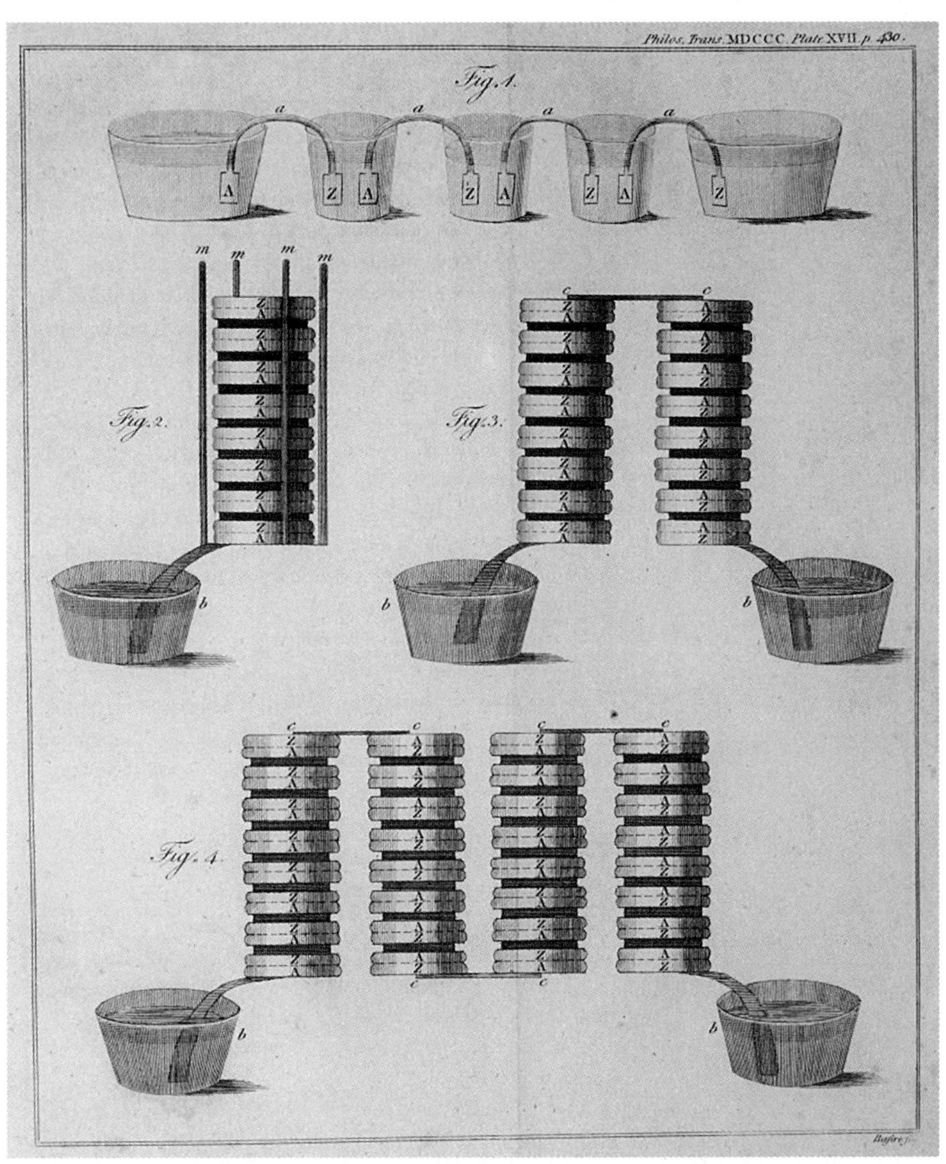

一个早期的伏打电堆

的组成部件数量非常少——它既帮助了科学家们努力改进伏特创造的电堆，同时又阻碍了他们的创新。”史蒂夫·列文在《动力之源》（*The Powerhouse*）中写道，“1859 年，一位法国物理学家加斯顿·普兰特发明了可充电的铅酸电池。”这种电池使用的是铅电极和硫酸电解质。“普兰特的这种结构可以追溯到最初的时候，即伏打电堆，只是调整了一下而已……1980 年，‘劲量’牌电池被商业化。”他写道，“这是与普兰特所发明的电池非常接近的衍生品。在长达一个多世纪以来，其中的科学原理没有改变。”这有点令人震惊，因为在那么多影响我们体验的技术中，电池依然是其中最强大且沉默的力量之一。

然而，20世纪70年代爆发了石油危机——石油禁运导致油价飞速上涨，经济受到严重影响，随之而来的是新型氢电池的出现，它被用在了被福特称为未来汽车的车型上，这为人们对更优质电池的追寻打了一剂强心针。

锂离子电池的发明者还没有赢得诺贝尔奖，很多人认为这很荒唐。锂离子电池不仅为我们的设备供电，而且它还是电动汽车运行的基础。然而，有点讽刺的是，它是世界上最臭名昭著的石油公司所雇用的科学家发明的。

20 世纪 70 年代早期，化学家斯坦·惠廷厄姆在斯坦福大学做博士后，在这期间，他发现了一种将锂离子储存在硫化钛片中的方法，从而制造出了可充电的电池。不久，他就收到了埃克森石油公司的通知，邀请他对替代能源技术做私人研究。（是的，你没听错，是埃克森，当今一家以质疑气候变化和与苹果争夺世界上最大公司这一殊荣而闻名的公司。）

在雷切尔·卡森所著的《寂静的春天》一书出版（该书揭露了 DDT 的危害），以及发生圣芭芭拉石油泄漏事件和凯霍加河大火之后，环保主义已经深入到公众的意识之中。福特开始处理一些关于其生产的汽车正在污染城市的投诉，并通过使用更清洁的电动汽车来降低油耗，这给他带来了灵感，于是他开始专注于电池的开发。同时，石油的生产似乎达到了高峰。石油公司正在紧张地关注未来的发展趋势，并寻找多元化的方法。

“我是在 1872 年加入埃克森的。”惠廷厄姆告诉我。“他们决定成为一家能源公司，而不只是石油化工公司。他们投身于电池、燃料电池和太阳能电池的研究。”他说道，“他们曾一度是美国最大的光伏电池生产商。”甚至在数十年前，在普锐斯汽车出现之前，他们就已经制造了混合动力柴油车。

惠廷厄姆得到了近乎无限的资源。目标是“要提前做好准备，因为石油即将耗尽”。

他们的团队得知日本的松下公司已经提出了一种非充电型锂电池，能够为渔民在夜间使用的漂浮的 LED 照明灯供电。这种电池能直接用海水冷却，这是一个很重要的优点，因为锂非常不稳定，在反应时容易产生大量的热量。

对于任何在工作场所都无法获得免费大量冷却剂的人来说，如果想要电池发挥作用，那么电池在供电时就不能太热。如果有太多的电子同时从阳极溢出，锂或者说是电池就会过热，在这种情况下，这些电子只有一条出路——流入电路中。惠廷厄姆的团队改变了这种情况。

“我们提出了嵌入式概念，并且在埃克森制造了第一个可充电的室温锂电池。”惠廷厄姆说。嵌入是指在化合物夹层中插入锂离子；阳极中的锂离子可以流到阴极，产生电力，由于这种反应是可逆的，所以锂离子可以返回到阳极，给电池充电。

没错，就是这家公司，它在 2015 年和 2016 年的大部分时间里，都因为努力压制公司内部的科学家就气候变化将带来真实而紧迫的威胁而提出的警告屡上头条；就是在这家公司，现代电动汽车所使用的电池诞生了。

“他们想成为能源行业的贝尔实验室。”惠廷厄姆说。贝尔实验室发明了晶体管以及许多影响广泛的发明，所以至今仍广受赞誉。“他们说：

‘我们需要电动汽车——我们得自己主动从传统能源行业里出来，而不要等到别人把我们赶出去。’”

“60 年来，非充电的锌碳电池已经成为了消费性电子产品的标准电池。”列文写道，“镍镉电池也在使用当中，惠廷厄姆创造的电池大大领先于这两种电池。这种电池功能强大，重量轻，可以为更小的便携式消费电子产品（想一想 iPod 与随身听之间的大小对比）提供电力——如果它奏效的话。”

电池所取得的突破使得整个部门激动不已。“我被叫到纽约，向埃克森董事会的委员解释我们正在做什么以及这件事可能会产生什么样的影响力。”惠廷厄姆告诉我，“他们非常感兴趣。”

然而，有一个问题，他发明的电池总是着火。“存在一些易燃性问题。”惠廷厄姆说，“我们遇到过几次着火事件，大多数是发生在当我们把它们拆开的时候。”另外，生产这种产品既困难又昂贵，而且它会发出一股恶臭味。

由于着火、恶臭，以及石油危机的缓解，埃克森绝不会成为电动汽车、电池技术或替代能源的先驱。相反，石油的价格反而翻了一番。不过，惠廷厄姆的工作将由那些促成消费性电子产品繁荣的人继续做下去。

与围绕它的区域不同，阿塔卡玛盐水湖其实并不美丽。但它肯定是令人震惊的，我心里想着，眯着眼睛看着这些鲑鱼色的山脉，山脚下是多刺、扭曲、满是灰尘的盐晶体构成的平坦海面，看起来就像堆满灰尘的干珊瑚礁。

恩里克·佩纳是阿塔卡玛锂矿的总工程师，他说：“如果风没有将山上的灰尘吹下来，那么这些晶体就是纯白色的。你目光所及之处全是这些锂矿场地。”

“我想象着西班牙征服者正骑着他的马穿过智利，到达这里，他会说：

‘这究竟是什么？’”佩纳说。方圆 50 平方千米内除了不毛的盐水之地外一无所有。佩纳是一个 35 岁左右的友善的年轻人，长着浓密的胡子，虽然有一副认真的表情，但也经常露出友好的微笑。他在智利化学矿业公司得到了快速晋升。在公司，他负责被他亲切地称之为“我的池塘”的矿场。他每周都乘车往返于高原荒漠上孤独的前哨站和他家人居住的圣地亚哥之间。

这个采矿工作本身就是不同寻常的，矿场恰好位于盐沙漠的中部。没有岩石凿成的入口，也没有深入到地下的矿井，取而代之的是一系列越来越多的能导电的色彩缤纷的充满大量盐水的蒸发池，它们完美地倒映出地平面上的山脉。无数的盐堆隔开了这些池，这些盐堆是采矿留下的副产品。

在所有结块的盐层下面，有时只有 1~3 米深的地方有一个巨大的盐水储层，盐水溶液中含有高浓度的锂。

智利化学矿业公司送我们来到一个奢华的营地，这里是矿业高管居住的地方，当时他们正在场地参观。想象一下这种场景，在这个怪异的沙漠上突然出现一个小小的五星级酒店，大约有 10 个房间，还配有一个私人厨师。这里是现代电池的源头。

我心想，这是给它的发明者打电话的绝佳之地。

当我告诉约翰·古迪纳夫我正在阿塔卡玛沙漠中的一个锂矿给他打电话时，他笑得嚎了一声。古迪纳夫是该领域的超级大咖——他自惠廷厄姆在锂研究方面取得突破性进展以后，引领了最重要的电池创新——大家都知道他笑起来很难听。在 94 岁高龄时，他仍然几乎每天都去他的办公室，他告诉我他即将在可充电电池领域实现最后一次飞跃。

古迪纳夫是一名战地军医，曾在芝加哥大学师从爱德华·泰勒和恩里科·费米攻读物理学，他的职业生涯始于麻省理工学院林肯实验室，研究磁存储。到 20 世纪 70 年代中期，像惠廷厄姆一样，受能源危机的驱使，他开始研究如何节能和蓄能。当时，国会削减了对其项目的资金支持，所以他转而向牛津大学寻求支持，继续他的研究。他知道埃克森已经雇用了惠廷厄姆来制造一种锂钛硫化电池。“但是这次努力以失败告终。”古迪纳夫说，“因为在这种易燃的液体的电池电解质上形成并长出枝蔓晶，会导致燃烧甚至爆炸的后果。”

古迪纳夫有了一个改进的办法。他从其早期的研究中了解到锂镁氧化物是分层的，于是他开始探索在其他各种氧化物变得不稳定之前，可以从中提取到多少锂。锂钴和锂镍氧化物刚好符合他研究的要求。到 1980 年，他的团队开发了一种以锂钴氧化物作为阴极的锂离子电池，结果收获了神奇的效果。至少，它能以更轻的重量承载大量的电荷，而且比其他氧化物更稳定。如今，你在 iPhone 中也能找到这种基本的构造。应该说，几乎是一样的。

不过，在它帮助推动无线革命之前，锂离子电池为另一种更普及的电子产品解决了问题。索尼在进入便携式摄像机这一有前景的新市场时遇到了一大障碍。到 20 世纪 90 年代早期，摄像机已经从肩扛式的大家伙缩小成手持式，但是，该行业所用的镍镉电池却又大又笨重。“索尼需要一个具有足够能量的电池来使其摄像机能正常运行，但是，这种电池又要有足够小的体积以和相机的体积相匹配。”法维翰咨询公司的首席分析师萨姆·杰夫解释道。这种新型、超轻、可充电的锂离子电池能够满足这种要求。要不了多久，这种技术就能从索尼早期的数码摄像机扩散到手机，然后到消费性电子产品行业的其余所有的产品上。

“到 20 世纪 90 年代中期，几乎所有相机中的可充电电池使用的都是锂离子。”杰夫说，“然后，这种电池占领了笔记本电脑电池市场，之后不久，又占领了新兴的手机市场，同样，这种情况将在平板电脑、电动工具和手持计算设备上再次出现。”

在古迪纳夫的研究和索尼产品开发的推动下，锂电池发展成了全球性的一种行业。截至 2015 年，它们的年销售额达到 30 多亿美元。在电动和混合动力汽车的推动下，这一趋势预计还会持续下去。在 2015 年和 2016 年间，这种大规模、快速发展的趋势使得市场销售额翻了两番，造成这种现象的原因主要是一个重要声明的发布，特拉斯的超级工厂开张，该工厂将成为世界上最大的锂离子电池工厂。根据透明度市场研究，到 2024 年，全球锂离子电池销售额预计将增加一倍以上，达到 770 亿美元。

是时候下池子看看了，我说的池子指的是锂矿池。

我和古迪纳夫的聊天时间比预期的要长，而工作人员正等着带我们去锂矿池，它是采矿作业的核心。

“抱歉。”我对佩纳说道，“我刚才正跟锂电池的发明者谈话。”

“他怎么说？”他问，语气里压制着自己的兴趣。

“他说他发明了一种更好的电池。”我回答道。

“用锂吗？”

“没有。”我说道，“他说会使用钠。”

“妈的。”

当我们穿过荒凉的沙漠之路驶向锂矿井时，盐飘散在空气中，洒落在脚底下，堆积在我们随处可见的地方。这块结块的广袤大地和随处可见的工业机械让人感觉这里有点像一个被废弃的前哨站。显然，这种氛围也让工人们感到不安。佩纳说他们非常迷信。

“他们说他们曾在这里看到过卓柏卡布拉（传说中的怪物，传说中它在美洲加勒比海出没，具有巨大的红眼和惊人的弹跳能力，以喝山羊血为生）。”佩纳说，“然后有人就失踪了。”恶劣的气候、广阔的沙漠、零星的建筑、极度的干燥，还有被盐包围的长长的盐池——这里有许多东西可以激发人们超自然方面的想象。这是很正常的。“还有外星人。他们经常说的是外星人。他们声称自己看到了许多不明飞行物。”佩纳大笑道，

“也许他们只是想偷个懒。”

我们在第一站停了下来，一连串的管子延伸到一片白色的池子上面。智利化学矿业公司像采油的石油公司一样，钻探进盐水之中。在阿塔卡玛盐湖，有 319 个盐井，每秒能抽出 2743 升富含锂的盐水。

就像石油公司一样，智利化学矿业公司一直在试探性地钻孔，以确定新的富含锂的矿洞。据佩纳所说，他们总共进行了 4075 次勘探和钻井，其中一些矿井有 700 到 800 米深。

盐水被抽进了上百个巨大的蒸发池中——你猜对了——蒸发盐水。在海拔高的干旱沙漠中，这个过程并不需要很长时间。技术工人们每天用水清洗水管两次，以清除渗入里面的腐蚀性盐，否则这些盐会堵塞水管。他们物尽其用，使用盐的副产品来建造一切他们可以建造的东西——护堤、桌台、护栏。我看到几个小时前才冲洗掉的水管接头上形成了盐晶体。

在蒸发池旁边，佩纳说：“你要一直抽进来又抽出去。”首先，工人们从一条蒸发路线开始，沉淀岩盐，用抽水机抽，然后他们就得到了钾盐。

用抽水机抽水。最终，他们将盐水溶液浓缩到大约含有 6% 的锂。

这个将池塘由清澈变为蓝色，再由蓝色变为荧光绿的巨大的工作网络只是制造电池中所需锂元素的第一步。当它被浓缩成浓缩液时，工人们就会使用罐车将锂运输到位于卡门盐水湖岸边的一家冶炼厂。

这种运输可能是整个生产过程中最危险的部分。这个交通线网跨越了阿塔卡玛附近的区域。第二天，佩纳、詹森和我花了几个小时开车沿着私人采矿道路行驶，从二轮半拖车和罐车旁边经过，它们正在运输锂和钾，或正在返回盐湖重新装货。路边散布着更多追悼死亡事故的纪念碑。在罕有的雨天，洪水会使整个过程中断，对整个全球供应链造成连锁反应。但在大多数情况下，造成这种困境的是疲劳驾驶的司机，他们为了多赚点钱会多跑几趟，于是精力达到极限，从而造成事故。

作者用他的 iPhone 拍摄的阿塔卡玛的锂池

在卡门盐水湖，没有壮观的白色荒漠，只有一连串高耸的圆柱体，还有几个池子，以及一排排隆隆作响的机器。

冶炼厂的运作造就了一个工业化的冬日仙境。盐晶体粘在反应器上，细微的锂片如白雪般飘落在我的肩头。每天从智利港口运输过来的 130 吨碳酸锂都在这里进行冶炼，一年下来能炼出 48000 吨锂。因为每部 iPhone 中的锂不足 1 克，所以，这些锂可以生产约 430 亿部 iPhone。

冶炼过程始于从阿塔卡玛运输而来的浓缩液，然后浓缩液被倒入一个存储池中。净化之后，又经过了过滤、碳化、干燥和压缩等一系列曲折的过程。

苏打灰与溶液结合形成碳酸锂，这是需求量最大的商品形态。生产一吨的碳酸锂需消耗两吨的苏打灰，这就是为什么人们没有在阿塔卡玛现场提炼锂的原因。那样的话，智利化学矿业公司不得不把所有的锂运往高漠，相反，他们只需将盐水运下山就可以了。

我戴着一顶安全帽，塞着耳塞，穿过充满锂片的空气，经过被盐堵塞的水管和猛烈颤动的抽水泵，世界上大部分蓄电池电源都源自这里，这一事实让我感到震惊。我伸出手抓起一把锂片，让它们在我的掌心展开。制造 iPhone 的供应链网络错综复杂，而我正触摸着其中一个部分，所有这些都只是为了改进 iPhone 高度整合且复杂的各种技术中的某一小部分。

在这里，锂将会从附近的一个港口城市运往某个电池制造商那里，这个制造商或许在中国。与 iPhone 中的大部分组成部件一样，锂离子电池也是在海外生产的。苹果公司并没有公开其电池供应商，但是大多数公司，像索尼和中国台北顺达科技，多年来一直生产这种电池。

即使是在今天，这种即将从生产线上装配完成的电池也不会比伏特最初的电池构造复杂多少。例如，iPhone 6 Plus 的电池中，用于阴极的是锂钴氧化物，用于阳极的是石墨，而电解质是由一种聚合物构成的。它连接的是一台微型计算机，这种计算机能阻止电池过热，或者耗掉过多的电以防止电池变得不稳定。

iFixit 的首席执行官凯尔·韦恩斯指出："电池设备是这些设备背后的许多心理学现象的关键。"当电池耗电太快时，人们会对整个设备感到失望，当电池处于良好状态时，手机也会正常工作。可以预见的是，在这场持续的争夺战中，锂离子电池将成为争夺的对象。作为消费者，我们需要更多更好的应用程序和娱乐体验，更多高分辨率的视频。当然，我们也渴望拥有续航更持久的电池，很明显，前面提到的那些应用程序和娱乐体验会使电池消耗殆尽。而同时，苹果公司希望把手机越做越薄。

"如果我们使 iPhone 的厚度增加一毫米，"第一代 iPhone 的硬件负责人托尼·法德尔说，"那么，我们就可以让电池的使用寿命延长两倍。"

在离开世界上最大的锂冶炼厂两小时之后，我和詹森的电池被偷了，连同它们为之供电的设备一起被偷了。当时我们刚离开舒适的智利化学矿业公司，司机把我们丢在了巴士站。

这个建筑群看起来像是一个奄奄一息的路边商业区，中央城的汽车站弥漫着一股令人疲倦的炼狱般的气息。我四处找寻食物，詹森在看管着我们的行李。这时，一位老人向他走近，问他刚刚到达的公交汽车是开往哪个方向的。在他们正说话的空当儿，老人的一位同伙用皮带绑住我的背包，匆忙跑开了。几秒钟后，当我回来时，我们意识到发生了什么事，然后疯狂地在汽车站跑着，尖叫着"有看到一个蓝色的背包吗？"结果是徒劳的。

我们丢失了两台笔记本电脑、录音设备、一个备用的 iPhone 4s 以及各种书籍和笔记，但是我写的书没有丢，因为我设置了云端服务（iCloud），可以自动保存我的文档文件。

这种情况迫使我只能使用 iPhone 来记录接下来的全部行程——录音、做笔记、拍照——如果我的手机有稍微再多一点的数据储存空间的话，那就太让我满意了。

“手机、钱包、护照，”詹森说，“每当我们通过边境或离开旅馆时，都会检查这些劫后余生的必需品，我们仅有的、必需的三件物品。”我们一直这么不忿地念叨着，虽然我们丢失了大量有价值的设备，但是，我们还有继续之前所做的一些工作需要的工具。

我们报警时，智利警方非常友好，然而他们只告诉我“算了吧”。在智利，苹果产品非常稀有而且价格昂贵，所以我们那些被偷的设备很可能会在黑市上被快速转售。

虽然锂离子产生了非常大的影响，但是，古迪纳夫认为，一种新型的、更好的电池——其重要组成成分是钠而不是锂，即将出现。“我们即将开发出另一种电池，这一新电池也将见证社会的转型。”他说道。钠比锂更重，更容易挥发，但是，它也比锂更便宜，更容易获得。他说：“钠是从海洋中提取而来的，那里的钠随处可见，所以不需要动用军队和外交手段来确保钠这种化学能源的安全，但是，化石燃料和锂却需要动用这些资源。”在未来，iPhone 中的电池将会使用盐来供电，这一点并非是不可能的。对此，世界各地的产品评论员会说：很好，但是这样的话，iPhone 的电池会变得更耐用更持久吗？惠廷厄姆认为答案是肯定的。他告诉我说：“我认为他们所得到的会是今天所得的双倍。”

“问题是，人人都愿意花钱购买这种产品吗？”

“如果你把 iPhone 拆开，我想我们会问苹果公司一个重要的问题：你想要更高效的电子产品还是更高能量密度的电池呢？”惠廷厄姆说。他们既可以将更多的电量输入到电池系统中，也可以专门设计电子设备以减少对电量的消耗。目前为止，他们主要依靠的是后一种方法来保存电量。未来怎么样，谁知道呢？“他们不会给你答案，因为这属于商业机密。”惠廷厄姆说。“我们在电子产品耗电方面已经取得了重大进步，每个锂电池都有全面的电子保护，”惠廷厄姆解释道，“以监控能量输出的计算机的形式进行保护。他们不希望你一直把电耗尽，因为这样会把电池烧坏。”

电池将不断得到改进。显然，这不仅仅是为了 iPhone 消费者的利益，还是为了改善我们这个处于灾难性气候变化边缘的世界。

“化石燃料的燃烧会释放二氧化碳和其他气体产物，这是造成全球变暖和城市中空气污染的主要原因。”古迪纳夫反复提到这一点，“而且化石燃料是一种不可再生的有限资源，一个可持续的现代社会必须重新采取依靠阳光和风获取能源的方式。植物能吸收阳光，但同时植物也需要阳光。太阳能电池和风车可以在不污染空气的情况下提供电力，但是这种电能必须被储存起来，而电池是最便利的电力储存库。”

这就是为什么像埃隆·马斯克这样的企业家们正在大量投资这种清洁能源。他的超级工厂很快将会以一种前所未有的规模生产出锂离子电池，这是迄今为止最明显的信号，汽车和电子产品行业已经选择了适合它们在 21 世纪的动力来源。

锂离子电池——由埃克森实验室设计，被该行业的专业人员打造成颠覆性的产品，日本相机制造商将其变为主流的商业产品，用从世界上最干燥、最热的地方开采出的材料制造——是我们始料未及的，驱动未来机器运行的能源引擎。

它的发明者只是希望我们利用它提供的可靠能源。“便携式电子产品的兴起改变了我们彼此之间的交流方式，我很感激它赋予穷人和富人一样的权利，使人类能够理解不同文化中的隐喻和寓言。”古迪纳夫说。“然而，技术在道德上是中立的。”他补充说道，“它是否会带来益处取决于我们如何使用它。”

CHAPTER

6

世界上最受欢迎的相机

“好了，这里。”大卫·卢赫希低声说道，暗中对着一个披着一头油光发亮的长发，穿着一件皱巴巴皮夹克的人点头，他正沿着亨利四世大道朝我们这里大步走来。他一从我们旁边经过，卢赫希就沉默地猛然转身，拿着我的 iPhone，垂直地放在胸前，开始快速地点击屏幕进行拍照。与此同时，我把手插进口袋里，看了一眼熙熙攘攘的巴黎十字路口。我尽量让自己看起来不那么引人注目，但却感觉自己更像讽刺漫画中倒霉的美国间谍。

跟随一名专业的街拍摄影师在法国街头游荡，这一整天差不多就这个感觉。我把我的 iPhone 交给卢赫希，他已经向我展示了他是怎么拍摄的。我发现，这涉及很多内容，其中包括等待一个有趣的拍摄对象偶然经过，然后在让对方不反感的时间内，尽可能长时间地跟拍。

“我带着相机，塞着耳塞，四处转悠。”他说，“我按下音量键，这里，来实现抓拍。”这对于他的伪装来说是一种额外的加分。“有时候是很困难的，如果你的行为让人觉得诡异，你就得注意。”他说道，飞快地冲我笑了笑，眼睛扫视着人群。“你可不想让自己看起来像个怪人。”

我们围绕着高耸的巴士底狱纪念碑转悠，纪念碑外笼罩着网格和脚手架。卢赫希的目标锁定在一位女士身上，她正一边走路一边跳舞，然后卢赫希为她拍下了一张美丽的照片，照片中她的右手正飘在半空中。我们从形形色色的巴黎人身边经过——时髦的 20 多岁的年轻人，脚蹬着高跟鞋；身上穿着风衣，拖拉着凌乱的长胡子的男人；头上戴着希贾布（穆斯林妇女戴的面纱或头巾）的穆斯林妇女。这些人全部都被卢赫希跟拍过。

街拍摄影师大卫・卢赫希在法国街头用 iPhone 抓拍的一位女士

卢赫希是一位时尚摄影师，他像许多艺术家一样，起初曾抵制 Instagram（照片分享，一款运行在 iPhone 平台上的应用程序）的兴起和网站上提高图片质量的滤镜。“就像斯蒂芬·斯皮尔伯格在一部关于大屠杀的电影中插进大量的小提琴一样。”他说，“看起来好像你并不需要这些，但这个世界已经被严重地风格化了。”

不过，他最终加入了 Instagram，在因为分享一系列有强烈主题的照片而声名鹊起时，他自己也大吃一惊。这些照片全都是从后面拍摄的，被拍摄的对象完全没有意识到背后有相机。看起来容易，做起来可就难了。

这些照片与社交媒体有着强大的共生关系，或许是因为每一张看不到脸的照片都有可能是在日益拥挤的，通常是匿名的公共网络空间中的任意一个人。不管是什么原因，这一系列的照片开始吸引成百上千甚至成千上万人分享和点赞，不久之后，他就被称赞为前途无量的摄影人才。世界各地的人开始把自己从背后拍摄的照片用电子邮件发给他。

当然，Instagram 只是 iPhone 中最受欢迎和最重要的应用程序之一。全球之声（Mashable），是一个独一无二的痴迷于数字文化的全球性网站，iPhone 的头号应用程序。紧接着，在 2010 年，一款有抄袭嫌疑的摄影应用程序 Hipstamatic 发布（这一技术开创了一种在新千年得到认可的照片滤镜方法，但它不支持免费下载），很快就吸引了一大波的追随者，随后它被“脸书”（Facebook）以 10 亿美元收购，虽然这笔数目在今天看来十分廉价，但在当时却是一笔巨款。

但是，该行业所担忧的是免费的业余照片会导致专业摄影人员的薪水更低，接到的业务更少，但对卢赫希而言，他在 Instagram 的名声让他获得了更多有偿拍摄工作，所以卢赫希对此似乎并不关心。

“我一直很乐于尝试数字技术。”他说，“但是，我喜欢用传统的方法进行摄影和拍影片，我对手机没有试图变成数码相机的情况感到满意。窥视一直是摄影的一大重点，要不被注意到，要能够进入某个地方，就能拍到出色的照片。”

“我发现手机很方便，能够装到口袋里，这让事情变得简单多了。”他告诉我。

让事情变得更简单

19 世纪和 21 世纪最受欢迎的畅销相机广告牌上布满了灰尘，如果未来的考古学家掸去这些灰尘，会发现这两个时期所使用的标语口号竟有某些惊人的相似之处。

广告 A：按下按钮，高枕无忧。

广告 B：我们已经做好了技术处理，你们所要做的就是找到美好的事物，然后按下快门按钮。

广告 A 是 1888 年柯达公司的创始人乔治·伊士曼用简单的八字口号将其相机推向了主流地位。伊士曼最初雇用了一家广告代理商来帮助他们将柯达的箱式照相机推向市场，但后来伊士曼解雇了他们，因为伊士曼不满意他们交上来的广告文案，认为没有必要那么复杂。广告 A 凸显了他的产品值得称赞的重要优点——即消费者只需拍照，然后把相机带进柯达商店，柯达商店会把这些照片洗出来——他发起了这个新兴行业最著名的广告活动之一。广告 B 当然就是苹果公司用来竭力推销 iPhone 相机的广告语。虽然相隔一个多世纪，但两个推广语的精神却是毫无疑问地相似，两者都专注于产品的简便性，目的是吸引普通的消费者，而非摄影迷。这一原则使柯达公司吸引了无数摄影新手使用其生产的相机，而如今，这一原则描述了苹果公司对其角色的态度：苹果可以说是世界上最大的相机公司。

一篇于 1890 年刊登在行业杂志《制造商和建设者》上的文章解释道，伊士曼“巧妙地想到这样一个主意：将体积如此小、重量如此轻的便携式相机与连续不断的敏化胶卷结合在一起，这样做的目的是使其与照相机的箱子相适合，并与一个简单的装料装置相连接，这样就有可能拍摄多达百张的照片——除了简单按下按钮，再没有什么其他的麻烦。”

柯达公司生产的勃朗尼相机并非是第一个箱式照相机，法国的勒福玻斯比它早了至少十年，但是伊士曼采用了一种成熟的技术，并且想到利用大众消费市场来改进它。随后，他就改进了这种相机。乔治·伊士曼的传记作者伊丽莎白·布莱尔写道：“让无数人成为业余摄影师是伊士曼当前的目标，他本能地意识到这一点——广告是孕育业余摄影师市场的源泉，跟他相比，摄影行业的其他人的反应要慢得多。就像他在公司的大部分领域所做的那样，伊士曼亲自处理了这些改进细节。而他对此也很有天赋——将句子转化为口号几乎是他与生俱来的一种能力，他为大家提供了一种直观的、丰富多彩的视觉图像。”这让你想起谁了吗？

柯达开启了一种为大众定制相机的趋势。1913 年，一家名为 Ernst Lietz 的德国公司的执行官奥斯卡·巴纳克率先开发了一种可以在户外携带的轻便式照相机，开发这种相机的部分原因是他患有哮喘，所以希望能够制作一个更容易携带的相机。这种相机就是莱卡相机，它是第一个大批量生产的标配为 35 毫米镜头的相机。

一开始，苹果公司在初代 iPhone 上配置了一个具有 200 万像素的摄像头，但这并不是创新的顶峰。在这方面，它也无意成为创新的顶峰。

“它的态度更像是，其他手机都有一个摄像头，所以我们最好也配备一个摄像头。”初代 iPhone 团队的一名资深成员告诉我。并不是说苹果公司不在乎摄像头的质量，而是因为当时的资源捉襟见肘，所以追求高端摄像头并不是当务之急。当然，它的创始人并不把它认为是 iPhone 的核心功能，乔布斯在他的首次主旨演讲上几乎没有提到它。

事实上，在这款手机被发布时，它的摄像头被批评为不合格。其他的手机制造商，比如诺基亚，在 2007 年，他们的非智能手机就使用了先进的摄像技术。其不断增长的用户群，以及像 Instagram 和 Hipstamatic 这样的以照片为中心的应用程序，将会向苹果公司展示手机摄像头的潜力。如今，随着智能手机的发展，智能手机市场上也出现了一场手机功能的紧张的军备竞赛，手机摄像头已经变得非常重要，而且非常复杂。

"在 iPhone 的手机摄像头中，有 200 多个独立零件。"2016 年，苹果公司手机摄像头部门的负责人格雷厄姆·汤森在《60 分钟时事杂志》（美国老牌电视新闻节目）上说道。他表示，目前有 800 名员工专门致力于摄像头的改进工作，在 iPhone 6 中，配备的是一个具有 800 万像素的摄像头，同时具有索尼传感器、光学图像稳定组件和一个专有的图像—信号处理器。（每一部 iPhone 都安装有两个摄像头，这是其中一个，还有一个就是所谓的"自拍摄像头"。）

这不仅仅是配备更好镜头的问题，而是关于围绕镜头的传感器和软件的问题。

布雷特·比尔布里坐在苹果公司董事会的会议室里，他一直低着头。当时，他的上司迈克·卡尔伯特坐在他的右边，整个会议室有一半的空间都坐满了。他们正等着会议开始，除了史蒂夫·乔布斯外，其余的人都已经就座。

"史蒂夫正在来回踱步，而我们每个人都尽力不引起他的注意。"比尔布里说，"他很不耐烦，因为有人迟到了，我们只是坐在那里，心里默念着'别注意到我们，别注意到我们'。"史蒂夫·乔布斯的坏脾气已经成为一个传奇。

在会议室里，有个人在会议桌上放了一台笔记本电脑，上面还配有一个 iSight（相机）。史蒂夫停顿了片刻，走到这个人身边，看着这个非常不雅观的从机器里凸出来的外置摄像机，然后说道："这个东西看起来像屎一样。" iSight 是苹果公司自己的产品之一，但是，它仍然没有逃脱史蒂夫愤怒的魔爪。"史蒂夫之所以不喜欢这个外置摄像机，是因为他讨厌疣。" 比尔布里说道，"他讨厌任何线条不流畅和设计不够整合的东西。"

顺便提一句，早期的 iSight 是由托尼·法德尔（前苹果 iPod 之父）和安迪·格里尼翁（前 iPhone 部门高级经理）制造的，他们两个人后来成为 iPhone 的主要推动者。

"这个可怜的 iSight 使用者惊呆了。我不知道该怎样形容他脸上的表情，他吓呆了。" 比尔布里说，"当时我连想都没想就说道：'我能解决这个问题。'"

"史蒂夫转向我，好像在说，很好，演示给我看看。我的上司迈克·卡尔伯特拍了拍自己的额头，说道：'噢，太好了。'"

一款新的 iMac（苹果品牌的电脑）即将上市，而苹果公司目前正在将其处理器改为英特尔公司生产的芯片，这一巨大的、绝对机密的尝试正在消耗公司的资源。大家都清楚，乔布斯担心除了新的英特尔芯片架构以外，没有足够多新的功能来炫耀，他担心这会镇不住大多数公众。他正在为 iMac 寻找一种能令人兴奋的附加功能。

整个会议室寂静无声，乔布斯走到比尔布里身边，说道："好，你怎么做？" 比尔布里说道："这样，我们可以在里面使用一个 CMOS 成像器……"

"你知道怎么做吗？" 乔布斯打断他说道。

"知道。" 比尔布里自信地应答道。

"那么，你能做个样品吗？给你两周时间。" 乔布斯不耐烦地说道。

"于是我回答道：'好的，我们可以在两周内完成'。我又一次听到坐在我旁边的迈克在拍额头。" 比尔布里对我说道。

会议结束之后，卡尔伯特把比尔布里叫到一旁。“你觉得你在做什么？”他说道，“如果你完不成的话，他会把你炒了的。”

这对布雷特·比尔布里来说几乎算不上是一个新的舞台，但是风险却突然变得很大，而且两周时间并不是很长。在 20 世纪 90 年代，他成立并经营了一家名为智能资源（Intelligent Resources）的公司。苹果公司在 2002 年聘请他管理其媒体架构组。由于他在视频图像处理方面具有很强的背景，所以他得到了晋升。据比尔布里所说，他的公司已经制作了“第一张视频卡，用数字化的方式将计算机和视频广播行业结合起来”。他的产品——视频浏览器（Video Explorer），“是第一个支持高清视频的电脑视频卡”。苹果公司专门聘请了他，是因为，正如其他所有技术公司一样，苹果公司也遇到了视频问题。笨拙的外置摄像头只是其中的一部分。

“你还记得在 2001 年和 2002 年的时候，笔记本电脑上的视频就像一个每秒 15 帧的小窗口视频，图像严重失真吗？”当你试图通过缓慢的网络连接来观看 YouTube 时，你看到的是压缩受损的图像。或者在很久之前，当你们试图使用旧的配有完整硬件的电脑观看 DVD 时，你们会看到由于像素块变形而呈现出来的难看的图像。当系统使用所谓的有损数据压缩时就会出现这种情况，它会转储媒体数据的部分内容，直到这些数据变得足够简单，可以储存在磁盘的可用空间（或者在宽带限制范围内进行播放，YouTube 就是这样一个例子）。如果压缩器不能重建足够多的数据来重现原始视频，那么图片质量就会跟不上，而你得到的就会是一些失真的图像。“我们所遇到的问题是，你要花费一半的视频帧来解码整个画面，然后，另一半的视频帧试图移除尽可能多的失真图像，让图片看起来没那么糟糕。”

这是一个日益严重的问题，因为视频串流正在成为计算机应用的一个更为核心的部分，解决这个问题是把外置 iSight 移植到设备硬件上的关键。

“我是在洗澡的过程中突然领悟到了这一点。”比尔布里说，“如果我们没有创建这些像素块，那么就没有必要移除它们，虽然这听起来显而易见，但是，如果没有像素块的话，你要怎么重建视频呢？”他说他的想法是做一个只有像素块的屏幕。他编写了一个算法，可以让设备避免噪声过滤，使整个视频帧可以重新播放。“因此，突然之间，我们就可以在便携式 Mac 上播放完整的视频流了。我的其中一项专利就是去块效应算法（de-blocking algorithm）。”了解到这一点后，他开始准备解决有关 iSight 的问题。“这就是我解决外置 iSight 问题的妙计——CCD 成像器，其质量比体积小的廉价的 CMOS 成像器好多了。”

数码相机使用了两种主要的传感器：一种是电荷耦合装置，也称为 CCDs；另一种是互补金属氧化物半导体，也称为 CMOSs。CCD 是一种光敏集成电路，用于存储和显示给定图像的数据，使每个像素都转换为电荷。电荷的强度与有色光谱上的特定颜色有关。2002 年，CCDs 产生了更高质量的图像，但是速度更慢了，而且消耗了更多的电量。CMOSs 更便宜，体积更小，并且视频处理速度更快，但是它们都被各种问题困扰。尽管如此，比尔布里还是制订了一个解决方案。

他会把视频从相机传送到计算机的图形处理器（GPU），这里有额外的处理能力，可以处理色彩校正和清理视频。基本上，他可以将相机传感器的工作分流到计算机上。

距离展示只剩下几天时间了，所以，他的团队开始重新改造 iSight。“我开发了一组视频算法，用于视频的改善、清理和过滤，我们使用了很多这样的算法来做这次展示。”他说。他的团队中的一名最好的工程师开始为这个装置创建硬件，但是，在这个过程中最难的部分不是工程，而是权术。构建这个演示程序意味着会干扰计算机其他部件的工作，这就意味着要扰乱其他团队的工作。

“这里面所隐藏的权术就是一场噩梦。”他说，“大家都不想如此彻底地改变这一架构，而我解决这一问题的方法就是，当着史蒂夫的面提出我的观点，这样的话，大家就不能阻止我了。只要是史蒂夫点头同意的事情，就没有人会反对。如果你想要做成某件事，只需说‘哦，是这样的，史蒂夫想要我做这件事’，这样你就拥有了自由行动权，因为没有人会向史蒂夫确认他是否真的说过那样的话，因此没有人会质疑你。所以，如果你真的想在会议中抓住话语权，你只需说：‘史蒂夫！’那么，大家就会回应道：‘妈的。’”

随着新算法和新硬件的出现，相机被植入了笔记本电脑的上盖中，再也没有像疣一样凸出来的摄像头了。在进行演示的前一天晚上，比尔布里的团队冲进了董事会会议室。他们对它做了测试，而更加紧凑的由 CMOS 支持的系统似乎运行得非常流畅。安装在微型模块的无缝视频处理装置与笔记本电脑的大小很好地契合了。

“我们说道：‘好了，没人会碰它的，咱们回家吧。’我们把它放在了会议室里，整装待发。等到第二天我们回来的时候，史蒂夫就会看见它了，一切都会很顺利。”比尔布里说。

第二天，就在会议即将开始的时候，比尔布里的团队出现了，他们把 iSight 打开。有两个显示屏，左边的那个显示的是 CCD，右边的那个显示的是这个新的经过改进的内置 CMOS。然而，显示的图像却是紫色的。比尔布里感到很困惑，突然，他吓坏了。“我们当时心里想着，发生什么事了？”比尔布里说。

就在那时，乔布斯走进来了。他看着这个设备，指出了这一点。“右边的那个看起来是紫色的。”他说。

“是的，我们不知道发生了什么事。”比尔布里回答道。

其中一个软件设计者插话道：“是这样的，我昨天晚上更新了软件，然后就没有再次查看。”

比尔布里抱怨道：“我没听错吧，你做了什么？”直到今天，这听起来还有点难以置信。“他更新了软件！我知道他是想试图做一点好事，但是，当一切都正常运行时，就不要再碰它了。”

乔布斯看着他，带着一点得意的微笑，然后简单地说道：“修好再拿给我看。”至少他还不会被炒鱿鱼。他们解决了这个小故障，第二天就向乔布斯演示了。乔布斯在上面签字的时候简单地说了一句：“看起来不错。”那语气就像前一天那样不屑一顾。

“仅此而已。”比尔布里说，“这是该行业向如今已经普遍存在的内置网络摄像头迈出的第一步。”

“我们获得了内置相机的专利。”他说，接着便是更小的 iPhone 内置相机。比尔布里将会继续给保罗·阿里欧辛提建议，他是负责设计第一部 iPhone 相机的工程师。（据说，阿里欧辛是一位优秀的很受欢迎的工程师，令人痛心的是，他在 2013 年的一次车祸中不幸去世了。）直到今天，这款相机仍然被称为 iSight。“据我所知，他们仍然以同样的方式生产这款相机。我们为使相机运行而创建的架构仍然和当时的一样。”

同时，iPhone 也使用了 CMOS，而且 CMOS 已经击败了 CCD，成了当今手机相机的首选技术。

说到 iPhone 的相机，就不得不说自拍。比尔布里的算法仍然有助于消除 FaceTime 视频聊天服务中的杂波。FaceTime 视频聊天服务作为 iPhone 4 的一个重要特征而被推出，而且手机上还会加入新兴的视频会议应用程序：Skype 和 Google Hangouts。苹果公司将视频聊天相机放在手机的正面，指向用户，以便用户启用这个功能，同时这种设计还有一个附加效果，即用户能够更好地进行自拍。

自拍的历史与相机的历史一样古老。（甚至比相机出现得还要早，如果你把画自画像考虑在内的话。）1839 年，罗伯特·科尼略斯正在研究一种新的拍摄方式，创建了达盖尔银版（照相）法，即摄影的前身。这个拍摄过程要慢得多，所以，他要加速跑到镜头下面去揭开镜头，然后等待10分钟更换镜头盖。他在照片背面写下：第一张照片，拍摄于1839年。第一个对着镜子拍下自己照片的青少年是阿纳斯塔西娅·尼古拉耶芙娜·罗曼诺娃，从照片上看，她显然是一位13岁的俄罗斯女公爵。1914年，她拍下了自己的一张自拍照，并与她的朋友们分享。2000年，Myspace Photos兴起，引导更多非智能移动手机安装了前置摄像头。“自拍”这个词最早于2002年出现在澳大利亚的一个互联网论坛上，但自拍是在iPhone上真正火起来的，那是在2010年，随着视频相机的加入，不管怎样，这给人们带来了一种简单的自拍方式，而且可以用滤镜美化。

当然，一体化摄像机的泛滥并不仅仅使人们沉迷于自恋之中。大多数时候，人们会使用iSight来拍摄他们的食物或婴儿，或者是某些引人注目的、在家不常见到的场景照，也使我们能够在需要的时候记录更多的东西。这款具有极高质量的便携式相机使得自媒体以一种前所未有的规模兴起。

在智能手机时代，对警察暴力、犯罪行为、暴力镇压以及政治不端行为的记录都在增加。例如，一个警察将埃里克·加纳窒息致死的手机视频，促使了一项“黑人的命也是命”的黑人运动的爆发。在其他案件中，手机也提供了警方不当行为的关键证据。从塔里尔广场到伊斯坦布尔再到占领华尔街的抗议者们，他们使用iPhone拍下了暴力镇压事件的视频，这一过程引发了人们的同情、支持，有时也提供了有力的法律证据。

“在苹果公司，没人会谈论这个问题。”据一位自苹果成立之初就在苹果工作的内部人士透露，“但是，这却是我参加过的最引以为傲的一件事，我们记录类似事件的方式完全发生了变化，不过，在埃里克·加纳事件或类似事件发生后，我走进办公室，大家什么也没说。”

然而，视频相机具有两面性，掌权者可以利用这一工具来维护他们所谓的权力，正如土耳其的独裁者雷杰普·埃尔多安用FaceTime视频通话在政变中召集自己的支持者。

我妻子给我打电话告诉我她怀孕的消息时，她欣喜若狂，流下了激动的泪水——这对我们两个来说都是一个莫大的惊喜——于是我们立马就视频通话。在我们试图欢庆这一令人难以置信的好消息时，我不假思索地拍下了我们聊天时的画面。我想都没想就这样做了。它们是我拍过的最令人惊叹的照片之一，充满了兴奋、爱、敬畏和有点失真的画面。

在 2007 年之前，如果我们想要拍出高质量的数码照片，预计要花费数百美元。我们带着数码相机去旅行、去参加活动，但我们从未想过要把相机带去所有地方。

如今，智能手机的相机质量已经足够接近傻瓜数码相机，iPhone 正在收割该行业的大片领域，像尼康、松下、佳能这样的巨头正在快速失去其市场份额。然而，讽刺的是，苹果公司正是使用这些公司所开创的技术才将其产品推向了市场。

在苹果公司不断改进的 iPhone 相机中，其中一个最常见也是最受欢迎的特点就是光学图像稳定。这是一个重要的组成部分，如果没有它，用户的手所产生的每一个微小动作都会影响到这部超轻的 iPhone 手机，进而拍出非常模糊不清的照片。

它是由一个你几乎从未听过的人——大岛光昭博士开发的。多亏了大岛和他 20 世纪 80 年代去夏威夷的那次度假，才使得我们在上文中描述的每一张照片和视频变得不那么模糊了。

作为松下的研究人员，大岛一直致力于研究早期的汽车导航系统——振动陀螺仪。就在他于 1982 年偶然打算去夏威夷度假之前，这个项目突然终止了。

“我当时正在夏威夷度假，和朋友一起驾车兜风，朋友正在车里拍摄当地的风景。”大岛告诉我，“我朋友抱怨在行驶的汽车上使用大型摄像机十分困难，因为他无法让摄像机稳定不晃。”他朋友正在使用的这种肩扛式摄像机很笨重，也很贵，但这种摄像机仍然无法阻止图片变得模糊。他把这种抖动着的摄像机与振动陀螺仪连接起来，他发现，通过测量带有振动陀螺的相机的旋转角度，就可以消除模糊，然后相应地修正图像。最通俗的解释是，当今图像稳定器的工作原理就是这样的。一回到日本，他就开始研究使用陀螺仪传感器来实现图像稳定的可能性。

可惜的是，他在松下公司的上司对此并不感兴趣，因此他无法获得预算。但大岛对证明图像稳定器的效果非常有信心，他工作了几个晚上，造了一个带有激光显示镜的原型机。“我记得第一次打开这个相机原型机时，我既紧张又兴奋。即使是抖动相机，拍出来的图片也一点都不模糊。这太神奇了，简直难以置信！那是我一生中最美妙的时刻。”

大岛租了一架直升机，在大阪天守阁附近低空飞行。大阪天守阁是日本的标志性建筑之一，大岛分别在使用稳定成像技术和不使用这一技术的情况下拍摄风景。他拍出来的照片给他的上司留下了深刻的印象，于是，他的上司开始资助这个项目。即便如此，经过多年的努力，用于商业的原型机也已经生产出来，但是，老板仍然不愿意将其推向市场。

“有些人反对将这种产品商业化。”大岛说，“日本市场关注的重点是将摄像机微型化，这种狂热在美国还没有流行起来。”于是，他把目标转向了北美的同行。“1988 年，PV-460 摄像机成为世界上第一种配备有图像稳定器的摄像机，这在美国大受欢迎，尽管它的价格为 2000 美元。”当然，这比竞争对手的价格要贵得多，但是，其使模糊摄影稳定的魅力足以证明这额外的花费是值得的。

尼康和佳能数码相机分别于 1994 年和 1995 年采用了这项技术。“在这之后，这项发明很快就传遍了全世界，结果，所有数码相机的图像稳定器都采用了我的这项发明。”多年来，他继续致力于将这项技术引入到更多更小的设备中，他似乎对这项由他帮助开创的技术无处不在的普及程度感到吃惊。

“在首次发明该项技术的34年之后，几乎每一部相机都在使用此技术，这真是个令人难以置信的事实。”他告诉我，“如今，几乎所有相机的设备，包括苹果设备和安卓设备，都使用了这种图像稳定技术。我的梦想是使所有的相机都装备这项技术，最后这个梦想终于实现了。”

对大岛来说，创新就是在不同的想法之间创建新的网络或者是在旧网络中创造新途径。“在我的理解中，灵感是一种现象，在这一现象中，大脑中的一个想法受到了激发，在无意中与另一个完全不同的想法联系在一起。”这是思维的生态系统扩大的结果。

当我回头看卢赫希用我的手机在巴黎拍的这些照片时，我感到很震惊，它们是多么耐人寻味啊！一位老妇人全神贯注地在公园里看书，跳舞的女士在拥挤的广场上走出一条自己的路，一位男士正站在挂在吊索桥上的一个开放的笼子里。每一张照片都是快速无缝地拍出来的，每一张都很清晰生动。

我最喜欢的一张是一个小女孩无意间爬上了围墙上的铁栅栏。镜头将她轻盈的身姿框在了一个有序的网格上，延伸成了地平线上的一个点。拍这张照片只需几秒钟，再多花几秒钟就能编辑好并分享出去。

CHAPTER

7

iPhone 中那些不为人知的传感器

我站在高大的石柱和拱形门下面，旁边就是傅科摆，它从宽敞的如教堂般安静的房间的天花板上垂直而下地摆动着，吊线长达数百英尺。镀铅摆锤的尖端从一个圆形玻璃台上缓慢地划过，早晨的阳光透过彩色的玻璃窗滤进屋来。这可能是你通过科学实验所能获得的最接近宗教的一次体验。

或许是因为彩色的玻璃，或许是因为我的时差还没倒过来，又或许是因为这个有 150 年历史的钟摆仍然有点不起眼。但是，你看到它的感觉会有点像第一次在圣彼得大教堂漫步或凝视科罗拉多大峡谷的感觉。毕竟，没有什么方式比这样提醒你更加生动，让你知道自己正站在一颗硕大无朋的在太空中旋转的石质行星的表面，这比看着书上说的“地球是旋转的”这一不争的事实效果强多了。

这里是巴黎工艺博物馆，该博物馆建于 1794 年，是世界上最古老的科技博物馆之一，其前身是一座坐落在巴黎第三行政区中央地带的修道院，该区一度不露声色地迅速扩张。自由女神像立在石头堆砌的庭院内欢迎着各方游客。在这里，你会看到一些最重要的现代计算机先驱，从帕斯卡计算器（第一个自动计算器）到提花织布机（它启发了查尔斯·巴贝奇将其分析机自动化）。而且，你还会在这里看到傅科摆。

傅科——请不要将他与更偏哲学的米歇尔·福柯相混淆——当时已经着手证明地球是绕轴自转的。1851 年，他用一根吊线将一个摆锤悬挂在巴黎天文台的天花板上，展示自由摆动的钟摆会在一天中慢慢地改变方向，于是这样就展示了我们今天所说的科里奥利效应。在旋转系统中移动的质量会受到垂直于其移动方向和旋转轴的一种力（地转偏向力）的影响；在地球的北半球，这种力会使移动的物体向右偏转，产生科里奥利效应。这个实验引起了拿破仑三世的注意，他要傅科再进行一次实验，这次用一个更大的摆锤，地点在巴黎的先贤祠。于是，傅科制造了一个钟摆，钟摆的吊线长达 67 米，这给拿破仑三世留下了深刻的印象。（也给公众留下了深刻印象，傅科摆在世界各地的科学中心是最受欢迎的展品之一。）傅科为拿破仑三世做实验时所使用的那个摆锤，如今就在巴黎工艺博物馆内摆动着。

在他的第二个实验中，傅科使用了一个陀螺仪——实质上是一个旋转陀螺，这种陀螺具有一种能维持方向的结构——其目的是更加精确地证明同一种效应（科里奥利效应）。从基本层面来看，这个装置与苹果手机中的陀螺仪并没有太大的区别，后者也依赖科里奥利效应使得苹果手机的屏幕保持准确的定位。就在今天，它以 MEMS——一种微机电系统的形式——的形态，嵌在一个小巧而精致的芯片上。这个微小的 MEMS 架构看起来像是未来主义科幻小说中具有对称结构的寺庙蓝图。

你手机中的陀螺仪是一种振动结构陀螺仪（VSG）。没错，这是一种使用振动结构来确定某物旋转速度的陀螺仪。它的工作原理是，当一个振动物体的支撑物在旋转的时候，该物体往往会在同一平面上持续振动。所以，科里奥利效应——由于受到地转偏转力的影响，傅科摆在巴黎向右偏转，从而产生该效应——会使物体在其支撑物上施加一个力。通过测量这个力，传感器能够确定物体旋转的速度。如今，这种仪器只有人的拇指指甲那么大。振动结构陀螺仪无处不在，除了在苹果手机中可见到外，在各类汽车和游戏平台中也可见到。实际上，MEMS 在汽车中已经使用了数十年了，它与加速器一起，共同确定应该打开安全气囊的时间。

手机中有一系列的传感器，而陀螺仪只是其中的一种，它可以为手机

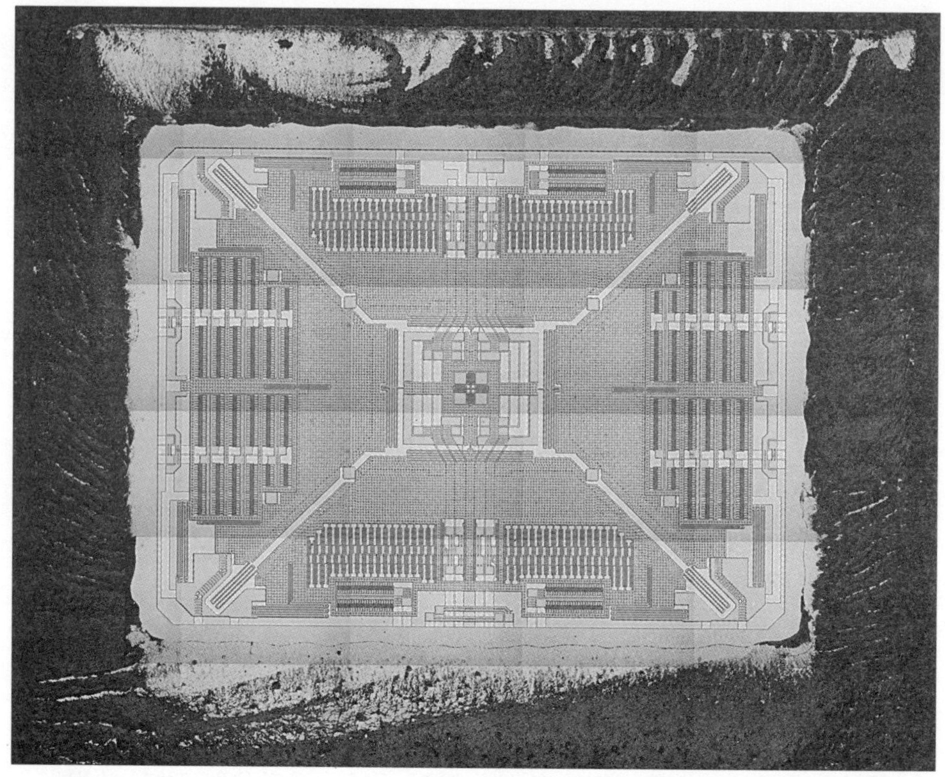

MEMS 架构

提供一些信息，即该设备是如何移动的，以及它如何对其所处的环境做出反应。iPhone 的一些不易察觉但却很关键的奇妙技术背后就是这些传感器在起作用——当你把手机放在耳边，水平移动它，或者将它带进一个黑漆漆的房间时，手机知道该如何做反应。

要了解 iPhone 是如何在宇宙中给自己定位的——尤其是涉及我们这些用户时——我们需要简单了解一下最重要的传感器和两种位置追踪芯片。

当 iPhone 被首次推出时，它只有三个传感器（不包括摄像头传感器）：一个加速器、一个近距离传感器和一个环境光传感器。在 iPhone 的首次新闻发布会上，苹果公司对它的优点大加赞赏。

加速器

“当用户将手机从纵向转到横向时，屏幕所显示的内容也会相应地自动发生变化，这时，iPhone 的内置加速器可以检测到这一变化。”苹果公司的新闻团队在 2007 年写道，“用户可以立马看到整个网页，或者图片的显示比例变得与屏幕相适应。”

屏幕会根据你手持手机的方向而进行调整，这是一种全新的效果，苹果公司以一种优雅的方式实现了这种效果——即使这并不是一项特别复杂的技术。（要知道，在 20 世纪 90 年代的时候，弗兰克·卡诺瓦曾为 Simon 的产品 Neon 设计过这样的功能，但是他后来没有继续下去。）加速器是一个微小的传感器，顾名思义，它是用来测量设备加速比的。它的历史没有陀螺仪长，它最初是在 20 世纪 20 年代被开发出来的，主要用来测量飞机和桥梁的安全性。据业内资深人士帕特里克·L·沃尔特透露：“最早的加速器模型重量约为 1 磅，由一个包含有 20 至 55 个碳环的 E-型结构组成，在这种结构的顶部和中间部分有一个惠普斯通半桥电路，而这些碳环就附着在这个半桥电路上。”这些早期的传感器被用来“记录飞机弹射器、乘客电梯和飞机减震器的加速度，以及蒸汽涡轮机、地下管道和爆炸产生的力的振动”。在 20 世纪 30 年代，这个重 1 磅的加速器价值 420 美元。长期以来，测试和评估业——这是一个尽力确保我们的基础设施和交通工具不会让我们丧命的行业——一直是加速器技术持续改进的原因。沃尔特写道：“这个拥有航空和军事标准及预算的团体，已经驱动市场长达 50~60 年了。”截至 1970 年，斯坦福大学的研究人员开发了第一个 MEMS 加速器，从 1970 年到 2000 年，汽车行业成为一个重要的驱动力，把 MEMS 加速器用在安全气囊感应器的碰撞测试中。

当然，MEMS 随后也进入了计算机领域。但是，在用于智能手机领域之前，它们得稍做休整。

“传感器变得非常重要。”布雷特·比尔布里说，“比如运动感应加速器，你知道为什么它最初被放置到苹果设备中吗？它首先是出现在笔记本电脑中的。”

“还记得《星球大战》这款应用程序吗？”他问道，“还记得人们挥动着手中的笔记本电脑等诸如此类的事情吗？”2006 年，MacSaber 是 Mac 中一款无实际用途但却可以娱乐大众的新款应用程序，它充分利用了计算机的新型加速器，两年后，这一理念被用在了手机应用程序上，并成为 iPhone 中众多令人印象深刻的无实际用途但却有趣的应用程序之一。当然，这款应用程序的目的并不是让用户使用笔记本电脑进行激光剑决斗。如果有人不小心碰到了笔记本电脑，导致它从桌子上自由坠落，那么加速器就会自动关闭硬盘驱动以保护数据。

可以说，苹果公司已经有了一个起点。“也就是说，呃，如果我们想要在手机上安装更多的传感器，那么我们就要将加速器移到手机上。”比尔布里说。

近距离传感器

让我们回到初代 iPhone 的发布会上，该发布会指出“iPhone 内置光传感器会自动调整屏幕的亮度，以达到与当前环境光线相适应的水平，在增强用户体验的同时还能达到省电的效果”。光传感器十分简单——有一个端口，类似于笔记本电脑的端口功能——如今，这种光传感器仍然在使用当中。不过，近距离传感器背后的故事更有趣一些。

近距离传感器是指，当你拿起 iPhone，把它举到耳边接听电话时，显示屏会自动关闭，而当你把它放下时，显示屏又会自动开启。它们通过发射一种微小的不可视的红外线辐射来起作用。这种红外辐射撞击到物体之后会被反射回来，这样，位于发射器旁边的接收器就能够接收到被反射回来的红外线。接收器能探测到光的强度。如果物体，即用户的脸颊，距离很近时，那么光线强度就会很大，这时手机就会知道应该关闭显示屏。如果接收器接收到的是低强度的光线，那么屏幕保持开启。

“研究这样一种近距离传感器真的很有趣。”苹果公司 iPhone 原型机的制造者之一胡皮说，“这项研究挺棘手的。”

说它棘手是因为，你需要设计一种适合所有用户的近距离传感器，不管他们穿戴的是什么，头发或皮肤的颜色如何。深色会吸收光线，而闪亮的表面则会反射光线。例如，有深色头发的人可能根本不会触动传感器，而穿着亮片衣服的人则可能会频繁地触动它。

胡皮不得不设计一个黑客程序。

“有一位工程师有一头非常乌黑的头发，我直截了当地对他说：‘把你的头发剪了，再带一些剪掉的头发过来，我要把它粘在这个小小的测试装置上。’”这位工程师再次回来工作时，带来了少许多余的头发。胡皮说到做到，他们用这些头发来测试改进这个初版近距离传感器。

“这些头发几乎完全把光吸收掉了。光线撞击到头发时，与我们预料到的最坏的情况一样。”胡皮说。

即使他们启动了传感器并使之运行，但这仍然是非常不稳定的。“我记得我曾对该产品的一位设计者说过：‘在研究这种传感器要如何安装时，你们要非常小心，因为它超级灵敏。’”胡皮说。几个月后，当他再次遇到这位设计者时，这位设计者告诉他：“朋友，你是对的，我们在研究那该死的东西时，碰到了各种各样的问题。稍有差池，它就不工作了。”

当然，它最终被研发成功了，而且提供了另一种微妙的触碰方式，使得 iPhone 以更加顺利无缝的方式融入人们的日常应用当中。

全球定位系统

要确定你的手机靠近头部的距离，一个普通传感器就可以检测到，而要确定手机靠近其他任何东西的距离时，则需要覆盖全球的卫星系统。为什么你的 iPhone 可以毫不费力地指引你到最近的一家星巴克，如许多其他有趣的事情一样，都源自太空竞赛。

1957 年 10 月 4 日，苏联宣布他们成功地发射了第一颗人造卫星“史普尼克 1 号”卫星（也就是“人造地球卫星 1 号”）进入地球轨道。这一消息震惊了全世界，全世界的科学家和业余无线电爱好者证实，在使卫星进入地球轨道方面，俄罗斯确实打败了世界其他大国。为了在这次太空竞赛中赢得第一回合，苏联放弃了他们最初打算发射的沉重的科学设备，取而代之的是只有简单的无线电发射器的“史普尼克”。这样，任何有短波无线电接收器的人都可以听到苏联人造卫星环绕地球时发出的声音。被指派去观察“史普尼克”的麻省理工学院天文学家小组发现，当它越靠近他们时，它所发出的无线电信号频率就会增加，而当它渐渐远离时，无线电信号频率就会减少。这是由多普勒效应造成的，他们意识到，他们可以通过测量其无线电频率来追踪这颗人造卫星的位置，同样，他们也可以使用这种方法来监测自己的人造卫星。

从那时起，美国海军只花了两年的时间就开发出了世界上第一个卫星导航系统——子午仪卫星导航系统。在20世纪60年代至70年代，美国海军研究实验室全力投入，最终建立了全球定位系统。

当然，自从太空竞赛开始以来，地理定位已经取得了很大的进步，目前，iPhone能够精准地读取你的行踪以及你的个人动作、运动和身体活动。如今，每一部iPhone手机都配备有一个专用的GPS芯片，可以通过Wi-Fi信号和手机信号塔对你的位置进行精准的读取。它也能读取格洛纳斯（GLONAS）系统，这是苏联在冷战时期为应对GPS而打造的定位系统。

使用这项技术的最著名的产品是谷歌地图。它仍然是世界上最受欢迎的地图应用程序，而且有可能是有史以来最受欢迎的应用程序。它基本上取代了以往“地图”这个词所蕴含的概念。

但谷歌地图实际上并不是源自谷歌。它始于在丹麦出生的两兄弟拉尔斯·拉斯姆森和吉恩斯·拉斯姆森所负责的一个项目，在第一次互联网泡沫破灭之后，这两兄弟都被网络初创公司解雇了。拉尔斯·拉斯姆森在描述自己时说，在他所认识的人当中，他的“方向感最差”，并说他弟弟在搬到丹麦和他母亲一起居住时想到了这个主意。

这两兄弟于2004年在澳大利亚悉尼开办了一家名为Where2的公司。多年之后，仍然没有人对这项技术感兴趣。人们不断地告诉他们，他们没办法靠地图来赚钱。最终，他们把这件东西卖给了谷歌公司，在这里，它被转换成了初代iPhone中的一个应用程序。

这可能是iPhone中第一个最重要的应用。

正如科技网站前沿网（the Verge）所指出的，“谷歌地图在iPhone中的表现比在其他任何平台上都要好得多”。简单的双指缩放使导航变得流畅和直观。如果我询问iPhone的制造者们，在他们看来，iPhone的第一个必用功能是什么时，谷歌地图或许是最常见的回答。这几乎是在最后一分钟被采纳的决策。iPhone 的两个软件工程师，从这段长期被遗忘的早期合作关系中获得了谷歌的数据，花费了三周的时间来编写了这一永久改变人们行走世界方式的应用程序。

磁力计

在 iPhone 所有的定位传感器中，有一个传感器叫作磁力计。它在所有的定位传感器中，拥有最长和最传奇的历史，因为它实际上就是一个指南针。而指南针至少可以追溯到公元前 206 年的中国汉朝。

现在，磁力计、加速器和陀螺仪把所有的数据都输入到苹果公司最新的一个芯片中——运动协处理器。这是一个小芯片，iMore 网站将其比喻为罗宾，将主处理器比喻为蝙蝠侠（罗宾是美国 DC 漫画旗下的超级英雄，是超级英雄蝙蝠侠的搭档及助手）。这个小芯片是一个不知疲倦的小助手，能计算所有的位置数据，这样，iPhone 的主处理器就不用做这些了，既节省了时间，又节省了能源和电量。iPhone 6 的芯片是由荷兰的恩智浦半导体公司（原飞利浦公司）制造的，它是所谓的可穿戴设备中的一个关键组件。它可以追踪你日常的足迹、旅行的距离和所处海拔高度的变化。它是内置于 iPhone 的 FitBit，它知道你是在骑自行车、走路、跑步还是在开车。而且，最终，它可能还会知道更多。

“从长远来看，这个芯片可以帮助推动手势识别应用程序的发展，还可以推动智能手机以复杂的方式来预测用户的需求，甚至是精神状态。”麻省理工学院的大卫·塔尔博特写道。你如果摇晃你的手机，这样它便可能知道你生气了。加速器已经将晃动手机解释为一种输入机制（“通过晃动来撤销”或者“通过晃动来重新开始”）。通过解读各种轻微运动和剧烈动作，谁知道这个黑色矩形的手机还能从我们身上了解到什么呢?

然而，这些特点并不是完全没有争议的，主要是因为它们能够进行持续的位置追踪，而且从技术层面来看，这种追踪永远无法关闭。就加拿大程序员阿尔曼·阿明的故事来说，就在M芯片安装在iPhone 5s上后不久，他在红迪网（Reddit，新闻网站名）上发布了一篇关于带着iPhone旅行的文章，无意间引起了轰动。

在国外旅游时，我的iPhone充电线坏掉了，所以我的iPhone 5s一点电都没了。我经常使用Argus（一款健身应用程序）来追踪我的步数。它之所以能够追踪步数，是因为它利用了置于手机内部的M7芯片。我一度完假回来就给手机充电，结果我惊讶地发现Argus上显示了大量的步数，这些步数都是在我手机关机的那4天里记录的。我既觉得难以置信，又感到有点恐惧。

即使阿明的手机电池耗尽了电量，但它似乎还在不断地向超高效的M7芯片一点一点地输送电量。这是一种伴随着iPhone和其他智能手机崛起而产生的一种常见的恐惧，即我们的这些设备正在追踪着我们的一举一动。它提醒我们，即使我们的手机关机了，即使手机电池没电了，也会有一个芯片来追踪你的步数。此外，iPhone的定位服务也引发了人们的担忧，这种设置（除非禁用）会定期向苹果公司发送有关你行踪的数据。

这款运动追踪器有助于阐明有关智能手机时代精神的一个最典型的悖论：我们要求随时随地的便利，但却担心随时随地的监视。这一系列的技术，从全球定位系统到加速器再到运动追踪器，几乎淘汰了纸质地图，让指路成了即将消失的活动。然而，与我们肉体相关的一切——我们的运动、迁徙、与空间世界的关系——正在被发现、解码和使用。

在一个多世纪以前，像傅科这样的科学家制造了一些设备来帮助人类理解我们在宇宙中位置的本质。如今，这些设备仍然吸引了大量的参观者，我就是其中一个，我们沉浸在这个源于19世纪有关行星运动感知的宏大演示之中。当这个古老的钟摆摆动时，它所证明的物理原理也应用在了我们口袋里的手机设备定位中。

而且这种科学还在不断进步。

“多年来，我的团队看着手机中的传感器越来越多。”比尔布里说。他所说的团队指的是苹果公司的高级技术部门。“还有更多的传感器和我不能说的事情……我们将看到更多的传感器出现。”

CHAPTER

8

探究强大的ARM处理器的起源

“你想看看一些旧的媒体设备吗？”

艾伦·凯灰色的小胡子下露出一丝微笑，然后领着我在他布伦特伍德的家四处参观。这真是一个好地方，房子后面还有一个网球场，鉴于是洛杉矶上流社会的社区，这里可以说不怎么惹人注目。他和妻子邦妮·麦克伯德一起住在这里，他妻子是一位作家兼演员，曾为电影《电子世界争霸战》创作了最初的脚本。

凯是个人电脑发明者之一，毫不夸张地说，他是一个你可以称之为传奇的人物。他在施乐帕克研究中心这个同样是传奇的地方带领着一支研究团队，开发了一个具有影响力的程序语言 Smalltalk，该程序语言为第一代图形用户界面的开发奠定了基础。在使用笨重的灰色大型主机时代，他是最早提出把计算机作为一种学习和创造的动态工具的倡导者之一。该团队要想把计算机普及到公众的手中，需要有他这样的想象力。

这种想象力的结晶就是东芝笔记本电脑 Dynabook，它是硅谷最经久不衰的概念化产物之一，它是一种强大的、动态的、易于操作的、儿童可以使用的手提电脑。他们不仅要学习媒体，还要创造媒体，并编写自己的应用程序。1977 年，凯和他的同事阿黛尔·戈德堡出版了《个人动态媒体》（*Personal Dynamic Media*），并描述了他们希望该媒体如何运作。

“想象你拥有自己的独立知识操纵器。”他们引导着读者——注意用的语言和对知识的强调。“假设它有足够的能力超越你的视觉和听觉，有足够的能力储存成千上万页的参考资料、诗歌、信件、食谱、记录、图画、动画、乐谱、波形、动态模拟，以及其他任何你想记住和改变的东西，以供日后进行检索，那结果会怎么样呢？”

他们对于一些东芝 Dynabook 的规格说明书应该很熟悉。“因果之间不应该有明显的停顿。我们在设计这样一个系统时，以一种乐器作为比喻，比如长笛，它由其使用者所拥有，能即刻并始终如一地对主人的意愿做出回应。”他们写道。

东芝 Dynabook 看起来像是一部配有实体键盘的 iPad，它属于最早提出的移动计算机概念之一，也许是最有影响力的。从此之后，它就赢得了一个臭名声，即最著名的但却从未被制造出来的计算机。

我曾经到凯的家里，向这个移动计算机教父问了这样一个问题：iPhone 以及一个 20 亿人拥有智能手机的世界与他在 1960 年和 1970 年所设想的世界相比如何？

凯认为，目前，我们还没有创造出任何符合东芝 Dynabook 最初目标的东西，iPhone 和 iPad 也不能算。史蒂夫·乔布斯一直都很钦佩凯，他曾在 1984 年告诉《新闻周刊》，Mac 是“第一台值得批判的电脑”，这句话众人皆知。在 20 世纪 80 年代，就在他第一次被苹果公司解雇之前，乔布斯一直努力制造东芝 Dynabook。乔布斯和凯每隔几个月就会通一次电话，这一习惯一直延续到乔布斯去世之前，而且乔布斯还曾邀请凯出席 2007 年 1 月举行的 iPhone 揭幕式。

“后来，他把 iPhone 递给我，然后说道：‘怎么样，艾伦？你认为它值得批判吗？’我告诉他：‘如果屏幕再变得大一点，你就能征服世界了。’”

凯带我进入了一间大房子，把这间房子描述为厢房可能更合适。这是一个宽敞的有两层楼的空间。一楼造型像是一个巨大木钢结构的风琴，嵌入另一边的墙里。二楼全是书架，上面摆满了书籍，看起来像是一个具有现代风格的图书馆。毫无疑问，它们属于旧媒体。

在过去几个小时里，我们一直在讨论新媒体，这类媒体以链接、剪辑和广告的形式，接二连三地出现在那些受到东芝 Dynabook 的启发而被创造出来的各种设备上。艾伦·凯对这种媒体感到担忧，就像他已故的朋友，媒体文化研究者和评论家尼尔·波兹曼所担忧的那样，波兹曼的著作《娱乐至死》显著批判了这种正在淹没我们生活的现代媒体环境。1985 年，波兹曼认为，随着电视成为主流媒体工具，它扭曲了社会的其他支柱——主要是教育和政治——目的是为了迎合娱乐设定的标准。

凯的其中一个具有推动力的论点是——他提出过许多论点——由于智能手机被设计成了一种消费性设备，它的特点和吸引力是由市场营销部门塑造的，所以它已经变成了一种工具，可以让人们获得更多他们想要的东西，一种擅长模拟旧媒体的设备，但却很少被用作知识操纵器。

这可能是它主要的创新之处——以更快的速度向我们提供具有新格式的旧媒体。

凯在描述由计算机科学家和英特尔联合创始人戈登·摩尔提出的著名的摩尔定律时说："我还记得自己曾祈祷摩尔定律会和摩尔的估计一起失效。"该定律指出，每隔一年，每平方英寸微芯片上可以安装的晶体管数量就会翻一番。摩尔定律是基于一位行业领袖的研究观察所得出的，当然，它并不是一种科学定律——奇妙的是，它最初是根据摩尔仓促完成的手绘草图呈现出来的——但却变成了一个自我应验的预言。

摩尔在谈到自己的定律时说："摩尔定律并没有成为记录整个行业发展的东西，但它却成了推动行业发展的东西。"这是事实。在早期时候，该行业就结合了摩尔定律，它被用于规划目的，并作为一种使软件和硬件同步的方式。"摩尔只是预估了 30 年。"凯说，"所以，1995 年，那真是一个好时代，因为当时人们还不能完全负担起电视机。然而，再把它提高几个数量级，突然之间，所有曾经让人头疼的、困扰人们的东西，现在都变得很便宜。"

摩尔定律自从被提出至今只有 50 年历史，这一铁律已经显示出一些松动的迹象。它解释了为什么我们可以将 20 世纪 70 年代的一种高到触及天花板的多功能超级计算机转变成如今这个口袋大小的黑色矩形物体，以及为什么我们能在这个越来越薄的手机里，流畅地播放世界各地的高清视频，玩复杂的具有 3D 图形的游戏，储存海量的数据。

“如果尼尔今天重写他的书。”凯打趣道，“可能就叫作‘分心致死’了。”

不管你认为 iPhone 是一种让人分心的引擎，还是一种促进联系的推动器，或者两者兼具，它都能让我们很好地了解到，它的每一项功能都是依靠晶体管来发挥作用的。

你可能听说过这样一种说法，即如今手机里的计算机比当初那个引导阿波罗完成第一次登月任务的计算机还要强大。这是一种保守的说法。手机里的计算机要比当初的那个强大得多，如果用数字来衡量的话，要比它强大 10 万倍。这在很大程度上要归功于晶体管的大幅微型化。

晶体管可能是 20 世纪最具影响力的发明。它是所有电子产品的基础，包括 iPhone。在最现代的电子产品型号中，晶体管的数量达到了几十亿。晶体管于 1947 年被发明出来，当然，它当时还远没有到微型的程度。它是由一小块锗和一个塑料三角板制成的，而且还有大约半英寸长的黄金接触点。这种尺寸的晶体管，你只能把其中的一小部分放进如今这种轻薄的 iPhone 中。

晶体管背后所隐含的原理是由朱利叶斯·利林菲尔德在 1925 年提出的，但他的研究成果却在一个不知名的报纸上被埋没了数十年。后来，它被贝尔实验室的科学家们重新发现并加以改进。1947 年，约翰·巴丁和沃尔特·布拉顿在威廉·肖克利的带领下，制造了第一个可以工作的晶体管，将机械和数字永久地连接在了一起。自从人们对计算机进行编程，使其理解一种二进制语言——一连串的“是或否”“打开或关闭”，或者“1

或 0”——人们就需要一种方法来为计算机指出每一个位置。晶体管可以把我们的指令解释给计算机：“放大”可以用“是”“打开”和“1”来表示；“缩小”可以用“否”“关闭”和“0”来表示。

科学家们找到了将这些晶体管缩小，使它们可以直接蚀刻在半导体上的方法。如果我们将多个晶体管放置在一片平整的半导体材料上，就会得到一个集成电路，或者一个微芯片。半导体，比如锗以及另一种你或许已经听说过的具有一种独特的性能的硅元素，使我们能够控制从它们当中流过的电流。硅不但价格便宜，而且还很丰富（它也被称作“沙子”）。最终，这些硅芯片造就了一个以它命名的地方——硅谷。

从最基本的层面上来说，更多的晶体管意味着设备可以执行更复杂的指令。有趣的是，更多的晶体管并不意味着更多的电力消耗。事实上，由于它们的体积更小，所以晶体管的数量越多，所需要的能量就越少。所以，总的来说，随着摩尔定律的发展，计算机的芯片变得更小、更强大，同时能耗也变得更少。

程序员们意识到他们可以利用额外的能量来创造更复杂的程序，于是就开启了这样一个你知道的并且可能厌恶的循环。每年都会有更好的设备出现，它们具有一些新的更好的功能，可以让用户玩一些具有更好的图形效果的游戏，可以储存更多高分辨率的照片，还能让用户更加流畅地浏览网页，等等。

这里有一个简单的时间表，可以帮助我们了解特定背景中的晶体管设备。

第一个使用晶体管的商品是雷神公司（Raytheon）在 1952 年生产的助听器。晶体管数量为 1。

1954 年，美国德州仪器公司（Texas Instruments ）推出了第一款晶体管收音机——丽晶 TR-1（Regency TR-1）。它继续推动了晶体管工业的繁荣发展，并且成为当时历史上最畅销的设备。晶体管的数量为 4。

到目前为止，还算不错，但这些晶体管还没有出现在微型芯片上。

不过，让我们快进一下。

1969 年，将人类送上月球的“阿波罗”宇宙飞船上有一台计算机，它就是著名的阿波罗导航计算机。它的晶体管是一团缠绕在一起的磁绳开关，必须通过手工才能将它们连接在一起。晶体管总数为 12300。

1971 年，英特尔公司作为一家充满生机的初创公司，发布了它的第一个微芯片，名为 4004。它的晶体管分布在一块 12 平方毫米的芯片上。每个晶体管之间有 1 万纳米的距离。正如《经济学人》杂志为了帮助我们理解所解释的那样，这“晶体管就像红细胞一样大……如果一个孩子有一台不错的显微镜，那么他就能一个个地数出 4004 中晶体管的数量”。晶体管数量为 2300。

第一代 iPhone 处理器，是一个由苹果公司和三星公司共同设计的定制芯片，由三星公司生产制造，于 2007 年发布。晶体管数量为 13750 万。

这听起来似乎有很多，但是，在第一代 iPhone 发布 9 年之后，iPhone7 问世，其晶体管数量是第一代 iPhone 的 240 倍。总数为 33 亿。

这就解释了为什么你下载的最新应用程序的计算能力比第一次登月任务使用的计算机还要强大。

如今，摩尔定律正开始瓦解，因为芯片制造商们正面临着亚原子空间的限制。在 20 世纪 70 年代，各晶体管之间相距 1 万纳米，而今天，它们之间只有 14 纳米的距离。到 2020 年，它们之间可能只有 5 纳米的距离，再缩小的话，我们要谈论的就是原子之间的距离了。如果计算机还要继续加快速度的话，那它就不得不寻求新的计算方法，比如量子计算法。

不过，晶体管只是故事的一部分。而很少被提到的部分是，所有这些晶体管是如何被安装在一个芯片上的，后者可以装配在口袋大小的（袖珍）设备中，能提供足够的动力来运行 Mac-caliber 软件，而不会在大约 14 秒后耗尽电池电量。

在 20 世纪 90 年代，人们认为，大多数计算机都要插上电源，这样就能为它们的微处理器提供源源不断的电量。当人们需要为手持设备寻找合适的处理器的时候，有一种处理器恰好出现了。英国的一家公司无意中（几乎可以说是个偶然）发现了一款突破性的低能耗处理器，它将成为世界上最受欢迎的芯片结构。

有时，一项技术的开发往往有一个明确的目的，并且能精确地实现这个目的；有时，一次偶然的事故也会带来一次意想不到的飞跃，并使这个意想不到的结果得到充分利用；有时，这两种情况会同时发生。

在 20 世纪 80 年代早期，英国发展最快的一家计算机公司有两位杰出的工程师，分别是索菲·威尔逊和史蒂夫·菲布尔，他们正努力为下一代台式计算机的中央处理器（CPU）设计一个全新的芯片架构，有两个主要指标：既要强大，又要便宜。他们坚持的口号是“面向大众的 MIPS”。两位工程师的想法是，让每秒能处理 100 万条指令（因此简称为 MIPS）的处理器能便宜到公众负担得起。当时，如此强大的芯片是专为工业量身定制的，但是，索菲·威尔逊和史蒂夫·菲布尔想要制造的是一款人人都能使用的计算机。

我第一次见到索菲·威尔逊是通过观看 YouTube 上一段简短的采访视频。一位采访者问了她一个问题，或许也是一些发明者和技术先锋们会经常被问到的问题。我在编写这本书的过程中，也曾多次问过自己这个问题：你所创造的东西获得了成功，对此你怎么看？“这是非常巨大的成就，而且对人们来说是一个莫大的惊喜，你在 1983 年的时候没有想到这一点吧？”

“嗯，显然，我们当时认为这种情况会发生的。”索菲插话道，摒弃了以往那种虚假谦虚的回应。“我们想要生产一种人人都能使用的处理器。”她停顿片刻，接着说，“而且我们最终实现了。”

毫不夸张地说，索菲设计的 ARM 处理器已经成为历史上最受欢迎的处理器。到目前为止，已经售出 950 亿台 ARM 处理器，仅在 2015 年，其发货量就达到了 150 亿台。ARM 芯片随处可见，智能手机、计算机、手表、汽车、咖啡机，凡是你能说出的，都有 ARM 芯片。

说到它的命名，我们就要好好聊聊首字母缩写了。索菲的设计最初被称为 Acorn RISC Machine（ARM 处理器的全称），这是以发明它的公司 Acorn 和 RISC 命名的，它代表的是精简指令集计算。RISC 是一个由伯克利的研究人员所开创的 CPU 设计策略，他们注意到，大多数计算机程序并没有使用给定的指令集，然而，尽管如此，无论处理器在何时运行，处理器的电路仍然在耗费时间和能量来解码这些指令。明白了吗？ RISC 实际上是一种尝试，尝试通过将 CPU 量身定制，使其适应它所运行的程序类型，来制造一个更智能、更高效的机器。

索菲·威尔逊是一个变性人，她于 1957 年出生，当时叫罗杰·威尔逊。她在一个教师家庭长大，家里的东西都是他们自己动手制作的。

“我们在一个父母为我们创造的世界中长大。”威尔逊说道，“爸爸有一个工作车间，里面有车床、钻头以及其他一些材料，他自己动手制造了汽车、船，还有家里的大部分家具。妈妈则缝制了所有柔软的衣物等穿戴用品。”

威尔逊喜欢捣鼓一些小玩意儿。“在上大学的时候，我想要一台高保真音响，于是我就从零开始，自己动手做了一台。如果我想要什么东西的话，比如，想要一个数字钟，我就会自己从头开始做。”她说。

她去了剑桥大学，却没能进入数学系。事实证明这是一件好事，因为她转去了计算机科学系，并加入了学校新成立的微处理器社团。在那里，她遇见了史蒂夫·菲布尔——另外一个富有灵感的计算机迷。在后来几个有影响力的项目上，他成了索菲的工程合作伙伴。

到 20 世纪 70 年代中期，人们对个人计算机的兴趣在英国蔓延，就像在硅谷一样，它吸引了熟练掌握黑客技术的商人和业余爱好者。赫尔曼·豪瑟，一名在剑桥大学完成博士学位的奥地利研究生，他不愿意回家继承家族的酒庄生意，所以他四处寻找借口，有一天，他出现在了微处理器社团。

“赫尔曼·豪瑟是一个长期缺乏时间管理的人。”索菲说，“在 20 世纪 70 年代，他试图用笔记本和袖珍记事本来记录自己的生活。而这并不是个绝好的做法——他想要使用某种电子产品来安排时间。他知道这种电子产品必须是低功耗的，所以他四处寻找了解低功耗电子产品的人，最终他找到了我。”

索菲同意为赫尔曼设计一台袖珍计算机。“我开始为他设计一些特定的图表。”她说，“有一次，我去探望他，并向他展示项目进展状况，我把我整个文件夹都带去了，里面装满了我随手画的一些设计，有小型单片机、大型单片机等诸如此类的设计。赫尔曼感到很不满。他质疑道：‘这些东西有用吗？’我回答道：‘当然，它们当然有用。’”

赫尔曼创立了一家公司，该公司后来成了 Acorn。之所以这样取名，是因为在列表上会因为字母排列而排在苹果之前。索菲和菲布尔是 Acorn 杰出的工程师。她从头开始做起，设计了第一台 Acorn 电脑，事实证明，这台机器在业余爱好者中很受欢迎。当时，英国广播公司正在策划一部关于计算机革命的系列纪录片，想要报道一种新机器，并让它加入新的计算机扫盲计划，同时又能用其进行宣传，目的是让每一个英国人都能使用个人电脑。

2009 年上映了一出戏剧《微人》，讲述的是公司之间争夺合同签署权的故事，其中微人的原型被认为是索菲，当时她还是一个叫作罗杰的男人，作为一个善于花言巧语的天才青年，她的计算机天赋帮助 Acorn 赢得了该合同。在与索菲面谈之后，我不得不说，这种描述并不十分准确，她敏锐、机智，并且散发出一种独特的干练的气质。

BBC 的宣传微计算机的节目大获成功，后来这种计算机被称为电脑。节目很快就将 Acorn 变成了英国最大的科技公司之一。当然，索菲和其他工程师并没有因此而得到满足。“这才是一个起步阶段，努力工作的回报就是更努力地工作。”他们开始着手后续的工作，紧接着他们就遇到了麻烦。具体来说，他们不喜欢必须用现有的微处理器。索菲、菲布尔和其他的工程师们认为，他们不得不以牺牲质量为代价来推出这款微计算机。“电路板上下颠倒了，电力供应不是十分充足——类似的弊端还有很多。”他们不想再被迫妥协这么多了。

对于下一代计算机，索菲建议制造一台具有多重处理器的机器，并为第二个处理器留出一个槽位。这样，他们就能进行实验，最终确定符合要求的处理器。当时，微处理器正蓬勃发展，IBM 和摩托罗拉凭借其高级系统在商业市场上占据了主导地位，而伯克利大学和斯坦福大学当时正在研究 RISC。他们通过第二个槽位进行实验，有了一个重要发现。“那些被捧成适合高级语言的复杂处理器，着实让人惊叹。然而，简单的处理器运行速度更快。”索菲说。

随后，斯坦福大学、伯克利大学和 IBM 的第一批 RISC 研究论文被解密，这使索菲接触到了一些新的概念。当时，Acorn 的工作人员到凤凰城进行了一次实地考察，参观了制造他们上一代处理器的公司。“我们当时期待着见到一个有很多工程师的大型建筑，”索菲回忆道，“但我们实际见到的却是坐落在凤凰城郊区的几间平房，里面有两个高级工程师和一群学生。”索菲曾暗示，研究 RISC 是他们获得成功的机会，但她认为，创新型的微芯片需要大量的研究预算。但她又想：“嘿，如果这些家伙都能设计出微处理器，那么我们也可以。”Acorn 会设计它自己的精简指令集处理器（RISC CPU），该处理器会把效率放在第一位，这正是他们所需要的。

“这需要一些运气和偶然性事件的发生。就在我们参观凤凰城后不久，这些论文被公开发表了。”索菲说道，“这还少不了赫尔曼的帮助。英特尔和摩托罗拉给他们的员工提供了两样东西：一是资源，二是人力。而赫尔曼却没有给我们提供这些。所以，我们不得不以最简单的方式来构建微处理器，这或许就是我们取得成功的原因。”

还有一样东西让他们在竞争中取胜，那就是索菲·威尔逊的头脑。ARM 指令集“大部分都是在我脑海中构思出来的。每次午饭时间，我和史蒂夫都会同赫尔曼一起去酒吧，在那里讨论我们进展到哪里了，指令集看起来怎么样，以及我们做出了什么决定”。这对于说服他们的老板来说是非常关键的，这让老板相信他们也能够做到伯克利大学和 IBM 所做的事，制造他们自己的中央处理器。索菲说：“这对于增强我们的自信也很关键。我们可能不太自信，但是，赫尔曼听了我们的话之后，相信我们知道自己在说什么。”

中央处理器虽然比今天的亚原子晶体管芯片要简单得多，但在当时，其复杂程度已经远远超出了大多数非专业人员的理解范围。尽管如此，微处理器最初的设计仅仅在脑海中就构思完成了，这一点非常了不起，毕竟微处理器的设计为制造驱动 iPhone 的芯片奠定了基础。

我好奇地想知道这一过程会是什么样子的，我觉得自己像是个普通的计算机使用者，什么也不懂，我请求索菲带我体验这一过程。

“第一步就是运行虚幻指令集。”索菲说，“你自己设计一个你能够理解的指令集，它就能按照你的指令运行，然后你就能从这个伙伴身上得到一些启发。随着这一过程的进行，史蒂夫正试图理解指令集的执行。所以，如果我设计的指令集不能执行，那结果就不好了。这是我和指令集之间的一种动态关系，设计一个足够复杂的指令，能让我体会到作为一名程序员的快乐，而设计一个足够简单的指令，却能让它体会到作为一名微架构执行者的快乐。一个足够小的指令，可以考验我们如何让它运行并证明它有用。”

菲布尔使用 BBC 微计算机系统中的 BBC Basic 编程语言编写了这个架构。

“第一个 ARM 处理器就是以 Acorn 计算机为基础的。”索菲说，“我们使用计算机制造 ARM，而且都是一些简单的 ARM。”

第一批 ARM 芯片于 1985 年 4 月回到了 Acorn。

菲布尔已经制造了第二个处理器板，而且把它插进了 BBC 计算机中，并把 ARM 处理器当作一颗卫星。她曾为这块处理器板排除过故障，但是由于没有中央处理器，她不能确定自己的做法是否正确。他们启动了这台机器。“一切都运行正常。”索菲说，“于是我们把 pi 调节图打印出来，开了香槟庆祝。”

但很快菲布尔就离开庆祝现场去休息了。他知道他必须检查电力消耗情况，因为这是把处理器板安装到这个廉价的塑料箱中的关键，使用这种廉价的塑料可以让电脑成为大众消费得起的产品，而电力消耗必须低于 5 瓦。

他在电路板上建立两个测试点来测试电流，奇怪的是，他发现根本没有电流流过。“这一现象让他和其他所有的人都感到困惑，于是我们戳了戳电路板，结果发现，那个具有 5 伏电压的主要供电源实际上并没有连接到处理器上。电路板出现了故障。于是他又试图测一测流过那个 5 伏供电源的电流，发现并没有任何电流。”索菲说。

但问题是，并没有任何电力，该处理器却仍在继续运行。

怎么会这样？实际上，该处理器是利用从旁边电路漏出的电力来运行的。“这款低功率的重要设备的出现完全是个意外，ARM 处理器如今成了最有价值的处理器，之所以这样说是因为在所有的移动手机中都能看到它的身影。”索菲说，“它的功耗只有史蒂夫预计的十分之一。确实，这是没有用正确的工具产生的结果。”

索菲设计了一款强大的、功能齐全的 32 位处理器，它所消耗的电量大约只有十分之一瓦。

正如中央处理器评论家保罗·德莫内所指出的："它比那些更复杂、更昂贵的设计更受欢迎，比如摩托罗拉 68020，它代表了当时科技的最先进水平。"摩托罗拉芯片拥有 190000 个晶体管，而 ARM 只有 25000 个晶体管，但后者却能更有效地利用电量，设法从更少的晶体管中获取更多的性能。

不久之后，为了继续简化设计，索菲和同伴一起创造了第一个所谓的片上系统（SoC）。"Acorn 偶然间造了这样一个系统，却不知道这成了改变世界的一刻。"片上系统基本上把计算机所有的组件都集中在了一个芯片上，因此得名。

如今，片上系统非常普遍。当然，你的 iPhone 中也有一个片上系统。

Acorn RISC Machine 是一项了不起的成就。虽然 Acorn 的命运摇摆不定，但是，ARM 的前景却变得越来越好。1990 年，ARM 脱离了 Acorn，成为一家独立的公司，即 ARM 计算机公司，它与 Acorn 一起建立了一家合资企业，该合资企业曾试图在字母排列顺序上打败苹果公司。苹果公司的首席执行官约翰·斯卡利曾想在苹果的第一代移动设备牛顿掌上电脑上使用 ARM 芯片。多年来，随着牛顿掌上电脑渐渐退出市场，苹果在该公司的持股比例有所下降。然而，由于其低功耗的芯片和独特的商业模式，ARM 计算机公司的持股份额却大幅上涨。索菲坚持认为，就是这种模式才使 ARM 处理器变得非常普及。"因为一个完全与众不同的原因，ARM 大获成功，而该公司也是由此而建立起来的。"她说。索菲称之为"生态系统模式"，ARM 的设计师们对新型芯片进行了创新，与具有特殊要求的客户紧密合作，然后给终端设计授权，而不是在内部销售和制造芯片。客户们要购买许可证才能获得 ARM 的设计目录；他们可以订购不同规格的设备，而 ARM 计算机公司会从每一部出售的设备中收取一小部分的专利使用费。

1997 年，诺基亚找到 ARM，为其型号为 6110 的经典手机制造芯片，这是第一款具有处理器的手机。事实证明，这取得了巨大的成功，这在一定程度上要归功于更先进的用户界面以及让电池的续航时间更长的低功耗芯片。对了，它还有一款经典游戏《贪吃蛇》，这是最早成为流行文化的手机游戏之一。如果你年龄够大的话，你会记得在世纪之交的时候，你使用的正是这款手机，你还会记得这样一个场景：当你在某个地方排队的时候，你会边玩《贪吃蛇》边排队。

在早期，随着移动设备数量的增加，ARM 受欢迎的程度也在增加，它成了智能电子产品爆发式增长中最显著的选择。

“这家公司为世界上所有其他公司提供服务，但也承担了为他们保守秘密的责任。”索菲说，“合作伙伴们知道，ARM 计算机公司会信守承诺，成为忠实的合作伙伴，与其进行合作符合各方利益。”

因此，最终，就是这两项创新——一种强大的、高效的、低功耗的芯片，还有一种以合作为中心、以授权为基础的商业模式——推动着 ARM，使其比英特尔更加深入地进入了主流市场。然而，你可能听说过英特尔，但却没有听说过 ARM 计算机公司。

如今，索菲是美国博通公司集成电路部门的主管。在 ARM 从 Acorn 分离出来的时候，她继续为其担任顾问。1992 年，索菲以变性人的身份出现，她一直很低调，尽管如此，同性恋、双性恋及跨性别者博客和科技杂志在了解到她的工作之后，还是把她视为对那些由男人变性为女人群体的一种鼓舞。她被《无限个人电脑》（*Maximum PC*，一家来自美国的电脑杂志）等杂志视为科技行业中最重要的 15 位女性之一。“性别研究”博客称她为“月度酷儿科学家”（Queer Scientist of the Month）。她与 20 世纪 80 年代崛起的直男发明家的刻板印象截然不同，如果她能更好地适应史蒂夫·乔布斯的模式，我很难不去怀疑她的天赋在今天是否能得到更广泛的认同。

虽然我知道自己在碰运气，但我还是问了她一个同样的问题——那些运气不好的采访者曾问过这个问题：对于 ARM 在 2016 年的崛起，你有什么看法？

“我不再对 100 亿的销售额感到震惊。”

晶体管像病毒一样增殖，而且像《爱丽丝梦游仙境》中的爱丽丝一样微缩在集成的低能耗 ARM 芯片上，这对我们来说意味着什么？

2007 年，当 iPhone 发布时，那种具有 ARM 结构的芯片，承载了 157 万个晶体管（三星公司的一群芯片制造者与苹果公司在库比蒂诺进行了密切的现场合作，设计并制造了这些晶体管，后来合作更多），这意味着一个你非常熟悉的东西将可以运行——iOS 操作系统。

这种强大而又高效的处理器，使得一个从外观上和感觉上都像 Mac 操作系统一样既有现代感又很流畅的操作系统继续精简，不过这次是在一个手机大小的设备上运行的。

这意味着要有支持 iOS 的应用程序。

起初，只有几个应用程序支持 iOS。在 2007 年，应用商店还不存在。你今天所使用的平台就是由苹果设计的。

虽然应用程序在推动 iPhone 普及方面发挥着关键作用，并把 iPhone 转变成今天这个充满活力的、多样化的、看似无限的生态系统，但是史蒂夫·乔布斯在一开始的时候坚决反对除苹果公司以外的任何人为其开发应用程序。一大批的开发者要求获得访问权，一群顽固的黑客则靠“越狱”翻过苹果的封锁，还有来自内部的工程师和高管的压力，才最终使乔布斯改变了方向。

从本质上来说，这相当于一次群众抗议，刺激苹果公司领导者改变政策。

事实上，史蒂夫·乔布斯在他的第一次主旨演讲中使用了“杀手级应用程序”这个词，这也说明了他相信杀手级应用程序会成功。

乔布斯宣称：“我们要重新定义手机。什么是杀手级应用程序？杀手级应用程序就是指能够用它来拨打电话。令人惊异的是，大多数手机在启动拨打电话功能时非常困难。”然后他继续展示，苹果公司使手机具备了联系人列表、可视语音信箱和电话会议功能，这样在拨打电话时就非常容易了。

记住，最初的 iPhone 按照苹果公司的定位，应该是：

· 一部能够进行触控控制的宽屏 iPod
· 一部手机
· 一台互联网通信设备

当时“任何功能都有对应的应用程序”这样的革命性思维还并不存在。

“人们不希望自己的手机像台个人电脑。”乔布斯在接受《纽约时报》的采访时说。而且在 iPhone 发布会那天，乔布斯对科技记者斯蒂芬·利维说道：“不希望自己的手机成为一个开放的平台，不希望由于哪天早上下载的三款应用程序中的某一款引发故障，让手机无法工作。辛格勒不希望看到他们的西海岸网络由于某个应用程序而死机。从这层意义上来看，它更像 iPod 而非电脑。”

第一代 iPhone 安装了 16 个应用程序，其中有两个是与谷歌公司合作设计的。有 4 个固定的应用程序，被放在了屏幕的最下方，分别是电话、邮件、Safari 和 iPod。在主屏幕上，你还会看到这些应用程序：信息、日历、相册、YouTube（视频网站）、股票、谷歌地图、天气、闹钟、计算器、便签和设置。没有更多的应用程序可供下载，而且用户也无法删除甚至重新排列这些应用程序。第一代 iPhone 是一个封闭的、静态的设备。

乔布斯开始向人们暗示，促使 iPhone 大获成功的关键是他对移动互联网浏览器 Safari 的热衷。大多数智能手机都提供了他所称的“婴儿互联网”，用户可以随意访问一个基于文本，只能让用户在丰富的多媒体荣光的阴影中浏览的无趣网页。Safari 可以真正让你在网上冲浪，就像他所展示的那样：登录《纽约时报》的网站，然后随意点击。而苹果之外的开发者在 iPhone 新平台上能利用的只有“关闭菜单”。

“史蒂夫非常直接地要求我们，不允许第三方开发者进入我们的设备。”曾在 iPhone 部门工作的一名高级工程师安迪·格里尼翁说道，“首要原因就是，这是一部领先一切的手机。第二个原因就是，如果我们允许某个愚蠢的开发者在我们的设备上编写某个愚蠢的应用程序的话，那么它可能会使整个设备死机，而且我们不想承担这样一种责任：由于某个编写得很糟糕的程序致使整个设备崩溃，最终导致用户无法拨打 911。”

乔布斯极度厌恶通话中断的手机，这或许促使了他在早期的时候优先考虑电话功能。

“乔布斯发现他所使用的正常手机突然通话中断，我就在边上。”布雷特·比尔布里回忆道，2013 年之前，他曾在苹果高级技术团队担任高级管理人员，“如果手机死机或通话中断，他会立马由平静变得暴怒，这种情况让他难以接受，不管他当时正在使用的是诺基亚还是别的什么牌子的手机，如果惹毛了他，他会把手机扔出去或砸碎。我曾多次看到过他扔手机，他对这些手机很失望。他不希望开发者在他的手机上开发应用程序的原因是，他不想他的手机死机。”

但开发者们仍坚持尝试，甚至在该款手机发布之前还在尝试。多年来，许多开发者一直在开发 Mac 应用程序，而且他们迫切希望能在这款革命性的 iPhone 系统上做一次尝试。他们通过博客文章和社交媒体向苹果公司请求，要求苹果允许开发者访问。

于是，就在第一代 iPhone 发布几周前，在苹果公司于旧金山召开的年度开发者大会上，乔布斯宣布他们还是会开发一些应用程序——终究还是妥协了。他们可以使用 Safari 引擎来编写网络 2.0 版应用程序，“这看起来和 iPhone 上的应用程序完全一样”。

约翰·格鲁伯或许是最著名的苹果博客使用者，他自己本身也是一名开发者，他解释道：“消息没有引起任何反应。”确实如此。“你不能跟开发者信口开河……如果网络应用程序——这些应用程序只能通过网络进行访问，无法在 iPhone 的主屏幕上获得应用图标，没有任何本地数据储存库——是为 iPhone 编写软件的一种好方法，那么苹果公司为什么不使用这项技术来开发他们的 iPhone 应用程序呢？”他在博客上发表了一篇直言不讳的评论：“如果你要给我们的是个垃圾三明治，请直说。不要宣称这垃圾三明治其实很好吃，我们有多幸运。”

就连 iPhone 的工程师也同意这一意见。“他们向网络开发者开放，并说：‘嗯，写出来的都算是应用程序，对吧？’”格里尼翁说，“而开发者社区似乎在想：‘你可以见鬼去了，我们想写真正的程序。’”

所以，开发者被激怒了。2007 年 6 月，当 iPhone 首次亮相时，其他智能手机已经允许使用第三方应用程序。

开发者们曾试图为 iPhone 开发这些网络应用程序，但是，正如史蒂夫自己曾说的，它们大部分都很糟糕。“史蒂夫做事十拿九稳，他非常聪明，但是，在这十次中，也会有一次大脑短路的时候，而在这种时候，谁会告诉他他做错了呢？”比尔布里说。

对真正的存在于主屏幕上的具有利用潜力的 iPhone 应用程序的需求，导致一些有进取心的黑客侵入 iOS 系统，他们这样做的原因只有一个，即将自己的应用程序安装在 iOS 系统上。

紧接着，黑客们就开始破解 iPhone。（之后会更多地谈到这个问题。）

基本上，iPhone 在所有构想出来的移动计算设备中是最智能、最强大的，但这需要一群有进取心的黑客们来帮助用户能真正使用这一设备。由于他们的壮举经常被科技博客甚至主流媒体报道，所以，这向公众以及苹果公司展示了用户对第三方应用程序的渴望。

随着公众的需求越来越明显，iPhone 部门的高管和工程师们，尤其是 iOS 软件的高级副总裁斯科特・福斯特尔，开始说服乔布斯允许使用第三方应用程序。操作系统背后的工程师们以及初代 iPhone 所自带的应用程序，已经在内部为第三方应用程序开发系统扫清了道路。“我想我们知道在某一时刻，我们不得不这样做。”iOS 软件工程副总裁亨利・拉米洛克斯告诉我，“但是，在最初把 iPhone 匆忙推出之时，我们没有时间来设计框架，让 API（应用程序界面）干净整洁。”API 是一种用来编写应用软件的设置程序、协议和工具。“这是我们非常擅长的，对于公开发表的东西得非常小心。”

“所以，在一开始的时候，我们模仿 iPod 来做手机。我们所能做的就是把东西整合在一起。尽管如此，我们在早期的时候做出了这样一个决策，即它的一些功能——电子邮件、网页浏览器、地图，将会被开发成为应用程序，部分原因在于这些功能都是从 Mac 操作系统上移植过来的。我们已经创造了一些用得到的工具，这样就能够快速地开发这些应用程序了。”加纳特拉说，“公司内部有人这么认为，我们并不想开发出这样的应用程序，这些大量的准备只是为了打造史蒂夫设想的下一代应用程序。”

换句话说，他们基本上为箭在弦上的 iOS 的应用开发准备好了 API，即使在发布的时候，这种 API 还是很粗糙的。“事后看来，我们这样做很了不起，但在很早的时候，我们这样做只是为了方便自己。”加纳特拉说。

来自开发者们的公开抗议持续了几个月，黑客们的“越狱”行动也在进行，来自苹果公司内部高管的压力持续增加，如果这些还不够的话，那么还有一个关键因素，乔布斯和其他支持封闭系统的高管们肯定都注意到了。

“那就是 iPhone 的首次发布差一点失败。”比尔布里说，“许多人都没有意识到这一点。作为内部人员，我看到了销售量。iPhone 被推出之初，其销量是非常惨淡的。人们觉得它太贵了，所以它并没有流行起来，这种情况持续了有三到六个月的时间，或者说这是前两个季度的情况。情况不太乐观。”

比尔布里说原因很简单，“因为没有应用程序”。

斯科特·福斯特尔与乔布斯争论，并说服了乔布斯，然后他说，你看，我们必须把开发者的应用程序放在手机上。其实史蒂夫并不想这样做。史蒂夫说，如果你正在打电话，然后一款应用程序打断了你的通话，这是让人无法接受的。苹果手机不能出现这种情况。

斯科特·福斯特尔说：“史蒂夫，我会把软件放在一起，如果发生了故障，我们会保护手机的。我们会把手机系统隔离出来，这样手机就不会死机了。”

2007年10月，在iPhone发布大约四个月之后，乔布斯改变了他的看法。

“我想说的是，我们想在 iPhone 上安装原生的第三方应用程序，而且我们计划到二月份的时候，让开发者都拥有 SDK（软件开发工具包）。”史蒂夫·乔布斯在苹果网站上发表的一份声明中写道：“我们很高兴能在 iPhone 上创建一个充满活力的第三方开发者社区，他们为我们的用户提供了数百个新的应用程序。”（请注意，即便如此，乔布斯和几乎所有的人，都低估了 App 经济不可名状的发展潜力。）

就连最初的 iPhone 团队成员也相信，公众行动是为了打破苹果设置的“围墙”，以改变乔布斯的想法。

“这是显而易见的。”拉米雷斯说，“我们很快意识到，我们无法编写出大家想要的所有的应用程序，我们之所以开发了 YouTube，是因为我们不想让谷歌来开发它，但那又怎么样呢？难道我们得把其他公司要做的程序都包下来吗？”

当然不能。这可以说是苹果公司在 iPhone 发布后所做出的最重要的决定。之所以做出这个决定是因为开发者、黑客、工程师以及内部工作人员一次又一次地推动。这是一个违背高管初衷的决定。苹果公司在选择开放之后获得了成功，虽然只是一个小小的成功。

“最初的 iPod 并没有引起市场轰动，其销售量并不是很高。当他们在 Windows 操作系统中增加了 iTunes 支持时，iPod 才真正开始流行起来，因为当时大多数人都还没有 Mac。这让他们看到了苹果生态系统的价值。在 iPod 真正开始流行起来的时候，我获得了这样一个播放器，一个音乐商店，还有一个运行良好的 Windows 设备。这是 iPhone 手机真正流行起来的时候。”格里尼翁说，“这款手机好评如潮，但自从他们允许开发者们加入之后，该款手机就成了文化上的颠覆者。他们允许开发者为他们编写软件。好像就是这么回事儿，对吧？你仅仅把手机当电话来用？你不仅仅把它当作手机，你在食品杂货店坐着排队的大多数时候，会拿出手机在推特上谈论。”

不仅如此，我们还会使用这些应用程序。我们使用脸书、Instagram、色拉布（Snapchat，照片分享平台软件）、推特、地图。我们还发短信，但经常在非本机自带的应用程序上发短信，如：即时聊天通信软件（Messenger）、微信（WeChat）和网络信使（WhatsApp，一款面向智能手机的即时通信应用程序）。

事实上，在苹果公司为其产品所设想的这些应用中，只有一个应用真正让 iPhone 具有革命性的意义。

“这就是史蒂夫使用他的产品的方式。”苹果分析师霍雷斯·德迪尤说。如果让你想一下，如今人们花费大量时间在移动设备上，他们都在做什么，你不会想到是打电话。“如今，排名第一的社交，排名第二的大概就是娱乐了，而排名第三的或许就是导航等方面。”德迪尤说，“当时，人们是通过电子邮件或其他方式进行基本的沟通，但社交媒体在那个时候还不存在。实际上，社交媒体在当时已经被发明出来了，但还没有被安置到移动设备之中，也还没有经过改造。如果我用一种隐喻的说法，实际上，是脸书就发现了手机的用途。”

开发者工具包是在 2008 年冬末的时候发布的，而在夏季的时候，苹果发布了经过第一次升级的 iPhone，即 iPhone 3G，最终推出了应用商店（App Store）。开发者可以提交应用程序进行内部审查，在审查过程中，它们要经过扫描以检查其质量、容量以及存在的漏洞。如果一款应用程序的审核通过了，并且盈利了，那么苹果公司将获得 30% 的提成。当时，智能手机已经成为主流。而且，当时 iPhone 部门已经发现，杀手级应用程序不是电话，而是可以提供更多应用程序的应用商店。

“就在各种应用程序开始出现在手机上时，手机的销售量开始大幅增长。”比尔布里说，“手机突然变成了一种不一样的东西，它不是互联网浏览器，不是 iPod 播放器，不是移动电话或类似的东西。”

我问他为何如此肯定地认为应用程序是手机销售量增加的原因。

“当我们宣布即将开发应用程序的时候，当我们允许它们出现在手机上时，人们开始购买 iPhone。”他回答道。不仅如此，手机数量的增长也很显著。“这就像是曲棍球棒的拐点一样，你会看到在一开始时处境很艰难（销量很低），但当达到这个拐点时，情况就开始好转并开始大卖。”

“应用程序就是一座金矿。”格里尼翁说。

格里尼翁说，他们看到征服了新的生态系统的第一批大获成功的应用程序不是设计巧妙的新款生产力应用程序，也不是一款酷炫的全新触控视频游戏，而是一款放屁软件（一款恶搞的休闲小游戏）。

“那个编写了 iFart（模仿放屁声的整人应用）的家伙凭借这款垃圾的应用程序赚取了 100 万美元。当然，如今看来，我们会嘲笑这款应用，但是，天哪，老兄，这该死的应用程序值 100 万美元啊。”这怎么可能呢？因为他遇到了好时机。“从文化的角度来说，他的应用程序是第一个出现在深夜脱口秀节目中的。人们都在拿他逗乐，而他却因此发了财，笑到了最后。就在那时，我们开始看到这些东西之间的相关性真正触及到了主流。这就像，iPhone 虽然很酷，但是，你懂的，那个开发放屁应用的家伙却赚了不少。”

2007 年，应用程序这一概念还没有渗透到大众文化当中。计算机用户当然很熟悉这些软件应用，但大多数没有经验的用户或许会认为，它们是通过电脑光驱才安装的程序。

iPhone 凭借其内置的应用商店和直观的用户界面，为一套简单的、易于编程和易于使用的应用程序提供了条件。这为我们改变大多数用户获得和使用应用程序的方式提供了机会。或许，应用程序只是需要这样一个载体来向人们证明，各种各样搞笑的交互式软件都可以在这个平台上找到。也许，iPhone 需要一些足够滑稽可笑的东西来帮助它打开市场。

“我们不是‘踢开了’市场的大门，而是‘炸开了’市场的大门。”著名的 iFart 创造者乔·康告诉我，“这样奇妙的双关语真是太多了。”

自 20 世纪 90 年代以来，乔·康一直在经营在线业务，2008 年，当苹果公司发布了软件开发工具包后，他立马成立了自己的公司 InfoMedia。“我们第一款应用程序不叫 iFart，而叫 iVote，它是 2008 年推出的首批 1000 款应用程序之一。”可惜的是，这款热心公益事业的应用程序并没有给人留下什么印象。“我们想出了许多的创意。你听说过《精灵宝可梦 Go》这款游戏吗？（这是一款对现实世界中出现的宝可梦进行探索捕捉、战斗以及交换的游戏，玩家可以通过智能手机在现实世界里发现精灵，进行抓捕和战斗。）在 2008 年的时候，我们就想出了一个类似的抓鬼游戏的点子。但是，当听到团队的一名成员提出‘我们做个放屁应用吧’时，我们都笑疯了，接着我说道：‘就这么定了。’”

就在他们刚刚完成这款应用程序的时候，他们发现，另一款放屁应用程序《拔手指》（Pull My Finger）曾被应用商店“赶”了回去。起初，他们感到很惊讶，竟然已经有人尝试过做放屁应用程序（尽管他们坚信他们做得更好一些）。于是，他们感到非常沮丧。“苹果公司不批准放屁应用程序，”康说，“让我们把这个暂时放一放吧，我们可不想惹恼苹果大神。于是，我们就把这款应用程序搁置了，然后转向了其他产品的研发。然而，过了一段时间之后，每当有人提起 iFart 时，我们整个团队的成员还是大笑不止。”于是，康决定，无论如何都要争取一下。他说道：“要么就把这个应用程序提交上去，要么就别再浪费精力。我老是想起这个。”

显然，苹果公司对这款放屁应用程序的想法有所改变，很快他们就得到消息。“iFart 和另外三款放屁应用程序获得了批准。其中一款就是《拔手指》。我立马就发布了一篇新闻稿，把消息放了出去。我们的应用程序在各个方面都比较好，所以在排行榜上的排名一路飙升。”他们给这款应用程序定价为 99 美分。他说，截至圣诞节时，他们只卖出了不到三万份。就在这时候，正如格里尼翁提到的那样，媒体为它的大卖帮了大忙。“它登上了排行榜的榜首，在世界排名第一，而且这个排名一直持续了三个多星期。”乔治・克鲁尼宣称这是他最喜欢的一款应用程序。比尔・马赫说：“如果你的手机能放屁，那你就麻烦了。”

iFart 的成功预示着一个新的、数字化的经济即将迎来一次似“蛮荒西部”的淘金热潮。“我大概赚了 50 万美元，而且在宣传、公关和信誉方面获得了更多益处。下载量至少达到 200 万次。”总而言之，这是一小群人经过三周努力的结果。

“这不是什么天才之举。”康说，“只是我们遇到了绝佳的时机。‘让这个东西放个屁，并且要以一种优雅的方式来做’，我认为这就是它的新奇之处。它的成功还在于它的生产方式以及它在媒体上的宣传方式。它并不复杂，其实就是一个声音播放器。”这个数字化的“放屁坐垫”给他带来了 50 万美元的利润。在某种程度上，这听上去很愚蠢，但是，对开发者而言，这预示着一个充满机遇的新时代和一条新途径。

显然，早期的大多数应用程序并不是那么低俗，很多在早期获得成功的应用程序都是游戏类应用程序，比如《劲乐团》《超级猴子球》以及一款扑克应用程序《德州扑克》，还有许多应用程序真的令人兴奋，像《潘多拉电台》和《音乐雷达》，它们在今天依然很成功。

“当然，如今，苹果公司创造了这种新经济，人人都在编写放屁应用程序，但他得是原创者。”格里尼翁说道，“这其中的第一个吃螃蟹的人成了大赢家。”

这种新经济，现在通常称之为 App 经济，已经发展成了一个价值数十亿美元的市场，在这样一个市场中，硅谷的一些“暴发户”公司，像优步、脸书、色拉布和爱彼迎等占据了主导地位。应用商店就像是一个广阔无垠的宇宙一样，囊括了一些有前途的初创公司、各种能供人消遣的游戏、媒体平台、老字号企业、艺术项目以及对新界面的尝试。

但是，鉴于从某种程度上来说，iPhone 已将应用程序变成了全球流行的东西，我认为值得想想应用程序从其本质上来说到底是什么，以及这个万众瞩目的新市场意味着什么。于是，我联系了一位波特兰的数字档案管理者和媒体理论家亚当·罗斯坦，他曾研究过早期的应用程序，他收集了许多古三星仪，都是一些最早期的古三星仪，它们已经存在了几百年。

“将应用程序当作‘视觉化数据的简化界面’是一种方式。”罗斯坦说，“任何一款应用程序，不管是社交媒体、地图、天气，甚至是一种游戏，都需要大量的数据，这些数据通过一个小小的界面呈现出来，这个界面上还有各种各样的按钮或指示，用于引导和操纵这些数据。”古三星仪也一样，它从航空图中获取数据，并将其展现在一个圆形的、类似于计算尺的界面上，这样，用户就能够轻松地观察到不同的数据关系。

还有一种最简单的三星仪，它基本上就是一个纸做的圆盘，圆盘上印

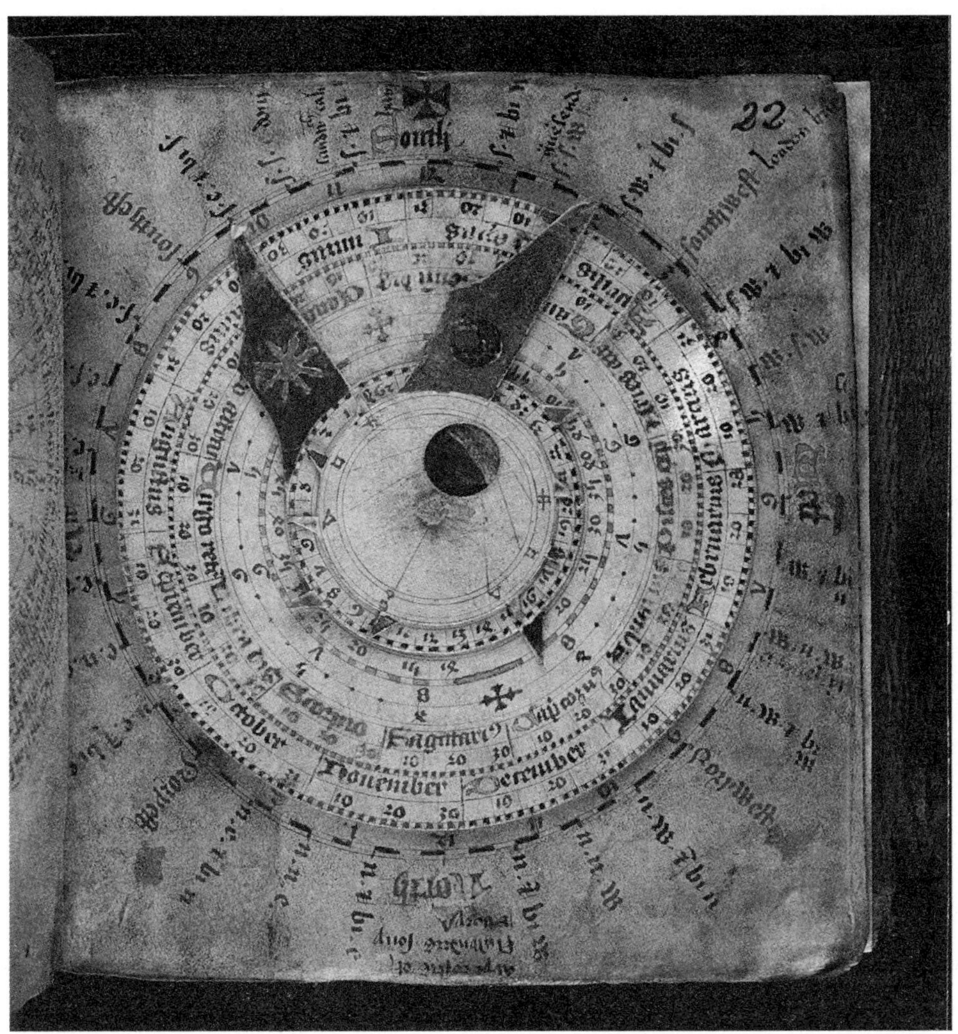

三星仪有三个运动的部分，分别代表黄道带、太阳和月球，显示了它们之间的相对位置以及月相和天文图。

——大英图书馆

有一个数据集，并且被固定在了另外一个带有数据集的纸圆盘上。通过操纵这些圆盘，人们可以轻松地获得一些有关世界的可解析的信息。

它们是由中世纪的一些信奉伊斯兰教的天文学家发明的，被用作参考工具、航标以及计算器。“在 11 世纪和 12 世纪，当它们首次出现在大众面前时，它们是非常具有创新性的，而且依赖相对先进的造纸技术以及专家和装订工们的知识来发挥作用。”罗斯坦说。

当时，一些首批的移动应用程序都是纸做的。“几个世纪以来，我们总是把大脑中的信息卸载下来，外包出去，从硬纸板到触控屏，这种传承一直在延续，这一点着实令人高兴。”罗斯坦说。一些历史学家认为，三星仪实际上就是一种原始的模拟计算机。安提凯希拉（Antikythera）——已知的最早的计算设备，它是一个神秘的希腊天体观测仪，科学家们一直无法成功地确定其精确的起源。“它年代更久远，并且还有算盘和算筹。”但是，三星仪是一种老式的应用程序，这一点是毋庸置疑的。

特别要指出的是，几个世纪以来，人们一直在使用各种工具来简化和运用数据，并对各种解决方案进行搭配。就拿优步来说，它是一个以 GPS 和谷歌地图为支撑的、以营利为目的的三星仪。这种打车应用程序的主要创新之处就在于它能够有效地将乘客与司机进行配对。这款应用程序可以读取一个通过 GPS 信号接收的流体数据集，这个数据集可以显示在一个区域内有空载客的司机的数量，并将其与有意打车的乘客数量进行交叉引用。这些数据集在哪里相交，乘客和司机就在哪里碰面。

罗斯坦说道：“虽然我们开发了新的技术，但是，在整个人类历史上，我们曾开发了许多类似的以不同形式呈现出来的技术，我认为这一点是值得我们铭记于心的。或许我们会开发出一种更先进的技术，但通常来说，我们使用技术来解决的都是在本质上相同的问题。虽然我们期望将新技术当作一种日久常新的技术来使用，但我们也应该知道，即使我们重新定义了轮子，它始终还是轮子。我们不得不承认，人类的许多基本需求都是永恒的。”

如今，人们可能会在最先进的微处理器中使用数十亿个亚原子晶体管，但很多时候——也许是大多数时候——我们利用这种计算能力所完成的事情与中世纪时期的人所完成的事情并没有区别。

在谈到 App 经济时，记住这一点对我们来说很重要。毕竟在如今的应用商店中，有 200 多万种应用程序。

“苹果公司在 2008 年推出应用商店，由此引发了一场应用革命。”该公司在其网站首页上如是写道，“在短短 6 年时间里，iOS 生态系统就帮助创造了 62.7 万个工作岗位，而且，通过应用商店全球范围内的销售，美国的开发者们已经赚取了 80 多亿美元。”

2016 年，有报道称，据估计，App 经济价值 510 亿美元，而且到 2020 年将会翻一番。2017 年初，苹果公司宣称，2016 年它已经向开发者们支付了 200 亿美元，而同年的 1 月 1 日是应用商店销售额达到该公司销售历史上最高的一天，当天，人们下载的应用程序价值 2.4 亿美元。色拉布是一款图像信息应用，价值 160 亿美元。爱彼迎价值 250 亿美元。Instagram 在 5 年前被脸书以 10 亿美元的价格收购了，据称，它的价值如今已达到了 350 亿美元。而最大的应用程序公司优步，目前的估值为 625 亿美元。

“应用软件行业已经超过了美国的电影业。”德迪尤对我说道，“但却没有人真正谈论此事 。”鉴于苹果是如此庞大的一家公司，而且其销售额绝大部分都来自 iPhone，他们在应用商店业务上所取得的成功怎能被低估？要知道，仅仅是为了支持这样一个平台，他们拿出了 30% 的 iPhone 销售额。“有人会质疑，苹果能成为一个服务性企业吗？然而，让人意想不到的是，它成功地做到了这一点，从他们在该行业中赚取了 400 亿美元这一点就能看出来。”德迪尤说，“苹果公司‘仅靠服务业’就能成为财富 100 强公司之一，目前我还没有做过统计，但我认为，他们在服务行业所赚的钱实际上要远远超过脸书，或许也超过了亚马逊。”

这真让人难以置信。苹果公司通过管理应用商店所赚的钱比世界上另外两家最大的技术公司所赚的总额还要多。

为了更好地了解应用商店是如何适应当时的历史背景的，我联系到了牛津大学的科技史学家大卫·艾杰顿。艾杰顿著有《历史的震撼》一书，此书记录了所有塑造了我们生活的古老、持久的技术。在谈到 iPhone 和 App 经济时，他在一封邮件中写道：“其中一个很大的问题就是，在过去几十年中，几乎所有的经济变化都会归因于 IT。”IT 指的是信息技术。“更夸张的说法是，有时，它是改变经济的唯一原因。这显然是荒谬的。”他所说的是许多金融分析师和经济观察者的偏好，他们倾向于把经济的发展和进步归功于 iPhone 和 App 经济。

“其中一个真正大规模的全球性变化是由市场自由化造成的，尤其是劳动市场的自由化。有关优步的发展有两种说法，一种说法是，优步的发展是由 IT 造成的；而另一种说法是，它的发展是由欲望引起的，即想最大限度地发挥出租车和出租车司机的作用，让他们彼此之间进行激烈的竞争，这两者之间是有很大的区别的。”他写道，“还要注意的是，高科技曾给我们带来了一个闲适的世界，但现在它却使我们陷入了无休无止的工作之中。”

App 经济是一种强大的变革力量？它是否从根本上改变了人们的生活？还是说它只是宛如在“泰坦尼克号”的模拟应用上重新换了下甲板躺椅的位置？

获得真相的唯一方法就是尽可能地远离硅谷泡沫，在某个地方，当地人相信这种变革的力量，这个地方叫作“硅草原”（Silicon Savanna）。

当飞机在内罗毕（肯尼亚首都）降落时，在你靠近这座城市的时候，看看飞机窗外，你会看到一片广阔的、一眼望不到边际的热带大草原。瞥向窗外，如果运气好的话，你可能还会看到一只长颈鹿。内罗毕国家公园距离机场仅有几英里的距离，它是世界上唯一一个在大都市内，且规模不同凡响的自然保护区。从你的窗户往外望去，你会看到一个正处于蜕变中的繁华都市——随处可见各种摩天大楼、公寓大楼、公路以及所有在建的基础设施。

你有很多机会身处这样的场景之中。内罗毕似乎长期受交通堵塞的困扰，道路两边全是卖香蕉和甘蔗的摊贩；在我们被堵在那里长达 10 分钟后，突然，我的司机摇下车窗，买了一袋甘蔗；该城市著名的马塔图巴士（类似小面包车）的车皮上挂了用扎染法绘出的求职广告，或可能是坎耶·维斯特（歌手）的肖像，这种巴士会一寸一寸地转弯挪动，最终从堵塞的交通中顺利穿过。靠近市中心的时候，你会看到一组广告牌和贴在公交车上的广告，兜售的是手机和各种服务。

我来这里是想了解一下 App 经济对发展中国家的经济有多大的影响，我认为这个在非洲被誉为“最懂科技”的国家是一个非常值得一看的地方。

肯尼亚有独特的移动模式（我想，除了传统行业外，在各个方面都是如此）。2007 年，即 iPhone 首次公开亮相那年，肯尼亚国家电信 Safaricom 与沃达丰（英国电信企业）合作推出了 M-Pesa（移动货币，pesa 在斯瓦希里语中是“金钱”的意思），这是一个手机支付系统，使肯尼亚人可以通过手机轻松转账。根据一项研究表明，肯尼亚人早就将自己的通话时间转换为货币，在该系统投入使用后不久，M-Pesa 开始流行起来。从此之后，由于 M-Pesa 的普及，肯尼亚即将成为世界上首个采用无纸化货币的国家之一。

同样是在 2007 年，在一场有争议的选举之后，肯尼亚现任总统拒绝下台，从而引发了全国性的骚乱，独立观察者认为这场选举是有“瑕疵”的。这次骚乱引发了各种抗议，大部分都是和平抗议，但警察却采取暴力的方式来镇压抗议者，有好几百人遭到了枪杀。与此同时，种族冲突不断升级，一场危机即将爆发。

随着暴力镇压的报道开始逐渐浮出水面，肯尼亚的一些博主们也开始行动起来。埃里克·赫兹曼、朱莉安娜·罗蒂奇、奥瑞·奥科罗和大卫·科比亚建立了一个叫作 Ushahidi（在斯瓦希里语中是“证词”的意思）的平台，使用户们可以用手机来报道暴力事件。后来，这些报道被整理在了地图上，这样用户就可以追踪发生暴乱的地方，从而待在安全的地方。很快，Ushahidi 开始在全世界流行起来，它被用来追踪南非的反移民暴力，监督墨西哥和印度的选举，监控 2010 年海地地震后的余波以及英国石油公司墨西哥湾漏油事件的影响。

以移动端为基础的平台使肯尼亚成为国际关注的焦点，成为创新的温床。《彭博社商业周刊》称内罗毕为“非洲科技中心”。善于给硅谷舆论下论断的 TechCrunch（美国科技类博客）表示：“大多数有关非洲科技运动起源的讨论，最终都会绕回到肯尼亚。”谷歌试图进军非洲大陆，并在内罗毕设立了谷歌商店。《时代》杂志将其命名为“硅草原”，此后大家都开始沿用这个名字。肯尼亚移动运营的成功与应用程序开始繁荣是同时发生的，这促使专注于移动设备的投资者、企业家、慈善机构和社会企业纷纷前往内罗毕。

木苏力·金亚姆对我说：“2008 年和 2012 年，是移动革命达到顶峰的时期，于是所有东西的名字中都有“移动”一词，比如移动图书等。”金亚姆管理着 Nest Global 的通信和运营程序，是内罗毕科技行业的资深人士。在此期间，许多利益集团都希望为移动方面的初创公司提供资金，因为这有可能会创造出下一个 Ushahidi。

为了帮助肯尼亚的企业家，开发者和初创公司利用日益发酵的舆论热潮，把这些系统推向市场。2010 年，埃里克·赫兹曼以及那些和他一起创立 Ushahidi 的合伙人们又一起创立了 iHub。该公司最初是自筹资金，后来从奥米迪亚网络公司（Omidyar Networks，它是eBay创始人创立的“慈善投资公司”）收到了140万美元的融资。iHub是一个共享工作空间，配备有高速互联网，鼓励初创公司和开发者们共享技术和资源。

“它有助于推动企业发展，加快发展速度。”赫兹曼说。赫兹曼是一位美国人，在肯尼亚和苏丹长大，长期以来，他在自己经营的网站White African上写了许多关于该地区的博客文章。“我认为肯尼亚在这一领域做得更好的其中一个原因就是尼日利亚是人口大国，南非是经济大国，而在过去几年里，这一区域之间的联系更加紧密。因此，这里的人们往往团结在一起，共同把事情做好。这非常符合肯尼亚人的做事风格。”

即使在内罗毕，iHub也不是家喻户晓的，虽然有GPS导航，但我的优步司机不知道iHub是什么，也不知道它在哪儿。我们沿着一条条尘土飞扬的、尚未铺好的道路搜寻，最后在恩贡路主干道上找到了它。它的商标就挂在一座色彩缤纷的写字楼四楼上。

我走进去之后，发现里面非常拥挤，场面很是热闹。每张桌子上都有一台笔记本电脑，角落里有咖啡吧，随处都能听到热烈的谈话。如果只考虑内部设计、装饰和氛围，我觉得这里就是帕洛阿尔托（美国旧金山附近的城市）。

我见到了企业家纳尔逊·夸梅，他一直在经营新创立的公司Web4All和他的自由开发者工作之间奔波。

夸梅于1991年在苏丹出生，后来，他的父亲逃离了那场最终导致这个国家分裂的灾难性战争。他来到肯尼亚上大学，而且受到这样一种信念的驱动：娴熟的技术是该地区未来的关键。他把iHub当作一个可以寻找潜在的合作伙伴的地方，同时也在这里寻找一些临时工作。“说说我的朋友吧，他是一个开发者，他的叔叔为一家需要开发应用程序的公司工作。”他说道，“我开发了很多网站和应用程序。”而且他确实认为，写代码、网站开发，以及越来越多的应用程序的开发，对该地区的发展来说是至关重要的技能。他的初创公司在不同的地方组织了一些时长为一天的课程，教授一些编程、开发以及创业的技能。他刚刚在肯尼亚重要的港口城市蒙巴萨岛结束一天的课程，来听课的人爆满。

很多这样的课程都是由一些开发团体或企业来组织的，他们希望应用程序能够吸引到国际听众。我遇到了一个叫肯尼迪·基尔迪的年轻人，他在 iHub 的咨询部门工作，并且正在研发一款由联合国资助的应用程序以帮助护林员们打击偷猎者。

很多应用程序的开发都是通过自上而下组织的。从美国到投资者、开发者，再到一些慈善机构都认为，应用程序是一种便利的工具，可以用来推动欠发达地区的变革和发展。非洲以固定电话数量的跳跃式增长和手机大规模的普及而闻名，所以，有很多应用经济繁荣的意识观念最初都是被复制粘贴到该地区的，尽管大多数肯尼亚人还没有使用智能手机。

“这里的市场份额还不够大，无法让智能手机经济运作起来。”埃莉诺·马钱特这样告诉我。她是宾夕法尼亚大学的一位学者，目前在 iHub 工作。“但应用程序的发展风行一时。”

马钱特说：“观点确实会影响事物的构建方式，就算不准确，也会产生影响。有这样一种观点，肯尼亚在移动领域非常擅长，但这并不真实。”她说，很多早期的由捐助者资助的初创公司并没有成功。多年来，再也没有一个像 Ushahidi 这样的平台或 M-Pesa 出现。“举个例子来说，即使是 M-Pesa 界面本身，它也是非常慢的，它的设计只适合在老式诺基亚手机上使用，而在这款手机上，应用程序无法运行或无法正常运行。这是一种基于文本的程序，而且目前它依然没有改变。”

换句话说，移动革命理念或基于应用程序的革命理念从美国或欧洲移植到肯尼亚，这是一种文化现象，而现实却截然不同。一方面是因为，智能手机还没有大规模普及。

“这只是落实没做好。”金亚姆说。我去金亚姆新成立的科技空间“创始人俱乐部”拜访他，这里即将举办一场盛大的开业典礼。一对猴子在停车场的树上上蹿下跳，调皮地在树枝上荡着秋千。

金亚姆说道：“我们这里有两种人，一种是当地人，他们在美国发家，然后回国；还有一种是来自美国或欧洲的伙伴，他们来这里建立基金会。而实际上，他们当中有很多人都亏了钱。只是很多非洲之外的人对非洲很乐观，很感兴趣……他们尝试做了很多事情，从黑客到系统开发，再到培训班，有很多都是没用的事情。这并不是当地发展的真正原因。”

“它是依靠捐赠者驱动发展起来的，所以他们只是说‘我们正在寻找一些充满能量的东西’，其实他们就是在这些东西上砸钱而已。”金亚姆说道，“联合国、非政府组织，所有人都认为，所有这些东西‘就是非洲所需要的’。还有很多钱，而且无论如何，这些钱都必须在 2015 年之前花光。其中有很多都是靠供给驱动的。人们认为这更像是一项慈善事业，所以如果你能这样做——虽然看似愚蠢，但说起来却好听。

“没错，你已经争取到了 100 万的拨款，但是那又怎样呢？”金亚姆说，“这就是不平等之处：没有公平的竞争环境。如果你无法联网，无法参加各种会议，无法接触到那些不常在这里的有钱人，你就没法竞争，就是这样。”

“部分原因在于，”他说道，“投资者和捐助者们试图将硅谷的思想引入内罗毕。在此之前，这些思想理念都是由一些海外移民传授的。你要明白，他们所讲的内容都是关于这些思想理念是如何在硅谷发挥作用的，说你应该学习并为你所用。”

但是对于肯尼亚人来说，他们还无法开发出一款杀手级的应用程序，以期望投资者们能注意到它，并像在旧金山那样，为它投资一大笔钱。“人们只是还不知道他们要干什么。在这里，创业更多是关于生存，这确实很难，初创公司很难生存下去，在这里就更难了，因为你正在解决的问题正是政府应该去解决的。”

于是，应用程序的开发从通用的、改变世界的功能转向了更加本土化的功能。“从某种程度上来说，很多新事物都被本土化了，它们被放在当地的环境中并为当地人所应用。更重要的是，在写程序之前，你应该要了解你想要修复的是系统的哪些部分，你差不多要给自己留一年的时间去准备。如果你很早就开始考虑收益了，那么客户就是你唯一的资金来源，这样一来，你所得到的真正可信赖的创业者就真的是为生存而创业了。我需要做个应用程序来帮我支付房租，给我的两三个员工发工资，让它持续运行。我这么做并不是为了收购。”金亚姆说。

因此，最新一批的初创公司似乎瞄准了肯尼亚可观的利益。频繁出现在人们谈话中的一款应用程序是 Sendy。“这款程序的运行原理实际上就是，你可以利用这里随处可见的小型摩托车，并把它们改造成为送货节点。”赫兹曼说，“这些初创公司正将送货链搬入优步的环节中。”金亚姆正试图通过以推特为基础的“这是一条路吗？”这个平台，让人们更了解肯尼亚基础设施缺乏的情况，鼓励用户将所见到的道路坑洞记录下来，并创建一个不断更新的数据库。近来，发展最快、最成功的一款应用程序就是为路边的水果摊贩提供与农民协作方式的应用程序。BRCK 是赫兹曼与罗蒂奇最新的一次尝试，它是一款功能强大的移动路由器，可以在偏远地区为智能手机提供 Wi-Fi。

如今，它帮助 88% 的肯尼亚人都用上了手机，根据 Human IPO（非洲最顶尖的技术新闻网站）统计，在肯尼亚销售的所有新款手机中，有 67% 是智能手机——这是非洲大陆上普及率增长最快的手机。政府已经拨款支持这座存在争议的孔扎科技城（肯尼亚的一座城市），一座价值 140 亿的“科技城”在理想情况下能提供 20 万个 IT 工作岗位。IT 占经济总量的 12%，与 5 年前的 8% 相比，占比有所上涨。苹果公司在这里并没有太大的存在感，尽管我所遇到的企业家们都告诉我，创业者和其他参与者们都把 iPhone 当作地位的象征，并在一些重要的会议上拿出来炫耀。

许多开发者们似乎都致力于将利益与社会创业结合在一起。“人们似乎有所醒悟，嘿，将初创公司看作是以牟利为目的或以社会创业为目的二元观点是有缺陷的。”纳尔逊·夸梅说，“人们都认为，社会创业需要营利，至少在维持企业可持续方面是这样。”然而还有另外一种情况。“除了赚取大量的金钱之外，整个系统还要朝着一个协同作用的方向发展。”据他估计，只有30%的初创公司会效仿捐助者资助的社会企业模式。

一些开发应用程序的核心价值变得更为突出——像夸梅这样的开发者所关注的更多的是那些吸引他们的东西，而不是一味地追求拨款资助。“当你制造出某种东西并且为人们所用时，大家会惊叹。”他说，“过一段时间之后，就会有一种认同感。”

在内罗毕，我发现一些有关“移动革命”的故事的轮廓其实并不鲜明。与以往一样，这是一个具有某种前瞻性的创新网络——由公民博客和国家电信来经营——良好的营销和故事，以及缓慢的发展，使这座城市成了硅草原。虽然“硅草原”的提法的实际影响很复杂，而且App经济可能也并没有给大多数肯尼亚人带来好处，但是，这种感知，无论是来自iHub内部还是外部，都给肯尼亚的科技圈带来了一种动力和认同感。

这些经过长途跋涉来到旧金山，想开发应用程序并改变世界的人，并不是来自富裕人家的孩子。他们当中的大多数都是非常聪明的、非常有野心的开发者（如果他们在硅谷而不是硅草原，那么他们可能会成为百万富翁），他们努力工作，朝九晚五，把改变世界的前景与日常生活融为一体。

至少，应用程序已经重塑了人们对软件和核心服务的交互方式。但是，关于App经济，还有另外一点需要说明，App经济几乎全部是由游戏推动的。2015年，游戏占到应用商店总收入的85%，达到了345亿美元。这或许并不令人意外，因为一些最受欢迎的应用程序都是游戏，《愤怒的小鸟》或《糖果粉碎传奇》这类游戏无处不在。App经济在其革命性方面经常备受吹捧，它具有引领创新的能力，而不是一个满是浪费时间的付费益智游戏的地方。

应用商店不是一个装满了要你付费浪费你时间的益智游戏的地方。越南的一位开发者阮哈东开发了一款简单的、像素化的游戏，名字叫作“笨鸟先飞”，这款游戏很快就成了应用商店中被疯狂下载的应用程序之一。这款游戏很难，现在已经成为一款标志性的游戏了，它的爆红引发了媒体界的广泛讨论。据估计，该款游戏每天可以通过在游戏中展示的小广告横幅赚到 5 万美元。

除了游戏，应用程序市场上的另一个创收领域是订阅服务。从 2017 年初开始，Netflix、Pandora、HBO Go、Spotify、YouTube、Tinder 以及 Hulu，是应用商店中排名前 20 的最受欢迎的应用程序。除了交友应用程序 Tinder 外，其余的全是游戏。

就像流畅的基于手势的多点触控技术、无处不在的相机以及社交网络一样，这类应用程序成了我们生活中一种不可忽视的长期存在的新鲜元素。你随时可以选择将你的意识融入一款让人分心的应用程序当中，轻轻点击屏幕，然后你体内少量的多巴胺就能被激发出来。在所有关于新的创新型应用程序彻底变革经济的讨论中，我们只需要记住一点，当我们真的掏腰包时就会发现，有 85% 的时间都投入了这些令人分心的娱乐程序。

这并不是说，一些重要的能促使手机等设备具有艾伦·凯设想的知识操纵器功能的应用程序不存在，或者许多免费的不会创造太多收益却可以提供大量有价值的文化贡献的应用程序不存在。上述程序都是有的，但大量的应用资金都流向了游戏和串流媒体——这些最可能让人上瘾的服务。

几乎就在《笨鸟先飞》在世界上声名鹊起的时候，阮会东决定将它下架。他在接受《福布斯》杂志采访时说道：“《笨鸟先飞》的设计理念是，你放松的时候可以玩几分钟，但它却成了一种让人上瘾的产品，我认为这已经变成了一个问题。”评论家们无法彻底了解他为什么会放弃每天 5 万美元的收入。他自己开发了这款应用程序，而且这款应用程序正在让他变得富有，而他却感到压力重重，内心充满愧疚。这款应用程序太容易让人上瘾了。“为了解决这个问题，最好的方法就是下架《笨鸟先飞》，并让它永久消失。”

这让我们又回到艾伦·凯那儿。“新媒体只是在模仿现有媒体。”他说。“摩尔定律起作用了。你将会创造出相对便宜的、符合消费者购买习惯的东西。这将以一种便利的旧媒体形式呈现出来，而根本不需要以新媒体的形式展示。”凯说，“基本上就是这样。”这解释了为什么我们用尖端的新型设备来播放情景喜剧和玩视频游戏。

“所以，如果弄明白了电脑到底有什么用，它重要或关键的部分是什么，那么，你就会明白它其实与印刷媒体没什么不同。”他说道，“而且这只会对欧洲的一些自学成功者产生影响，但问题是电脑并不知道这些人在哪儿，所以它需要大批量地传播各种思想，这样就会有一小部分人能接收到。这足以改变欧洲，虽然没有改变欧洲的大多数人，但却改变了推动者和引导者们。那这会产生什么样的影响呢？”

一些观察者指出，曾经一视同仁的应用商店如今却为更多大公司服务，这些公司在其他平台或通过应用商店中非常流行的应用程序来宣传他们自己的应用程序。

iPhone 庞大的移动计算能力，总的来说，是被用来消费的。你最常用手机做什么？如果你符合普通用户的要求，像德迪尤一样，那你用它依次做的事情有：查看社交媒体并在上面发文，消费娱乐，或把它作为导航设备。你还可以用它与你的朋友们联系，观看视频，导航。它是一种能很好地记录日常生活的便利设备，也是很好的娱乐来源，它还是一种极好的加速器。正如凯所说，“摩尔定律起作用了”。但是，智能手机的设计不能进行更高效、更有创造力的互动，对于这一事实，他感到十分惋惜。

“谁会真正花费时间在一个六英寸的屏幕上绘画或创造艺术？这些观点都是不对的。”他说。

与其说凯正在谈论的是一个硬件问题，不如说是一个哲学问题。他说我们有技术而且有能力现在就创造一台真正的东芝 Dynabook，但是，消费主义的需求——特别是那些由科技公司营销部门刺激出来的需求——已经把我们大部分的移动计算机转变成了适合消费需求的设备。更多更强大的移动计算机，支持流式音频和视频，更好的图形效果，具有这些功能的移动计算机深深地吸引着我们。那么，要做些什么才能与众不同呢？

“我们还应该考虑弄个警告标记。”他大笑着说道。

CHAPTER

9

无线网络技术由何而来?

从开阔地往上数百英尺处的手机信号塔的顶部，你肯定能看到地球曲率，地平线延伸到远处，渐渐在视野里弯曲消失不见。至少，YouTube 上的情况是这样的。我从来没有去过任何一个靠近手机信号塔顶端的地方，近期也不会去。

2008 年，职业安全与健康管理局局长埃德温·福克认为，爬塔不像煤炭开采、高速公路修理或消防，它在美国是“最危险的工作”。

这不难看出为什么。从一条狭窄的金属梯子爬上一座 500 英尺高的塔，身上用皮带悬挂着一个 30 磅重的工具包，你只能靠一条轻薄的安全带，不然一不小心就会以自由落体的速度下坠，这是一种令人难以克服的恐惧。（同样的原因，攀爬者带着 GoPro 摄像机攀爬的这种令人胆战心惊的视频，在 YouTube 上活跃度高得惊人，观看次数以百万计。）然而，信号塔维护人员每天都在这么做，以让我们的智能手机网络保持畅通。

毕竟，没有信号，我们的 iPhone 就毫无用处。

我们都习惯了网络就在我们身边，让我们的手机随时可以上网，当手机变慢或者更糟，直到完全没有信号的时候，我们才会意识到信号的存在。手机网络已经变得无处不在，我们认为在发达地区它几乎是个标配。我们对信号的期待与对道路和交通标志很相似，认为是理所当然的，这种期待逐渐延伸到无线数据上，当然，也延伸到了 Wi-Fi 上，我们还认为住宅、机场、咖啡连锁店以及公共空间也理所当然地有无线网络。然而，我们很少会想到其中投入的人力，以及维护网络让我们所有人的通信设备保持在线的投入。

截至 2016 年，全球共有 74.3 亿人（同时拥有 12 亿 LTE 无线数据用户），手机用户达 74 亿。事实上，人们的便利通话在政治、基础设施和技术方面都是一项巨大的成就。一方面，这意味着有很多手机信号塔，仅在美国就有至少 15 万个。（这是业界人士的估计，因为很难跟踪所有的信号塔的数据。）全球的手机信号塔数以百万计。

这些庞大的网络的根源可追溯到一个多世纪以前，技术第一次出现时，是由国家出资，并由垄断机构控制。研究无线技术发展的历史学家乔·艾格说“为了更美好的 20 世纪”，全球电信运营商都是由大型垄断或国家供应商控制。贝尔电话公司由我们的老朋友亚历山大·格雷厄姆在 19 世纪 90 年代创立，这个“最有价值的专利”使它成了美国历史上最大的公司，直到 1984 年倒闭。艾格说：“许多不同类型的私营企业从那个世界过渡到我们这个世界的过程，和我们最终用到 iPhone 的过程一样。”前苹果高管让·路易斯·加斯西曾经说过，是 iPhone“让运营商们不堪重负”。

意大利无线电先驱古列尔莫·马可尼制造了第一台功能无线电报发射机，他是应英国皇家海军的要求而这么做的。像这样一个富裕的帝国，几乎是当时唯一能负担得起这种技术的国家。英国要负担开发无线通信技术的巨大成本，主要是为了使其军舰既能够穿过覆盖该地区的浓雾又能保持联系。开发这样大规模、基础设施庞大、昂贵又难以管理的网络的方法并不多，这需要国家参与，还需要一个强有力的理由来支持网络的开发，例如美国警方对无线电的需求。

不久之后，贝尔实验室宣布发明了晶体管和手机技术（其发明者认为网络布局看起来像生物细胞，因此用了英文“Cellular”来称呼网络），联邦政府是第一个支持的。这就是为什么有些最早的无线电话被安装在美国警车上，警察在外巡逻时用其与警察局沟通。你可能仍然对这个系统残留的痕迹感到熟悉，即使在数字通信时代，这个系统仍然有用武之地，在其他车辆上可看不到这种标配的无线电调度设备。

20 世纪 50 年代，无线技术仍然是国家投资的领域，但是出现了一个例外——富有的商界人士。顶级移动设备现在看起来似乎很贵，但是和与一套房一样贵的第一套私人无线电通信系统相比，它们还是比不上的。当然，富人并没有使用无线电来打击犯罪，他们用无线电将司机联网，这样便能调动他们的私人司机，在生意上也用。

到了 1973 年，网络规模已经扩大，技术也进步到足以让摩托罗拉的马丁·库珀推出首款原型手机。但唯一的商用的手机是安装在车里的，直到 20 世纪 80 年代中期，摩托罗拉系列手机 DynaTAC 的问世，这是弗兰克·卡诺瓦尝试制造的第一款智能手机。这批手机当时仍然非常昂贵，且很罕见，满足了狭小的有利可图的市场——即富裕的未来主义商人或华尔街的马丁希恩的需求。直到 20 世纪 90 年代，手机才有了普及化的消费市场。

管理手机的早期移动网络由组织严密的电信公司运营，非常像自贝尔电话出现以来建成的庞大的固定电话网络。手机市场仍然要连接上区域或国家运营的基站，但有一个例外——更平等且面向消费者的北欧移动电话系统。

出于纯粹的需要，斯堪的纳维亚各国先于许多其他国家推出了无线网络——在布满大片岩石和多雪的地形上布电话线很困难。在欧洲其他地区，由国家电信提供商提供国家系统，电信模式僵化且传统。但在北欧国家却不是这样，瑞典、芬兰、挪威和丹麦都希望汽车电话能够跨国界使用，而且出现了漫游技术的萌芽。北欧移动电话系统（NMT）成立于 1981 年，标志着对手机的重新构想，它可以而且应该超越国界，重新塑造了人们对移动通信的看法，手机从本地市场的可用工具变成更通用、更普遍的工具。事实上，NMT 网络的目标是建立一个“人人都可以打电话”的系统。它在漫游时使用电脑化的登记册查看人们的位置，它成了第一个自动移动网络，并成为所有先进无线网络的原型。

“它有一些真正具有影响力的特性。”艾格说，“斯堪的纳维亚人对设计的价值观是相同的，都对技术持开放态度。其中最关键的是他们愿意抛开一些纯粹的国家利益，转而支持更多以消费者为导向的东西。比如说，手机在国家之间漫游。”不足为奇的是，这个更开放、无约束的系统非常受欢迎。它实际上为手机标准打造了一个模式，之后这个标准将征服世界。

1982 年，欧洲电信工程技术人员和行政人员在移动特别小组（GSM）的旗帜下齐聚一堂，讨论大陆手机系统的未来，并探讨在技术上和政治上是否有统一的手机标准的可行性。看到了吧，欧盟委员会也想像 NMT 为北欧各国所做的那样，在欧洲也建立一个标准。讨论效率低下、臃肿的官僚系统可不是件好玩的事，但 GSM 是政治合作的一个难得的胜利。虽然要协调 GSM 测试计划、完成技术规范、在政治方面协调好需要 10 年时间，但这其实就是一场技术合作和外交谈判的重大的重构。为了大幅精简事项，有的人想要创造一个更强大、更团结的欧洲，有些人则认为其国家应该更加独立；GSM 被视为团结欧洲的载体，因此得到了欧盟委员会的支持。“GSM 作为政治相关的欧洲项目，最佳的例证来自漫游设施。”艾格说道，“就像 NMT 的漫游一样，即使很昂贵，但在不同网络下使用同一台终端的能力被放在了首位，因为它表现出了政治上的统一。”如果欧洲不同国家的公民可以在国外能够轻轻松松地打电话回家，那么这些不同国家的人可能会感觉他们是同一社区的一员。

当最终于 1992 年推出时，GSM 覆盖了 8 个欧盟国家。3 年之内，它几乎覆盖了整个欧洲。不久便成为名副其实的全球移动通信系统。到了 1996 年底，GSM 已经在包括美国在内的 103 个国家使用，尽管它并不是唯一可用的标准。今天，它几乎无处不在。据估计，213 个国家的所有手机通话中，有 90% 是通过 GSM 网络进行的。（美国市场是为数不多有其他标准的市场之一；Verizon 和 Sprint 使用称为 CDMA 的标准竞争，而

T-Mobile 和 AT&T 则使用 GSM。判断你的手机是否为 GSM 的一个简单的方法是，它有一个可以取出的用户身份认证模块，即 SIM 卡。）如果没有欧盟推动手机标准化的努力，我们可能看不到这样快速大规模地普及手机的场景。批评者们指责 GSM 的一些规范过于复杂。它被称为“软件大怪物”“巴别塔之后人类建造的最复杂的系统”，不过在全球大部分地区采用标准化的网络接入，让“人们互相之间能随意交谈”也许不是坏事，而是一个了不起的壮举。

虽然无线蜂窝网是由政府大力支持的项目发展而来，但我们手机上网的主要方式是从之前与之毫不相关的学术需求开始的。在我们所了解的现代网络存在很久之时，Wi-Fi 早就开始研发了，实际上是与阿帕网同一时间开发的。无线互联网的起源可以追溯到 1968 年的夏威夷大学，一位名叫诺曼·艾布拉姆森的教授遇到了一个物流问题。这所大学只有一台在火奴鲁鲁主校区的计算机，但他的学生和同事分布在其他岛屿的各个部门和研究站。当时，因特网是通过以太网电缆进行连接的，并且在水下通过数百英里的以太网电缆来连接各站并不可行。

和北欧自然环境恶劣的地形迫使斯堪的纳维亚人采用无线网络不同，太平洋海域的广阔无垠使艾布拉姆森得从创新的角度思考。他的团队的想法是使用无线电通信将数据从小岛上的终端发送到火奴鲁鲁的计算机上，反之亦然。该项目后来发展为名副其实的 ALOHAnet（这是其中一个逆向工程的缩略语，它最初是代表“Additive Links On-line Hawaii Area”），是 Wi-Fi 的前身。阿帕网变成互联网，可以说，ALOHAnet 也将和 Wi-Fi 实现同样的事情。

当时，远程访问大型信息处理系统的唯一方法是通过电缆，租用线路或拨号电话进行连接，这种大型处理系统也就是计算机。“ALOHA 系统的目标是为系统设计者提供另一种替代方案，并且在无线电通信比常规电缆通信更好时，解决这种情况。”艾布拉姆森在一篇于 1970 年发布的描述早期研究进展的文件中写道。这是一个坦率的、面向解决方案的宣言，就像 E・A・约翰逊的触屏专利一样，它将其描述的创新潜力一笔带过了，或者说是将这种潜力低估了。

大多数无线电运营商分享可用频道的方式是将它分成时间空当或者频段，然后给每个站点分配其中的一个。在夏威夷这种网络覆盖程度较低的地方，这是种珍稀的资源，只有在双方都获得了频段或时间空当之后，才能进行通信。

不过在夏威夷，大学的大型机十分缓慢，这意味着拉取数据会跟爬行一样慢。因此，ALOHAnet 做出了这个主要创新：它只有两个高速 UHF 信道，一个上行，一个下行。全通道容量将对所有人开放，这意味着如果两个人同时尝试使用它，传输可能会失败。在这种情况下，他们再接着尝试就行了。该系统被称为随机接入协议。ARPANET 节点可以直接与导线（或卫星线路）另一端的节点进行通信。“与阿帕网不同的是，在 ALOHAnet 中，所有客户端节点都在同一频率上与中心进行通信，而在阿帕网中，每个节点只能直接与有线或卫星线路另一端的节点通信。”

1985 年，FCC 开通了供无执照者使用的工业、科学和医疗（ISM）频段，允许对其有兴趣的人使用。一些科技公司在 20 世纪 90 年代齐聚一堂，对某个标准进行讨论，而市场宣传员给这个标准起了个无意义的名字，将其称为“无线保真（Wi-Fi）”（跟“高保真”的读音类似），于是 Wi-Fi 诞生了。

随着 GSM 在欧洲和世界各地的增长，手机的成本也开始下降，更多的用户不可避免地接触到了这种技术。而且，正如艾格所说：“某一技术的关键用途是用户发现的，它们并不一定是设计师的头脑中所浮现的东西。”所以，这些用户发掘出一个新功能，并不需要花费很久的时间，而事后看来，这种功能会演变成我们今日的手机使用方式之基石。这是为什么我们应该感谢挪威青少年普及发短信的原因。

GSM 非语音服务委员会主席弗雷德海姆·希尔德布兰作为一位研究员，在德国波恩的家中进行了关于短消息长度的非正式实验。他计算了大部分消息的单词数，并将文本长度的“魔力数字”定为 160。“这完全是足够的。”他想。1986 年，他促成了一条要求的出台，该要求使得网络中的电话必须包括所谓的短信服务或者 SMS。然后，他将 SMS 功能硬塞进了一条次级数据线，这一数据线最初是用于向用户发送网络状态的简短更新的。

其创造者认为，文字短信对于在现场检查损坏电缆的工程师之类的人来说将很有用——他们可以将消息发送回基地。艾格说，它几乎像一个设备维护功能，但它也使得短信在大多数手机上得以出现。这是规模巨大的 GSM 的一小部分，工程师几乎没有用它发短信，但青少年更愿意以快速、隐蔽的方式发送消息，因而他们发现了这项服务。艾格表示，跟任何网络工程师相比，挪威青少年发送短信的数量更多。20 世纪 90 年代，发短信是青年文化的主要沟通渠道。

设计师、营销人员或公司创建产品或服务，用户则决定实际上使用它们的方式，这个原则在技术史上一再发生。该原则在世纪之交之时发生在了日本，电信服务商 NTT DoCoMo 建立了针对移动互联网的订阅服务，针对群体是商人，名为 i-Mode。该服务商精细地设计了可能出现在屏幕上的网站，并提供诸如预订机票和查看电子邮件等服务。它在商务人群中一败涂地，但被 20 多岁的用户接受，这群人帮助智能手机风靡日本，比他们在美国的同辈人要早了接近 10 年。

“用户接管现象在 iPhone 上也发生了很多次。”史蒂夫·乔布斯回忆说，“iPhone 在应用程序上的制胜法宝是通话程序。”（对他来说，以通话为中心的功能，如可视语音信箱，是 iPhone 主要的改进。）第三方应用程序未受允许，然而，用户最终决定的是，应用程序将处于中心地位，而通话却显得不那么重要。

随着人们之间的交流日益频繁，青少年中间开始流行发短信，并且我们也都接触到了 App Store，无线网络就遍布全球了。有些人不得不建造、保养并维修无数的信号塔，以保证我们每个人连接到网络。

28 岁的约尔·梅茨是一座手机信号塔的维修员，也是 4 个孩子的父亲，2014 年夏天，他在肯塔基州的一座距离地面 240 英尺高（约 73 米）的塔上工作。当他的同事听到一声巨响时，他正在用新的杆子换掉旧的那根，然而一根电缆突然飞了出去，切断了梅茨的头和右手手臂，让他的身体悬挂在数百英尺的高空上长达 6 个小时之久。

不幸的是，这场可怕的悲剧不是一个偶然事故。这就是为什么我在此绝对有必要打断一下这个关于协作、进步和创新的常规故事，提醒人们所有这些都是有代价的。使得无线技术成为可能的基础设施，实际上是由人力和高风险工作所造就的，为了扩张和维护这个网络，有很多人丢掉了自己的性命，梅茨只是过去 10 年中死亡的手机信号塔维修者中的一个而已。

“无线估算者”（Wireless Estimator）是信号塔设计、建造和修理方面的主要行业门户网站，根据它的记录，自 2003 年以来，信号塔上已经出现了 130 起这类意外死亡事件。2012 年，PBS 前线节目和 ProPublica 合作调查了令人震惊的趋势。据职业安全与健康管理局（OSHA）的分析显示，信号塔维护者的死亡率是建筑行业从业者的 10 倍。调查人员发现，攀爬信号塔的工人训练往往不足，安全设备也有问题，他们就这样被安排出去，对距离地面数百英尺高的建筑进行维修工作。如果你想了解这些工人爬到了让人多头晕目眩、胃里翻江倒海的高度的话，YouTube 上总有他们的工作视频，你可以用他们帮助维护的 LTE 网络来观看这些视频，去体验到他们的晕眩感。

调查发现，与其所有主要竞争对手相比，有个运营商的死亡人数更多。

报告指出："自 2003 年以来，15 名攀爬者死于 AT&T 的工作。同一时期之内，5 名攀爬者死于 T-Mobile 的工作，两人死于 Verizon 的工作，一人死于 Sprint 的工作。""由于 AT&T 将其网络与 Cingular 合并，并加紧处理 iPhone 发行所造成的流量问题，因此死亡人数在 2006 年至 2008 年时达到顶峰。"11 名攀爬者在此次高峰中丧生。

你可能会记得在 iPhone 推出后人们对 AT&T 网络质量的投诉；据报道，史蒂夫·乔布斯对此感到很愤怒。ProPublica 的报告指出，AT&T 随后急于建立更多的信号塔，提高信号的覆盖范围，从而导致了危险的工作条件和高于平常数值的死亡人数。

接下来的几年内，死亡人数减少了，2012 年只有一人死亡。令人遗憾的是，2013 年又出现了一次急剧上升，死亡人数增加到 14 人。次年，美国劳工部发出了关于"死亡工人激增"的警告。主要运营商通常将信号塔的建设和维护任务转交给第三方分包商，这些分包商的安全记录通常不那么完善。"增加无线通信的质量时，不能以信号塔工人的死为代价。"职业安全与健康管理局的大卫·迈克尔斯在一份声明中说。

攀爬塔楼被称为高风险、高收入的工作。攀爬者将其描述为"狂野西部般的环境"，在事故中死亡的人中只有一小部分对酒精和毒品测试呈阳性反应。但是，分包商在死亡事件发生时很少受到严惩，而且受到惩罚后，死亡率也不会大减。

可以预料的是，在监管者进行管制或者网络扩张的速度放缓之前，还会有人死亡。

我们需要将这种风险，将这种损失纳入我们对科技所造成影响的看法中去。没有马可尼，我们就可能没有无线电通信；没有贝尔实验室，我们就可能没有手机；没有欧盟的倡导者，我们就可能没有标准化网络；没有约尔·梅茨这样牺牲了的工人，我们可能就接收不到信号了。如果上述事物都不存在的话，我们的 iPhone 就没有网络可用。

这些力量推动了智能手机的大规模扩张。2005 年，美国有 350 万智能手机用户，2016 年则是 1.98 亿。这是 iPhone 所产生的吸引力，它连接着过去的网络，同时又影响着未来对信号塔的建设。

PART

3

iPhone 的真相

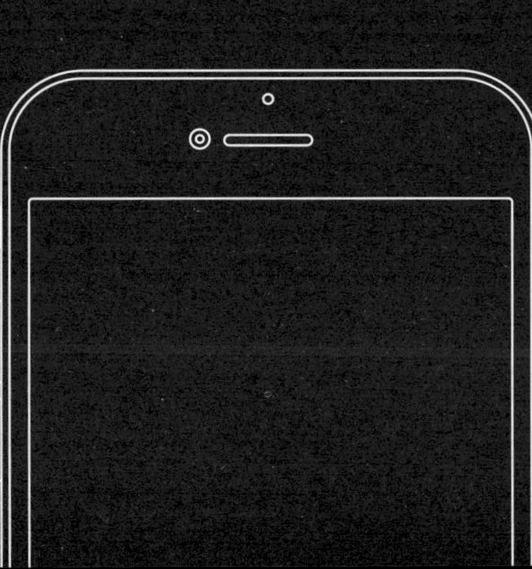

如果 21 世纪头 10 年的中期你在苹果工作的话，你可能已经注意到了一个奇怪的现象：大家渐渐调离岗位。一开始，人们离开的速度很慢，也许有一天会有一张椅子空出来，那是一个星级工程师的工位。也许另一天，团队的一位关键成员也走了。没人能告诉你他们究竟去了哪儿。

“我一直在听闻各种传言，说虽然目前尚不清楚公司正在弄什么，但是很明显，很多最好的团队中最好的工程师已经被吸收到了一个神秘的团队里面。”埃文·多尔那时候是苹果公司的一名软件工程师，他这样说道。

这些明星工程师遇到的事情是这样的：首先一些管理人员在未通知他们的情况下来到了他们的办公室，然后紧闭房门。软件工程总监亨利·拉米洛克斯、软件总监理查德·威廉姆森就是这些经理中的一部分。

这些明星工程师中，有一位是安德烈·布雷。他在公司才待了几个月。

“亨利和我走进他的办公室。”威廉姆森回忆说，“我们说：‘安德烈，你不认识我们，但我们听到了很多关于你的事情，我们知道你是一个了不起的工程师，我们希望你和我们一起工作，我们不能告诉你到底要做什么。而我们希望你现在就开始进行工作。就今天。’”

安德烈一开始感到不可思议，然后开始怀疑。“安德烈说：‘我能考虑一段时间吗？’”威廉姆森说道，“而我们不同意。”他们不会，也不能告诉他更多的细节。不过到了最后，安德烈签了字。“我们在公司不停地做这种事情。”威廉姆森说。一些喜欢自己当前工作内容的工程师拒绝了，他们留在了库比蒂诺。那些说“好”的人就像安德烈一样，前去做 iPhone

的项目。

他们的生活将彻底改变——至少在未来的两年半里会天翻地覆。他们不仅加班加点，开发出了他们这一代最有影响力的消费技术，而且他们基本也做不了其他的事情了。他们没有了个人生活，他们也无法谈论他们在做什么。“史蒂夫·乔布斯不希望任何人在离开公司后泄漏任何信息。”帮助构建 iPhone 的苹果高管之一托尼·法德尔说道，“他不想让任何人说任何话。他就是不想，他就是这么偏执。”

乔布斯告诉将成为 iPhone 软件部门负责人的斯科特·福斯特尔，连他都不能在苹果公司内外向团队外的任何成员传达关于 iPhone 的信息。“为了保密，他不想雇用苹果以外的任何人来设计用户界面。”福斯特尔说，“但他告诉我，我可以把公司的任何人拉到这个团队里。”所以他派了亨利和理查德等经理，让他们找到最优秀的储备人才。而且他也保证即将加入的新成员能提前知道项目的具体风险。“我们正在开展一个新项目。”他告诉他们，“这是高度机密，我甚至不能告诉你这个新项目是什么。我不能跟你说你将要为谁工作。我可以告诉你的是，如果你选择接受这个角色，你将要付出这辈子最大的努力。当我们制作这个产品时，你将不得不在数年内放弃晚上和周末的休息时间。”

如福斯特尔所说，令人惊讶的是，公司的一些顶尖人才签了约，加入了进来。“老实说，那里的每个人都很了不起。”威廉姆森告诉我。那个团队有经验丰富的设计者、冉冉升起的程序员新星、和乔布斯共事多年的经理、从没见过乔布斯的工程师——他们将会变成 21 世纪最伟大、最出人意料的创造力之一。

苹果公司最大的优势之一是使其技术在看上去以及在实际操作时，都易于使用。虽然它的发明者认为创造 iPhone 的过程经常会令人感到兴奋，但创造 iPhone 并不容易。

福斯特尔对 iPhone 团队所做出的预测将会得到证实。

“iPhone 是我离婚的原因。”iPhone 高级工程师安迪·格里尼翁告诉我。在对 iPhone 的主要架构者和工程师进行的数十次采访中，我不止一次听到过这种观点。“是的，iPhone 拆散了几桩婚姻。”另一个人说道。

“工作真的很紧张，从职业角度说，它可能是我一生中最糟糕的时刻之一。”安迪·格里尼翁说，“因为公司创造了一个充满聪明人的高压锅，设定了一个不可能达到的最后期限，是一个不可能完成的任务，然后你听说整个公司的未来系于此。所以就做成了这种苦难熬成的汤。”格里尼翁说：“你没有时间把脚搁到桌子上，轻松地说‘某一天会变得真他妈的了不起’，而是说‘妈的，我们完了’。每当你松懈下来，所负责的项目就有即将完蛋的可能。”

打造 iPhone

iPhone 于 2004 年年底开始成为史蒂夫·乔布斯批准的苹果项目。但正如我们所见，它的 DNA 在很久以前就开始初露雏形。

“我认为很多人都在看形式上的因素，他们认为这不像其他任何电脑一样，但它确实是这样——跟其他电脑一样。”威廉姆森说，“其实在软件方面，iPhone 比其他许多电脑都要复杂得多。其操作系统与任何现代计算机上的操作系统一样复杂。但是它是过去 30 年来我们开发的操作系统的进化版。”

像许多被大众采用的高利润技术一样，关于 iPhone 的起源，有许多版本。在 21 世纪头 10 年的中期，苹果最多时有 5 个不同的与手机或电话相关的项目——从微小的研究活动，一直到全面开展的企业合作伙伴关系。但是，如果说我在拆开 iPhone（我确实拆开过它，当然这里也有比喻义）的同时学到了什么的话，那就是任何特定的产品或技术都很少有一个确定的起点——它们是从过去不同的想法、概念和发明中演变出来的，受不安于现状的头脑和追求利润的动机刺激而出现了迭代，变得焕然一新。即使公司的高管在联邦审判中宣了誓，他们连一个起点都说不出来。

苹果全球营销高级副总裁菲尔·席勒在 2012 年表示："有许多事情促成了苹果研发 iPhone。首先，苹果多年来一直以 Mac 电脑的创造者而闻名，这是伟大的产品，但它的市场份额很小。然后我们做出了一个很流行的产品，它叫作 iPod。这在公司内外确实改变了大家对苹果的看法。而且人们开始问，如果你可以让 iPod 流行起来的话，你还能做成什么别的吗？当然，人们也在提出各种想法，做相机，做汽车，各种疯狂的东西都有。"

当然也有人提出做部手机。

打开 Pod Bay 的门

当史蒂夫·乔布斯 1997 年回到苹果公司重揽大权的时候，他饱受赞誉，并通过削减产品线，以及使 Mac 业务恢复正常，使公司稍稍扭亏为盈。但是，苹果没有重新成为一股主要的文化和经济力量，直到它发布 iPod 为止。这标志着它首次进入利润丰厚的消费者电子产品领域，iPod 也成为正在研发的 iPhone 的蓝图和跳板。

"没有 iPod 就没有 iPhone。"帮助创造了这两个装置的人说道。托尼·法德尔有时被媒体称为"Pod 之父"，是他推动着苹果公司多年来首次创造一台意义重大的设备，他负责监督 iPhone 的硬件开发。因此，跟他相比，没几个人能更好地解释这两个流行设备之间的关联。我们在巴黎富丽堂皇的第七大街街边上一家名为 Brasserie Thoumieux 的阔气饭馆见了面，他当时正住在那里。

法德尔是现代硅谷传说中时隐时现的人物，他在苹果公司的形象是有争议的。布莱恩·胡皮和约书亚·斯特里克顿赞美他大胆、高效的管理风格（“不要花超过一年的时间来设计产品”是他的信条之一），并且是少数几个意志力强大到能抵抗史蒂夫·乔布斯的人。其他人认为，他在把 iPod 和 iPhone 推向市场时扮演着特定角色，把这些功劳揽到了自己头上，这些人对他的这种行为感到不忿。他被称为“胡扯托尼”，一位前苹果执行官告诉我：“不要相信法德尔说的任何一个字。”2008 年离开苹果公司后，他和其他人共同创立了 Nest 公司，该公司制造智能家居产品，如被谷歌以 32 亿美元收购的具有学习能力的恒温器。

法德尔准时走进餐厅，他剃了光头，但留了些发茬，一双冰冷的蓝眼睛，身穿紧身毛衣。他曾经因为他的赛博朋克风格、反叛的倾向，以及往往被拿来和乔布斯相比的暴脾气而闻名。无可否认，法德尔的脾气现在还是很爆，但此时，他正在用简单的法语和服务员交谈，他的个人风格处于一张韦恩图（译注：数学概念，常被用于解释“或、且、非”的集合）的重叠部分中，重叠的两个元素分别是有礼貌的巴黎精英和无礼的科技巨头。

法德尔说：“iPhone 的起源是……好吧，让我们以 iPod 的主导地位开头吧。它占到了苹果收入的百分之五十。但是当 iPod 在 2001 年初期发售时，几乎没有人注意到它。”“花了两年时间才有人注意到。”法德尔说，“这只是为 Mac 设计的而已。在美国，它的市场份额不到百分之一。他们喜欢把这种份额表示成‘低个位数（Low Single Digit）’。”消费者需要 iTunes 软件来加载并管理歌曲和播放列表，而且该软件只能在 Mac 上运行。

史蒂夫·乔布斯告诉法德尔：“除非老子死了，不然你别想把 iTunes 搞到 PC 平台上去。”

说这话的时候，法德尔向他提出了把 iTunes 引入 Windows 上的想法。尽管如此，法德尔暗中组建了一个团队，编写了让 iTunes 与 Windows 兼容的软件。“乔布斯终于醒来，此时，市场份额已经连着两年往下降。然后我们开始起飞，音乐商店也就取得成功了。”

这种成功使得 iPod 出现在了数亿人的手中，超过了 Mac 的用户数。此外，iPod 在主流时尚领域非常流行，为苹果公司整体提供了一种“酷”的气质。法德尔升职了，并前去监督新的产品部门。

早在 2004 年时，在 2001 年推出、2003 年流行起来的 iPod 就被认为劲头不足了。手机被认为是一种威胁，因为它可以播放 MP3。“所以，如果你只能携带一台设备，你需要选择哪一台？”法德尔说，“这就是摩托罗拉 Rokr 出现的原因。”

Rokr 登场

2004 年，摩托罗拉在制造市场上最受欢迎的手机之一是超薄 Razr 翻盖手机。它的新任首席执行官艾德·赞德尔与乔布斯的关系很好，乔布斯喜欢 Razr 的设计，两人开始探讨苹果和摩托罗拉该如何合作。（2003 年，苹果公司高管考虑过收购摩托罗拉，但认为太贵了。）因此，“iTunes 手机”诞生了。苹果和摩托罗拉与无线运营商 Cingular 展开合作，在夏天宣布了 Rokr 的诞生。

乔布斯在公开场合抗拒过苹果去设计手机的这种想法。“手机方面的问题在于，”史蒂夫·乔布斯在 2005 年说，“我们不太擅长穿过小孔，到达终端用户处。”他说的“小孔”，指的是 Verizon 和 AT&T 等运营商，这些运营商能决定哪些手机可以访问他们的网络。”

“目前，运营商在与手机制造商的关系方面取得了优势。”他继续说道，“所以，手机制造商会从运营商那里拿到一些很厚的书，运营商会告诉他们，这应该是你手机的样子。我们不擅长这样做。”而在私下里，他还有其他的保留意见。曾经每天都会与乔布斯会面的前苹果执行官告诉我，运营商问题不是他最大的担心之处。他担心公司缺乏重点，他“不相信智能手机将会是会用‘口袋笔套’之外的任何人去使用的东西，我们以前就这样称呼这群人。”

与摩托罗拉合作是尝试消除 iPod 所受威胁的便利手段。摩托罗拉制作手机；苹果会做 iTunes 软件。“问题在于，我们该如何使它的使用体验非常差劲，让用户仍要去购买 iPod？我们认为，要让用户们体验到 iTunes，并且要把这部手机变成一部 iPod Shuffle，这是最初的策略。”法德尔说，“其目的大概是‘让我们不要夺走 iPod 的生意，因为它的进展很好’。”

在合作关系公开之后，人们开始发布谣言，声称苹果十分贪婪。随着安装了 iTunes 的手机即将出现，各大博客纷纷开始满足人们孕育了一段时间的期望，他们期盼着一部充满变革意义的手机的问世。

然而在苹果内部，对 Rokr 的期望低到不能再低了。“我们都知道这有多糟。”法德尔说，“它们运行很慢，它们不能改变什么事情，它们会限制歌曲。”法德尔在今时今日讨论 Rokr 时大声笑了起来。“所有这些事情都被加在了一起，以确保它的用户体验跟狗屎一样差劲。”

但理查德·威廉姆森说，苹果公司的高管容忍 Rokr 的差劲质量，可能还有另一个原因。“乔布斯在这些会议期间收集信息”，“这些会议”指的是与摩托罗拉和 Cingular 开的会。乔布斯试图弄清楚该如何通过一项协议，让苹果能够掌控对自家手机的设计。他想过让苹果公司购买自己的带宽，并成为自己旗下手机的移动虚拟网络运营商，也叫 MVNO。同时，Cingular 的一位执行官也开始东拼西凑，想出乔布斯实际上可能会采取的替代方案：给予 Cingular 独占权，这样的话我们就会让你完全自主地设计手机。

修复你讨厌的东西

从史蒂夫·乔布斯、乔尼·艾维、托尼·法德尔，一直到苹果的工程师、设计师和经理，每个人都倾向于认同 iPhone 神话中的一个部分：在 iPhone 问世之前，苹果的每个人都认为手机“很烂”。它们是“可怕的”，只是些“垃圾”而已。我们已经看到乔布斯是怎样看待会通话中断的手机了。

“苹果在修复人们讨厌的东西时是最优秀的。”格雷格·克里斯蒂告诉我。在 iPod 问世之前，没人能弄清该如何使用数字音乐播放器；随着纳普斯特的蓬勃发展，人们纷纷转而使用装有刻录专辑的便携式 CD 播放器。在苹果 II 问世之前，人们大多认为电脑对于行外人来说过于复杂，又过于笨重。

尼丁·甘纳特拉说：“在开始所谓的 iPhone 计划之前至少一年多的时间里，即使在苹果内部，我们也在埋怨市场上的手机到底有多差劲。”这确实是些闲谈。但它反映了自苹果成功地恢复过来，成功进行了转型，成功主导了一个主要的产品类别之后，其内部产生的一种越来越强烈的感觉：它也能主导另一个主要产品类别。

“当时，”甘纳特拉说，“人们就好像是在想：‘天哪，我们也需要走入这个市场，把它清理干净——为什么苹果不做手机？’”

召唤所有的“Pod”

安迪·格里尼翁感到不安。这位多才多艺的工程师在苹果公司工作了几年，在不同的部门为各种项目工作过。他是一个看上去很开心、仪表堂堂的人——光头，开朗，身板像一头友善的熊。他干过各种工作，从编写驱动 iPod 的软件程序，到设计视频会议软件，再到设计 iChat。当他和冉冉升起的明星托尼·法德尔共同设计 iSight 摄像头时，他们成了朋友。

在完成了另一个主要项目——编写 Mac 的功能面板之后，他正在找些新东西来做（功能面板被格里尼翁含情脉脉地称作他的孩子，这是一个被各种小图标填满的屏幕，其中有计算器、日历等）。“法德尔伸出手说：‘你要加入 iPod 吗？我们有一些很酷的玩意儿。我接下了这个项目，我真的想做，但是我们需要一段时间才能说服乔布斯，而且我认为你会很适合去做这个项目。”格里尼翁慷慨而勤奋。他几乎有张硅谷水手般的嘴。“所以我离开了。”格里尼翁说，“来做这个神秘的东西。一开始我们只是在解决无线扬声器之类的一些问题，不过之后，项目开始变得具体起来。当然，法德尔说的是手机。”法德尔知道，乔布斯逐渐开始有了这个想法，他希望能做好准备。“我们有这么个想法：将 Wi-Fi 放在 iPod 中不是很好吗？”格里尼翁说。在整个 2004 年，法德尔、格里尼翁和团队其余成员都在致力于将 iPod 和互联网通信器融合起来，他们做了一系列早期的准备工作。

“那是我给乔布斯看过的第一批原型之一。我们拆开了一部 iPod，在硬件中添加了一个 Wi-Fi 部件，所以说它是一大块垃圾，而我们修改了软件。”早在 2004 年，就有一些点击式触摸转盘的 iPod 能笨拙地浏览网页。“你可以点击滚轮，可以滚动网页，如果网页上有链接，它会将其突出显示，你可以点击它，跳转进这个链接。”格里尼翁说，“这是我们第一次开始在形式因素方面用无线电进行试验。”这也是史蒂夫·乔布斯第一次看到用 iPod 上网。“他直接说‘这是乱来’，他马上叫停了。‘我不想要这个。我知道它可以用，我知道了，非常好，谢谢，但是体验很糟糕。’”格里尼翁说。

同时，格里尼翁说：“执行团队试图说服乔布斯，做手机对苹果而言是个好主意。他没有真正看到通往成功的道路。”

其中一个尝试令他信服的人是麦克·贝尔。贝尔认为电脑、音乐播放器和手机正在不可避免地趋同，他是一位在苹果公司工作了 15 年的老员工，也曾是摩托罗拉无线部门的成员之一。几个月来，他一直在游说乔布斯做手机，史蒂夫 · 萨科曼也一样，他给命途多舛的“牛顿”电脑项目做过副总裁。

贝尔说：“我们花了这么多时间，将 iPod 的功能放在摩托罗拉的手机上。我觉得这太落后了。我们只需要把 iPod 的用户体验和我们正在做的其他东西拼在一起，就可以拥有市场。”驳斥这一逻辑变得越来越难。最新批量生产的 MP3 手机越来越像是 iPod 的竞争对手，而与运营商打交道时的新选择正在出现。同时，贝尔已经看到了乔尼 · 艾维最新的 iPod 设计，他还有一些准备好的 iPhone 模型。

2004 年 11 月 7 日深夜，贝尔向乔布斯发送了一封电子邮件。“史蒂夫，我知道你不想做手机。”他写道，“但这是我们之所以该做的理由：乔尼 · 艾维有一些为未来的 iPod 准备的非常酷的设计方案，没有人看过。我们应该采用其中之一，把一些苹果软件安在里面，自己做出一部手机来，而不是让我们的员工去给别人做手机。”

乔布斯马上打了个电话给他。他们争辩了几个小时。贝尔详细介绍了他的趋同理论——毫无疑问，手机市场在全球范围内正出现爆炸式增长，而乔布斯则猛烈地予以驳斥。最后，乔布斯软下心来了。

“好的，我想我们应该去做。”乔布斯说。

“所以史蒂夫、我、乔尼和萨科曼三四天后吃了一顿午饭，开始了 iPhone 项目。”

ENRI 回归

在“无限循环”2 号中，触屏平板电脑项目仍在进行。巴斯 · 奥丁、伊姆兰 · 乔德里和公司仍在探索基本的触控式用户界面的轮廓。有一天，巴斯·奥丁接到了史蒂夫打来的电话。他说："我们要做手机了。"

乔布斯并没有忘记多点触摸交互演示以及 Q79 平板电脑项目，但是有一系列障碍——其中最主要的原因是它太贵了——使得它被停了。（"你必须给我一些可以卖出去的东西。"他告诉伊姆兰。）但是，使用较小的屏幕和缩小的系统的话，Q79 或许能被当作手机使用。

乔布斯告诉奥丁："会有一面小屏幕，只是一个触摸屏，不会有任何按钮，一切都要在这上面运行。"他要求这位用户界面领域的奇才演示一下该如何使用多点触控，让虚拟通信录上下滚动。"我非常激动。"奥丁说，"我在想，这似乎是不可能的，但仅仅尝试一下，就会很有趣。"他坐下来，在他的 Mac 屏幕上用鼠标选取了一块手机大小的部分，并用它来模拟 iPhone 屏幕。在触摸屏这一荒芜领域所投入的时间没有白费。

奥丁说："我们已经有了一些其他的演示，例如一个网页，网页上只有一张图片，你能通过划动来移动它。""这就是它开始的方式。"当你触碰到页面的顶部或底部时，屏幕会出现反弹效果，由于奥丁不知道什么时候会碰到页面的顶端，所以才有了这一著名的效果。"我以为我的程序没有运行，因为我试图滚动屏幕，没有发生任何事。"他说。然后，他意识到自己的方向是错误的。"那就是当我开始思考的时候，我该怎么做才能让你看到，或者说感觉到你正处于页面的最末端呢？是吧？而不是说让你感觉好像死机了一样，就像毫无回应那样。"

我们现在认为这些小细节是理所当然的，但其实它们是详尽的修补以及概念验证性实验的产物。像惯性滚动一样，当你向下滚动你的联系人列表时，这种效果会让你感觉自己在翻找旋转式名片架，该效果似乎很是奇怪，但如今已经十分普遍了。

"我不得不尝试各种各样的事情，找出能派上用场的。"奥丁说，"这些东西并不一定都很复杂，但是你必须得到正确的组合，这是棘手的事情。"最终，奥丁让它变得自然起来。

乔布斯说："他几个星期后给我打来了电话，说他搞定惯性滚动了。""当我看到橡皮筋效果、惯性滚动效果，还有其他一些效果之后，我想：'老天，我们可以用这些做部手机了。'"

斯科特·福斯特尔在 2004 年年底的某天走进格雷格·克里斯蒂的办公室，告诉他乔布斯想做一部手机。他等这句话等了差不多 10 年。

克里斯蒂热情而鲁莽，他矮胖的身材和锐利的眼睛让人感觉他充满活力。他在 20 世纪 90 年代加入苹果公司，当时公司正处于衰落阶段，他只是做"牛顿"这个项目——当时它是市场上最有希望的移动设备之一。然后，他甚至试图推动苹果创造一部"牛顿"手机。

"我相信我提出了十几次这个建议。"克里斯蒂说，"互联网也在兴起，这可是个大生意，包含了移动、互联网以及手机。"

现在，他的人机界面团队——负责做旋钮和面板的团队——即将着手解决它遇到过的最严峻的挑战。团队成员聚集在"无限循环"2 号的二楼，就在旧用户测试实验室的上方，设法提升旧版 ENRI 平板电脑项目的功能、可用性和外观。这一小群设计师和工程师在一间简单的办公室里设置了工作区，里面都是沾有污渍的地毯和旧家具，隔壁有一间漏水的浴室，墙壁上除了一面小白板之外，几乎什么都没了。同时，由于某种原因，墙上还贴着一张海报，海报上是一只鸡。

乔布斯喜欢这个房间，因为它安全，无窗，不会被窥视。这位首席执行官已经从上至下往新生的 iPhone 计划里灌输了保密性。"你知道，清洁人员不允许到这里来，因为墙上有这些可滑动的白板。"克里斯蒂说，"团队成员将简略地把各种想法画出来，好的会被留下来。我们不会擦掉它们。它们成为设计对话的一部分。"

这个谈话的主题是如何将基于触摸的用户界面与智能手机的功能融合在一起。

幸运的是，他们在起跑线上获得了优势。当然了，有 ENRI 成员的多点触控演示帮他们的忙。但是，伊姆兰·乔德里也领导了面板的设计，该面板上装满了小程序——天气、股票、计算器、笔记和日历——这对手机而言十分理想。“这部手机的早期设想是将这些小程序放在你的口袋里。”乔德里说。所以他们把它们移植了过来。

这些图标中，许多的原始设计实际上是在做面板的开发过程中做的。伊姆兰说：“史蒂夫给它设了一个很疯狂的截止时间，就跟他其他的截止时间一样疯狂，他想看一下所有东西的演示。”所以伊姆兰和最近聘来的人机界面团队成员弗雷迪·安祖雷斯一道，在某个漫漫长夜中，设计出了正方形应用图标的设计概念。几年后，它将成为 iPhone 图标的设计方案。“有趣的是，未来 10 年智能手机的图标，在几个小时之内就被匆忙赶制了出来。”

他们必须确立基本的内容。例如，启动手机时，它应该是什么样子？如同乔德里所说，现在应用程序的方格排列，似乎是智能手机组织排列其功能的明显方式。按照乔德里的说法，它现在就像水到渠成，但这并不是一个预先决定的结果。“我们尝试了一些其他的东西。”奥丁说，“比如说将一系列图标排列起来，图标后面有程序名。”但是后来被称为“跳板（Springboard）”的东西在初期出现了，成为设计标准。奥丁说：“一开始，这些设计基本上特点都不明显。现在，伊姆兰跟大家一样，也觉得这是一个好主意，看起来真的很好。”

乔德里让工业设计团队制作了几个木制的 iPhone 模型，从而能让他们找出最适合手指触控的图标大小。

多点触控演示充满希望，而风格也正在统一。但是团队缺乏的是凝聚力，缺乏的是对“智能手机该是什么样”这个问题的一个统一想法。

“各种想法真的只是草图而已。”克里斯蒂说，“是各种想法的小碎片，像西班牙小吃一样零碎。一点点这个，一点点那个。可能成为通讯录的一部分，也可能是 Safari 的一部分。”显然，西班牙小吃不会让乔布斯满足，他想要一整道大餐。所以，他对于团队的演示感到越来越沮丧。

克里斯蒂说：“在新年时，他勃然大怒，告诉我们，我们做得不对。”这些碎片可能令人印象深刻，但团队没有将设计中的这些不相干的部分连接在一起，它是半应用程序和想法的大杂烩。

“就好比说你给你的编辑发去一篇故事，故事中有几个句子来自开头段落，有几句来自正文，然后还有几句来自结论的中间，但没有结束语。”

这就是不够。“史蒂夫给我们发了最后通牒。”克里斯蒂回忆说，“他说‘你们有两个星期’。当时是 2005 年 2 月，我们开始了这个为期两周的亡命赶工。”

因此，克里斯蒂召集了人机界面团队，表示他们应该和他一起赶工。

“我一直想设计手机。”克里斯蒂说，“我觉得你们也想。但是我们只剩两个星期，这是我们最后一个做手机的机会了。我真的很想做出一部手机。”

他不是在开玩笑。10 年来，克里斯蒂认为移动计算注定要与手机融合。这是他的机会，这不仅仅是为了证明他是正确的，同时也是为了让这种火花能燃烧下去。

跟他一起的小团队有这些人：巴斯、伊姆兰、克里斯蒂，其他三位设计师——史蒂芬·李梅、马塞尔·范奥斯和弗雷迪·安祖雷斯，以及项目经理帕特里克·柯夫曼。他们全天候工作，将这些片段打造成一个完整的故事。

“我们基本上是在全力作战。”克里斯蒂说。每个设计师都获得了一个要实现的片段和一个要具体化的应用程序。同时，团队在两周内不眠不休，完善着早期 iPhone 的形状和感觉。在大赶工结束时，在笼罩人机界面团队工作楼层的疲惫迷雾中，类似最终 iPhone 的设备显出了身形。

“我毫不怀疑的是，如果我可以重做一次演示，现在将它展示给你的话，那么你肯定会把它当作 iPhone。”克里斯蒂说。上面有一个主画面按钮——当时还是用软件实现——还有滚动，以及多点触控式媒体操作之类的功能。

“我们向史蒂夫展示了整个设计故事的大纲，向他展示了主屏幕，向他展示了电话打来时的情况，怎么打开通信录，还跟他说了‘这是 Safari 的样子’，在 Safari 中点击了一小部分链接。我们不只是在引述一些漂亮的句子，而是在讲述一个故事。”

史蒂夫·乔布斯也确实喜欢一个好故事。

“这台原型机获得了巨大成功。”克里斯蒂说，“他想再过一遍。任何看到它的人都觉得它很棒，了不起。”

这意味着该项目即刻被视为最高机密。在 2 月份做了演示之后，打卡机被安装在了“无限循环”2 号的二楼的人机界面组办公室的走廊两端。克里斯蒂说：“那里被封锁了。”

“这是监狱暴动时才会说出的词吧？就是这个词。是的，我们被封锁了。”

这也意味着他们有更多的工作要做。如果 ENRI 的会议是序幕，平板电脑的原型是开端的话，那么这就是 iPhone 的第二幕，还有很多事等待谱写。但是现在乔布斯已经对这个故事有所投入，他想高调地将它展示给公司的其他人。“我们有了这个‘非凡的演示’——这是我们给它取的名字。”奥丁说。史蒂夫想在苹果内部的百人会议中展示 iPhone 的原型。“他们每隔一段时间就会和所有重要的人员会面，讨论公司的方向是什么。”奥丁告诉我。乔布斯将邀请他最重要的员工来到一个秘密的休养处，他们将在那里展示并讨论即将推出的产品和策略。对于苹果公司的新员工而言，这是个不成功便成仁的职业机会。对于乔布斯来说，这些演示必须像面向公众的产品发布会做的演示一样，仔细地予以调节。

“从那时起，到 5 月为止，我们又迎来了一项无情而艰巨的工作，要创造出连接‘故事’的各个段落。”克里斯蒂说，“好的，我们要弄什么应用？你的日历应该是什么样呢？电子邮件？这趟旅程的每一步，都只会使它越来越具体，越来越真实。用你的 iTunes 播放歌曲，还有媒体回放。在一开始时，iPhone 软件还是我与团队在我的走廊里创造的设计方案。”克里斯蒂黑入了最新型的 iPod，从而让设计师可以看到应用程序在设备上看上去会是什么样子。演示开始成型。“你可以点击‘邮件’这个应用程序，看看它的运作情况，还可以点击网络浏览器。”奥丁说，“它的功能还不完善，但足够让你明白大概原理。”

克里斯蒂用一个短语描述了团队全天候工作时的场景，你可能已经猜到了这个短语是什么，是“残酷艰巨”。“我把大家安排在酒店房间，因为我不想让他们开车回家。大家在我家都累瘫了。”他说，“但当时的情况也令人振奋。”

史蒂夫·乔布斯被结果震撼了。不久之后，其他人也有同样的感受。在百人大会上进行的展示也获得了巨大的成功。

iPod 的硬件

当法德尔听说手机项目正在成型时，他正要参加一个常务会议，手上攥着自己的独立研发团队所设计出的 iPod 原型机方案。

格里尼翁说：“在某场会议中，他们正在谈论手机项目的团队组建问题。此时，托尼的后口袋里装着它，有一个团队已经在设计硬件、原理图以及跟它相关的一切方案。他们一得到史蒂夫的批准，托尼就说道：‘哦，等下，实际上……’他就像是在把这东西秀出来一样，说：‘这是我们一直在设想的原型。’它基本上是一个完全成型了的设计。”

在表面上看，其中的逻辑看起来无可挑剔：iPod 是苹果最成功的产品，手机将会彻底打败 iPod，那为什么不设计一部 iPod 手机呢？法德尔说：

“把 iPod 最好的部分拿出来，将它们放在手机里。”“这样一来，你可以通过移动通信，也能随身播放你的音乐，而且我们还留住了 iPod 所构建的品牌知名度，我们为了让它在全球范围内众所周知，花了 5 亿多美元。”就是这么简单。

记住，虽然苹果公司的内部人员已经确定他们将要设计手机，但是这款手机的外观或手感则根本没有得到确定。另外，它在任何一个层面上该如何工作，也是一个未知数。

“2005 年初，在那个时间段内，托尼说有人在谈论他们做手机的时期。”当时负责 iPod 硬件的大卫・塔普曼说道。“我说：‘我真的想做手机。我想领导这项工作。’他说：‘不，你不能做这个。’”塔普曼笑了起来，“但是他们面试了一堆人，我觉得他们找不到可以用的，所以我就说：‘嗨，我还等着呢！’托尼的反应则是：‘好吧，你加入了。’”

iPod 团队并不了解人机界面组所呈现的内容。

“我们当时打造的是所有人认为我们该造的东西：以 iPod 为基础的手机。”安迪・格里尼翁说。这正是他们所开始做的事情。

结果会怎样

理查德・威廉姆森去了史蒂夫・乔布斯的办公室。他之所以去，是为了讨论没人想和史蒂夫・乔布斯讨论的东西——离开苹果公司。

多年来，他一直负责管理 WebKit 的团队，WebKit 是驱动 Safari 的框架。这里有一个关于 WebKit 的有趣的事实：与大多数由苹果开发并部署的产品不同，它是开源的。还有另一个有趣的事实：直到 2013 年为止，Google 自己的 Chrome 浏览器也是由 WebKit 提供支持的。换句话说，这是一个很重要的软件。而威廉姆森就像《福布斯》所说的那样，“在硅谷时通常被称为‘该死的摇滚明星’”。但是，他在升级这个平台时累得筋疲力尽。

“我们已经提交了三个或四个版本的 WebKit，而我正在考虑跳槽到谷歌。”他说，“这个时候，史蒂夫邀请我过来。”

而乔布斯并不快乐。当你在想“成功的计算机工程师”时，想起的素材照片基本上就是威廉姆森的模样——戴着眼镜，具有十分顽固的极客风，聪明，穿着一件纽扣衬衫。我在帕洛阿尔托的一家寿司小店里对他进行了一次采访，这家店用固定在桌子上的 iPad 来提供自动化服务，省去了服务员。看上去挺合适的。

威廉姆森说话很和气，带一点英国口音。他似乎很可爱，但也害羞——他的话语中略有焦虑——而且毫无疑问，他也十分聪明。他倾向于从渊博的代码知识、行业头脑和科技哲学中抽取出一些想法来，飞速地将它们说出来，有时候会一口气说完。他于 1966 年出生在英国，当他还是孩子时，他的家人搬到了美国的菲尼克斯。“我 11 岁左右开始编程。”他说。“我的爸爸为霍尼韦尔工作，当时他们制造的是大型计算机。那个时候，访问大型机几乎只有一个方法，那就是通过电传终端机进行访问，我爸在家里有一个终端机，而且是那种大型的旧电传打字机。”他回忆说，“你可以用调制解调器对主机拨号，你把电话插入这些旧东西的插座里，通过接收器和发射器，然后它会发出这些松鼠般的噪音。”

他为此入迷。“我花了无数个小时编程。你知道，我完全是个书呆子，一个怪人。”他自己写了一个基于文本的冒险游戏。但是，他这个使用电脑的习惯费时费力，造成了一些问题。“我在电脑上花了太多时间，把打印纸都用完了。”这个 11 岁的孩子没钱大批量地买电脑打印用纸。他说：“实际上，我黑入了大型机的假脱机系统，这样会使得大规模的打印输出转为假脱机状态，你可以把这个假脱机的打印作业邮寄到某个地点去。所以我打印了大量的纸张，把这些纸邮寄到我家，以便让我继续使用打印机访问大型机。”

在大学时，他的技能使得教授前来找他帮忙准备第一门计算机科学课程。他说："在这里，我学到了怎么样让电脑做我想要让它做的几乎任何事。"一位朋友说服他创立一家公司，为早期 PC 之一的 Commodore Amiga 编写软件。"我们写了一个名为'掠夺者'的程序，它是一个用于为保护磁盘进行档案性备份的工具。"他笑了起来，"这是在用外交辞令来描述这一程序。"从根本上来说，他们创建的是一个允许用户去盗版软件的工具。"所以，我们获得了一点儿经常性的收入来源。"他狡猾地说。

1985 年，史蒂夫·乔布斯在离开苹果后创立的 NeXT 公司规模仍然很小，正渴求获得优秀的工程师。威廉姆森在那里会见了两名 NeXT 官员和史蒂夫·乔布斯本人。他向他们展示了他在 Amiga 做过的工作，他们现场雇用了威廉姆森。这位年轻的程序员将在乔布斯手下和 NeXT 团队里花费未来 25 年的时间，设计一种对 iPhone 而言不可或缺的软件。

"别走。"据威廉姆森说，乔布斯是这样对他说的，"我们有一个新的项目，我想你可能会感兴趣。"

所以威廉姆森要求看看。"在当时，从软件方面看，项目中一个成员都没有，就只是史蒂夫的一个想法罢了。"似乎没有一个令人信服的理由来让威廉姆森拒绝一个诱人的新工作。"谷歌也有意给我一些非常有趣的工作，所以这是一个非常关键的时刻。"他说。

"所以我说：'嗯，屏幕还不存在，显示方面的技术还不算真的有。'但史蒂夫说服了我，说它是存在的，说会有路子的。"威廉姆森停了一秒钟。"史蒂夫说的一切都是正确的。"威廉姆森笑着说，"自 NeXT 起我就一直和他在一起，我经常被他炽热的目光征服。"

那接下来会怎么样？当然了，威廉姆森会留下来。"所以在那个时候，我开始支持设计一台可浏览互联网的设备。"

哪种手机

“史蒂夫想做手机，他想尽快做出来。”威廉姆森说。但是该是哪种手机？有两个选择：一是选择受喜爱、广为人知的 iPod，并对其进行修改，让它兼有手机功能。（这从技术上说是更简单的路径，而乔布斯并未将 iPhone 视为移动计算设备，而是将其视为一部改装过的手机。）二是将 Mac 变形为一台能打电话的小型触摸平板电脑。（这是一个令人兴奋的想法，但美中不足的是太过超前。）

“在那次非凡的演示之后，”奥丁说，“工程师们开始研究，要想在硬件和软件方面让这一手机变成现实的话，需要做什么工作？”要说看到它的工程师“怀疑”它短期内的可行性的话，已经算是很保守的用语了。“他们看到以后，说：‘哦，天哪，这——我们甚至不知道还要做多少工作。’”

需要做的是将体积较大的 Mac 多点触摸组件转换成产品，而且这个产品还会配备许多新的、未经检验的技术，我们甚至难以提出一份路线图，以便将其所有部分设计到一起。

Rokr 风波

整个 2005 年间，Rokr 被继续研发。威廉姆森说：“我们都认为 Rokr 是一个笑话。乔布斯这位出了名的事必躬亲的首席执行官在 2005 年 9 月初之前，并没有看到过设计完成的 Rokr，直到他该向世界宣布这款产品之前，他才看到。他十分愤怒。他的意思是：‘我们还能做什么，我们该怎么弥补？’他知道这手机很差，但他不知道这手机会有这么糟糕。当它终于要展示时，乔布斯甚至不想上台展示这部手机，因为他感到很尴尬。”法德尔说。

在演示过程中，乔布斯把手机举了起来，就像举一只没洗过的袜子一样。Rokr 一度无法从拨打电话切换到播放音乐中去，这让乔布斯非常恼火。所以，就在乔布斯向媒体宣布“世界上第一部拥有 iTunes 的手机”问世的同一时刻，他也下了决心，要彻底淘汰这部手机。

“当他下台时，他的反应类似于‘哎！’这样，很不高兴。”法德尔说。Rokr 是一场如此巨大的灾难，编辑以“你把这称之为未来的电话？”为标题，将其放在了《连线》杂志的封面上，很快，它的退货率就比行业的平均水平高出了 6 倍。其惊人的糟糕程度令乔布斯震惊，他的愤怒促使他进一步推动苹果的手机项目。“不是当它失败的时候，乔布斯才这样想的，而正好是在它发布之后。”法德尔说。“我厌倦了与愚蠢的手机设计师打交道。”乔布斯在演示完毕之后告诉法德尔。

“最终，乔布斯说：‘我们要自己出手机。’”法德尔说。

“史蒂夫在会议室里开了一个大会议。”奥丁说，“所有人都在，菲尔·席勒、乔尼·艾维以及其他不知道什么人。”他说：“听好了。我们要改变计划。我们要弄这个基于 iPod 的东西，把它变成一部手机，因为这是一个更可行更可预测的项目。”那是法德尔的项目。在触摸屏研发方面的努力并没有被放弃，不过在工程师们努力将它弄成特定形状时，乔布斯则在命令奥丁、乔德里和用户界面团队的成员设计一个 iPod 手机的界面，并设计出拨打号码、选择联系人、使用该设备可靠的点击式触摸转盘浏览网页的方法。

现在有两个项目相互竞争，都希望成为 iPhone，就像一些工程师所说的那样，它们之间正进行一场“烘焙比赛”。两个手机项目被分到了两条轨道上，代号分别为 P1 和 P2。两者都是最高机密。P1 是 iPod 手机。P2 是多点触控技术和 Mac 软件的混合体，仍处于试验阶段。

如果后来将吞没这个项目的政治冲突中存在一个原爆点（原子弹等炸

弹的爆炸点，在此指“源头”——译注），那么它很可能就在拆分两个团队的决定里——一个团队是法德尔的 iPod 部门，除了设计 iPod 手机的原型之外，还要升级那条产品线；另一个是斯科特·福斯特尔的 Mac OS 软件老手所组成的团队——这个拆分决定促使他们进行竞争。（同时，人机界面设计师也同时在 P1 和 P2 两组内进行工作。）

最终，监督 iPhone 最重要的元素，即软件、硬件和工业设计的高管们，几乎无法忍受和对方共处一室的感觉。有人会放弃，有人会被解雇，有人会坚定地挺身而出，或许这是唯一挺身而出的人。在后乔布斯时代，此人将是苹果公司体现该公司天才之处的新人。同时，设计师、工程师和代码撰写者将在办公室政治风波之下努力工作，将尝试用任何可能的方式，让两个“P 项目”转变为可以运行的设备。

紫人领袖

每一个值得保密的秘密项目都有一个代号。iPhone 的代号是“紫色”。

“我们将自己在库比蒂诺拥有的一座建筑物给封锁了。”管理 Mac OS X 软件的斯科特·福斯特尔这样说道。他要管理整个 iPhone 软件项目。“我们从一层楼开始”——格雷格·克里斯蒂的人机界面小组在这层楼里工作——“我们将整层楼封锁了。我们在门上放了读卡器，我想，可能还安了一些摄像头，要去我们的一些实验室的话，你必须刷四次卡。”他将此处称之为“紫色宿舍”，因为它“很像一个宿舍，人们一直在那儿待着”。

“他们摆出了一个写着‘搏击俱乐部’的标志，因为电影《搏击俱乐部》里的第一条规则是不能谈论搏击俱乐部，紫色项目的第一条规则就是，禁止你在那些门之外的地方讨论这个项目。”福斯特尔说。

为什么是紫色？人们几乎都没办法回想起来。一种理论认为，这是以一种紫色袋鼠玩具而命名的。斯科特·赫兹是第一批为 iPhone 工作的工程师之一，他将这种玩具设定为“雷达”的吉祥物，“雷达”是苹果工程师用来跟踪公司内软件错误和故障的系统。“苹果公司内所有的错误都会被‘雷达’跟踪，有很多人都可以使用‘雷达’。”理查德·威廉姆森说，“所以如果你是个好奇的工程师，就可以在错误跟踪系统上探索一番，找出人们在做什么。如果你正在做一个秘密的项目，那就必须考虑如何掩盖你的踪迹。”

斯科特·福斯特尔出生于 1969 年，他这辈子一直沉浸在苹果的世界中。初中时，他超前发展的数学和科学技能让他参加了一个可以使用苹果 IIe 电脑的大学先修课程。他学会了编写代码，而且写得很不错。不过，福斯特尔并不符合经典的电脑极客形象。他是辩论队的冠军，还参加了高中的音乐剧表演，他在《理发师陶德》这部音乐剧里扮演主角，扮演的是那个演技过于夸张的恶魔理发师。福斯特尔于 1992 年从斯坦福大学毕业，获得计算机科学硕士学位，并在 NeXT 任职。

在发布了针对高等教育市场，价格过于昂贵的一款电脑后，NeXT 沦落为一家硬件公司，但通过出售其强大的 NeXTSTEP 操作系统的授权而得以幸存。1996 年，苹果公司收购了 NeXT，叫回了乔布斯，并决定使用 NeXTSTEP 彻底改进 Mac 老化的操作系统。它成为了 Mac 和 iPhone 的基础。时至今日，它仍在运行。在乔布斯领导的苹果公司中，福斯特尔从低处做起，不断升职。福斯特尔模仿了他偶像的管理风格和独特的品位。《商业周刊》称他为“巫师的学徒”。

他的一位前同事称赞他是一个聪明的、有悟性的领导人，但表示他对乔布斯的崇拜过火了：“他大体上挺棒的，但有时候，怎么说呢，做自己就好了，不要过度模仿。”福斯特尔开始领导将 Mac 软件改为触摸屏手机软件的团队。虽然有些人认为他的自负和赤裸裸的野心令人厌恶——根据一位同事的说法，他“非常需要别人给他拍马屁”，另一位同事把他称之为“捧明星臭脚的人”——不过他的智慧和职业道德基本没有受到过质疑。“我不知道别人怎么说福斯特尔。”亨利·拉米洛克斯说，“但与他合作十分愉快。”福斯特尔将 NeXT 时期起跟他共事过的许多顶尖工程师——其中包括亨利·拉米洛克斯和理查德·威廉姆森——拉入了 P2 项目。威廉姆森开玩笑地将这个团队称为“NeXT 黑手党”。他们确实很符合这个名字，他们时常会以一种隐秘并且十分高效的组织方式来做事情。

P1 波未平，P1 波又起

托尼·法德尔是福斯特尔的主要竞争者。

“从政治角度来看，托尼想主导整个流程。”格里尼翁说，“软件，硬件。一旦人们开始意识到这个项目对苹果的重要性，那每个人都想染指其中了。就在那个时候，法德尔和福斯特尔之间的大战拉开帷幕。”

格里尼翁与福斯特尔在仪表方面共事过，他处于一个独特位置，能与两个团队进行互动。“从我们的角度来看，我们总是把福斯特尔和他的成员看作弱者。他们就好像是要强行挤进来一样。”格里尼翁说，“我们完全有信心，相信我们会成功，因为这是托尼的项目，而托尼又让 iPod 获得了数以百万的销量。”

所以，pod 团队以苹果公司无处不在的音乐播放器为模具，努力创造出一款新的 pod 手机。他们的想法是制作一种有两个不同模式的 iPod：音乐播放器模式和手机模式。“我们将一种新模式做成了原型。”格里尼翁提到早期的设备时这样说道，“是这个有趣的材料……它仍然有这个触摸式点击转盘，以及蓝色背光的播放、暂停、下一个、上一个按钮。当你通过用户界面将其切换到手机模式时，所有的光线都会淡出，并变为橙色，重新出现。像旧的旋转拨号电话中拨盘上零到九的数字键那样，你知道，ABCDEGF 键位于边缘。当设备处于音乐播放模式时，蓝色背光将显示触控转盘周围的 iPod 按键。屏幕上仍然会布满具有 iPod 风格的文字和列表，如果你将其切换到手机模式的话，它就会发出橙色的光芒，并显示数字，就像老式旋转拨号电话的拨盘那样。”

塔普曼说：“我们把一台无线电放在了里面，实际上是带有扬声器和耳机的 iPod Mini，仍然在使用触控转盘界面。”

“当你输入号码后，它就会拨号——而且成功了！”格里尼翁说，“所以我们造了几百台这样的装置。”

问题是它们很难被当成手机用。“在我们进行了软件的第一次迭代之后，我们发现这明显行不通。”法德尔说，“这是轮盘界面所导致的。它永远行不通，因为你不想在手机上安装一个旋转式拨号盘。”

设计团队花了大力气，弄出了一个解决方案。

“我有个预测输入的想法。”巴斯・奥丁说，“在屏幕底部会有一个字母表，用户将使用转盘来选择字母。那么你就可以不停地点击转盘，然后就会打出‘你好，你怎么样？’这样的句子了，所以我做了这个东西，可以在你输入文字时进行学习。我要建一个跟随记录用户习惯的单词数据库。但是这个过程仍然过于烦琐。”

“很明显，我们给点击轮增加的负荷太多了。”格里尼翁说，“而输入文字以及电话号码，则更是一团乱。”

“我们尝试了一切。”法德尔说，“没有能让它奏效的成果。史蒂夫不断地催促着我们。他这样做等于是让我们把石头推上一座小山（指的是希腊神话中西西弗斯受神惩罚，不得不把巨石推上山顶，然后石头会落下，如此这般，不断反复。——译注）。让我们这样说吧：我想他知道不行，我可以凭他的眼神判断出他知道，他只想让它成功。”法德尔说：“他就一直在白费力而已。”

“得了吧，总该有什么办法的。”乔布斯会这样跟法德尔说。“他不想放弃，所以他继续催促，直到一无所有为止。”法德尔说。

他们甚至为这个命运多舛的设备申请了一个专利，而在库比蒂诺的深处，办公室和实验室里到处都是数十种正在运行的 iPod 手机。“我们实际上用它打过电话。”格里尼翁说。

事实证明，苹果手机的第一通电话并不是由未来的触摸屏界面拨打出来的，而是由一个蒸汽朋克式旋转拨盘所拨打的。“我们非常接近了。”奥丁说，“我们本可以完成它，并将其变为一款产品。但接下来我想，史蒂夫某天醒来后会觉得：‘这不像触摸屏之类的玩意儿那样激动人心。’”

“对于我们硬件团队来说，这是一次非常好的经历。”大卫·塔普曼说，“我们要做射频无线电板，它迫使我们选择供应商，促使我们把所有的东西都安排好。”“事实上，iPod 手机的元素会进入最终版本的 iPhone，它就像个 0.1 版本。”塔普曼说，“比如说，实际发售的 iPhone 用的无线电系统就是 iPod 手机的。”

放　手

法德尔第一次看到 P2 的触摸式平板电脑装置运行时，他又惊讶又困惑。“当 iPod 手机的一切都失败了的时候，史蒂夫把我拉到一个房间里说：‘来看看这个。’”乔布斯向他展示了 ENRI 团队的多点触控原型。“他们在后台让触摸 Mac 运行起来，但操作上不是直接触摸 Mac；原型所在的这个房间有乒乓球桌和投影机，而这个东西是一个很大的触摸屏。”法德尔说。

“这就是我想要放在手机上的东西。”乔布斯说。

“当然了，史蒂夫。”法德尔回答。“它离量产型还远得很，这只是一台原型机，而且还不是大规模生产型的原型机。它是一张原型桌。只是一个研究项目。差不多只能算获得了 8% 的进展。”法德尔说。

大卫·塔普曼更乐观些。“我想的大概是：‘哦，对的，我们必须找出一个让它能派上用场的办法。’”他相信工程上的挑战可以被解决。“我说：‘我们坐下来，看看各种数据，找到解决办法。’”

iPod 手机正在失去支持。高管在争论该支持哪个项目，不过苹果公司的营销总监菲尔·席勒有一个答案：两个都不支持。他想要一个带有实体按钮的键盘。黑莓可以说是第一款智能手机，不过这种说法存在争议。它有一个电子邮件客户端和一个小型实体键盘。在包括法德尔在内的其他人都开始同意多点触控是前进方向之后，席勒成了唯一一个反对者。

“他每次都坐在那里，争执说：‘不，我们必须要一个实体键盘。就得实体键盘。’我们都在说：‘不对，这个（触控）现在就可以用，菲尔。’但他不听我们劝。他会说：‘你必须弄个实体键盘！’”法德尔说。

席勒与许多其他高管相比，技术敏锐度没那么高。苹果先进科技小组的前任负责人布雷特·比尔布雷说：“菲尔不是技术型人才。有时候你必须像给小学生解释问题一样，向他解释一些事情。”比尔布雷认为，乔布斯之所以喜欢他，是因为他“看待科技时就像美国中产阶级那样，就像每个人的爷爷奶奶那样”。

当团队其余成员决定主攻移动多点触控和虚拟键盘时，席勒仍坚持着自己的立场。“在一场盛大的会议上，我们终于确定要主攻这两个方向了。”法德尔说，“此时，他爆发了。”

“我们的决定不对！”席勒大喊。

“史蒂夫看着他，说道：‘我厌烦这么浪费时间了。我们可以跳过这一步吗？’然后，他把席勒赶出了那场会议。”法德尔回忆说，“后来，史蒂夫在走廊里跟席勒摊牌了。他跟席勒说的大概是，你要么开始做这个项目，要么就滚蛋。最终，席勒投降了。”

这就将障碍清除掉了，苹果的手机将以触摸屏为基础。乔布斯在一场会议中提到了触摸屏，说：“我们都知道这是我们想做的，所以就做吧。”

第二回合

前苹果公司的一位执行官告诉我，iPod 团队和 Mac OS 团队之间“在手机方面爆发了一场宗教战争”。当 iPod 轮盘被排除，触摸屏取而代之时，新的问题则是要怎么做手机的操作系统。这是一个关键的问题，它将决定 iPhone 的定位是电子配件还是移动电脑。

理查德·威廉姆森说：“托尼和他的团队争辩说应该升级操作系统，让它朝着 iPod 的方向发展，iPod 的系统是非常简陋的。而我、亨利以及斯科特·福斯特尔，则都在争论说我们应该使用 OS X——这是苹果的主要操作系统，在它的台式机和笔记本电脑上运行并将其小型化。”

威廉姆森说：“大家激烈地对垒，试图要决定怎么做。”

NeXT 的小团队有机会做一台真正的移动计算设备，并希望将 Mac 的操作系统压缩到手机上，并配有手机版本的 Mac 应用。他们对操作系统非常了解——他们为之工作了十多年的代码，正是这个操作系统的基础。威廉姆森说：“我们确信有足够的运算力来运行现代操作系统。”他们相信自己可以使用紧凑的 ARM 处理器（使用索菲·威尔逊的低功耗芯片架构）让手机变成一台精简的电脑。

iPod 团队认为这野心过大，这部手机应该运行某个版本的 Linux，它是在开发人员和开源倡导者中间流行的开源系统，这种操作系统已经在低功耗 ARM 芯片上运行过了。“现在我们已经开始制造这部手机。”安迪·格里尼翁说，“但是我们对于应该选择哪种操作系统，则有大争议。因为我们最初以 iPod 为基础，对吧？而没人在乎 iPod 的操作系统究竟是什么。它是一种电器，一个配件。我们正在以那种眼光来看待这部手机。”

记住，即使在 iPhone 推出后，史蒂夫·乔布斯也将其描述为“更像 iPod”的东西，而非更像一台电脑。但是，那些曾经在触摸界面上进行过实验的人，则对它给个人计算和人机界面进化所提供的可能性感到兴奋。

“对这个问题，大家绝对有分歧。这只是一部附带手机功能的 iPod。而我们说，不是，这是配有 OS X 的手机。”亨利·拉米洛克斯说，“这是我们与 iPod 团队产生剧烈冲突的原因，因为他们觉得，他们才是了解小型设备上所有软件的团队，而我们的大概是这样：不对，行吧，它只是台电脑。”

“此时我们根本不关心手机了。”威廉姆森说，“手机在很大程度上来说是无关紧要的。它基本上是一个调制解调器。但是问题是这样的：‘操作系统会是什么样？互动方式会是什么样？’”在这一评论中，你可以找到团队间理念冲突的根源：软件工程师认为，P2 不是做手机的机会，而是把手机形状的设备当成“特洛伊木马”，目的是做更为复杂的移动电脑。

操作系统大简化

当两大系统在早期拉开架势，准备大战一场时，移动计算这条路走得并不顺利。

“呃，光是加载系统所需的时间，就很可笑了。”安迪·格里尼翁说。格里尼翁的 Linux 快速而简单。“‘刷！’一下就启动了。”当 Mac 团队刚开始对系统进行编译时，情况是这样的：刚启动时会出现六行“#”符号，发出叮叮叮的声音，然后会卡住，出现一点故障，最后才会恢复正常。你会想，这是在逗我吗？这应该是一台刚开机的设备所展现出来的情况吗？没搞错吧？

“此时，需要我们去证明 OS X 的调整版可以在这台设备上工作。”威廉姆森说。“黑手党”开始干活了，竞争加剧。尼丁·甘纳特拉说：“我们希望自己为苹果公司将要发布的这款手机所设的愿景能成为现实。我们不想让 iPod 团队先完成 iPod 版本的手机。”

他们所收到的第一批业务指令之一就是要让乔布斯惊叹的滚动技术能

在简化后的操作系统里运行。威廉姆森与奥丁碰了头，经过长时间的讨论后，解决了这个问题。“它在运作时非常棒，视觉效果也不俗，令人惊叹。当你触摸屏幕时，它会完美地跟踪你的手指，你下拉的话，它也会往下拉。”威廉姆森说，“这给 Linux 手机宣判了死刑。我们一将 OS X 移植过来，并且搞定了这些基本的滚动交互之后，公司就做出了这样的决定：我们不会选择 iPod 模式，我们要选择 OS X。”

iPhone 的软件将由斯科特·福斯特尔的 NeXT“黑手党”编写；硬件将由法德尔的小组设计。iPhone 将有触摸屏并包含移动电脑的强大功能。当然前提是他们得先让这些东西能正常运行才行。

法德尔又看了一下崭新的多点触控技术。“我并没说‘当然了’，也没说‘不’，我说的是‘好吧，我们有很多事要解决’。”他说，“我们必须创建一个基本独立的公司，就为了造出原型机。”

iPhone 发布很久之后，苹果不仅要为了 iPhone 而在其内部建立这样的“独立公司”，还要吸收苹果外部全新的公司。这些做法会产生新的突破、新的想法、新的障碍。接下来的章节将与 iPhone 重新塑造的世界有关——从 Siri 和安全飞地的出现，到这款独一无二的设备的制造、营销和回收。

CHAPTER 10

嘿，Siri

在所有我可能会期望与 Siri 创始人之一进行深入谈话的地点中，环绕巴布亚新几内亚的一艘游轮绝不是我预料中的第一。我们当时要谈的是人工智能发展的情况。但是我们还真就来到这儿，在“国家地理猎户座号”游轮上的客舱里会谈，窗外满溢的热带蓝绿相间的风景成了我们谈话的背景，而发动机的嗡嗡声则成了人造的背景音。

汤姆·格鲁伯微微一笑，朝着我的录音机点了点头，说：“我之后要听一下录下来的话。”这是因为格鲁伯是苹果公司的 Siri 高级研发主管。我们同时参加了“蓝色任务”，这是由流行讲座组织 TED 以及海洋学家西尔维娅·厄尔组织的海上探险活动，目的是提高海洋环保意识。晚上有 TED 讲座，白天则安排了浮潜。

要认出格鲁伯不难，他是一个留着山羊胡的疯狂科学家，此时正在操控无人机。他似乎一直在扫描我的房间，希望能找出情报。他说话声很轻柔，但是会“嗡嗡嗡”地一口气讲完，时常打断自己连珠炮般说出来的一个想法，开始说另一个。“我对人机界面感兴趣。”他说，“那真是我努力研究的地方。照我看，人工智能是为人机界面服务的。”

现在他正在谈论 Siri，它是苹果具有人工智能的个人助理，对此可能不太需要赘述。

Siri 可能是自 HAL 9000（小说《太空漫游》及电影《2001：太空漫游》里的角色之一。——译注）以来最有名的 AI，而“嘿，Siri”可能是“我很抱歉，戴夫，恐怕我不能这样做”（《电影 2001：太空漫游》里 HAL 的台词。——译注）之后人工智能和人类之间最著名的互动对话。当然了，Siri 这个人工智能可以帮助我们完成日常工作——在 2015 年，Siri 平均每周回答 10 亿条用户请求，在 2016 年时，平均每周要回复 20 亿用户——而另外一个人工智能，则体现了我们对具有意识的机器失控的深深恐惧。

然而，如果你问 Siri 她来自哪里——不好意思，应该是“它”——它的答复永远是一样的：“我，Siri，是由加利福尼亚州的苹果公司设计的。”但这只是故事的一部分。

Siri 是各种功能的集合体——语音识别软件、自然语言用户界面和具有人工智能的个人助理。当你问 Siri 问题时，会发生这样的事情：你的声音被数字化，并传输到位于云端的苹果服务器上，而位于本地的语音识别器会立刻在你的 iPhone 上进行扫描。语音识别软件将你的话语翻译成文字，自然语言处理过程则对其进行解析。Siri 会在被科技作家史蒂文·列维称之为 iBrain 的、大约有 200 兆字节的数据中搜寻，这些数据与你的偏好、说话方式和其他细节有关。如果你的问题可以由手机本身做出回答（如“你能为我设个早上八点的闹钟吗？”）的话，发往云端的请求将被取消。如果 Siri 需要从网络上提取数据（如“明天会下雨吗？”）的话，就要将它发到云端，而这一请求会被另一组模型和工具分析。

在 Siri 成为 iPhone 的核心功能之前，它是由一个资金充足的硅谷创业公司在 App Store 上推出的应用程序。在此之前，这个程序是受美国国防部支持，由斯坦福大学进行的一个研究项目，目的是创造一个人工智能助手。在此之前，这个想法已经在技术界、流行文化界和学术界存在了几十年。苹果自己在 20 世纪 80 年代早期时，就有了通过语音进行互动的人工智能的早期概念设计。

在此之前，有一个语音识别系统，名为 Hearsay II，是 Siri 的原型。格鲁伯说，这是 Siri 的主要灵感来源。

达巴拉·拉贾古帕尔·拉杰·雷迪出生于 1937 年，生于印度马德拉斯以南一个 500 人的村庄。当时，该地区遭受了 7 年的干旱，随后出现了饥荒。雷迪说，通过把字雕刻到沙地里，他学会了写作。当他上大学时，语言方面遭遇了困难，要从当地的方言切换到纯英语的课程，因为教授们说着爱尔兰、苏格兰和意大利口音的英语。雷迪前往马德拉斯大学的工程学院学习，之后在澳大利亚进行实习。在那时，即 1959 年，他第一次了解到电脑的概念。

他在新南威尔士大学获得了硕士学位，在 IBM 工作了 3 年，然后来到了斯坦福大学，最终在此获得博士学位。他被吸引到了人工智能这个充满曙光的研究领域中，当他的教授要他选择一个研究课题时，他被语音识别这个课题深深吸引了。

“我选择了那个课题，因为当时我刚从印度过来，对语言感兴趣，并且不得不学习三到四种语言。”他在 1991 年为查尔斯·巴贝奇研究院所做的采访中说道，“话语对于人类而言是无处不在的东西，我当时不知道这将成为我一生要研究的问题。我还以为这只是一个课程项目。”

在接下来的几年里，他试图建立一个识别孤立词语的系统——一台可以理解人类对其所说话语的电脑。他和他的同事在 20 世纪 60 年代末打造了这个系统，他说：“据我所知，这是当时最大的系统，大约有 560 个词，大约 92%的准确度，十分令人满意。”与当时斯坦福大学的大部分高级计算机研究一样，ARPA 是资助方。这是该机构对人工智能领域为期数十年兴趣的开始，它在 20 世纪 70 年代为多个语音识别项目提供了资金。1969 年，雷迪来到卡内基梅隆大学，继续工作。随着得到更多的 ARPA 资助，他在那儿推出了“Hearsay”项目。基本上就是 Siri 最初始的形式。“讽刺的是，这是个语音界面。”格鲁伯说，“跟 Siri 类似。当时还是 1975 年，我觉得这太不可思议了。”

在绝大多数时间内，Hearsay II 可以正确地转换 1000 个英语单词。

汤姆·格鲁伯说：“我觉得人类的心灵是地球上最有趣的。”他在新奥尔良的洛约拉大学学习了心理学，然后发现自己擅长使用计算机，而计算机刚刚在学术界中露脸。学校获得了一个 Moog 合成器时，他给合成器做了一个电脑界面。然后他做了一个计算机辅助教学系统，时至今日，洛约拉大学的心理学系仍在使用它。然后，格鲁伯偶然发现了卡内基梅隆大学以拉杰·雷迪为首的一批科学家发表的论文。

格鲁伯在那篇论文中看到的是人工智能的雏形——一个能够进行符号推理的语音识别系统。在几十年后，它成为了 Siri。训练一台计算机，让它能识别声音，并将其与数据库中存储的数据进行匹配是第一步。而雷迪的团队要做的是语言在计算机中要如何表示，从而让机器可以用它做一些有用的事情。为此，它必须学会识别并分解句子的不同部分。

符号推理描述的是人类思维如何使用符号来表示数字和逻辑关系，从而解决简单和复杂的问题。

“比如说，我们约好了两点进行采访。”格鲁伯说，“这指的是我们为了交谈而留出的时间。这是一个可以用知识表示术语来表达的事实陈述。它不能被表示为一个数据库条目，除非整个数据库只不过是这个事实的实例。”所以他的意思是，你可以为每个可能的日期和时间建立一个庞大的数据库，教电脑去识别它，并跟它玩一个匹配游戏。“但这不是知识表示。知识表示是‘你是人，我是人。我们在某时某地见面。也许明显有目的’——这就是智能的基础。”格鲁伯于 1981 年以最优秀的成绩毕业，前往位于阿姆赫斯特的马萨诸塞大学研究生院深造，他在那里研究人工智能对语言障碍者可能提供的帮助。“我的第一个项目是使用人工智能的人机界面，用它来协助所谓的‘沟通用辅助装置’。”他说，“人工智能分析有受言语障碍的人的话语，比如说脑瘫病人，并预测他们想说的话。它实际上是我称之为‘语义自动补完’的鼻祖。”

“我之后在 Siri 中使用了它。”格鲁伯说，“想法是一样的，只是现代化了些。”

自动化的个人助理是另一个我们希冀已久的野心和幻想。

“他找到神匠，神匠正风风火火地穿梭在风箱边忙于制作 20 个鼎锅，然后他将造好的鼎锅摆放在坚固的房屋的墙边。随后他又在每个架锅下安了黄金的滑轮，所以它们会自动滚入神祇聚会的厅堂，然后再滑回他的府居。这真是一批让人看了赞叹不已的精品。”这可能是最早见于文字记载的、人类对自主机械助理的想象，它出现在荷马的《伊利亚特》一书中，该书写于公元前 8 世纪。希腊的铁匠之神赫菲斯托斯，将一小批带有金色轮子的鼎锅进行了创新，可以让人指挥它们，在众神聚会之处来回移动——这是荷马式的机器仆从。

Siri 本质上也是一个机器仆从。美国人工智能协会的创始成员布鲁斯·G·布坎南说：“人工智能的历史是一段关于幻想、可能、实证和希望的历史。”在人类接触到技术知识，从而得以创造模仿人类的机器之前，他们就忙于想象：如果能这样做的话，会发生什么。

在犹太人关于“傀儡”的神话中，傀儡会被人从泥土中召唤出来，充当保护者和劳动者，但最后一般都会失去控制。这个神话有几个世纪的历史了。玛丽·雪莱的“弗兰肯斯坦”是一个交织着尸体和闪电的人工智能。早在公元前 3 世纪的时候，《列子》里就描述了一个“能工巧匠”，他向一位国王进献了一台栩栩如生的机器人，本质上是一个可以唱歌跳舞的机械假人。用于描述同名物体的“机器人（robot）”这个词第一次出现，是在剧作家卡雷尔·恰佩克的作品《罗素姆的万能机器人》里。恰佩克的这个新词来自“robota”，意思是“强迫劳动”。自此，机器人一词被用来描述为人类进行工作，在名义上具有智能的机器。从动画片《杰森一家》里的机器人女佣萝西，到星球大战的机器人，机器人基本上都是机械助手。

在人们数百年的幻想和可能性的启发下，20 世纪中期，当拥有足够的计算能力之后，人们便开始研究实际意义上的人工智能。亚伦·图灵在他于 1950 年出版的《计算机与智能》这一论文中，使用了这句引起人共鸣的开场白："我提议人们思考这个问题：机器能思考吗？"他在其中为日后所进行的辩论设定了大部分框架。这项研究讨论了他著名的"模仿游戏"，现在被俗称为图灵测试，其中描述了判断机器被认为拥有足够"智能"时所需达到的标准。通信理论家克劳德·香农发表了他关于信息理论的开创性工作，介绍了"比特"这一概念，也介绍了一种人类可以拿来和计算机进行沟通的语言。1956 年，斯坦福大学的约翰·麦卡锡和他的同事们为一个新的学科提出了"人工智能"这个名字，我们的这场人工智能竞赛也就开始了。

在接下来的 10 年中，对人工智能的科学调查开始引起公众的兴趣，同时电脑终端也变得更加普遍，面向未来的两条线——人工智能和以屏幕为基础的界面合二为一，过去对人形机器人奴仆的幻想如今显得不切实际。在原版《星际迷航》的第一季，寇克船长对一台立方体电脑说话。当然，在《2001：太空漫游》里也有这种情景，HAL 9000 是一台无处不在的电脑，受到语音命令的控制——至少在一段时间内是这样。

"现在，Siri 更多的是传统意义上的人工智能助理。"格鲁伯说，"拥有一个人工智能助理的核心思想一直存在着。我曾经会播放苹果的'知识导航者'视频中的剪辑。"他所指的是被一些技术圈子奉为传奇的一段视频，是约翰·斯库利时代的苹果公司了不起而又有些古怪的早期虚构设计。它描述了一个富有的、在常春藤联盟学校教书的教授坐在办公室里，通过向他的平板电脑说话来咨询的故事。[即使现在，格鲁伯还会把这个平板电脑称为 Dynabook（这是计算机科学家亚伦·凯在 20 世纪 60 年代提出的概念，是平板电脑和电子书阅读器等的前身。——译注），而亚伦·凯很显然是知识导航者项目的顾问。]一个戴着蝴蝶结的英俊男子代表他的电脑，他向这位塞利乌斯教授汇报了即将要做的事项和他的同事们最近的出版物。"所以这是 Siri 的一个模型，它出现于 1987 年。"

格鲁伯 1989 年的论文将被扩展为一本书，标题是“战略知识的获取”，它描述了培训人工智能助理，让它们从人类专家那里获取知识的情况。

格鲁伯说，他在研究生院就读的时候，是一个“顶峰时期，有两种通往人工智能的符号式方法。它们基本上是纯粹的逻辑表示和通用推理”。以逻辑手段通向人工智能的方法包括两种：一种是尝试用符号性的构成单元，比如英文句子中的那些符号，教会电脑进行推理。另一种方法则受数据驱动。“不，实际上这个问题是记忆的一种表现，推理只是一小部分。”格鲁伯说，“比如说吧，律师们之所以能成为伟大的律师，是因为他们深思熟虑，能解决爱因斯坦的谜语（一个逻辑谜题，传说是爱因斯坦年轻时提出的。——译注）。律师们知道很多东西。他们有数据库，他们可以快速梳理，进行正确的配对，找到正确的解决方案。”

格鲁伯是逻辑一派的，而这种方法不再时髦。今天，人们不想要知识，而是想拥有大量的数据和机器学习。

这是一条棘手但确实存在的鸿沟。当格鲁伯谈到知识的时候，我认为他对世界如何运作和如何进行推理有着深刻的认识。今天，研究人员对开发人工智能的推理能力越来越不感兴趣，而更愿意让它们进行越来越复杂的机器学习，这与自动化的数据挖掘不同。你可能听说过深度学习这个术语。谷歌的 DeepMind 神经网络这样的项目，本质上是吸取尽可能多的数据，然后在模拟所需结果方面表现得越来越好。比如说，通过处理关于凡・高绘画的大量数据，人们可以指示这样一个系统来创造一幅凡・高的绘画，而它会吐出一幅看起来有些类似凡・高作品的画作。这种数据驱动方法与逻辑驱动方法之间的区别在于：该计算机对凡・高或艺术家一无所知，它只是在模仿它以前见过的模式，模拟得往往非常好。

“这对知觉方面是有好处的。”格鲁伯说，“计算机视觉、计算机语言、理解、模式识别，这些事情在知识表达方面表现得并不好。他们在数据和信号处理技术方面做得更好。就是这样。机器学习在对训练案例进行总结方面已经做得非常不错了。”

但当然了，这种方法有缺陷。“在机器学习模型之中，没人了解模型到底知道什么，或者明白模型的含义，它们只是在以一种满足训练集合的目标函数的方式运行。”就像生产凡·高的画一样。

科学家们很了解人类感知是如何工作的——这些机制让我们能够听到和看到东西——而且这些东西可以被很流畅地模仿。当然，他们对我们大脑的工作原理的了解就没有这么好了。例如，关于人类如何理解语言，科学上还没有达成共识。数据库可以模仿我们听和看东西的方式，但不能模仿我们思考事物的方式。“所以很多人认为这是人工智能，但这只是一种知觉。”

在离开阿姆赫斯特之后，格鲁伯去了斯坦福大学，在那里他发明了 Hypermail（一种电子邮件应用程序。——译注）。1994 年，他创办了他的第一家公司 Intraspect——那时候大家都喜欢开公司。他在接下来的 10 多年间都在创业和研究之间反复切换，然后他遇到了 Siri，或者说他遇到了将要成为 Siri 的东西。这距离 Siri 的雏形诞生已经过去很久了。

在我们说到 Siri 之前，我们还要回顾一下 DARPA。美国国防部高级研究计划局（在 1972 年之前被称作 ARPA）在 20 世纪 60 年代资助了许多人工智能和语言识别项目，带领拉杰·雷迪和其他人开发这一领域，激励汤姆·格鲁伯等人加入这一学科。几十年后，在 2003 年，DARPA 意外重返这场人工智能游戏。

该机构向非营利性研究机构斯坦福国际研究院提供了约 2 亿美元，组织了 500 名顶尖科学家，尝试共同研究并开发一个虚拟 AI。该项目被称为“可学习或组织的认知助理”（Cognitive Assistant that Learns and Organizes）或 CALO——这一缩写是尝试着往 calonis 这个词上靠，不太吉利的地方在于，这是个拉丁语词，意思是“士兵的仆人”。到了 21 世纪头十年，人工智能作为研究项目已经不再流行了，所以这样大的投入让一些行内人感到惊讶。斯坦福大学技术预报员保罗·萨福在接受《赫芬顿邮报》采访时表示：“在许多人说人工智能是浪费时间的时候，CALO 被组织起来。它失败了很多次，人们对它持高度怀疑态度，很多人认为这是个愚蠢的想法。”

国防部对人工智能突然感兴趣的一个原因，可能是 2003 年开始的伊拉克战争出现升级。确实，在 CALO 计划下开发出来的一些技术被部署在了伊拉克，是军方“未来指挥所”软件系统的一部分。无论如何，人工智能从半休眠状态变活跃了。其中一位主要研究人员大卫·以色列表示：“无论以何种标准衡量，CALO 都是历史上最大的人工智能计划。大约有 30 所大学派出了他们最好的人工智能研究人员，并且各种人工智能方法的主要支持者们也首次展开了合作。”“斯坦福研究院有这个项目。”格鲁伯说，“他们获得了政府支付的 2 亿美元，用于运行这个项目，创造一个有知觉的办公室助理，它会帮助你处理会议和 PowerPoint 之类的东西。他们想推动人工智能技术的发展。”

该项目于 2008 年结束后，其首席设计师亚当·切耶尔和一位重要执行官达格·基特劳斯决定将这项研究的一些基本要素转化为一个创业项目。

“他们想出了一个架构，你会怎么呈现一位助理所应知道的所有事情？比如说，你怎么识别讲话？你如何识别人类的语言？你如何理解 Yelp（一款点评类软件。——译注）或你的日历应用程序等服务提供商？又如何理解该怎样将输入内容与任务意图相结合？”

“切耶尔和基特劳斯想象他们的助手是个‘做事情引擎’的领航员，可以取代搜索引擎，成为人类浏览网络的主要方式。这个 Siri 的前身可以扫描网络。举例而言，如果你下命令的话，它还可以派来一辆汽车，把你接走。然而一开始，它并没有被认为是一个语音界面。”格鲁伯说。

“这是一个助手，它做的是理解语言，它不会识别语音。”他说，“当你向它输入内容时，它做了一些自然语言方面的理解工作。但是它更侧重于日程安排和为你见过的人设置个人档案之类的事。”

“这是一个很酷很酷的项目，但是它是为在电脑上打字的人制作的。”

格鲁伯在它的“早期原型头脑风暴阶段”中得知了该项目，并与两位联合创始人见了面。“我说，这是一个很好的主意，但是消费者为大，我们需要为此做一个界面。”格鲁伯说，“我在 Siri 的小小团队里做了那个对话界面。所以你现在看到的是，每个人都在使用的方式就是这些对话线程，中间有内容。”这不仅仅是一个被设计得尽可能高效的“命令和响应”模式，而是 Siri 在跟你对话。这是能避免歧义的对话。无处不在的语音助手的概念就发源于此。

该项目在第一部 iPhone 推出后一年开始进行，随着 Siri 项目成型，很明显的是，它针对的是智能手机。“Siri 从一开始就是移动的。”格鲁伯说，“让我们做一个适用于移动端的助手。然后让我们加入话语功能，当话语功能准备就绪……到第二年时，语音识别技术已经足够好了，我们可以批准推出。”

现在，格鲁伯和他的同事不得不考虑用户该如何与人工智能界面交谈，这东西之前从来没有真正在消费者市场上存在过。他们必须考虑如何训练用户，让大家了解 Siri 能看见或能听见的可行指令是什么。

格鲁伯说：“我们必须教会人们，让他们明白自己可以说和不能说的话，这仍然是个问题，但是作为初创企业，我觉得跟我们现在所做的事相比，我们当时做得更好。”Siri 经常反应迟钝，因为处理命令和生成回应都需要时间。“认为 Siri 能回你的话，流畅地完成各种事情之类的想法其实存在一个问题：大部分事情其实 Siri 是不懂的。你该如何处理这一事实？所以你要么回到使用网络搜索的日子里，要么让 Siri 去解决一个它似乎有所了解，但实际上并不懂的事情。”Siri 的很多活动基本上是在给自己争取时间。“比如说 Siri 和你说话时，假装知道你是个怎么样的人，实际上却对你一无所知，但这是个很好的错觉。”一旦 Siri 更适应了你的声音之后，这种错觉就变得没那么必要了。

他们也不得不考虑该怎样以最优方式提升人们的使用度，让人们有兴趣再次使用 Siri。“这就是重点了——你希望人们能参与进来。”格鲁伯说，“所以我们会使用一种相对比较直接的交谈方式，但是我们格外关注的是内容，而不仅仅是形式。”

“如果你有机会向一个东西问问题的话，那你会向它问的十大问题会是什么呢？人们会问‘生命的意义是什么？’‘你会嫁给我吗？’之类的。很快，我们发现了哪些问题是最受欢迎的，然后我们写了很好的答案。我聘请了一个很聪明的家伙来写对话。”格鲁伯不能把他的名字告诉我，因为此人仍然在苹果工作，但所有的迹象都表明这个人是哈里·萨德勒，他的领英页面显示，他是 Siri 对话交互设计部门的经理。今天，有一整个团队在撰写 Siri 的对话。他们花了很多时间微调它的语气。

“我们没有给它设定特定的性别，甚至也没设定它是什么物种。当人们问 Siri 是什么物种时，我们试图假装 Siri 不是人类这种有意思的物种。”格鲁伯说。它“发现他们很幽默，很好奇”。一开始时，Siri 要更加泼辣些——它当时会说出“f”开头的脏话，更咄咄逼人地嘲弄用户，个性更为浮夸。但这就存在一个悬而未决的问题：我们想让我们的人工智能个人助理听起来像什么？我们每天想和谁谈话？我们又希望别人怎样和我们谈话呢？

“我是说，这是一个大问题，对吧？”他说，“你有这么一大群听众，你只需要写一些有趣的小东西，他们就会喜欢上它。想象你正在写一本书，你正在创造一个角色。你会想，这个人物是做什么的？这会是一个不太了解人类文化的助手，对人类文化很好奇，但它是最好的，它是专业的。你可以侮辱它，但你不会遇到麻烦。而它也不会攻击你……这就是它必须要成为的样子，因为即使我们可以将有趣但冒犯性的东西写到 Siri 里，苹果公司也不会让我们这么干，就算是往里面写对人的侮辱性的回击也不行。所以要写这些对话词，实在是门艺术。”

不管谁设计了它，格鲁伯都将完善这一角色的功劳归到了这个人头上。最终他主宰了它——他作为作家，创造了它的对话语气。他真的明白，你需要赋予它个性。不过，仍然有人需要给这个个性配上声音。这个人是苏珊·本内特，她是一名 68 岁的配音演员，住在亚特兰大郊区。2005 年 6 月的每一天，本内特都会为一个叫“Scan-Soft”的公司录制每一个可以读出来的单词和元音，这是个艰苦而烦琐的工作。“有些人能一连数小时读下去，这不是问题。但对我而言，我会感到非常无聊。”本内特说，“同时，要一连保持几个小时机器人般单调的声音，也十分困难。这是为什么 Siri 有时听上去好像有点小情绪的原因之一。”Scan-Soft 将其更名为 Nuance，而 Siri 问世前的苹果则为 Siri 这个应用购买了该公司的语音识别系统（也买下了 Siri 的声音）。本内特不知道她将成为这一人工智能的声音——她没发现她是 Siri，直到 2011 年为止，当时有人给她发了份电子邮件。苹果并未证实本内特参与到了其中，不过做言语分析的人说这个声音就是她的。“我真的有种矛盾的感觉。”她说，“北美的苹果产品基本上都使用了我的声音，我对此深感荣幸，但在我不知情的情况下被选中，则是很奇怪的。特别是因为我的声音在数以百万计的设备上被播放过了。”

格鲁伯说：“连 Siri 这个名字都经过了非常仔细的文化测试。”“这个词易于发音，没有攻击性，在我们查看过的所有语言中都具有很好的内涵，我觉得苹果保留这一名字的原因之一，就是它确实是一个好名字。”

据基特劳斯所说，Siri 是他准备给他女儿取的名字，在挪威语里的意思是“美丽且胜利的顾问”。但他等到的是个儿子，所以现在这个“Siri”

便问世了。所以说，降生到这个世界上的“它”——不是“她”，Siri 不是一位女性，也不是“他”——到底是什么呢？

“你可以把它想象成任何东西，但它基本上不是人类。如果你看一下各种对话，比如‘你最喜欢的颜色是什么？’的话，它会说‘在你所能观察到的光谱以外’或类似的话。如果你弄出了一个人工智能的话，它就会做出这种事。它并没有身体，而是有一套不同的传感器。所以这就像是在试图向凡人解释它知道什么。”

人工智能作为一个虚构的幻想而诞生，它也以这一形象被做了出来。

2010 年，他们已经为这一程序定下了名字，并且准备好了掀起热潮后用的语音识别技术，于是他们推出了这个应用程序，并迅速获得了成功。“那挺酷的。”格鲁伯说。

“我们作为初创公司，在 App Store 中推出了这一应用程序，并在一天之内成为它所在分类的第一名，我们觉得它触到了人们的痛点。”

苹果公司没过多久便来登门拜访了。“很快，我们就接到了苹果公司打来的电话。”格鲁伯说。这通电话是史蒂夫・乔布斯打来的。Siri 是他在去世前监督的最后一批收购项目之一。苹果公司抢下了这个应用程序，据说花了 2 亿美元，这笔金额差不多和 DARPA 在整个为期五年的 CALO 计划上的花资一样。是 CALO 为 Siri 奠定了基础。

起初，Siri 对命令曲解得厉害，通过声音激活的人工智能让人很有新鲜感，但并不太实用。2014 年，苹果将 Siri 插入到神经网络之中，允许它利用机器学习技术和深层神经网络，同时保留了过去的许多技术，并且缓慢地提高了其性能。

那么 Siri 会有多聪明？“Siri 必须超级厉害。”格鲁伯说，“你知道，它能不眠不休，它访问互联网的速度会比你快 10 倍，也拥有你想让一个虚拟助手所拥有的任何能力，但它并不认识你。”

格鲁伯说 Siri 暂时无法得到基于情感的智能。他说，在进行这方面的计划之前，他们先要找到一个理论。“你不能光对它说，‘做个更好的女朋友’或者‘做个更好的听众’。这些话没法编成程序。所以你可以说的是‘观察人类的行为’，以及‘这些是你想要看的东西，因为这会使他们开心，这里有一件不好的事，你要做一些让他们更快乐的事情’。这样，人工智能才会照做。”

现在，Siri 仅限于执行其所在设备上的基本功能。“它做了很多事情，但并没有完成助理所能做的一切事情。我们是这么想的，呃，人们会用他们的苹果设备做什么呢？你会用它导航、播放音乐，这就是 Siri 现在所擅长的东西。”格鲁伯和公司正在仔细查看它收到的常规查询的种类。现在，查询量达到了每周 20 亿次。“如果你开始做人工智能，一切都像重新开始，对吧？”格鲁伯说，“我们现在非常了解人们在生活中想要什么，想对电脑说什么，以及对助理说什么。”

“我们不会将其给予公司以外的任何人——我们有强硬的隐私政策。所以我们甚至不会把这些数据中的大部分在服务器上存很久，有时候根本就不会存在上面……语音识别变得更好了，这是因为我们会观察数据，并用它做实验。”

他也完全意识到了 Siri 的缺点。“现在，当你遇到语言识别问题，或者问了一个不寻常的问题，或者说出这个问题的方式不寻常的话，那人工智能无所不能的幻觉就会崩溃……它能有多健谈？它会有多像个伴侣？它的听众是谁？是孩子吗？是卧病在床者吗？”

“但现在有一些事情是它不能做的。比如你不能说，‘嘿，Siri，别忘了我的房间是 404’和‘当我饿了，或者当我渴了，需要喝水的时候提醒我’。它不能做那些事情。它不理解这个世界，它不会像我们一样感知世界。但是，如果它也能和这样看待世界的传感器连接的话，那么它就没有不这样看的理由。”

格鲁伯想怎样改变 Siri？“我的偏好在于，首先，它需要用更自然的方式与你说话。”他希望让 Siri 的行为更像我们。“所以我希望它更加人性化，不要发出滴滴声，也不要说‘现在轮到你了’这样的蠢话。这一天会来到的，会自然而然地到来。我对人类的需求感兴趣。这就是为什么我们会做文本界面和免提功能。人在开车时不能发短信，这就产生了非常真实的需求。人还需要应对复杂的事物，现在这还很难做到。所以 Siri 算是打破了图形用户界面，它可以突破所有这些复杂的界面，你可以直接说‘我回家的时候，提醒我给我妈打电话’，而当你回到家的时候，它就会感知到，说‘这里有一条提醒：点击这里打电话给你的母亲’。是的，如果你在你的地址簿里填写了你的家庭地址的话，那你到了家，它就能通过 GPS 判断出来，就知道你回家了。它知道你的妈妈，知道你的妈妈是谁，知道她的号码是什么，知道这些东西。”

我注意到这样一来，Siri 将能访问我们许多的个人数据。我问他是否担心 Siri 或任何其他的人工智能利用这种信息来做坏事，我在猜想，总体而言的话，Siri 之父是否会担心真正的人工智能出现呢？

“我不害怕电脑里的通用智能程序。”格鲁伯说，“这种智能会诞生的，我喜欢它，我对此很期待。就像害怕核能一样——你知道，如果我们按照现在所知的方式设计核技术的话，我们可能就能让它安全运行了。然而，像伊隆・马斯克和史蒂芬・霍金这样的评论却引起了人们的担心，他们的观点是人工智能的进化速度可能比我们所能掌控的速度更快——它可能对人类构成威胁。”

“哦，太棒了。”格鲁伯说到了这场讨论。“我们现在算是处于舞台上，支持伊隆・马斯克们的人说：‘看，这样做会摧毁地球。现在我们要如何处理这个技术？’我不喜欢我们对待核技术的方式，但它并没有杀死我们。我认为我们可以做得更好，但是我们已经设法越过了这一严峻考验，熬过了冷战，而并没有毁灭自己。”无论如何，我们不用担心 Siri。“Siri

的重点不是通用智能，而是界面上的智能。所以对我来说这是个大问题。我们的智能，我们的界面都不好用，没有必要这样。”

人工智能还有很大的进步空间——实际上，这也是格鲁伯来这里的原因。他来到 TED 游轮上，是为了看看有没有办法利用他的专长来帮助保护海洋。目前他已经见了数个团队，讨论使用模式识别软件和谷歌地图来抓捕偷猎者和污染者的可能性。

他说：“这些在几年前还是只有科幻小说里才会出现的超能力。”所以，我问，Siri 的共同创始人自己是否会用这个人工智能呢？会怎么用？

“哦，是的，天天都用。”他说，“我每天使用 20 到 30 次。我是说，我起床之后会问：交通状况怎么样？它会打开一个应用程序。我通过 Siri 发短信。通过名字来给人打电话。然后我会上车。它会为我阅读通知，回短信，显然还会导航。它会找出我要去的地方，如果上班路上要去加个油。我就会问：‘Siri，这个加油站在哪里？’还会让它把我带去工作地点。‘Siri，我的下一次会议是几点？’你知道，我会说‘将两点改到三点’之类的。我的意思是，它就做这些，而且我一整天都在用。”

然后，我想，需要提出这个重磅问题了：“你觉得是你更了解 Siri 还是 Siri 更了解你？”

“这是个有趣的问题。我觉得恐怕我们现在还处于我更了解 Siri 的阶段。”格鲁伯说，“但是我希望能很快扭转这种局面。”

CHAPTER

11

iPhone 的卫士——安全飞地

在我到达 DefCon 黑客大会的会场后，仅过了半个小时，我的 iPhone 就遭到了黑客攻击。

参加这一北美洲最大的黑客大会，第一条规则是要把你所有电子设备上的 Wi-Fi 和蓝牙都关掉。我都没关。很快，我的手机在未获得我许可的情况下，加入了一个公共 Wi-Fi 网络。

当我试着使用谷歌的时候，我的 Safari 浏览器遇到了问题。它没加载出搜索结果，页面似乎卡住了，好像正在载入另一个页面。

不过在 DefCon 上遭到黑客袭击也有个好处，那就是你会被数千位信息安全专家包围，其中大部分将眉飞色舞地告诉你，你究竟是怎么被人“搞”了的。

“你可能受到了‘菠萝袭击’。”西弗吉尼亚网络安全公司 PhishMe 的安全工程师罗尼·托卡佐夫斯基这样对我说道。当时我们正在享用一顿假装位于户外的法式主题自助餐，这种荒诞的自助餐，也就只会存在于拉斯维加斯的赌场里了。我们和一位身经百战的黑客（也是位魔术师）特里·诺维斯，还有一对来自明尼苏达州的父子（父亲是位牙医）一起进入了 DefCon 会场。

“‘无线菠萝’的工作原理是这样的：每当你的手机发送一个信号，以寻找网络接入点时，Wi-Fi 接入点还没说‘我就是联网点’的时候，无线菠萝就会说‘是的，是我，连进来吧’。”托卡佐夫斯基说，“一旦你连接到了无线菠萝上，那么他们就可以扰乱你的网络连接，他们可以重新将你的网络流量导向别处，他们可以破解你的流量内容，他们可以嗅探到你的密码。”

“基本上可以说，他们可以看到我在拿自己的手机做什么。”我说。

“是的。”

“他们真的能改变我手机上的任何东西吗？”

他的意思是这些人能截断通过网络传递的数据，他说：“他们能嗅探出你的网络流量，一旦你连接上了网络，他们便能开始尝试着对你的手机发动攻击……但在很大程度上来说，菠萝更适合嗅探网络流量。”比如说，如果我想登入 Gmail 的话，黑客便可能强迫我打开别的网页，他们选择的网页。然后就可以发动一次中间人攻击。“如果你登入了脸书网，登入了你的银行账户的话，那他们也能看到上面的信息。”他说，“所以你要多加小心，不要连接任何 Wi-Fi。”

“好吧，但是这到底有多普遍呢？”

“菠萝？”托卡佐夫斯基说，“我可以去用 100 美元买一个，它们非常非常非常普遍。在这里更是如此。”

DefCon 是世界上最大、最臭名昭著的黑客大会之一。它会在每一年中的某个周末举行，两万名黑客齐聚拉斯维加斯，参加该领域的杰出人物参与的会谈，赶上他们同代人的脚步，钻研最新的漏洞和系统弱点，并互相黑个你死我活。

如果你想深入了解全球 iPhone 和其用户面临的安全问题的话，此地也是你最好的选择之一。越来越多的人开始将智能手机当作主要的联网设备，用它处理更多的敏感事务，于是智能手机便越来越多地成了黑客、身份信息窃取者和愤怒的前任们攻击的目标。

早些时候，DefCon 更小、更昂贵、更友好的姊妹会议“黑帽子”大会发布了一个令人惊讶的公告。

苹果的安全工程和结构主管伊万·克尔斯蒂奇会进行一次很不常见的

公开演讲，主题是 iOS 的安全。

2015 年 12 月，塞义德·利兹万·法鲁克和塔什菲恩·马利克这对已婚夫妇在圣贝纳迪诺县公共卫生部门的圣诞聚会上射杀了 14 人，并重伤 22 人。法鲁克在这个县的卫生部门工作。这一事件被宣布为恐怖行为，当时是“9·11”事件之后美国国内最惨重的袭击事件。

在联邦调查局调查此事时，该机构找到了一部 iPhone 5c。它由该县拥有——所以是公共财产——但被发给了法鲁克，法鲁克给它设了密码。联邦调查局没法解锁。

你的手机可能设置了一个密码（如果你是智能手机用户中那 34% 的未设密码者的话，你应该设置一个！），其种类从四个数字（弱密码）到新的六字符默认密码，或者更长。如果你输入了错误的密码，那屏幕将会发出旧科幻电影里那种类似于被鱼雷击中时的嗡嗡声。它会让你等待 80 毫秒，然后再进行一次尝试。你每错一次，软件会迫使你在下次尝试之前等待更久，直到手机被完全锁定为止。

对于黑客来说，有两个主要方法来破解密码。第一个是通过社交欺诈，观察（或“嗅探”）一个标记，从而收集足够的信息来猜出密码；第二个是“暴力破解”，也就是按一定规律输入每种密码组合，直到输对为止。黑客们以及安全机构会使用复杂的软件来完成这一任务，但仍然要花费很长时间。（想象一下，试完玛斯特锁上的每一种组合需要多久时间，你就明白了。）法鲁克死了——他在与警察的枪战中丧生——联邦调查局不得不强制破解手机。

但是 iPhone 有特殊设计，能抵抗暴力的解密尝试，最终，新的机型也完全删除了加密密钥，使得数据无法访问。所以，联邦调查局需要采取一种不同的方法。首先，他们要求国家安全局破解电话。美国国家安全局做不到，他们便要求苹果公司来为他们解锁。苹果拒绝了，最终发布了一份简单的公开回应，简而言之，苹果公司表示，我们不能这样做，就算我们想也不行，况且我们也不想这么做。

该公司表示，设计 iPhone 硬件和软件时，优先考虑的是用户的安全和隐私，许多网络安全专家认为它是市场上最安全的设备之一。其中一个原因是，苹果不知道你的个人密码——它存储在手机里面，位于一个名为“安全飞地”的地方，并与你的 iPhone 独有的 ID 号配对。

这可以最大限度地保证消费者的个人安全，但也是对联邦机构（如联邦调查局和国家安全局）的一种先发制人之举，这些机构鼓动科技公司，让公司在其产品中安装后门（秘密访问用户数据的方式）。前国家安全局雇员、告发者爱德华·斯诺登泄漏的文件显示，该局已经迫使主要的科技公司参与了像棱镜这样的项目，允许该机构访问用户的数据。这些文件还表明，截至 2012 年，苹果（以及谷歌、微软、脸谱、雅虎和其他科技公司）一直在参与该计划，尽管该公司否认了这点。

当联邦调查局要求苹果公司协助，让他们能使用法鲁克的手机，苹果却没法直接提供密码。不过，iPhone 操作系统中有这么一个设计，密码输错后，在下一次进行尝试时要等上更久时间。所以联邦调查局做出了非凡的也许是前所未有的一个请求。他们告诉苹果公司，该公司要黑入自己的产品，这样便能破解这个杀手的手机了。联邦调查局下达了一道法庭命令，要求苹果公司编写新的软件，基本上创建了一个自定义版本的 iOS，一个程序安全专家称作 FBiOS 的系统，这一系统会绕过之前的错误密码延时系统，正是该系统阻拦了暴力破解的可能性。

苹果拒绝了，表示这个请求是个不合理的负担，并将开创一个危险的先例。联邦调查局不同意，他们觉得苹果公司一直在为自己的产品写代码，所以干吗不能帮忙解锁恐怖分子的手机？

这场冲突成了世界各地的头条新闻。安全专家和公民自由主义者们称赞苹果的行为，认为即使这样做非常不受欢迎，但却是保护其消费者的举措。而鹰派和公众舆论则反对该公司的举措。

无论如何，在我们这个依靠智能手机来运行的社会里，这一事件引出了一系列紧急而又越来越多地被人问起的问题：我们的设备应该要有多安全？除了用户之外，别人能不能使用他们的手机？比如，当这个公民谋杀多人，且罪行广为人知时，政府是否该获得这位公民的私人数据？这是一个极端的例子。但是，当局也在寻求那些轰动程度较小的智能设备使用方式。例如，国家安全局对手机元数据进行例行监控，或者说，警察部门开发了一种系统，能让他们在发现司机开车发短信时打开他们的手机。

这是当下的一个诡异的悖论。我们在社交网络和消息平台上分享的信息比以往任何时候都要多，我们的手机收集的数据比之前任何主流设备收集的都要多——位置数据、指纹、付款信息、私人照片与文件都是手机收集的对象。但是，我们与之前数代人对隐私的期望是一样的，或者更强烈。

因此，为了保护那些黑客最想要的东西免受侵害——银行账户信息、密码之类——苹果公司设计了“安全飞地”。

“我们希望用户的秘密在任何时候都不会暴露给苹果。”克尔斯蒂奇在拉斯维加斯曼德勒湾赌场一间挤满了人的会议室里说道，“‘安全飞地’受到用户密码中强大的加密主密钥的保护，不可能对其发起离线攻击（Offline Attack）。”

“那请你告诉我，这到底是怎么工作的？”

苹果公司硬件工程部的高级副总裁丹·里奇奥在首次向公众介绍芯片时解释了这点：“所有的指纹信息都被加密，并存储在我们新的 A7 芯片的‘安全飞地’内。它被锁在这儿，远离一切，只能通过 Touch ID 传感器来访问。其他软件永远不可能获得它，它永远不会被存储在苹果服务器上，或者被备份到 iCloud 里。”总的来说，“飞地”是一台全新的子计算机，其目的仅是处理加密和隐私工作，而不涉及苹果的服务器。它会与你的 iPhone 这样互动：你最重要的那些数据能保持隐秘，无论是苹果公司、政府，还是其他人，都没法获取这些数据。

或者，用克尔斯蒂奇的话说："我们可以将秘密数据发到一个页面中去，这个进程是可以执行的，但我们却看不到这些数据。""飞地"会自动加密其中的数据，包括来自 Touch ID 传感器的数据。

"那么，为什么我们需要所有的这些额外层级的保护呢？苹果不能信任用户，让用户自己保护自己的数据吗？"

"用户往往不会选择强度更高的密码。"克尔斯蒂奇说。在他身后的屏幕上显示了一句更咄咄逼人的句子："人类无法安全地存储高质量的加密技术。"在他的讲话结束时，我仍然对苹果会定期处理什么样的安全问题感到好奇。克尔斯蒂奇开始了问答环节，但我完全明白，在库比蒂诺干活的这些人，能坐到这么高的位子上，肯定熟稔于回避话题。尽管如此，我还是要试一试。我走到了中间的过道上，拿起了麦克风。

"苹果公司在 iOS 中面对的最难对付的安全问题是什么？"我问道。

"这位听众提的问题真难回答。"他沉默了一会儿后回复道。人群沸腾了，发出了掌声和笑声——可能没那么沸腾，因为此时是会议的最后一天，时间是下午三点，礼堂塞满了各企业的信息专业人员，这是他们能达到的最沸腾的程度了。"谢谢你。"他在我等待答案时说道，"不了——谢谢。"他重复道。这就是我得到的全部答案。

联邦调查局努力尝试破解 iPhone，可能会使网络安全成为焦点话题。但自从苹果手机发布的第一天起，黑客们一直在侵入该设备。与其他大多数现代电子产品相似的是，黑客行为为塑造各种产品本身的文化和轮廓做出了贡献。这种行为可说是历史悠久，又稍微有那么点高尚。

在人开始用电子手段传播信息时，黑客活动就已经存在了。

1903 年出现了史上第一次黑客行为，利用一套无线网络完成，也是最有趣的黑客行为之一。意大利无线电企业家古列尔莫·马可尼进行了一场公开演示，演示对象是他全新的无线通信网络，按照他大胆宣布的那样，这种装置能将摩尔斯电码传送到很远的地方。而且，他声称这样做完全安全。他说，通过将他的设备调整到一个特定的波长上，就只有特定的人才能收到发送出来的消息。

他的同事约翰·安布罗斯·弗莱明爵士在伦敦皇家学院的演讲厅设立了接收器，马可尼将从位于康沃尔郡博尔杜的一个山顶车站传出信息，该地离伦敦300英里远。随着演示的时间越来越近，人们逐渐听到一个奇怪的、有节奏的敲击声。这是摩尔斯电码，有人正在把它发进演讲厅。起初只有同一个词反复出现：老鼠。然后，发信人诗兴大发，开始发送一首打油诗，开头是“有个意大利小伙子，让公众笑破了肚皮”。马可尼和弗莱明遭到了黑客入侵。

名叫内维尔·马斯克莱因的魔术师宣称自己是罪魁祸首。他受雇于东方电讯公司，如果有人发现了一种信息传送法，价格比该公司的地面网络便宜的话，那么东方电讯公司的利益便会受损。马可尼宣布自己弄出了一条安全的无线线路后，马斯克莱因便在传输路线附近建了一个150英尺高的无线电杆子，看看他是否可以窃听其内容。事实上，事后看来，马可尼的系统是安全的。他的专利技术能让他调整传输内容，设置为一个特定的波长。这种做法现在基本上是广播电台向全社会进行广播时的做法了。如果你掌握了具体波长，你就能听广播了。

当马斯克莱因在演讲厅向观众展示这一事实时，公众便了解到了新技术中存在的重大安全缺陷，而马斯克莱因则享受到了网络恶作剧带来的快感。

黑客行为作为我们今天所了解的技术或文化现象，可能是20世纪60年代逐渐发展起来的，当时的黑客行为主要是反主流的电话恶作剧。当时，在AT&T的计算机路由系统中，长途电话有着特殊的提示音，这意味着能模拟出这种音调的话，便有可能进入该系统。在第一批电话线路盗用者中，有一位 7 岁的盲人叫乔·恩格雷西亚，有着完美的音准［他后来改了名，叫乔伊巴博斯（即“快乐气泡”。——译注）］。他发现，自己可以以一定的频率向他的电话听筒吹口哨，从而免费接入到长途电话的接线员处。另一位传奇黑客，后来被称为“嘎嘣脆队长”的约翰·德雷普发现，嘎嘣脆队长牌麦片盒里的玩具口哨所具备的音调，可以用来开启长途呼叫。他造出了蓝色的盒子，即产生这种音调的电子设备，并向年轻的史蒂夫·沃兹尼亚克和他的朋友史蒂夫·乔布斯展示了这项技术。乔布斯将这些蓝色盒子变成了他第一次的创业尝试，这后来为人熟知；沃兹尼亚克制造这些盒子，乔布斯则会把它们卖掉。

黑客行为、重塑过程以及让消费者技术屈从于个人意志的文化，与这些技术一样古老。iPhone 也不例外。事实上，帮助 iPhone 获得 App Store 这一最成功功能的人，就是黑客。

第一款 iPhone 只有 AT&T 进行销售，这意味着，它们在某种意义上来说，是一种豪华手机。低端的 4G 型号价格为 499 美元，比较昂贵。世界各地的每一个苹果粉丝都马上想要一个，但除非你愿意和 AT&T 签约，而且住在美国，否则你就没这个运气了。

一个 17 岁的新泽西黑客花了几个星期就改变了这一点。

“嗨，大家好，我是 Geohot。我手上的是世上第一部被解锁的 iPhone。”乔治·霍尔茨在 2007 年 7 月上传的一段 YouTube 视频中这样宣布道，这一视频至今已被浏览了 200 多万次。霍尔茨与一个在线黑客团队合作，希望将 iPhone 从 AT&T 的“奴役”中解放出来，在找到将其引向“终极目标”的路线图之前，他已经用了 500 多个小时来研究这部手机的弱点。

他使用一把眼镜用螺丝刀和一个吉他拨片把手机的后壳取了下来，发现了基带处理器，以及把手机锁定在 AT&T 网络上的芯片。然后，他在这一芯片上焊接了一条电缆，从而消除了该芯片的作用，并且使足够强的电流穿过了这片芯片，从而扰乱了它的代码。他在自己的电脑上写了一个程序，使 iPhone 能够适用于任何无线运营商。

他录下了结果——在 iPhone 内接入了 T-Mobile 的 SIM 卡，然后用它拨打了一通电话——并一举成名。一个富有的企业家买了被解锁的手机，付出了一辆跑车的代价。苹果的股价在消息出现那天上涨了，分析师认为，这是因为人们听说，在不需要 AT&T 的情况下，你也能获得这部耶稣般伟大的手机。

与此同时，一群自称为 iPhone Dev Team 的黑客老手们组织了 iPhone Dev Team，尝试突破 iPhone 那配有高墙的花园。

大卫·王说："2007 年时，我还在读大学，没什么钱。"作为一位电子设备发烧友，iPhone 发布时，他对其很有兴趣。"我认为这是一个令人印象非常深刻的重要里程碑——我真的很想得到它。"但是 iPhone 对他来说太贵了，并且购买它还得捆绑 AT&T。"但他们也发布了 iPod Touch，我觉得自己能买得起这个……我觉得可以买一个 iPod Touch，他们最后肯定也会给这种设备加上拨打网络电话的功能，是这样吧？"

或者，他也可以试着黑入 iPod Touch，将它变成这个样子。

"当时还没有应用商店，也根本没有第三方应用程序。"王说，"我听说有人正在改装这东西，iPhone Dev Team 以及黑客们也听说了他们是怎么让自己的代码在 iPhone 上执行的。我在等着他们对 iPod Touch 做同样的事情。"

iPhone Dev Team 可能是对付 iPhone 最知名的黑客团体了。他们开始探测这台手机代码中的漏洞，这些人可以利用里面的漏洞来接管手机的操作系统。王在注视着，等待着。

网络安全专家丹·圭多告诉我："每个产品在刚问世时都处于一种未

知的状态。”圭多是网络安全公司数据足迹（Trail of Bit）的联合创始人，它为 Facebook 和 DARPA 之类的公司提供咨询服务。他以前是纽约联邦储备银行的情报主管，是移动安全方面的专家。他说：“苹果公司缺乏对许多漏洞的补救措施，他们在至关重要的服务中存在很多漏洞。”但是人们预料到了这点。这是一个新的领域，其中肯定会有困境。

大卫·王说：“有人发现，iPhone 和 iPod Touch 对这个 TIFF 漏洞毫无抵御能力。”TIFF 是一种大型文件格式，一般用在桌面出版商所使用的图像上。王说：“当这些设备打开了显示 TIFF 文件的网站时，Safari 就会崩溃，因为它的解析器有一个漏洞——人们便可以接管整个操作系统。”

黑客只需要一两天就能进入 iPhone 的软件系统内。黑客会发布侵入系统的证明，例如上传一段视频，其中有一部 iPhone 播放着未经授权的铃声，然后黑客通常会发布一组操作指示，以便让其他黑客可以重复这一结果。

“当 iPhone 问世的时候，它只为 Mac 着想。”王说。2007 年，Mac 的市场份额仍然相对较小，仅占美国市场的 8%。请记住 iPod 带来的教训，将用户限制于 Mac 上，就限制了使用人数。“我不想干等着人们发布 Windows 用户使用 iPhone 的攻略，所以我弄明白了他们的做法，并为 Windows 用户制定了一套攻略……原来需要 76 个步骤。”那是一个转折点。王先生的昵称是“星辰”，他在网上发布了他的攻略，引起了一阵热潮。“所以，如果你在谷歌上搜一下“76 步越狱法”，你就会看到我的名字。这是我做的第一件事。”

“越狱”成为一个流行术语，意指推倒 iPhone 的安全系统，允许用户把这一设备作为一台个人计算机使用——允许他们修改设置，安装新的应用程序，等等。但是，闯入其中仅仅是第一步。“在做完这件事之后，仍需要做很多工作，比如安装软件安装器，这种程序能让你轻松地安装上其他应用程序和工具，同时还能设置根文件系统、读写状态，以及其他一些事情。所以说，我的这套攻略能帮你解决这些问题。于是我就写了个工具，以完成这些步骤。”王说。

黑客活动是项竞争性强的运动。各个团体有点像专业的运动队，人们不能单独拿个球上场，想着打比赛。黑客必须要证明自己。“他们有些封闭。”王说，“黑客群体有一个问题——他们不想分享他们的技术，像我这样有点技巧的小孩，想要学习，会让他们烦躁。但是，如果你做出了什么了不起的事情的话，他们便会让你入伙。”

在上传越狱攻略后不久，王先生看到了安全专家 H・D・摩尔的一篇关于 TIFF 漏洞的博文。在本质上说，摩尔为自动越狱画了一张蓝图。王先生写了一个程序（JailbreakMe），它是最为传奇的 iPhone 越狱机制的前身，是一个在线应用程序，能通过 Safari 进入，能迅速让 iPhone 越狱。大卫・王在开发团队的同伴“Comex”是这一程序的实际创造者，即尼古拉斯・阿列格拉。

圭多说：“出现的一些漏洞，比如说 JailbreakMe 攻击，非常有趣。当时你可以进入一家苹果专卖店，在店里摆放的一部手机上打开 JailBreakMe.com，点击其‘滑动解锁’按钮，然后它便会在互联网上运行漏洞，并破解手机。”滑动解锁利用了 iPhone 著名的开放机制，这成了个双关语，表示你不止解锁手机，还被 Dev 团队从封闭的系统中解放出来。“你可以去任何一家苹果商店，把他们摆的手机都越狱了。”

这正是消息灵通的黑客们所做的。“很多人开始这样做。”王说，“因为破解突然之间变得简单了，真的很简单。”

苹果知道越狱逐渐成了主流趋势，它在 2007 年 9 月 24 日以实际行动打破了沉默。“苹果公司发现，互联网上存在许多未经授权的免费 iPhone 解锁程序，它们会对 iPhone 的软件造成无法弥补的损害，这可能导致被修改的 iPhone 在未来安装苹果提供的软件更新时被永久禁止使用。”

苹果之所以担心越狱是有其原因的。圭多表示，JailbreakMe“有可能迅速变成一套攻击用的工具，很幸运的是它并没有变成那样”。

包括大卫・王在内的绝大多数越狱者都渴望最大限度地发挥 iPhone 的功能，很明显，这部手机肯定有这种能力。大多数人并没有入侵其他人的手机（除了给苹果专卖店里的展示机越狱之外，那是个容易修复的恶作剧），他们只会给自己的手机越狱，从而对其进行定制化设置，把里面挖个底朝天——当然了，这也是为了消遣。

没什么人理会苹果发出的威胁。苹果修补了 TIFF 漏洞，开始了一场长达数年的战斗。iPhone Dev Team 和其他越狱团队会发现新的漏洞，并发布新的越狱模式。第一个找到新漏洞的人将收获声誉。然后，苹果会修复这个漏洞，并且将被越狱的手机锁定。当在新闻发布会上被问到越狱的问题时，史蒂夫・乔布斯表示，苹果与黑客之间的关系是“一场猫捉老鼠的游戏”。“我不知道我们是猫还是老鼠。人们会试图破解手机，而我们的任务就是阻止他们。”

随着时间的推移，越狱者社区的规模和地位都得到了提升。开发团队破解了手机的操作系统，允许它运行第三方应用程序。黑客兼开发者开发了游戏、语音应用程序和改变手机界面的工具。在苹果手机上，你能对它做的个性化修改少之又少——人们甚至没法挑选初代 iPhone 的壁纸，应用程序图标就只会悬浮于纯黑色的背景之上。字体、布局和动画都被设置好了，没法改动。正是黑客们推动着这一手机变得更像强化创造力的知识操控器，这是史蒂夫・乔布斯的偶像阿兰・凯伊一开始所设想的移动计算形式。

开发团队之中，有一位叫杰・弗里曼（又名“索里科”）的成员设计了 Cydia——基本上可以说，它是 App Store 的前身，只能在越狱的 iPhone 上使用——2008 年 2 月，他发布了 Cydia。Cydia 允许用户所做的事情比现在的 App Store 更多。他们当然能用它下载应用程序、游戏程序，而且能用它下载微调系统的程序，甚至将系统彻底修改一番。比如说，你可以重新设计主屏幕的布局，下载广告拦截器，下载某些应用程序，让你在手机的运营商并非是 AT&T 时也能打电话，或者对手机的数据存储情况拥有更多的控制权。

很显然，手机越狱技术和 Cydia 的大受欢迎，体现出公众希望获取新的应用程序的愿望；往大了说，则体现出他们希望提高自己对手机的控制程度。不久之后，苹果宣称越狱是非法行为，不过它从来没有起诉过任何越狱者。倡导互联网自由的“电子前沿基金会”组织发起游说，让手机越狱这一行为在《数字千年版权法案》中得到豁免，这一请求被联邦上诉法院批准，从而结束了越狱方面的这个问题。哥伦比亚大学的法律教授吴修铭有过这么一番著名的评论：“对苹果的超级手机进行越狱是合法且符合道德的行为，其本身也是一大乐趣。”

圭多说：“这是一片有趣的灰色地带，我们很少见到这样的事情了——到头来，这种黑客行为是完全合法的，任何人都可以把他们的手机越狱。”

不过弗里曼则认为，这一情况的发生更多是因为理念的驱使。“目的是要打击企业的独霸地位。”他在 2011 年对《华盛顿邮报》这样说道：“这是一场草根运动，它使得 Cydia 如此有趣。苹果公司是座象牙塔，让人们在使用产品时受到限制。通过进行越狱，人们能自己掌握对产品的使用方式，这就是他们选择越狱的理由。”截至 2011 年，他的平台每周有 450 万用户，每年能产生 25 万美元的收入 ，其中大部分回流，被用于支持电子生态系统。

钱对于 iPhone Dev Team 这样的越狱者们来说是个问题，他们依靠 Paypal 上收到的捐赠，以及进行其他工作而获得的收入来资助他们的事业。王说，随着时间的推移，App Store 的问世使得一部分人失去了越狱的兴趣；苹果也越来越积极地努力防御并阻止对其手机的入侵行动，原来的团队成员便开始流失。

事实证明，与任何优秀的地下反叛组织对抗权威的故事一样，这个故事也出现了一个转折点，iPhone Dev Team 的核心成员之一是苹果员工。开发团队里没有一个人认识到，这个叫作“灌木”，以其逆向工程技巧而著称的黑客，竟然在为他们所侵入手机的制造者工作。

谁是“灌木”？是本·拜尔，他在 2006 年与苹果签署了合约，担任高级嵌入式安全工程师。至少在记载了他网络活动的网站上是这么说的。本·拜尔的领英个人资料列出了这一头衔以及他的工作历史，其中有一小段时间内，他在为 Libsecondlife 工作——目的是努力创建出曾经流行的第二人生（Second Life）游戏的开源代码版本，在这个游戏中“灌木”非常多见。

大卫·王现在表示：“当时我们并不知道这点，直到……他后来向我们坦白为止。”“灌木”将继续成为黑客社区里一股强大的力量。但由于他的朋友和同行所说的“自然死亡原因”，他在 2016 年就不幸去世了，年仅 36 岁。

虽然越狱不会像过去那样造成轰动的影响——像任何有价值的科技活动一样，它多次被专家判了死刑——不过越狱者留下来的东西依然存在。

“苹果抄袭越狱社区的最明显的案例是通知中心的推出。”现在担任《商业内幕网》记者的阿莱克斯·希思在 2011 年写道。他指的是苹果公司最新发布的通知系统，它能让用户在同一块屏幕上查看软件的更新情况和消息。“这是 iOS 这几年来极度需要的新通知方式，越狱社区在很长一段时间内，都在提供着这一功能的替代品。”他指出，苹果公司实际上雇用了一名 Cydia 的开发者来帮助设计这一功能，从外观上看来，它们之间确实也有类似之处。

越狱者所证明的最重要的事情，似乎是大家对 App Store 的巨大需求，用户能利用这一功能完成许多大事，他们用自己的代码，为此提供了鲜活的证据。他们通过非法的创新行为来表明，iPhone 可以成为一个充满活力而又多元的生态系统，不仅能用来打电话、上网，还能提高生产力。他们展示了开发者愿意尽全力参与到这个平台上，他们并非光说不做，而是建立了一套运行模式。

因此，2008 年乔布斯做出决定，让真正的 iPhone 开发团队将苹果手机开放给其他开发者，“iPhone Dev Team”这个黑客团体在促成这一决定上至少有一部分的功劳。

大卫・王说：“我不想让我们显得多么狂妄自大。我们不知道苹果的计划到底领先我们多久。”他也不知道，他们无休无止地尝试黑入 iPhone，最终将其破解开来，究竟会造成什么影响，不过他说：“我觉得确实有影响。”

越狱行动的另一个遗产是转移了苹果的关注点，让苹果在安全方面投入更多。

丹・圭多告诉我：“消费者不应该考虑安全问题，苹果公司在我所说的‘安全方面的家长作风’上表现得非常出色。”他说：“就像个父亲，禁止孩子做某些事情，说这是为了他们好。”往好了说，这就是苹果所采取的手段。

圭多说：“他们在过去几年里对整个 iOS 平台进行了一次彻底的、自上而下的维护活动，并不是从战术的角度来考虑，比如说‘我们现在把漏洞都修复了吧’，而是切切实实地从战略格局上出发，考虑到了他们将要面对的攻击，并且算是预测到了部分攻击行为的目标。”他们停止了和黑客的猫鼠游戏，并开始重写规则，在老鼠有机会潜入房子前，就设置好了捕鼠器。

依照长期以来形成的行为方式（MO），苹果公司将其保护用户隐私的方式，以及“安全飞地”的工作原理都予以保密。“这种安全上的家长作风会使得你没法调查平台的安全性。”圭多说。除了苹果公司自己外，没有人确切地了解设备的工作原理，顶多知道个大概。苹果开始提升安全的力度，这是件好事。他说：“我们看到了一些使用 iPhone 的国家元首。苹果公司卖了 10 亿部 iPhone，所以该公司必须假设，有人在琢磨着什么歪门邪道。而且我们也发现，有些没滥用越狱手段的 iPhone 遭到了攻击。这些情况很少见。”

有些讽刺的是，安卓手机的兴起让 iPhone 手机在这一领域得到了帮助。iPhone 可能是全球最流行、获利最多的手机，但它是唯一一种运行 iOS 操作系统的手机。三星、LG、华为等手机厂商都使用安卓。这使得安卓在全球移动操作系统市场的份额为 80% 左右。那些图谋不轨的黑客会尝试费最小的力来办最大的事，对他们来说，这是一场数字游戏。

“不要尝试破解 iPhone，这太难了，你不会从中得到任何东西。”圭多说，这就是大多数黑帽黑客的态度。“苹果很快就能打败你。他们发布了人们真的会打上的补丁。”你知道苹果要你更新自己的 iOS 时，你会不管三七二十一，点击确定。没错，你安装的这个补丁会补上最新的漏洞，否则通过这些漏洞，心怀恶意的软件黑客们或许能黑入你的手机。并且，iPhone 用户更新手机的比例要比安卓用户高得多。

苹果更严格的应用程序审核流程对此也有帮助。圭多说：“如果你使用安卓应用程序的话，其中的恶意软件很多。但在 iPhone 上，严格的审核阻止了很多恶意软件的产生。苹果可以用远程手段恢复任何受恶意软件感染的手机。”

因此，时至今日，iPhone 的安全性基本上是非常好的。

圭多说，iOS 设备是市场上的电子消费产品中最安全的设备。他表示：“从安全的角度来看，它们就像坦克一样。相比于市场上其他任何受消费者信任的设备而言，iOS 设备领先了数个光年之远。那些懂行的人对其进行了精妙设计，能让它保守住你的秘密，即使是最厉害的对手，也无法取得你的秘密。”

但它还不完美，iPhone 仍然遭受过一些高调的黑客攻击。查理・米勒设法让 App Store 批准了一个恶意应用程序上架，让他能打破苹果对设备的完全控制，这次事件十分著名。密西根大学教授阿尼尔·贾因能够造出一台骗过 iPhone 指纹传感器的设备，只需要花上 500 美元即可。

2015 年，安全公司的 Zerodium 悬赏 100 万美元，旨在交换 iPhone 的一系列零日漏洞（那些销售商尚未发觉的漏洞），不过没人知道谁把这笔钱赢走了。除了 Zerodium 之外，没人知道这些零日漏洞会导致什么后果。而在 2016 年，多伦多公民实验室透露，一种叫作“三叉戟”的恶意软件被人用来入侵阿拉伯联合酋长国人权活动人士的电话，这是种非常复杂的恶意软件。据消息透露，这个黑客为一家以色列公司工作，据说该公司已经将这一间谍软件出售，价格高达 50 万美元——可能会卖给阿联酋那样的专制国家。

这些黑客行为基本影响不到大多数用户。圭多说：“你必须从全局来看，越来越多的人正在使用非多用途的计算设备，他们正在使用 Kindle、iPad、Chromebook、iPhone、Apple TV 之类的设备，这些设备具有封闭性，只有一个用途，由于它们不是多用途的设备，所以很难受恶意软件攻击。我认为苹果在转变，但世界也在转变。多用途电脑在我们生活中的作用正在减少，而且安全性不足，这会对其造成巨大影响。”

即使最安全的设备也不是完美的，封闭型的单一用途设备也肯定很容易受到攻击，尤其是因为它们越来越多地连接到了互联网中。我可以凭经验告诉你这点。没错，我的 iPhone 就是被这种攻击手段给黑掉的。

“奇怪的是，Wi-Fi 攻击没有消失。”圭多说，“大家似乎没有兴趣解决这类无聊的问题。如果真的有人想利用它，并让你连进一个 Wi-Fi 网络，想要获取你手机权限的话，那么他们可以发起一些消耗资源少的攻击——当你打开 Safari 时，他们可以尝试将你重定向到另一个网站，尝试让你把密码输到上面的某个地方去。但这种行为就有入侵的嫌疑了——你会因此中招。”

基本上，使用公共 Wi-Fi 时，如下规则都是适用的——不要在公共网络上输入任何敏感数据，只登录那些你信任的网络，在收到提示时更新你的手机。

情况正在发生变化，正如圭多所说，使用 iPhone 的犯罪嫌疑人越来越多，侵入手机的活动也变得越来越来势凶猛。组织松散，为了找乐子或赚几块钱而入侵的那些黑客不太可能完成这种任务；这种任务更有可能被交给政府机构，或用一笔大价钱转给那些和政府机构有业务往来的公司。当联邦调查局表示它需要用软件后门打击 ISIS，并跟踪加密的人员招募活动及恐怖袭击的筹划情况时，安全专家对此持怀疑态度，因为该局无法防范这种攻击，这一点非常明显。但还有其他的情况，例如，苹果公司帮助执法部门解锁了一些照片，使得两人被送入监狱，这两个人对一名 16 个月大的儿童进行了性侵。这一事件显示出了苹果公司和政府的合作。（应该补充的是，苹果公司过去也向政府提供过帮助：据报道，苹果公司在执法部门的指令下解锁了超过 70 台 iPhone，不过其中许多是在“安全飞地”出现前解开的，当时还不需要新型解锁软件来帮忙。）人们可能需要一种执法机制来解开犯罪嫌疑人的手机，但是在“安全飞地”时代，我们该怎么做呢？这是一个悬而未决的问题。

对于苹果来说，安全问题也是产品问题。随着苹果支付系统、物联网应用程序以及 HealthKit 推广的逐渐加快，对苹果公司来说，消费者们必须相信他们的数据能被安全地保存。从消费者的角度看，苹果的决定是双赢的，它可能不受欢迎，但其中蕴含的信息很清楚——iPhone 是你能找到的最安全的手机了。我们会和联邦调查局协商，确保你的手机是安全的。即使你是恐怖分子，你的数据也是安全的。

在苹果的安全专家演讲完后，我走到了后台，想求得一个更清晰的答复，一群人聚在那儿。我问他，网络安全的情况正随着智能手机占据主导地位而发生变化，他对此有何感想。

“嗯，整个格局中变化的因素之一是——”

“公关人员要跳过来接手了。”苹果的一位公关人员说道，他还真是跳过来的，把一张名片塞进我的手里，然后护送克里斯蒂离开。

当然，苹果还会继续保守“安全飞地”的秘密。

CHAPTER

12

加利福尼亚设计，中国制造

放眼望去，尽是灰色的宿舍和饱经风霜的仓库，这片庞大的厂区和深圳这座特大城市的郊区无缝地结合了起来。富士康巨大的龙华工厂是苹果产品的主要生产厂家，它可能是世界上最知名的工厂，或许也是最秘密、最封闭的。

每台 iPhone 背面都印着这样的一行字：由苹果公司于加利福尼亚设计，在中国组装。美国法律规定，在中国生产的产品必须贴上这样的标签，而苹果公司将设计公司纳入其中，使得这一声明独特地展现了世界上最严重的经济分水岭之一。尖端的设计方案在硅谷得到孕育，但却要在中国进行手工组装。

绝大多数生产 iPhone 组件并完成设备的最终组装的工厂都位于这里，即中华人民共和国。劳动力成本低廉且技术娴熟，使这一国家成为制造 iPhone（以及其他任何小型设备）的理想场所。该国具有前所未有的庞大产能——根据美国劳工部的统计数据，截至 2009 年，中国有 990 万工厂工人——这帮助该国成了世界上最大的经济体。而自首款 iPhone 出货以来，在组装该手机时所占的份额最大的是台湾鸿海精密工业有限公司，更为人所熟知的是其商标名“富士康”。

富士康是制造业的巨无霸之一，有 130 万人受雇于它。全世界的所有公司中，只有沃尔玛和麦当劳比它雇用的人多。到 2016 年为止，美国 5 个价值最高的科技公司——苹果（66000 人）、字母表（过去被称为谷歌，70000 人）、亚马逊（27 万人）、微软（64000 人）和脸书（16000

人）——的雇员总数加起来，也才不到富士康的一半。富士康的雇员数比爱沙尼亚的总人口还要多。

今天，中国各地的一系列不同工厂承担了组装 iPhone 的任务，但多年来，随着它逐步成为畅销世界的产品，iPhone 的装配工作基本上是在富士康的这个 1.4 平方英里的旗舰厂里完成的，该厂就位于深圳这个制造业大城市的郊外。这个庞大的工厂曾是约 45 万工人的家。这一数字据说在今日有所下滑，但它仍然是世界上最大的工厂之一。

如果你知道富士康，那很有可能是因为你听说过那里的自杀事件。2010 年，龙华装配线上有多名工人自杀。工人们下班后从高耸的宿舍楼里跳了下来，有时就在光天化日之下跳了下来，悲惨地表现出了他们的绝望之情，同时也在抗议着工厂内部的工作环境。仅这一年就有 18 起自杀事件，14 人死亡。还有其余的 20 多名工人被富士康的管理人员劝了下来。

时事评论员认为，很多自杀者是无法适应快速发展的进城务工人员。史蒂夫·乔布斯在被问到大量的死亡事件时说："一切都在我们的掌控之中。"他指出，富士康的自杀率并不高于全国的平均水平，并且也低于美国许多大学的自杀率。评论家认为这一回复是冷酷无情的，尽管从技术上讲，他的这番话确实没有问题。龙华富士康是如此巨大，以至于都能算是个"国家"了。不同之处在于，富士康是一个完全由一家公司管理的"国家"，生产的东西正好是这个地球上最有利可图的产品之一。

自 2010 年以来，虽然恶劣的工作条件、不安的工人，甚至是自杀事件都持续存在，但富士康和龙华公司也只是偶尔会受到媒体关注。与此同时，苹果其他主要的 iPhone 制造商，如富士康的竞争对手上海和硕，则受到了剥削工人以及强迫他们超量加班的指控，其管理模式奇怪地模仿了竞争对手富士康。

所以我去了中国，试图深入了解制造世界上利润最丰厚的产品到底需要什么条件，这一产品由全球知名的、距离中国 5000 多英里远的、在太平洋的另一端的创新公司设计，而中国则是这一产品最大的生产者，同时也有着快速增长的市场。我的第一站是上海。

在这个四处扩张的城市中，几乎在每个角落里，都有人在生产某个零部件，这些部件最终将出现在一部 iPhone 里。他们也可能直接把这些事情打包到一起完成。苹果在关于主要供应商的年度报告中列出了 200 个地址，有近一半位于深圳和上海这两座城市中。

上海有 40 家供应商，其中包括台积电等公司。该公司是一家芯片制造商，生产的是 iPhone 的“大脑”，即以 ARM 作为基础的芯片。这 40 家供应商分散于上海各处。

当我到达台积电的总部时，我发现安全检查站设置在离厂区还有好长一段距离的地方，所以除了修剪得齐整的草坪以及巨大的灰红色工厂墙壁外，我看不到任何东西。保安当然不会让我走近点看。我拍了一些照片，慢跑回空转的车里。一名大喊大叫的保安人员跟在我后面。他要求我删除照片，否则就不让我们走，直到我假装删除了照片之后，他才让我们离开了那里。在我参观苹果供应商的这趟旅途中，这种情况反复出现。事实上，我很快就能够辨认出街区里哪栋楼有苹果组件的组装厂。一般这栋楼戒备森严，会配有铁丝网，或者有站岗的保安人员。

在和硕时更是如此，该公司的入口处设有照相机，上面装有面部识别软件。每一个工人都要刷一张卡，瞥一眼相机，旋转门才会打开。他们汇聚成一条大河，流入到工厂的巨口中。和硕位于城郊，离上海迪士尼只有一站地铁的距离。我和我的向导绕着工厂边缘走着，发现工厂挤满了成百上千名工人，大多在上大学的年龄，他们佩戴着用绳子挂在脖子上、不停地颠来颠去的身份牌。我们经过一位算命先生的摊位，我递给他 10 元人民币，请求他告诉我 iPhone 的未来。“每个人都说这是一部很好的手机，未来它会变得越来越好，因为它的利润会越来越高。”他说。不过，他也告诉我，我面相大好，必将大行桃花，所以我不完全认为他说的话可信。我们采访了尽可能多的工作人员，开始了解这些工厂的情况到底是怎么样的。这些工作场所充满了压力，工作时间长，工作任务重复而单调，大多数雇员在工作了一年后就辞职了。

可以毫不夸张地说，iPhone 已经改变了中国。除开组装该设备之外，中国现在也是世界顶级的 iPhone 消费市场之一。上海令人着迷——热忱的创业精神以及强悍的制造力主导了其智能手机科技行业。但即便如此，它也比不上深圳。

自 1980 年起，深圳成为中国向外国公司开放的第一个经济特区，当时它还只是一个人口为 25000 人的渔村。在经历了历史上最引人瞩目的城市化之后，深圳如今成了中国第三大城市，这里有无数高耸的摩天大楼以及上千万居民，当然还有各种大型工厂。它之所以能完成如此壮举，部分原因是它成了世界上最大的电子元件生产地。世界上大约有 90% 的消费级电子产品都由深圳经手。

深圳与香港隔河相望，处于中国南大门，其中心区让人感觉井然有序，节奏紧促，充满喧嚣。车流发出咆哮，车灯比霓虹灯更为明亮，但相比于赛博朋克城市，深圳更像是个“商业朋克”城市。

艾萨克·陈说：“我相信深圳体现了中国的精神。”陈先生于 20 世纪 90 年代出生在深圳，当时正赶上该城的第一波经济繁荣期，而我也很有幸能在乘坐飞机时坐在他旁边。“人们在新兴行业里工作得很辛苦，时间很长。我是在深圳出生的第一代人。”他说，“当我还是个孩子时，到处都是小山。现在它们都被夷平了。移山填海让这座城市完全变了样。”

一辆出租车载着我们在工厂前面停了车。四四方方的蓝色字母被装在了入口旁边，拼出了 Foxcnn（富士康）这个单词。天气有些阴沉，这是深圳的典型天气。保安看着我们，半是无聊，半是可疑。我的中间人是一位来自上海的记者，我就把她称作王阳（音）好了。我决定先步行到附近，然后和工人交谈，看看是否有办法进去。

在深圳和上海，我们走访了不同的 iPhone 组装厂，我们采访了几十名工人。老实说，要想获得真正具有代表性的 iPhone 组装工的生活案例，就需要进行大量的调查，系统地秘密采访数千名员工。所以，直截了当地说，就是要花大力气和那些经常容易紧张、意兴阑珊、感到无聊，刚从工厂大门出来的工人们谈话；午休时和他们一起在附近的一家面馆里度过；或者在他们换班之后于某处相聚。

在 iPhone 工厂里，人们的情况是不同的——一些人能够忍受这项工作，而另一些人则破口大骂。一些人亲身体验到了富士康出了名的绝望感，还有一些人之所以在那里工作，就只是想找个女朋友而已。大多数人在加入前都听闻过该公司工作情况不佳的报道，但他们要么需要工作，要么根本不在乎这些报道。几乎每个人都说工厂里的工人很年轻，工厂的人员流动率很高。“大多数员工只干一年”是老生常谈了。

也许这是因为人们普遍认为该工厂的工作节奏无休无止，而其管理文化又常常被描述为残酷无情。

由于 iPhone 是一种紧凑而复杂的机器，所以要想正确地组装一部的话，就需要数以百计的人负责的流水线来组装、检查、测试并打包每台设备。一名工作人员说，她每天会拿起 1700 只 iPhone，她要在显示屏上擦拭特殊的抛光剂，每天工作 12 个小时，每分钟抛光 3 个屏幕。另外一个人说，他曾经是两三个人组成的检查小组中的一员，他们每天都要对 3000 多台 iPhone 做质检。

紧固芯片板和组装后盖这种更为细致的工作速度会更慢些，这些工作人员分配在每台 iPhone 上的时间都有一分钟左右。就算这样，他们每人每

富士康龙华工厂的主要入口

天也仍然要处理六七百台 iPhone。无法满足配额，或者出现了失误的话，可能会引来上级的公开指责。管理者时常要求工人保持沉默，如果工人向老板请求用洗手间的话，也可能会惹来责骂。

“情况在我们掌控之下，我们检查了这些公司的一切情况。”史蒂夫·乔布斯在自杀事件发生后说道，“富士康不是血汗工厂。这是一家普通的工厂——但是，我的天哪，他们竟然有餐厅和电影院……但确实是一家工厂。不过他们出现过自杀和自杀未遂事件——而他们有 40 万雇员。其自杀率低于美国的自杀率，但仍令人担忧。”蒂姆库克在 2011 年访问了富士康龙华工厂，据说他和预防自杀方面的专家以及富士康的高层人员展开了会谈，讨论了厂内自杀成风的状况。

在深圳时，有天晚上我用 Skype 采访了中国劳工观察的执行主任李旺（音）。李先生本人曾是富士康的工人，在经历了该公司的恐怖事件后，他成了劳工组织者，致力于倡导更好的工作环境。他现在正在组约管理中国劳工观察这个组织。

李先生对自杀风潮以及由此引发的媒体关注所带来的改革机遇抱有很高的期望。“媒体报道是有益的。”他说。2011 年，当媒体报道了富士康虐待工人事件，并可能对自杀问题进行询问时，工人的工资几乎翻了一番，工作条件也有所改善。他说：“我认为媒体的压力使得富士康提高了工资。”

回到龙华之后，我和王动身前往招募中心以及主要的工人入口处。徐先生打了通电话给他的朋友赵先生，此人仍然在富士康工作。几年前，他被晋升为基层经理，赵先生同意用他有限的权力，尝试让我们通过安检，在厂区里绕一圈。

他告诉我们，他认为 iPhone 是在 G2 厂区制造的。为防止我们误闯进去，我们绕着厂区的围墙走着，厂区不断延伸——我们不知道的是，这仅仅是工厂的一小部分。

在一条繁忙的街道上，一侧耸立着工厂的围墙，另一侧则通往深圳的各个街区和商店。一张廉价的 LED 广告牌写着“招聘中心”字样，它播放着各种厂内的画面：电脑工作站上兴高采烈的工人，五彩缤纷的流水线的抓拍，湛蓝而宽广的游泳池，空无一人的大型健身房，漂亮而干净的建筑。这看上去也像是个“狐狸陷阱”。

不过，我们路过的时候，有几个年轻的男女正在填表。这些人和徐先生以前一样，也是临时工。我们向左转，经过中心，看到不远处有另一个有人把守的入口。那就是我们要和赵先生会面的地方。但当我们经过招聘办公室的时候，发现了一个入口，通往一个更大、更开阔的空间。旁边一个人都没有，我们便走了进去。

这地方是欢迎中心，有一间礼堂，里面安装了绿色的地板，有差不多 80 条金属长凳。一堵蓝色的临时墙将空间切为两半，它像一座巨大的高中体育馆，目的似乎是为了给鼓舞士气的演讲者提供舞台。赵先生后来证实，这里就是富士康给新来的工人做迎新报告的地方。再往远处走，会发现一大批小房间，其中一些房间里配备了塑料试管和容器，这些地方可能是用来给未来的工人体检的。墙上的海报夸耀着富士康的影响力，以及它业务遍及的国家。另一张海报上则是表情开心的卡通警察以及隐蔽的摄像头，表示这里属于监控区。

这个地方是为大规模生产而建的。成百上千的新人可以立即在这里签字，一次能有几十人同时做基本的体检或面试。我们环顾四周，看到了一个大厅，有两个女人坐在电影院里的那种有机玻璃亭后面，她们问我们来这儿做什么，而就在这个时候，我们及时地离开了。

在路的尽头，入口的附近，我们给赵先生打了电话，他说他一个小时后到。这些警卫看起来比刚才那批好一点，所以我们便询问能否进厂区转一圈。他们微笑着拒绝了，任何人要想进来转一圈，都必须得到行政人员的批准，这些保安无权做主。我们说自己和一位楼层经理约好了要见面，他们微笑着，重复了同样的话。

赵先生出现了，他的外形非常干练，衣着体面，二十五六岁左右，有着柔和的面部线条——但是我们得到的回答仍是一样的，需要行政人员的许可。赵先生在富士康工作了 8 年，其中几年里都担任着经理一职，但这仍不够。没有行政人员许可，就没法进去。保安告诉我们，这座厂里的秘密太多了。我们可以在网上提出申请，不过这个过程通常会耗时数月。我们花了将近一个小时来尝试说服保安放我们进去。

最终，我们放弃了，并与赵先生一起行走在这一广阔厂区的围墙外，为了继续工作，他不得不回到厂区的另一个地方。我问他，作为富士康的老员工，他是否觉得厂里的情况跟我们所听闻的一样糟糕？媒体说的那些事是真的吗？

他微微摇头，说道："你听到的每一件事都是真的。"我们才刚得知，他在工作中得在公开场合责骂下级，但他似乎太亲切，太随和了些，他的性格一点儿也不严肃。许多中层管理人员总有一种咄咄逼人的态度，好像总要和人打一架，而他并非如此。

"那你为什么要在这里工作？"我问道。

"我已经适应了这里。"他耸了耸肩，笑道，"我不像许多经理那样会去责骂我的工人。我不为难他们。"他暗示自己的宽容可能阻止了他的升迁。我明白憎恶富士康的徐先生为什么会喜欢他了。赵先生说，他感觉自己已经习惯了这一行，不过他似乎并不为此感到高兴。"此外，"他说，"我也不知道我还能做别的什么工作，我在这里已经待了这么久了。"

我们跟着赵先生，在围墙周围走了 20 分钟左右，来到了另一处入口，另一个安检处。很显然，有 8 个主要安检处，还有一些小一点的。我们和赵先生道了别，看着他在机器上扫了一下自己的卡，然后消失在人群中。

此时，我突然有了灵感。我必须要去趟洗手间。情急之下，这让我有了一个主意。

附近有个洗手间，就在安检处外一百多米远，在一个楼梯间旁边。我看到了全世界通用的火柴人形象，用以指代洗手间，我向着它的方向走去。这个安检处很小，更像是非正式的——也许是给赵先生这样的经理准备的入口。这里只有一个保安，是一个年轻人，看上去百无聊赖。

王小姐用中文对他说了些话，语气里有些恳求的意思。保安慢慢地摇了摇头，看着我。我脸上的焦虑感非常非常真实。她又问了他一次，这次他动摇了一秒钟，然后又拒绝了。

她仍然坚持，说我们马上会回来，现在我们显然让他感到了不适，主要是我造成的。他不想掺和这件事。

“去吧，但要赶快回来。”他说。

当然，我们可没“赶快回来”。

就像我说的那样，我不敢相信这一切。据我所知，世上没有任何美国记者在未经富士康批准的情况下，和一位向导一起进入过这里，我们这趟旅程不像别人的那样，并未预先受过任何人小心谨慎的安排，不会被限制在预先选定好的某些厂区内，也不会粉饰太平。我躲进了那个洗手间，有些头昏脑涨。在洗手间里，我看着一个迷惑不解的孩子洗着手，却几乎连向他点点头都做不到，他甚至都没想盯着我。我差点忘了离开，之后才溜了出来，朝王小姐招了招手。

我们快步走过一座座工厂大楼，很快就到了路的尽头，这里有一堵破碎的石墙将工厂和周围的城区隔了开来。似乎没有人在跟踪我们。附近有高耸的公寓和几棵树，还有一道灰色的地平线填满了整幅画面。我们沿着墙往右转，进一步深入到厂区内部。我的肾上腺素在飙升，不知道要去哪儿。

煤渣块、碎石、砖块都杂乱地堆放在这附近，一排锥形筒封锁住了某

富士康龙华工厂里的一栋建筑

个地方，似乎是什么东西泄漏了。装满运输集装箱的蓝色卡车到处停放着。年轻男子穿着被汗浸透的 T 恤衫，安静地打着街头篮球。我们继续走，穿过了窄小而向内延伸的街道，这些街道边上排列着车库、车间和仓库大楼。场地对面是一座看上去很像官方大楼的建筑物，大门两侧各有一只石制怪兽。我拿出我的 iPhone，拍了一些 iPhone 制造地的照片。附近的几个人开始盯着我看了。

我们穿过了一条街道，经过了锈迹斑斑、饱经风霜的货物堆。有些装满了成堆的原料，有些则装满了被切割好的金属，有些货物堆里则装满了叠成堆的货盘。一台破到没治了的叉车停在货物堆旁边，轮子都没了，车上被人涂了鸦。换句话说，这里很像是你脑海中所想的老旧工厂货物收发区，而且这工厂跟一座城市差不多大。一群人坐在垂直电梯上，正用电钻钻某座建筑物的外墙，产生一阵阵“火雨”。有一半的人没穿戴安全设备。垃圾散落在路上，还有几个红色路锥。摩托车和平板卡车点缀着街道。

我们向街道更深处走去，建筑物变得更高了。像很多城市一样，越靠近市中心，建筑物就越密集。仓库和车间逐渐变成了两三层楼高的建筑物，然后是宿舍楼。我们路遇的人越来越多，他们都在脖子上挂着一张身份卡，在我们急忙往前赶的时候，他们一般只会瞥我们一眼。道路变得更宽，能容纳行人和骑自行车的人，然后就能开车了，不久之后，道路进一步拓宽，变成了一个繁忙的路口，挤满了数百个又或者数千个年轻人。它看起来像场展览或招聘会，但我们不会停下来察看情况。有些人正盯着我们，离我们一百多米远的地方，有一个安全员在指挥交通。

我们逐渐意识到情况的严峻，闯入的危险逐渐浮现出来。很明显，我们做出了一个草率的决定，因为这里对记者确实不算太宽容。到头来，我们实在不可能混入人群之中（附近没有其他瘦高的白种美国人）。如果我们被抓住的话，我的翻译更有可能会面临严重的后果，但当我问她是否应该回去时，她坚持要继续前进。

我们等啊等，直到安全员转过头去指挥交通，我们便走过了他，尝试混入人群中去。

富士康城真的是一座城市。

我们继续走着，很快，街道两旁出现了修剪得非常好的灌木丛，也有各式各样的餐馆和商店。有 24 小时营业的银行、一家巨大的食堂，以及看上去类似临时市场的一个巨型露天市场，不过里面挤满了人。到处都是人，或步行，或骑行，或吸烟，或沉迷手机，或在马路边上吃着饭盒里的面条。他们穿着 polo 衫、牛仔裤、格子衬衫、时髦的 T 恤，挂着身份卡的带子在他们的脖子上晃悠着。

街道很干净，这里的建筑变得崭新。在一家店门口，有一只招财猫玩偶竖着大拇指。可口可乐品牌的遮阳伞下，一些职员正坐在金属制野餐椅上玩着手机。闪亮的轿车停在主街旁边刻意分配的停车场里。这里有家 7-11 便利店——和你走进过的任何一家 7-11 便利店没有区别，商标一样，商品也琳琅满目。不知为什么，这家店让我有些厌倦。我们也看到了一些网吧，以及一些奇怪的充气的东西，这些是各个商店用来宣传的。

整体上看的话，它有点像大学校园的中心，只是安静了些。此地人数这么多，但这里的噪音实在太微弱了。我们一早上都在听各种恐怖故事，确实很容易往恐怖的方向思考，不过龙华富士康似乎真的被一种幽灵般的、使人窒息的空气感染了。

除开其规模，这里最令人吃惊的是，快步穿过龙华富士康，至少花去了我们一个小时。它的某一端和另一端完全不同。从这方面讲，这里就像一座中产阶级化的城市。在我们所谓的“郊区”中，有着溢出的化学品、生锈的设施以及缺乏监管的工业劳动。你越接近“市中心”——记住，这是一座工厂——生活质量就越高，或者至少说，“市容”和基础设施就越好。事实上，一位工人告诉我们，他在“郊区”干过活，认为自己的工资比消费性电子产品装配线上的人要少。

随着我们越来越深入内部，被越来越多的人包围，我们觉得自己所受的关注越来越少。我们一开始一直被人盯着，现在，人们只会了无兴趣地瞥我们一眼。我觉得原因是这样的：这个工厂是如此的庞大，安全防范性如此之高，所以人们会觉得，如果我们能在里面到处走动的话，那肯定是有人允许我们这么做了。又或许人们都觉得这不关自己的事。我们开始尝试前往 G2 工厂，赵先生告诉我们，iPhone 就是在那里制造出来的。在离开“市中心”之后，我们开始看到高耸而雄伟的厂房——C16、E7 等，许多厂房周围有一大群工人。

这就是真正令人吃惊的地方了。看，很多厂房歪斜着，有种反乌托邦色彩，毕竟它们的唯一目的是让手工和机械劳动的效率最大化。但龙华光是凭借其巨大的地盘，就显得与众不同——它由一座座时隐时现、数层楼高、灰暗而覆盖着污渍的“方块”组成。它的内部一路过来都是工厂，在完全相同的沉闷的宏伟建筑物里，有 100 万件消费性电子产品被人组装起来。你在它们中间的时候，会感觉自己很渺小，就像身处航空母舰般巨大的工业引擎之间，自己却只是一小块有机物而已。你极目望去，只能看到工厂，根本就没有任何自然的景象。

富士康城是大规模生产这一人类历史上最早的创新成果的巅峰之作。直立人出现在 170 万年前，是第一种广泛使用工具的物种，也是第一种精通于大规模制造工具的物种。一些有进取心的猎人想出了制造手斧的办法，也就是同时击打数个燧石核。研究材料科学历史的史蒂芬・L・萨斯将之称为“早期版本的批量生产”。

这种批量生产的冲动逐渐成熟，变成现代的装配线，中间花掉了数千个世纪。

让我们设想一下另一座工厂。这个工厂有 1 英里半宽，1 英里长，工厂建筑物总面积为 1600 万平方英尺，包括 93 座高耸的建筑。它有自己的专用发电厂。雇用了 10 多万名工人，这些人每天工作近 12 小时。那些工人从全国的农村而来，以获得更高的工资。总之，这是一个效率和生产方面的奇迹，它被形容为“几乎能自给自足、自成体系的工业城市”。

不，这座工厂不是富士康在 2010 年左右建造的。它是 20 世纪 30 年代亨利・福特的胭脂河工业综合体。尽管福特一直受到人们的崇拜，被誉为美国的工业英雄，人们仍容易低估流水线带来的影响，这项创新可能比 iPhone 或 T 型车还重要，这些东西都是通过流水线大规模生产出来的。而且，和其他创新一样，这种技术中也有些东西是从别人那儿借过来的，经过讨论和测试，然后被卖给了投资者。

虽然福特的流水线系统有了众多的改进，但是，奥尔兹牌轿车公司的蓝森・E・奥尔兹在福特公司采用流水线之前，已经在运行着一条流水线了，并且运行了差不多 10 年。福特最大的创新可能是最大限度地提高了效率。创立了分布式，基于站点的生产模式，即每个工人循环往复，不断执行一个专门的任务，这就让汽车这种复杂的机器的价格更为亲民，同时在今天也让 iPhone 的价格相对亲民。（它也给了苹果非常大的利润空间。）

但是，当我们把福特和他的机械装配线视为美国勤奋精神的英雄模范时，其根源则在更“有机”的地方——屠宰场，也就是那些芝加哥屠宰场。1906 年，厄普顿・辛克莱尔出版了《丛林》（又名《屠场》，此书揭露了美国屠宰场恶劣的工作环境以及新移民的痛苦生活，但公众主要关注的是食品安全问题。——译注）一书，激起了全美国对这些屠宰场的愤怒，但它们对于创立流水线操作系统而言贡献巨大，这种系统日后便被用于生产 iPhone。福特的总工程师威廉・帕・克兰在那段时间参观了芝加哥的斯威夫特和孔帕尼屠宰场。他在那里看到了福特以后会称为“拆卸”线的东西，如同屠夫会把每具被屠宰的动物身上固定的部分切下来，这具被屠宰的动物是从“拆卸”线传过来的。

克兰说：“如果他们能够以这种方式杀死猪和牛的话，我们也能用这种方式来组装汽车，建造引擎。”历史学家大卫・霍恩赛尔称，福特工程师还参观了威斯汀豪斯铸造厂，该公司制造的是空气制动器，早在 1890 年便采用了“将模具移动到其位置上的输送系统”。“我们在铸造厂看到了这些流水线，我们觉得‘这玩意儿为什么不能为我们所用呢？’”克兰说。这个想法催生了现在臭名昭著的生产流程，最终使得 20 世纪 30 年代期间，每 24 秒就有一辆 T 型车开下流水线。

而这基本上就是中国今日的情况了，只是中国的劳动力更多，进行的劳动更复杂、更精细、更累人罢了。请考虑这一点：苹果在 2015 年第四季度销售了 480 万部 iPhone。这些手机中的每一部都是由人手工组装的。或者说，由数千人组装完成的。截至 2012 年，每部 iPhone 需要经历 141 个制造步骤，花费 24 个工时才制造完成。现在花费的时间很可能更多。这意味着，用最保守的方式进行估计的话，工人们在三个月内至少花费了 115.2 亿小时的时间来拧紧、胶合、焊接并拼装 iPhone。这一数字可能会更高，因为有很多手机因不符合质量标准而被淘汰了，有时候被淘汰的手机甚至会占到半数左右。

在我们进行采访时，我们不断听到的魔术数字是“1700”——这是负责操纵机器印章或检查屏幕质量的工人所说的数字，指的是他们在指定的工作日内预计要监督的手机数目，工作日平均要工作 12 小时。对于那些清理 iPhone 的人来说，这个数字是相同的。测试拼装完毕的手机的工人表示，他们每天负责的手机约 3000 部。（测试团队中每个人每个月赚大约 2000 人民币。）每小时加起来要测试超过 200 部 iPhone，每分钟差不多要测试 3 部多。

这是制造业方面的壮举。富士康现在是世界上最大的电子承包商，从收入角度衡量，是世界第三大的科技公司，它的年收入约为 1318 亿美元，主要归功于它的 iPhone 订单。iPhone 的各个部件仍需在其他国家或地区生产——处理器来自美国，芯片和显示屏主要来自日本和韩国，陀螺仪来自意大利，电池来自中国台湾地区。但这些东西必须要被运来富士康，在一条复杂程度超乎想象的流水线上，被组装成一部无敌金刚。

富士康及其竞争对手们能用无情的高效手段解决这种复杂的问题，这使得它们在苹果这样的美国公司眼里显得十分诱人。

2011 年，奥巴马总统与硅谷的一些大佬共进了一次晚宴。当然，史蒂夫·乔布斯也出席了晚宴，当他谈论海外劳工时，奥巴马插话了。他想知道，如果要把这些工作岗位带回美国的话，需要做些什么。“这些工作回不来。”乔布斯说出了这句著名的话。海外劳工不仅价格低廉，而且规模巨大，任劳任怨。这对于满足苹果在产品制造方面的需求来说，是十分必要的。

在《纽约时报》一篇获得了普利策奖，调查了所谓的“苹果经济”的报道中，一位不愿透露姓名的苹果高管表示，苹果坚持在海外进行生产，并非是为了获得廉价劳动力。有些分析师认为，在美国进行生产的话，每部手机的劳动力成本会提高 10 美元。他们留在那里，是因为深圳培养出了规模巨大且十分熟练的劳动力群体，以及一整套连锁的相关产业所构建的生态系统。工人们能成群结队地前来，快速组装一种新的样机，以便进行测试，或者迅速对大量将要发货的产品进行工作量不小的修改。可以迅速获得零件，并且将它们投放到一条生产线上。如果苹果不得不在最后时刻对 iPhone 进行一些改变——比如改变铝壳，或是在触控屏上创造一个新的切口的话，富士康在一瞬间便可招来数千位工人和数百名监督生产过程的工业工程师。

《纽约时报》提供了以下例子：

苹果高管说，到目前为止，在海外组织生产是他们唯一的选择。一位前高管描述了这样的情况：公司在某装置上市前数周，向一家中国公司求援，让他们修改 iPhone 的生产流程。苹果在最后一刻重新设计了 iPhone

的屏幕，迫使生产线出现巨大变化。新屏幕在午夜时分开始到达工厂。

一位工头立即叫醒了公司宿舍内的 8000 名工人。每人领了一块饼干和一杯茶，被引导到一个工作站里，在半小时内便开始了 12 小时的轮班作业，工人们要将玻璃屏幕装到斜面框架里。在接下来的 96 个小时内，该工厂每天能生产 10000 多部 iPhone 手机。

“其速度和灵活性实在惊人。”这位高管说，“没有一家美国工厂能与之相媲美。”

你接下来要问的问题可能是：为什么我们的手机一定要用“惊人”的速度来进行装配呢?

工管硕士们对这个问题的答案多种多样——当然，在一瞬间招来这么多人，让他们大规模地生产某个新装置或部件的话，肯定能给苹果公司提供运营方面的优势。这一生产流程的快速性提升了出货量，并允许苹果更灵活地将生产与需求相匹配，甚至能有效地控制产品的稀缺情况，让额外的库存不会堆积成山。这种生产方式便宜、高效且快速。它也符合苹果对保密的本能的追求，生产某样设备所需的时间越短，泄露的秘密就越少。

这些优势在金钱方面获得的价值相当可观，这种大规模的灵活生产手段和可在美国进行的更为传统的流水线相比，存在着一种净差额，也就是说，在这种方式下，你能更快地得到一部新手机，价格也会更便宜。而付出的成本则是这样的：数以万计的人在最后一刻收到命令，在军事化管理的工作环境下，遭受无休止的加班折磨。这不一定是苹果的错，但它肯定是在全球化模式下劳动力所带来的副产品。在大型科技公司中，苹果算是最后一批把制造流程转移到海外的，它花了几十年的时间来夸耀自己，宣称自己的产品都确确实实是美国制造的。

而蒂姆·库克凭借其供应链方面的神奇能力，成功地在苹果公司中获得升迁，他自己就是推动这一快速生产过程的关键驱动力。他的举措之一就是消除库存——今天，苹果的库存平均每五天就要翻转一次，意思就是说，在一个工作周内，iPhone 便会从中国工厂的流水线上出发，搭乘一架飞机，飞往某个消费者的手里。

自从 iPhone 一夜之间畅销全球，iPad 以及其他公司的智能手机和平板电脑也同样问世以来，富士康便脱颖而出，在中国各地设立了一系列工厂。龙华厂区很可能仍是最大的工厂，但今天，郑州则出现了一个更新的富士康工厂，该工厂成了中国最大的 iPhone 制造商。根据《纽约时报》2016 年的调查，郑州的这家工厂每天可以生产 100 万部手机，这个工厂现在被当地人称为“iPhone 之城”。与此同时，富士康正在与印度政府进行谈判，想要让 iPhone 的制造流程转移到这个全世界人口第二多的国家里。富士康已经在捷克共和国和巴西这种遥远的国家里开设了工厂，并在考虑开设更多工厂。据报道，富士康还在组建一支所谓的“富士康机器人”大军，它们能组装 iPhone，或许最终将彻底取代人类劳工。

这一令人非常惊讶的迹象，体现了装配线到底发展到了什么程度。亨利·福特在 1914 年时，每天向工人支付 5 美元，这一举动十分著名，在那个时代，这笔工资已经很高了。福特表示，这是由于他自己觉得，这些工人应该要能负担得起他们正在制造的 T 型车才行。（当然了，这只是故事的一部分罢了——在他增加工资之前，他面临着一个重大的劳动力损耗问题，每年的劳动力流动率为 370%，这是因为人们讨厌无聊而重复的工作。）

尽管 iPhone 只是部手持设备，而不是汽车，但那些制造 iPhone 的员工则并非这么想。如果一个 iPhone 工厂的工人想要购买一部 iPhone 的话，他必须工作几个月，或者在黑市上买一部。而他一天中除开睡觉，大部分时间都在组装这种手机。

我们可以拿在上海 iPhone 工厂外让人好奇的集市为例，这个集市的标志是一面旗子，上面写着“和硕市场”。是的，你可以在这里买 iPhone。但它们不一定来自隔壁的大型工厂。其中大多数 iPhone 来自世界各地。一位店主告诉我们，他的一名助理会从美国买来 iPhone，不需要缴纳进口税，所以他便能以更低的价格出售它们。

我们先花点时间来仔细思考一下这个过程。来自世界各地的无数零件和材料流入到了中国——肯塔基州的玻璃、意大利的传感器、中国各地的芯片——最终在某地聚集到了一起，然后在这个和硕的巨型工厂里，被拼成了一部 iPhone。这些 iPhone 被密封起来，并被装载到了一架飞往美国的货机上。它们将会被放到美国的一家苹果专卖店的架子上，然后，一位有生意头脑的中国员工将以美国的卖价来买下这些 iPhone，并将它们运回上海，离它们的产地着实只有一箭之遥。组装它们的工人想要买到新的 iPhone，这是价格最低廉的手段。我问卖家，明明这些手机就是在几百英尺外组装好的，他却偏要从美国把它们买回来，他对此有何看法。

“我别无选择！”他说，“我就得这么做生意。”的确，他的价格比数个摊位外的另一个卖家的要低 100 美元左右，那位卖家声称，自己是从苹果官方那儿购买来的 iPhone。

这在上海并不罕见。我们参观了市中心一个非常现代化的商场，该商场销售的是奢侈品、大牌服装和高档玩具，其中有一些摊位自称他们是苹果商店，他们甚至有着白色的苹果标志和简约的轻木桌。但是，有几位销售人员公开向我们承认，他们的手机并非来自苹果公司，他们也不是苹果的官方经销商。他们也表示，大部分的 iPhone 是他们从美国进口来的，他们也可能会采取其他手段——有个人说，他有一个留学生网络，这些海外留学生会把手机带回中国，交给他。还有个人告诉我们，他在富士康的苹果手机生产部门里有位联系人，这个人会向他供应那些“掉下卡车”的手机。他们说事情就是这么回事——很显然，他们就没怎么想着掩盖自己的这些行为，因为他们正位于一座奢华的购物中心里面，这个购物中心离上海最大的一个地铁站只有一两个街区的距离。他们甚至承认，他们身上那印有“苹果代理商认证”的衬衫，只是为了掩人耳目罢了。

徐奥（音）运营着一家这种所谓的“苹果商店”，他说：“每个人都想要苹果手机，所以我们才会这么做。我甚至都不喜欢 iPhone。”他说，他一点也不担心苹果会找上门来。他说：“中国会对 iPhone 征收两次税。先是在深圳，在它们被造出来以后征一次，然后，当它们又被运来中国的时候，又会被征一次税。这毫无意义。”一部容量为 16GB 的崭新 iPhone 6S，在中国的官方价格是 6000 人民币——差不多 1000 美元左右。如果没人采用上文所说的那些伎俩，没有翻新机，也没有黑市上出售的手机的话，那中国的工人阶级里就没几个能买得起一部 iPhone 了。

“每个人都想要部 iPhone，”装配线工人简先生这样跟我说道，“但员工没有内部价格，所以没有人能买得起。”跟我们聊天的人中，大部分确实很喜欢 iPhone，只不过买不起罢了。事实上，每当我们询问一位工人是否有部 iPhone 的时候，他或她通常会笑着回答：“当然没有了。”

与福特的工厂不同的是，中国的装配工人每天差不多赚 10 到 20 美元（此处采用的是 2010 年的美元汇率），如果要购买最便宜的新款 iPhone，他们至少要付出 3 个月的工资。实际上，他们要省吃俭用一年左右，才能攒出这笔钱来——记住，大部分工人如果不加班的话，甚至都难以维持生计。所以，没有一个工人能买得起 iPhone。我们没遇到任何一个拥有 iPhone 的组装工人，而他们每天却要制造数百部 iPhone。

G2 厂房就在这里。它与在其周围聚集的工厂大楼一模一样，并且似乎要隐于灰蒙蒙而凝滞的天幕之中。我们离中心越远，人就变得越来越少。我们走过了之前试图通过的入口处，走过了之前那条路，招募中心位于工厂围墙的对面。此时，我已经舒了一口气。我们缓慢地走着，路过一些保安，其中大多数人看都不看我们。我担心自己有些过于漫不经心了，在心里提醒自己，不能过火。我们进入富士康差不多有一个小时了。

不过 G2 看起来十分荒凉。一排储物柜排列在建筑物的外面，上面的锈简直不可思议。附近没人，大门敞开着，所以我们便进去了。左边有个入口，能进入一个巨大而黑暗的空间。我们继续走，直到某个人叫住我们为止。一位楼层经理刚从楼梯上走下来，他问我们在做什么。我的翻译结结巴巴地说，我们要和赵先生会面，而那个人看起来很困惑。然后，他向我们展示了他用来监督生产情况的计算机监控系统。他说，现在没有任何变化，但这就是他们监控生产的方式。这个系统看起来有点老旧，有着模拟拨盘，屏幕甚至看起来像阴极线的那种。我很难把这说明白，这个地方很黑，还很潮湿，我的心跳又因为紧张而加快了。

但没有 iPhone 的迹象。我们继续走。在 G3 之外，有成堆的塑料包裹的黑色小玩意儿，前面有个地方看上去像是另一个装货区域。有几个工人玩着手机，从我们身边走过。我们靠过去，透过塑料看清了这些小玩意儿，不过它们也不是 iPhone。它们看起来像苹果电视，但没有苹果的标志。我应该没认错——在我来中国前一周，我买了一台苹果电视。这里可能有几千部设备堆在一起，等待装配线进行下一步操作，或者等着装点一下，然后被运走。我们试着把门打开，但这个门被锁了。我们又试了几扇门，大部分都被锁上了。有些锈得极其严重，很难想象怎么拿它们当门使。以前的报告强调过，富士康的工人们，尤其是苹果生产线的那些，在进入其工作楼层之前，必须要刷卡，我不觉得自己能大摇大摆地走进去。

但是我们来了，路过另一座建筑物，这座建筑物里正在组装另一种设备。这地方真是太大了。当然，这里不止有苹果的生产线，富士康也生产三星手机、索尼的 PS 游戏机以及各类型的计算机和设备。

基础设施再次显得破败，虽然这里没有人施工，或做户外的体力劳动，但环境看起来肯定更糟糕。如果这地方确实是 iPhone 和苹果电视的生产地的话，那么，除非你喜欢潮湿的混凝土和锈蚀，否则要在这儿长时间待着，实在会让人感到难受得要死。眼前还是连绵不绝的厂房，我们继续向前走。我们开始觉得，龙华像反乌托邦小说那沉闷的中段部分，恐怖感仍然存在，但情节却消失了；或者说，它像是一部平庸的电子游戏的后面几关，这个“游戏”的结构和形状开始变丑，让人觉得似曾相识，玩了一会儿之后，你可能就会昏昏欲睡，茫然地到处乱跑了。

我们可以继续走，但发现左边有类似大型住宅楼的东西，可能是宿舍——屋顶和窗户上都装有笼状围栏——所以我们便朝着这个方向走。我们越接近宿舍，人就越来越多，我们看到了越来越多的挂绳、黑色眼镜、褪色的牛仔裤和运动鞋。年纪跟大学生差不多的孩子们聚集在一起，吸着烟，挤在野餐桌旁，坐在路边。这里十分安静，就好像大家都被浸在水底一样。这里有成千上万的人，但这里的噪声还是在礼貌谈话的范围内。

是的，防护网还在那儿，松垮垮地垂着，让人想起了那些被吹掉一半的遮盖用油布。我想到了徐先生，他说：“防护网毫无意义。如果有人想自杀的话，他们还是会自杀。”

我们又吸引了人们的目光——这里远离工厂和商店，也许人们有更多的时间和理由来满足他们的好奇心。无论如何，我们已经在富士康里待了一个小时。如果我们没从厕所里出来，回到入口的话，我不确定警卫是否会发警报，也可能会有人在找我们。尽管我们还没有看到工作着的流水线，但最好不要强求。这可能也是为了大家好。

我们回到了来的路上。不久后，找到了出口，加入了成千上万的人流，向下走，穿过安全检查站。夜幕即将降临，大家一言不发。

离开这个令人不安的超级工厂能稍微缓解情绪，但这种感觉不会散去。不，这个工厂里没有什么双手流着血，在窗台边上用恳求的眼神看着别人的工人。但这里有些事情肯定会违反美国的职业安全与卫生条例——

建筑工人不穿戴护具、化学品露天泄漏、建筑结构腐朽且生锈——但在美国工厂里，违反职业安全与卫生条例的东西可能更多。苹果表示这些设施比其他工厂的更好，它可能是对的。富士康不符合我们对血汗工厂的刻板印象。但它有种不同的丑陋。

在上海，我遇到了一对可爱的来自中国台湾地区的夫妇，当他们听说我要去深圳后，便恳求我去参观他们公司的工厂，该工厂位于城市中心，生产 iPhone 配件。他们认为我会愿意看看他们的新技术，该公司名叫黑云（Ash Cloud）。

他们是对的。这个工厂确实有不同凡响之处。

工厂本身看起来就比一般工厂更好——整洁、现代而又高效。其生产流程是一条标准的装配线流程，工人们站在工位上，从传送带上捡起零件，完成他们的任务，然后把东西放回原位，这些零件将继续向前移动。有人跟我说，这里雇用了 450 名工人。目前，他们正在为意大利等欧洲市场生产漂亮的 iPhone 手机外壳。

但在整个工厂中，垂直的 LED 显示屏悬挂在各工位之间。每个屏幕会在左上角显示一位工人的肖像，旁边是一个数字，然后，这些屏幕会变成充满统计数据的屏幕，非常整洁，有着像 iOS 一样的用户友好界面。当然，这是某个 iPhone 应用程序的一部分。通过使用黑云系统，管理者或楼层经理可以追踪工人的工作情况，一直到他们完成产量为止，他们能远程追踪，或者在楼层的各个不同位置进行追踪。

如果工人的生产速度放缓，低于标准的话，数字会变红。如果领先目标的话，数字就会变绿。每当工人成功地完成一项任务，把一个物件沿着流水线传下去，数字就会离生产目标更进一步。

他们做到了。他们终结了循环。他们制作了一个应用程序，这个程序能指挥工人，而这些工人又组装着各种装置，这些装置又让各种应用程序的存在成为可能。他们希望把“黑云”传递出去，希望发放“黑云”的使用许可能成为他们业务的另一部分。他们说，一些工厂已经在使用它了。现在，工厂的工人真真切切地被他们所生产的装置操控。

我想到了我们采访过的一位曾经在富士康工作的工人。他说："一切永无止境，手机永不停歇。"

CHAPTER

13

苹果公司的营销利器

旧金山市中心的比尔·格雷厄姆剧院可以容纳 6000 人，这会儿肯定要被挤爆了。我走到人群中，其中有科技领域的记者、苹果的雇员以及行业分析师，大家都在往前缓缓移动，前方是身着格子衬衫与牛仔裤的人组成的一道城墙。我感觉，这条长龙更像是摇滚音乐会的入场队伍。灯光很暗，人们发自内心地兴奋。我也一样。

我们之所以在这儿，是因为 iPhone7 即将发布。这是一个精心设计的销售活动，但我仍不禁感到激动。新闻车在外面停着，摄像机摆好了角度，以捕捉记者的面容，巨型的苹果标志安装在礼堂上方，就在记者们的头顶，大家的闲谈汇集成了嗡嗡作响的声音。笔记本电脑无处不在。

产品发布是苹果神话和营销机器的支柱。史蒂夫·乔布斯从 Mac 电脑问世起，就开始在这样的舞台上介绍每一款重要的苹果产品了。在亚伦·索金创作的关于乔布斯的电影中，他将全片的场景都设定在了苹果的三场产品发布会里。发布会上的主题演讲和乔布斯的联系非常紧密，以至于其粉丝将这些演讲称之为“史蒂夫主题演讲”。

这其中的理由很合理，乔布斯是一个高明的推销员。他不会像一般人那样登上舞台，列举出产品规格，或者堕落到进行热情洋溢的营销演讲的地步——这是他的竞争对手和后继者有时会做的事情。他没有告诉你为什么该买一个苹果产品，而是讨论了苹果手机这一即将改变世界的产品的属性。他的话语让人感到自然、坚定且真实。他告诉你，苹果公司正在“掀起手机革命”，他确实相信这番话。自 2012 年乔布斯去世以来，这一传统依然存在着，蒂姆·库克尽职尽责地接过了发布会主持人一职，不过很显然，相对于他的前任而言，库克没有那么享受这一职位。

这一次，人们嗡嗡作响的谈话，所谈论的并不是 iPhone 接下来将会出现的一个重大的新功能——在过去，这种功能包括了前置摄像头、Siri，或者更大的屏幕——人们基本上在讨论的是 iPhone 被减去一部分设计的可能性。数月来，关注苹果公司的博客和科技网站一直在推测说，苹果公司将把耳机插孔取消掉，让无线耳机成为新常态。

我坐在马克·斯普诺尔旁边，他是“汤姆的指南”这一值得信赖的科技产品评论网站的主编。他说自己至少已经现场观看了 7 次苹果产品发布会了，他参加这些活动的目的是试图弄清楚，真正的新鲜事物和“值得关注的事情”到底是什么，并回答大家在科技产品博客提出的所有人都关心的这个问题：这值得我去买来换掉旧产品吗？

“即使有人以前弄出过一个功能，苹果仍需要证明，他们能做得更好。这也是为了证明苹果仍然可以在乔布斯离去后的世界中进行创新。”他说。在参与了这么多年的产品发布会之后，斯普诺尔仍然对自己获得了苹果通过电子邮件发出的邀请而感到高兴。（只有受到邀请者才能参与）“来到这里仍然会让人激动。”他说，“不只和产品有关，完全是因为气氛 。”

灯光变暗，开始播放一段视频。视频中，蒂姆·库克打开了 Lyft 叫车软件，准备搭辆车去参加苹果的发布会——就是这个发布会了，而我们正在等待他出现——不过，这辆车是由《拼车卡拉 OK》节目的主持人詹姆斯·科隆驾驶的，出于某些原因，亚瑟小子之后也上了这辆车。他们一起唱着“阿拉巴马甜蜜的家”，然后，库克便跑上了舞台。

他发布了一些公告，然后邀请任天堂的传奇创始人宫本茂上台，后者宣布，该公司将首次进军 iPhone 游戏领域，第一款游戏为《超级马里奥跑酷》。全神贯注而安静的观众们，这时都激动起来。

最终，库克说到了 iPhone。“这是一种文化现象，触及了世界各地人们的生活。”库克说。此时，屏幕上播放的视频被切换了，显示出一群观众。

当然，这其中有数百个人正盯着他们的 iPhone。“这是世界历史上最畅销的手机类产品。”

这样的演讲是人们觉得库克现在所说的一切都是对的主要原因，史蒂夫·乔布斯做这些演讲的时候更是如此。简单来说，如果没有苹果非凡的营销和零售策略的话，iPhone 就不会是今天这个样子。它自成体系，创造消费欲，提升需求，传播酷炫的科技。在 2007 年发布 iPhone 之前，人们对这一设备的猜测和谣言甚嚣尘上，引发了一阵热潮，很少有营销部门能够激起这么大的热情。

我发现，至少有三个关键的力量在起作用。它们加在一起，有点像这种情况：

1. 将产品保密，为 2 做好铺垫。

2. 为这些产品举行高大上的发布会。

3. 精心设计的苹果商店。

当然，要想其中任何一个流程奏效的话，产品本身都必须给人留下深刻印象。但是，围绕该产品构建一个神话和销售它一样重要，在初期更是如此。

当然，传统市场营销活动也很重要，苹果的 iPhone 广告也非常多。不过在 iPhone 的广告或营销活动中，还没有一个能像雷德利·斯科特所执导的“老大哥”广告那样出名，这个经典的广告在 1984 年的“超级碗”（Super Bowl）比赛中上播出，介绍了麦金托什电脑。“不同凡想”广告则提醒观众，在 20 世纪 90 年代末期，苹果品牌便和天赋异禀及变革世界的人联系在了一起；而戴着耳塞式耳机的人影广告，则在 21 世纪初期简约地表明了 iPod 的酷劲；甚至还有“我是一台 Mac”“我是一台 PC 机”的广告，这些广告嘲弄的是 Windows 系统下的计算机漏洞甚多、运行速度慢的特点。

iPhone 最接近经典之作的广告可能是 2008 年的“有个应用程序能解

决这事”。iPhone 的首个广告是“喂，你好”，在这个广告中，一群名人接了电话，这个广告今天基本上被人遗忘了。其他一些 iPhone 初期的广告在很大程度上来说是解释其特性的，这使得它们十分耐人寻味。它们是那个时代的产物，当时还需要向观众们解释，他们能使用自己的手指来浏览网页，然后打电话。“卡拉马里”广告是一个设计得当、极具先见之明的短片，在该短片中，一位用户正在观看《加勒比海盗》中一只大乌贼发动攻击的片段，突然十分想吃海鲜，于是便切换到谷歌地图中，搜索附近的一个地方，并给那里的一个餐厅打了通电话，这一系列操作只需要用手指点几下就行了。这样的一系列动作在当时是相当具有革命性的。其他广告凸显了 iPhone 在浏览“真正的”互联网、听音乐、随时随地上脸谱网时的便利。

尽管如此，绝大多数大公司也都能负担得起精心设计的广告活动，即使最不成功的广告也能在稀奇古怪方面给人留下印象。并没有确确实实介绍 iPhone 的广告，那么苹果为了宣传这一招牌产品，做了哪些和竞争对手不同的事情呢？这就值得一看了。

第一点：你不能在谈论 iPhone 时，对苹果的秘密避而不谈。苹果公司琢磨出了一种方法，使得它对这一产品极度保密，从而迎合并引发了互联网上对它的狂热，这种手段本身就是一种创新，能和 iPhone 其他一些有形的技术创新平起平坐。它的历史也同样悠久。

苹果公司是世界上最注重保密的公司之一，而且这种氛围发自于其高层。乔布斯总会先人一步地参与其公司的媒体宣传。从早年起，他就热衷于与大型杂志和报纸的编辑与作家们建立关系。但他并不会总是保持极度神秘。《纽约时报》记者约翰·马尔科夫是能进入苹果公司的记者之一，他注意到了该公司在 20 世纪末和 21 世纪初期间发生的变化。

“自从乔布斯回到苹果公司以来，他越来越坚持地要求公司只能让高管们公开发言。”马尔科夫在采访托尼·法德尔的请求被拒绝后这么说道。法德尔是 iPod 的幕后功臣之一。另一位《纽约时报》的记者尼克·比尔顿观察到，乔布斯经常将他的产品描述为“神奇的”产品，而且“正如乔布斯先生清楚地知道的那样，有一件事情会让魔术变得神奇，那就是对魔术的原理毫不知情。这也是苹果永远对其信息三缄其口，让人十分不爽的原因”。

利用保密手段来引起人们对新技术的兴趣并不是个新奇的想法。在崭新的商用科技领域，激起人们的兴趣是一个关键因素——就算事后看来，当这些技术似乎是理所当然的科技突破时，这种手段的效果仍然不变。

技术历史学家大卫·奈写道：“飞行是人类成就之巅。让一台重于空气的航空器飞入天空，是一项技术上的奇迹，实现了人们数个世纪以来的梦想。然而，当莱特兄弟在 1903 年第一次飞行时，几乎没有人见证他们的成就。“他们没有满足任何人的兴趣，没有人翘首以盼，所以兄弟二人便改了策略。”奈解释说，“莱特兄弟在随后的研发过程中将他们的飞机设计保密，很少让新闻界看到他们在做什么。”各种流言出现了，而莱特兄弟则对其置之不理。他们受到了邀请，请求他们在 1904 年的圣路易斯世博会上讨论他们的发明，而他们拒绝了这一邀请。“他们关注飞机的商业应用，不愿透露机器的细节。”莱特兄弟一直等到了 1908 年，那年，他们为美国军队举行了盛大的展示。“无数人出现在了展示现场，就为了见他们两个……直到第一次世界大战之时，许多人还会跑出房屋，盯着起飞的飞机看。”

同样，苹果公司也在有意识地限制自己向公众发布信息。在《成为史蒂夫·乔布斯》一书中，布伦特·施兰德和里克·特泽利解释说：“乔布斯指挥着苹果公司的公关负责人凯蒂·科顿（Katie Cotton），让她执行一项政策，在这一政策下，史蒂夫自己只会接受某几家纸媒的采访……每当他要兜售一款产品时，他和科顿就会决定在这几家受信任的媒体中，哪一家会获得这个新闻故事。而史蒂夫会单独和这家媒体对话。”他当然会对产品的细节保密。施兰德多年来一直在追踪报道乔布斯的新闻，他跟乔布斯就其“不愿与团队其余成员一起出现在聚光灯下”的这一特点谈过很多次话，这是因为“我（施兰德）多次请求他要和他们公开交谈，但基本上都失败了”。乔布斯说他不想让他的竞争对手发现到底是谁立了头功，因为乔布斯害怕失去这些人，施兰德觉得这种举措很“虚伪”，他所认同的则是这一点：“史蒂夫觉得，除了他以外，没人能讲述他的产品，或者他公司的故事。”

其结果是出现了苹果官方新闻的真空。公司随着从 20 世纪 90 年代的衰退中走出，打造了一大批流行而吸引人的电子产品，如时尚的 Bondi Blue iMac 和 iPod。之后，人们对该公司业务情报的需求也在增长。粉丝博客、行业分析师和科技记者们纷纷开始围绕这家重新崛起的科技巨头行动，将对苹果公司的观察变成了一份全职工作。

曾有传闻说，iPhone 将在中后期效仿家族式产业，彻底保守住它的秘密，人们对此有着各种猜测，而对苹果公司的观察和分析也在继续进行着。《赫芬顿邮报》于 2012 年声称：“苹果公司的保密制度非常严格，以至于创作、传播并拆穿关于该公司谣言的这些人加起来都能组成一整套产业了。”确实，专门分析苹果公司的博客和网站数量太多了：Apple Insider、iMore、MacRoors、iLounge、9to5Mac、MacRumors、Cult of Mac、Daring Fireball、Macworld、iDownloadBlog 和 iPhoneLife 等。所有这些出版物在为读者服务的同时，都满足了人们在这个满是 iPhone 的世界里的实际需求，同时为 iPhone 做了免费的媒体宣传。

这就是这种烦人的保密行为的影响：它起作用了。至少对苹果来说，这有助于提升 iPhone 作为一种独特产品的地位。一位前苹果高管保守估计，第一部 iPhone 的秘密“有数亿美元的价值”。

这到底是怎么一回事？除了专门分析苹果公司的网站提供的免费宣传之外，保密在增加消费者的需求方面也发挥了重要作用。在 2013 年《商业视野》的一篇名为《营销价值和可用性的否定》的文章中，西蒙·弗雷泽大学的大卫·汉娜和两位商学教授同事将苹果公司的保密行为对其产品销售所带来的好处进行了理论化的总结。“根据反应理论，每当对某物的自由选择（例如商品或服务）受到限制或禁止时，保留自由选择权的需要，便会让人们相比过去而言，更想要这些商品，如果营销人员可以说服人们，让人们觉得这些自由选择权十分重要的话，就更是如此了。苹果非常有效地应用了这个原则。”作者还写道：“苹果不仅在产品规格和发布日期上严守了秘密，还刻意让发布会之后的产品库存保持在低水平。”在苹果发布某产品之前，你对其肯定一无所知，但就算它发布了这款产品，你也难以“染指”它。

所以，苹果的狂热粉丝们会观看直播，或浏览他们的推特账户上的推送内容，看看新的 iPhone 究竟有什么秘密。这种追求秘密的欲望推动了他们对产品的期待，苹果公司在推出新 iPhone 时，就会对其数量进行高度限制，使其十分珍惜，从而利用粉丝们的这种感觉。“他们将快乐地排队等待商店开门——通常要等一整晚——从而成为第一批购买到苹果新产品的人，不过显而易见的事实是，短短几个星期后，人们很容易就能买到这种产品了。”

这些铁杆粉丝的这番奇景在城市里的大街小巷中不断上演，更进一步说明了 iPhone 到底有多么火爆，也进一步满足了所有参与“获取 iPhone 仪式”之人的愿望。

当第一代 iPhone 开始成为利润最丰厚的产品之后，苹果内部的保密程度自然只增不减。如果有员工泄露了即将问世的产品细节的话，那他可能会被就地解雇。如果某团队在负责乔布斯认为十分重要的项目的话，那他们将会在保密环境中进行这一项目，他们甚至要对自己的同事保守秘密。

在和苹果的设计者们讨论工作感受时，他们抱怨最多的就是其保密程度——工程师和设计师们发现，这种措施使得职员之间出现了不必要的隔阂，如果没有这种隔阂的话，他们是可以合作的。

据说乔布斯会把假的产品原理图分发给苹果的供应商，以确定泄密者。如果假冒的产品出现在了粉丝网站上的话，乔布斯将会知道消息泄露的源头，并炒掉那个供应商。

托尼·法德尔是苹果公司的高级副总裁，曾是公司的明星之一。他负责 iPhone 的硬件保密工作，他告诉我，有时候 iPhone 的保密工作几乎是不可能实现的任务。

他说："我看到大家之间的争执，这种争执最重要的原因是这一项目太难了，而我们必须合作，但是我们负责的不是最关键的部分。"

这种保守秘密的冲动传递到了史蒂夫的同事身上。法德尔还说："不仅仅是史蒂夫，同时也是那些史蒂夫给了权力的人在推动这件事，他们希望自己能一直守住秘密，而他们又不一定会把信息告诉我们。他们会故意使我们看起来很糟糕，指责我们，我们无法保护自己，因为我们手上没有任何信息。"

今天，苹果公司的规模大了很多，而且自乔布斯去世之后，它就被一位不那么偏执的首席执行官领导。随着苹果的供应链不断扩张，更多信息泄露了出来，库克不太想惩罚泄密者。斯普诺尔说："这些年来，这些泄密者变得越来越厉害，能守住的秘密不多了。"他表示，当他来到一场苹果发布会时，"我更感兴趣的是他们将怎样改变这些泄露的秘密"。所以人们可能会认为，该公司内部的保密措施也会取消。但显然不是这样。

"比以往任何时候都更糟糕。"帮助构想原始的 iPhone 设计范式的输入工程师布莱恩·胡皮这样告诉我。在几年之后，他又回到了苹果公司，发现部门间的保密程度已经达到了新的高度，然后他再次离开了苹果公司。

即使现在，当我设法联系到他们时，几乎每个级别的苹果员工都会因公司几乎完全不公开信息的政策而受影响。我接触到的许多人都说，他们很希望能够坐下来接受我的采访，愿意公开讨论他们的贡献，但是，根据公司的政策规定，他们不能说。

我确实在库比蒂诺的苹果总部遇到了 iPhone 的一位公关代表。我们在苹果“无限循环”园区自助餐厅外面的桌子旁谈话，这位代表说：“我们和你交谈的唯一原因是苹果公司正变得开放。”但它根本就没有。

在所有这些保密措施之中，有这样一个事实：苹果能更严格地控制其信息，并让人们的焦点明确地放在产品上，同时避而不谈它的那些更有争议的行为——手机制造厂的工作条件；或者说它找上爱尔兰的避税天堂，将 2400 亿美元的资金以离岸方式转了过去；或者更具争议的事情，比如某位特定的员工在开发 iPhone 时所扮演的角色。

苹果基本上在公众和科技媒体中培养了一套新常态——不能接触到相关信息、官方不会评论、透明度也不存在。所以我打了通电话给《大西洋月刊》科技部门的编辑阿德里安·拉弗朗斯，他最近写了一篇关于科技媒体界“自我阉割”的文章。我想知道苹果牵头的这种趋势是如何影响公共领域的。

她说：“当人预计科技企业不会答应记者所发出的采访请求（这些采访的记录将会被公开发布出来），甚至也不会对事件做出评论的时候，你就会缓缓地走入这样一个境地——你会认为记者们不一定在锲而不舍地追逐着信息。这样一来，就会出现这样的危险情况——人们会假设记者们无法获取消息。而这些人的假设又往往是正确的。”于是乎，通过多年来一直禁止记者的策略，苹果（以及其他一些越来越敏感的科技公司）成功地驯服了记者们，让他们接受公司官方的指导方针，或者接受该公司在公开发布会上施舍的那点产品细节。

“各方都过于享受着这种模式。”她说，“看一看科技新闻的整套生态系统，其中有多少是在评估一个产品，与之相比，又有多少是在评估某公司的行为？”这一体系将产品定位为中心。几乎与工人、开发商、用户、商业的世界完全分离开来了。

那么该如何破解这一迷局呢？她说：“即使你每次的采访请求都被拒绝了，你也要继续努力。”

所以我便照做了。

英国的“记录”网（The Register）是一个以针对业界的尖锐批判性态度而著称的科技网站，它发布了一个有趣的故事，详细介绍了其员工为获得 iPhone 7 苹果发布会的邀请而做出的努力。他们安装了一个电子邮件跟踪器，以观察苹果负责媒体界的员工是否真的在阅读他们的请求。这些人确实在读。（不过这些员工最终还是没获得邀请。）

所以我决定做同样的事情。苹果公司数个月来都没有回应我最近发出的一次采访要求。所以，我安装了一个叫 Streak 的公司制作的电子邮件追踪器，我发送了一次新的采访请求。到了最后，我发现有三台不同的设备读取了这份邮件，能猜到的是，应该有三个不同的人阅读了它。我依然没有获得回答。一周之后，我再次尝试了一次，结果相同。真不错啊。

最后，我决定无视中间人，直接写信给蒂姆·库克。你永远不知道他会不会回信，对吧？乔布斯以随机地回应收件箱里的信件而出名，库克也有那么一次或两次做过这种事情。

我给蒂姆·库克发送了一封电子邮件，请求在 2016 年 8 月 31 日进行一次采访。我安装的跟踪软件会将一个小而透明的 1×1 像素图片附加到电子邮件中。当它被人打开时，图像会对发出它的服务器发送 ping 命令，其中包含电子邮件的打开时间和位置，以及用于打开它的设备类型。

奇怪的事情来了。当蒂姆·库克打开我的邮件时，软件显示了他使用的装置：一台 Windows 桌面计算机。

那不可能。我发了份邮件给 Streak，询问他们的这个服务有多准确。他们的支持团队告诉我："如果它有特定的设备数据的话，会非常准确。"我又给库克发送了一封后续邮件。它这次又被打开了——还是在一台 Windows 桌面计算机上。

蒂姆·库克是在使用 PC 吗？或是说有谁在整理他的邮件？这两种可能性似乎都很奇怪。

很显然，我发给库克的邮件被转到了苹果公关部，我对圣母玛利亚的祈祷受到了苹果公司的"热烈回应"。我问公关代表："蒂姆·库克打开了我的邮件没有？""是的。"她说，"他看了看，然后把它转发给了我。"那行吧。几周后，我又发了一封后续邮件。它被打开了，这次又是在 Windows 桌面计算机上打开的。他从来没有回过信。

好吧好吧。所以我们有一家长期以来一直极端强调保密的公司，培养出了热烈地报道任何与苹果公司的一切相关信息的媒体，造就了一批等待着最新产品发布的核心消费者。听起来一切都已经被铺垫好了，这传递出一条精心打磨的消息：苹果的声音才具有决定性，能一劳永逸地左右媒体的报道，并再次撩动公众的神经。

于是乎，我们有了苹果所提供的、面向公众的最大展会——只允许受邀者入内的传奇般的技术演示大会。

这些"史蒂夫式演说"不算新鲜了。亚历山大·格雷厄姆·贝尔回忆了他以前在美国东海岸的展览厅和娱乐中心巡回展出他的新电话时的场面。

但贝尔这个最著名的技术演示会则最有可能影响了乔布斯的风格。

1968 年，一位奉行理想主义的计算机科学家道格·恩格尔巴特在旧金山市民中心聚集了数百名感兴趣的行业观察者——近 40 年后，iPhone7 发布会就是在这个中心举行的——并介绍了一系列技术，为现代个人计算机打下了基础。

恩格尔巴特不仅公开展示了多项发明，如鼠标、键盘、辅助键盘、文字处理器、超文本、视频会议和视窗效果，还现场使用了它们，以进行展示。

科技记者史蒂文·列维称这次演示为“所有演示之母”，这个名字也被人沿用至今。

各种程序和技术正在屏幕上播放着，这与乔布斯几十年后举办的更为完美的产品发布会相去甚远。在一个半小时的时间内，他展示出了新的计算功能，也说出了奇怪但令人愉悦的俏皮话，或者还几次打断了自己的话。

列维写道：“随着视窗开开关关，其内容重新调整，观众们盯着网络空间。恩格尔巴特佩戴着一个无线麦克风，用航天时地面指挥中心那样平静的声音引导着人们，让真实的最前线科技在他们的眼前呼啸而过。他解释了未来的模样，而且未来就在眼前。”今天的科技行业主旨演讲的模式几乎在当时立刻成型了，其演示风格可能并不像所展示的技术那样有巨大影响力，但是它们是密切相关的。

他的这套发明在施乐帕克研究中心又得到了进一步的发展——是的，又是帕洛阿尔托研究中心——于是乎，恩格尔巴特便奠定了现代计算机的基础。但他坚持认为电脑是反社会且违反直觉的，他的梦想是通过协作来提高人的智慧。他想象登录到同一个系统的人共享着信息，以提高他们对世界，以及对世界上日益复杂的问题的了解。他主张的东西很像现代互联网、社交网络以及一种计算模式。通过智能手机的帮助，这一事物确实逐渐在取代个人计算机，成为我们交换信息时候的主要方式。

恩格尔巴特的“所有演示之母”在计算机界成为一段传奇，启发了史蒂夫。苹果专家莱恩·卡尼表示，乔布斯的主题演讲是首席执行官约翰·斯科利的产物：“此人是一位营销专家，他将产品的发布设想为‘新闻戏剧’。为媒体做一场秀。他的想法在于，要设计一个事件，让媒体将其视之为新闻，让所介绍的任何产品登上头版头条。当然了，新闻故事是最有价值的广告。”斯科利在其自传《奥德赛》中写道，首要任务应该是取悦某个群体，所以说，产品的演示应该“像演出一样”。激励人的手段是让他们对你的产品感兴趣，让他们开心，并把你的产品变为一个极其重要的物件。将激动人心的新技术与戏剧相结合的手段，已经成为美国独有的一种艺术形式，苹果则完善了它。它直接渗透到了历史学家大卫·奈所说的“崇敬美国技术”的现象中，这指的是人们在见证了科技领域的一个令人印象深刻的新突破之后所感受到的敬畏感。虽然美国是一个多元化的国家，在宗教信仰和文化价值观上十分细碎，但是奈认为，该国公民由来已久地对某一事物抱有共同的立场，这就是令人振奋的新科技壮举所拥有的团结之力。胡佛水坝、灯泡、原子弹等均属此列。我们在这一不分信仰、不分性别的过程中找到了共同的语言。

这确实有用。当科技公司的总裁们走上舞台，挥舞着新的改变世界的发明时，你会感觉自己处于文明的中心。而在之前，这些发明被严格保密，毫无疑问，揭开其面纱，能窥上一眼的话，会让人感觉有些兴奋。

但是，评测科技产品的编辑马克·斯普诺尔提醒我：“有些记者实际上在尝试着远离乔布斯的‘现实扭曲力场’，因为他们不想陷入激动的情绪中，而且必须要保持客观。”

在苹果给你送来邀请函，让你产生崇敬感之后，这就真的很难了。

在产品展示结束后，澳大利亚流行歌手 Sia 的演出宣告了发布会的结束。她戴着一顶巨大的假发，站着不动，唱着她的流行曲目，旁边是一个跳来跳去，翻着跟斗的孩子。媒体人员涌入到一个房间里，它位于舞台右边，类似于一个微缩的苹果商店——在一个月后，苹果商店将会变成这个样子，到了那个时候，刚刚宣布问世的产品将供人们购买。我们都把玩了一下 iPhone 7，在屏幕上来回滑动了几次，并且用它拍了些照片。我尝试了新的 AirPods，并播放了一些苹果限定的歌曲——AirPods 是新的无线耳机，我总会想到名字近似的节目《飞狗巴迪》（Airbuds）。

博主和新闻工作者们在各处寻找着拍摄角度，拍摄站在产品前面滔滔不绝的记者，这些记者正飞速地说着人们对这些产品的第一反应。其他人正在记笔记。在那一小时内，肯定有 100 篇博客文章在现场被上传到了网上。越来越多的人走了进来，房间似乎变得越来越拥挤了。有很多人在用他们的 iPhone 拍摄新 iPhone 的照片，像我这样的人则使用他们的 iPhone 来拍照，拍的是那些用自己的 iPhone 拍摄新 iPhone 的人。

这是一个奇怪的假象，一家苹果商店变成了一个陈列室，它是陈列室中的陈列室。这个空间的设计目的就像是现代零售业经常用的明星，都是为了宣传。在这家商店中，这些产品的外观和出售时没有区别，它们上架时就是这样。

几周后，iPhone 7 于全美各地的零售商店发售的那天，我迈出家门，去观察苹果的这种营销机制所产生的结果。我去了第一批苹果商店中的一家，做了一次“朝圣”。这家店位于洛杉矶外的格伦代尔·加莱里亚，它和弗吉尼亚州泰森斯角中心的商店是 2001 年 5 月 19 日首批开放的两家苹果商店。我和一位叫约纳·贝克托尔特的朋友见了面，他是苹果的狂热粉丝，甚至在自己的腿上文了一个苹果标志，他计划在这天把自己的苹果手机升级到 7 代。我想看看群众是否还会成群结队地出现，是否还会大排长龙，就像大约 10 年前 iPhone 首次出现，引起人们第一波排队狂潮一样，当时这引得媒体争相报道。

答案很简单：是的。

长龙延伸着，越过了入口，穿过了中央走廊，在这一室内商场二楼的角落绕了一圈。当然，这和过去夸张的长度，延伸数街区的队伍没得比。我数了数，大概有 40 个人。尽管如此，有很多媒体并不看好这一 iPhone 机型，认为它提供的只是可有可无的升级，所以说，这里排队的人也算多了。

我刚一走过来，就听到了一阵漫不经心的，很有大公司风格的欢呼声。

这时门刚刚打开，按照苹果商店发售新产品的惯例，员工们会排成一队，为那些十分热情的、早早出现在店里的顾客鼓掌，也会为那些在店外连夜等待的顾客鼓掌。有一小部分顾客确实连夜排队。

“我每年都来排。”一个名叫约翰的男人微笑着说，微微耸了耸肩。人群中包括一些忠实的爱好者，他们仍然享受连夜等待新产品的仪式，即使没有必要，他们也要这么干。人群中还有一些黄牛，他们做好了打算，要买下个人配额内的全部 iPhone，然后将其转售给朋友和易趣网。此时，iPhone 的供应仍然受到限制，手机需求旺盛，他们希望情况和过去几年一样，几周内手机就会被抢光。一个女人告诉我：“我要买 8 部，卖给我的两个朋友，剩下的挂在易趣网上。我稍微比别人领先一步。”

今年，亮黑色 iPhone（新的颜色）和 7 Plus（更大的型号，配备了新的双摄像头）都早早地被卖完。“售罄”是苹果销售之舞的一部分。在 2007 年上市后的头几个月，初代 iPhone 便已“售罄”，我们永远都不会知道，这到底是不是由于出现了合情合理的供应短缺。显然，这似乎是很有可能的，因为苹果急着要推出它。但对于后来的机型来说，苹果精心调整的供应链及其对供应商的影响就意味着，随后发布的产品中，大部分的缺货情况似乎是由苹果自己制造的。

比尔·巴克斯顿说：“这不仅仅关乎设计，不仅仅关乎 iPhone，不仅仅关乎市场。”这也关乎维持供应链的灵活性，营造产品稀缺的印象，提升人们的需求。“重点是要让 iPhone 像卷心菜娃娃（这一娃娃由美国的一位叫作哈维尔·罗伯茨的艺术生所发明，自 1978 年投入市场以来一直售卖至今。——译注）那样。每个人都在跑上跑下，就为了买一个娃娃，因为他们害怕产品缺货，他们需要在圣诞节给某个人送一个娃娃。我从来没发现有任何一个人在这种抢购潮下会买不到娃娃，我赌你也找不到任何一个这样的人。”这话有道理。我们现在知道，苹果的供应商可以在一天内生产 50 万部手机，并在第二天将它们运到美国。要是新机型里最受期盼的新色彩款式已经售罄，这肯定是苹果的手段。

“这样的成绩完全是靠营销团队创造的，这个团队绝对可以跻身最优秀团队的行列。”巴克斯顿说道，“他们设计了生产模式、供应链和其他一切事物。所以如果需要的话，他们可以用上“脊髓穿刺”乐队的传统，将音量调高到 11，来满足人们的需求。”［这里所说的“脊髓穿刺”乐队是美国的一个老牌摇滚乐队，在关于他们的纪录片《这是脊髓穿刺》（1984）中，有一段桥段是这样的：吉他手奈吉尔·塔夫内尔展示了一个扬声器，其音量大小的范围为 0~11，而传统的是 0~10。在西方文化中，目前一般以“音量调高到 11”来指代全力以赴或达到极限的行为。——译注］

无论如何，我感到惊讶——在 2016 年时，考虑到人们讨论 iPhone 7 时候的基调，我确实没想到会有任何人愿意在店外露营，或排队等候上数小时。该产品的发布并没有像之前的机型那样引起轩然大波。但这些人还是去了，他们花了大半天的时间在苹果专卖店外排队。

还有更糟糕的地方。苹果精心设计的产品中心是世界各地零售商店所羡慕的对象。据说，为了模仿乔尼·艾维的工业设计实验室所使用的长木桌，乔布斯投入不少，他拥有店内玻璃楼梯的专利权。苹果商店于 21 世纪的头几年开始营业，最初，该公司的董事会反对这一决定，而现在，它们已经成了销售界的巨兽。

在 2015 年时，苹果专卖店是全美单位面积（以平方英尺计算）利润最高的零售商，比其他店高很多，它们每平方英尺的利润是 5546 美元。苹果收入的三分之二来自 iPhone，所以它们肯定卖出去了不少手机。

承担销售任务的天才和专家们（这里的“天才”和“专家”都是苹果公司特有的职位名称，类似于售后服务人员。——译注）占到了苹果职员的很大一部分。苹果表示，其 265 家美国商店雇用了 3 万名零售员工。截至 2015 年，这几乎占到了该公司美国工作人员的一半。鉴于销售量高，零售获得了巨大的成功，这些销售人员成为美国最具有生产力的销售者之一。

2011 年，苹果分析师霍拉斯·德杜详细分析了统计数字，试图计算出苹果销售员的效率到底多高。他发现，平均而言，美国苹果商店的每位员工在 2010 年的销售额是 481000 美元，2011 年也大致相同。他注意到，这是彭尼百货员工销售额的近 4 倍。每个员工每小时平均服务 6 名客户，每小时的销售额约 278 美元。

苹果零售员工每小时挣 9 到 15 美元，但不会收到佣金。虽然这远高于最低工资，但公司升上云霄的利润和相对低的工资则形成了鲜明的对比。苹果在吸引员工方面不会遇到什么麻烦。iPod 和 iPhone 使苹果尤其受到那些年轻人的欢迎，这对于该公司而言十分理想，这也足够使其招来批评，认为该公司像个邪教。但它在挽留员工方面出现了问题，部分程度上是因为工资水平低，且没有佣金。

正如《纽约时报》2012 年时的一条头版标题所说："苹果公司的零售大军一直以来忠于公司，但薪酬微薄。"只有全职员工才能享受到健康福利，而晋升结构则晦涩难懂。在这个一直充满乐观气氛的公司，气氛开始紧张起来。

这些零售商店被设计成了美丽而纯粹的科技圣地，令消费者心生敬畏，他们把苹果产品视为面向未来的工具。而热心的"天才"与"专家"则是不知疲倦的苹果大使，帮助向消费者传递关于未来的信息，创造一个让消费者乐于加入未来，并购买新 iPhone 的环境。他们还必须指导苹果产品的新用户，诊断现有产品出现的问题，如果可能的话，还要修复问题以及照顾更常见的零售需求。换句话说，这是份很辛苦的工作。而在幕后，精心打造的零售仪式则需要付出人力方面的成本。

其中一名雇员是苹果旧金山旗舰店的兼职"专家"，他决定挺身而出。

"在我们的帮助下，苹果商店成了一个非常酷炫的购物场所，但我们也希望它是一个有趣而愉快的工作场所。”科里·莫尔告诉我，“但它在这方面变得越来越差了。”莫尔自 2007 年以来一直在为苹果公司工作，他从威斯康星州的麦迪逊商店起步，那是他的老家。2010 年，他转移到了旧金山市中心的苹果旗舰店。他是一个苹果的死忠粉，他说他迫不及待地想要得到 iPhone 7，并且想获得亮黑色款的，但是担心它会磨损。

他叹了口气，在想着即将到来的抢购狂潮（我们谈话之后一周，iPhone 7 便正式开卖）。“那将是非常疯狂又很快乐的事情。我很想念过去参与其中的时光。”他说，“产品发售日，iPhone 永远是最重要的。如果有 Mac 方面的升级的话，人们也会前来购买。但 iPhone 才是关键。”

但在苹果公司工作了几年，在旧金山旗舰店工作之后，他开始发现一些系统性的问题。

他说：“工资是个问题。与其他地区的其他公司相比，只要我们在职的话，无论待了多久，都只会获得 1%~2% 左右的加薪，这个数字很小。”这似乎并没有反映员工的专长、技能组合、对产品及苹果公司文化的熟悉以及他们的销售技能。“我们都拥有强大的技能和知识基础。”他说，“每小时赚 12 美元，还没有任何福利，这就差不多类似这样：‘嘿，你在为全球最顶尖的公司之一干活，工资几乎和最低工资差不多，如果你生病的话，那就完蛋了。’”

没有讨论晋升情况的一套机制存在，管理层会让兼职员工在工作周内承担全职工作，但不变更他们的地位，不会让他们拥有享受福利的资格。当莫尔或他的同事询问为何要加班时，管理层只会把他们裁掉。莫尔指出，这样做是对员工分类不当，违反了《劳工法》。

“就日程安排和晋升而言，工作多年的人年复一年被忽视，不能转为全职，也没人升迁。从苹果“专家”变为苹果“天才”是非常困难的，让人觉得里面有很多偏袒的情况，要想晋升，你得拍管理团队的马屁，你必须和他们很熟。”

莫尔的许多同行也有一样的感觉。“工作时压力很大，你只有在两周之前，才知道自己的下一个行程的时间。然后，如果有产品发布会，那它就会把一切都打乱掉。”罗恩·约翰逊在 2011 年离开苹果公司，去了彭尼百货，他被苹果公司的许多销售员工看作是苹果“销售之父”，而他被乔恩·布罗维特替代，他带来了更为冷漠、更加局外人的管理风格，紧张的气氛开始沸腾。

“我认识的人里没有一个喜欢他的职业发展。”莫尔说。他开始想组织工会，不过他不知道该怎么做。他也开始与同事讨论其可行性。

莫尔回忆说：“我和了解内情的人谈过，当然，他们的反应各不相同。有些人很兴奋，有些人很害怕。我确实没有将其当作官方工会。我对它的定位是这样的：无论它是什么样，它都能让我们团结一致——我们可以稍后再考虑这方面的问题。我确实只是专注于创造一个声音。”

他很快发现，在繁华的苹果商店周围，确实很难让员工讨论，更别说把他们组织起来了，所以莫尔便转向 Twitter 寻求帮助——他开始接触其他员工，并在社交网络上寻求支持。在他发现自己收到了数百名当地和全美苹果销售人员的声援后，他撰写了一篇新闻稿，并发给了各大科技媒体。他设立了一个叫 AppleRetailUnion.com 的网站，并见了有兴趣帮助他们组织的其他工会。最终，莫尔以工会组织推动者的身份而被人所熟知，并接受了科技资讯网、《泰晤士报》和《路透社》等媒体的采访。他做了一个电子表格，能让苹果零售员工向他提交申诉，他会把这些申诉转交给苹果公司——他通过这种方式收到了许多的申诉。

苹果公司当然也针锋相对。该公司向其商店发放了“工会培训材料”，人们多半认为这是该公司用来协助自己平息工会活动的工具。不过不久之后，苹果宣布将提前加薪，为兼职人员提供更多的培训机会，并将福利体系拓展到兼职人员身上。

加薪确实兑现了。莫尔说，他的每小时薪水增加了 2.42 美元，比平常的增幅要大很多，大多数职员们也获得了这种程度的加薪。不可否认的是，这是成千上万的 iPhone 销售人员的胜利。“我了解到，将我们所希望拥有的东西公开，肯定能催促他们赶快采取行动，让他们说：‘嘿，我们真的要好好想想这些人对公司的巨大价值。’”

然而，这也让成立工会的动力变弱。在苹果工作 5 年半后，莫尔决定是时候改变了，他离开了公司。

尽管莫尔的上下奔走并未促成一个被承认的工会诞生，但他的这些努力在当时和今后的确提高了无数人的生活质量。“我认为它确实达到了目的。”莫尔说，并补充说如果时代要求的话，那员工应该继续挺身而出。“这是一件可怕的事情。”他说，“但是，当他们觉得其他途径被封锁，或似乎被封锁时，他们应该觉得自己有权畅所欲言。”

或许他们不得不这样做。自莫尔开始，有更多苹果零售商店的工作人员对公司不满的事件浮出水面。2014 年，律师们代表零售员工提起集体诉讼，他们说有 20000 名员工受到影响，律师们指控称，这些员工在长时间轮班时常常不被允许吃饭，轮班时间较短时则没有休息，并且收到薪水的日子也很迟。苹果公司还有其他违反加州《劳工法》的行为。2016 年，一家法院做出了对员工有利的判决，命令苹果向他们支付 200 万美元。

在北京的苹果商店，“专家”们抱怨说自己像“罪犯”一样，被强迫接受每日检查，他们不得不在自己工作外的时间里排长队等着。但总体而言，雇员满意度似乎很高，工作人员用于评估工作满意度的应用程序 GlassDoor 显示苹果公司得了高分。事实上，苹果的零售工作的评分比公司总部的工作评分要高。

为了了解 2016 年 iPhone 销售人员的情况，我尽可能多地与人们交谈。我去了纽约（第五大道上的玻璃立方体旗舰店）、旧金山、洛杉矶、上海、巴黎（卢浮宫店）和苹果总部库比蒂诺的苹果商店。

我和几十位“专家”和“天才”交谈过，没人愿意用真名——苹果的保密政策一直延续到了零售店。

总的来说，大家对工作很满意。一小部分人热爱它，也有一小部分人讨厌它。批评家在世纪之初批评的对苹果产品的“狂热崇拜”现在弱了很多。有的人抱怨说这工作缺乏灵活性，其他人则为其实实在在的好处摇旗呐喊。这些反应很正常。也许随着死忠情绪以及曾经完全保密的措施的消失——它们随着乔布斯的阴影逝去——曾经驱动死忠员工们的新千年热情也会消散。但他们是群有趣、有个性的人，我喜欢和他们聊天。我遇到了移民的爵士音乐家和年轻的消防培训生，当然还有软件开发者和兼职维修人员……

在苹果总部，有一家苹果专卖店，我和苹果的公关代表谈完后，我就去了这家店。它就在“无限循环”1 号园区（即苹果总部。——译注）旁边，离“无限循环”2 号园区只有一楼之隔，2 号园区里有工业设计部门，iPhone 的第一批实验就是在这里做的，这些实验的成果逐渐变成了最后的 iPhone。

这里架子上的每一部 iPhone 都是在几百英尺远的隔壁设计的，然后，这些设计方案将会被送到中国，在那里，工人们会在大规模装配线上组装手机，然后将其送到货机上。它们被运往旧金山，并从旧金山出发，来到苹果总部。

我离开这家小商店后，我遇到一小群中国游客，其中一人让我给他们拍一张站在“无限循环”1 号园区前面的照片，这家苹果商店就在边上。

我拍了照，问那个递给我相机的女人，他们为什么会在这里。她马上微笑着答道：“因为我们喜欢 iPhone。”

CHAPTER

14

黑 市

在深圳，一切都可以从零做出来，这里是硅谷的万能硬件仓库。芯片、电路板、传感器、外壳、相机，甚至是塑料和金属原材料，应有尽有。

如果你想设计一个全新的产品原型机，那深圳华强北电子市场会是个好地方。我听说在这里可以从零开始组装一部完整的 iPhone，我想试试。

华强北是一个位于繁华市中心的集市，它有拥挤的街道、霓虹灯、沿街摆卖者和无数的烟民。我的向导王小姐和我漫步在赛格电子广场，这是由无数电子产品市场组成的广场，中间是一座高耸的 10 层建筑物，楼的外墙挂着非常夸张的促销广告。无人机呼啸着，高端游戏机的屏幕闪个不停，客户在检查芯片的情况。有人踩着平衡车踉踉跄跄地过来。在过了几家商铺的地方，有一堆兜售价格极低的山寨智能手机的售货亭。一位女售货员试图卖给我一个运行谷歌安卓操作系统的 iPhone 6。另一位则在兜售一台闪闪发光的华为手机，大约要 20 美元。

我走向一个摊子，一位看上去有些害羞的年轻的维修人员正在里面工作，他在修理一部被拆开的 iPhone，使用的工具就只有螺丝刀和自己的指甲，每片指甲的长度都和吉他拨片差不多。我问他，知不知道哪里能搞到多余的 iPhone 部件。他头都没抬，点了点头。

“你能给我造一部吗？”

“行。”他说，“我觉得行。但是你想要什么型号？”我告诉他，机型都无所谓，我主要对这个过程感兴趣。

他说：“买二手机整机更方便。”我告诉他，我们可以从最基本的组件开始，我们能不能单独购买摄像头传感器、电池、电路板等，再把它们组装起来？他又点头。

他说，他可以给我组装一部 iPhone4s，大约 350 元人民币，也就是 50 美元左右。这玩意儿能用吗？

“当然了。”他说。我问他，能不能录下整个过程，拍一些照片和视频。他说我肯定疯了，然后，他似乎流露出一点不安的表情，但最终答应了我。他还会送我一张 SIM 卡。“成交。”我说道。

他没提醒我们便站了起来，匆匆离开。他在华强北市场路的街巷中游走，穿过地下通道，走过街道，经过一家看上去很高档的麦当劳，然后走过一条小巷，进入一个巨大的商店，其内部看起来像个拼凑的 iPhone 工厂。

这个烟雾弥漫的四层建筑位于深圳市中心，离著名的华强北的电子市场有几个街区远，大小和郊区的一座小型商场差不多，是个翻新、再利用，以及销售黑市 iPhone 的大商场。只有实际看到它，你才会相信有这样的地方。我从来没有在某个地方看到过这么多的 iPhone——在苹果商店、在摇滚音乐会的人群中、在消费电子展里都没看到过这么多。各种颜色、型号和种类的 iPhone 一堆堆地堆在这儿。

有些摆满了新奇玩意儿的维修摊，年轻的男男女女在那儿用放大镜检查 iPhone，并用一些小工具拆卸它们。有些摊位上摆的是数以千计的小型摄像头的镜头。其他一些摊位则推销着定制外壳——我过段时间会回到这里，用 10 美元买一个“限量版，1/250，24 克拉黄金”的 iPhone 5 后壳，还附赠用来组装它的螺丝钉。另一张桌子上有一大堆银色的苹果商标，有个人正把它们分离出来融化掉。这里挤满了卖家、买家和维修人员，他们都在聊天，在抽烟，在集中精力处理 iPhone 的配件。

我们的新朋友没浪费任何时间。他在一个放满苹果标识的电池摊位上看了几眼，买了一个电池，花了 15 元人民币（约两美元），然后继续走。我们跟着他走过一个个摊位，看着他拿走一个摄像头模块、一个黑色的外

深圳华强北电子市场中的一个柜台

壳、一个玻璃显示屏。我们来到一个摊位，有三个年轻女子坐在后面，三个人都盯着自己的手机。一位女子穿着一件白色 T 恤，上面用大写字母写着“现金”的英文单词。他指着柜台里面的主板，说：“这是整片主板。”你确实能在这里买到市面上流通的任何 iPhone 的任何部件。

但我同意加快这个过程，买一个充分组装好的 iPhone 4s 主板，而不是购买所有组件，主要是因为在我拍照的时候，他看起来有点紧张。我们手上拿了一堆 iPhone 的五脏六腑，离开了这个地方，返回到他位于赛格广场的维修台。他把零件铺开，开始工作，将零件卡在自己的指甲上，安装好电池和主板，用特殊定制的螺丝刀把它们拧到合适的位置。

他跟我们说，可以叫他“杰克”，他来自贵屿附近的一个小镇，这个城市靠拆解电子器材过活。他在年轻的时候自学了电子产品的修理，一开始只把它当作一个爱好，只是为了自己的兴趣而学的。然后他开始将它作为工作，他搬到深圳这个电子产品产业发达的城市之后，便开始修理手机和平板电脑，并且修得不错。

看他工作简直是不可思议——我曾看过 iFixit 的修理专家修理电子产品，他们很厉害。但杰克大部分时候都只需要一把螺丝刀和他的双手就能搞定。他灵巧、敏锐，令人安心。他组装好了 iPhone 及其所有组件，并做了测试，总共花了 15 分钟左右。然后，他把这部看上去崭新的、只有轻微磨损的 iPhone 4s 交给我，并配了一张 SIM 卡，这张卡能让我在中国打电话。和我一直在使用的 iPhone6 相比，它的速度有点慢，但除开这点，它的运行状况十分完美。

当然了，我们拍了张自拍来庆祝。

拿着一部新 iPhone，我们回到了拥挤的小市场里。这个狭窄的空间里人很多，说话得很大声才能听得见。当我们尝试与任何一个人谈话时，他们会突然发出一阵“嘘——”声来。没有人愿意告诉我们其 iPhone 或部件的来源或者下家。有些手机显然正待售，但是其他一些则不是——我们问问题的时候，卖家们会挥手把我们赶走，连问价格都不行。他们说他们不卖这些手机——反正不是卖给我们。

看来我得回来再试一次。也许要带个专家。

几天后，我们回到了 iWarehouse，亚当 · 敏特尔说："我从来没有见过这样的事情。"敏特尔是一位电子废弃物专家，他的《垃圾场星球》一书着重研究了被抛弃、废弃和丢弃物品的世界。幸运的是，我们碰巧都在深圳，他正好来深圳参加一个废弃物会议，要在会上发言。

我们在这个商场里走着，王小姐问了更多的问题。

大多数卖家仍然拒绝开口，但有一件事变得很清楚：有些柜台不零售 iPhone——他们只等做批发的买家来看货。

"这些手机大部分可能会流向中国的"Taobao"网，即中国版易趣网，或者直接流向美国那个易趣网。"敏特尔笑着说，"你在易趣网上买手机的时候，一定要小心——你买的手机可能就来自这个地方。"

线上或线下的二手市场满是二手 iPhone，在中国这样的发展中国家更是如此。它是笔大生意。但是，许多美国人仍然认为像易趣网和克雷格列表这样的网上市场还是廉价二手货的主要出路。但是，像这样的零部件市场表明，它可能是个更大的黑市的冰山一角——至少是个更大的灰色市场的一部分。

"你懂的，现在这样就更能说得通了。"敏特尔说。不久之后，他收到了关于黑市 iPhone 工厂的一条消息，并且成功地安排好了去其中一间工厂。没人会告诉他零件来自哪里。他说："这就是其中缺失的环节。"每一个环节都有一个这样庞大的市场，肯定会供给一整条回收 iPhone 的组装线。

深圳长期以来曾以制造廉价的 iPhone 山寨货而闻名，它们有 Goophone 或 Cool999 之类的名字，模仿了 iPhone 标志性的设备外观，但几乎没法冒充真货。但是，这里的手机与你在苹果商店里找到的基本一样，只是被人用过而已。

2015 年，中国在深圳关闭了一家制造仿冒 iPhone 的工厂，据称该厂使用二手零件组装了 41 万部手机。而且你也可能会读到美国捣毁制造假冒 iPhone 团伙的头条新闻。2016 年，纽约警察局在一次袭击中查获了价值约 800 万美元的 11000 台假冒 iPhone 和三星手机。2013 年，边境保卫人员从迈阿密的一个店主那里查获了价值 2.5 万美元的假冒手机，他说他是从合法渠道采购的零件。

问题就在这儿，到底是什么造就了假冒或黑市 iPhone？ iPhone 的巨大普及度，如我们所见，已经波及全球，激励着仿冒者和山寨者，也促使巨大的二手市场出现，买家为了得到真的手机，会来到这些二手市场。深圳的二手 iPhone 大卖场给了我们一个很好的机会，让我们思考，是什么使得 iPhone 成为 iPhone，如果我们不再用它，又会发生什么。深圳有座四层楼高的大厦，里面只有 iPhone 这一种产品，各种型号堆得和天花板一样高，这是有原因的。

黑心工厂试图仿造 iPhone 的外观和形状，将其卖给不知情的消费者，这些消费者回家后发现，手机无法和 iTunes 同步，或者软件出了故障，这是有可能的。但是，如果没有 iPhone 零件的话，确实很难认真地复制出一部 iPhone。其标志性的软件和硬件结合得如此紧密，以至于大多数了解 iPhone 的用户会很快甄别出一部完全伪造的 iPhone。所以，从某种意义上说，任何令人信服的假冒 iPhone，从用户的角度来看的话，可能都算是 iPhone。

如果 iPhone 的电池被换了，那它还是 iPhone 吗？或者说，如果屏幕不是大猩猩玻璃制成的呢？如果它有额外的 RAM 怎么办？深圳的手机黑客们能黑入一部手机的内存，让 iPhone 的内存比标准值多一倍。这些都是被翻新的 iPhone，却很容易被媒体称为“假冒”iPhone。回想起我们旅途的起点，回到 iFixit 实验室，想想苹果是如何阻止消费者拆装其产品的。

苹果使用专用螺丝来防止对产品的修改，它会以维护产权为由发出删文请求，让那些发布了 iPhone 维修手册的博客把文章删了，如果有人尝试自行修复，或寻找无执照的第三方来修复 iPhone 的话，那产品保修就会被取消。原因之一可能是苹果的维修业务每年估计能获得 10 亿美元的收入；另一个原因是劝消费者不要进行维修，鼓励他们购买新的产品；还有部分原因是它阻止了 iPhone 这一品牌与劣质手机产生联系。

苹果不出售 iPhone 的任何替代部件，消费者必须付费让苹果来更换屏幕和电池，这些产品的价格通常相当可观。即使光明正大做生意的修理工，也会忍不住从二手手机上找零件，或者来到易趣网，以及深圳的黑市这样的地方来购买零件，这就是为什么 iFixit 这样的组织一直在敦促苹果和其他设备生产商放松维修方面的规定。这个问题变得尖锐起来，以至于在 2016 年，立法者们在美国的五个州发布了所谓的“维修权利法”。

现在，我们绝大多数人都不会亲自修理手机。当一部手机坏掉了，有的人会把它放进抽屉里，自己买一个新的，有些人会把它扔掉，有些人则会把它纳入回收计划。

如果你的 iPhone 仍然能用，但你想换部新 iPhone 的话，那你就有更多的选择。苹果认定，提供以旧换新的计划将鼓励人们更频繁地升级产品，因此它通过无线分销承包商 Brightstar 推出了一个换新计划。它允许客户上交旧 iPhone 以获得新 iPhone 或苹果礼品卡的折扣。易趣网让人们能轻松地转售 iPhone，因为它们相对比较保值。而像“瞪羚”这样的以旧换新公司也纷纷用现金来收购旧手机。

但是，你的手机到了回收站之后会发生什么？

“瞪羚”及其竞争对手将首先确定手机是否可以转售。如果它们的状况很好，那这些公司可能会把它们放在网上销售。对于像 iPhone 这样需求高的东西，他们可能会大量地将其卖给全球各地的经销商，比如说卖给深圳的中国企业，他们能在你过时两代的 iPhone 上取得收益。因为深圳市场不愿意交流，所以我们无法确认这一点。但是，iPhone 最初来自土壤中开采出来的各种基本元素——这些元素通常是由自由职业者在几乎不受监管的环境下挖出来，然后通过各种人组成的网络送到上游厂商，直到走上苹果供应链的终点，但 iPhone 的生命则会在这一网络之外终结，被卖到越来越不透明的市场里。市场里除了手机还是手机。在黑市之中，情况确实如此。

敏特尔说："有些手机可能是附近工厂里'从卡车上掉下来'的，有一些来自香港或者世界各地，还有一小部分或许来自贵屿。"

这让我们来到电子垃圾这一领域。

不久之前，贵屿还是一片充满毒素的废土。该地离深圳西部有几个小时的车程，既是世界上有如狂野西部一般的电子废弃物之都，也是环境卫生危机十分严重的地方。该地靠近香港，而香港对港口的管理十分松散，因此臭名昭著，对航运业来说，香港就像瑞士的银行账户一样。数十年前，贵屿已经成为世界各地废弃的消费者电子产品的倾倒地。

在贵屿的主路附近有一栋刚建了一半的新综合建筑，那里面有一个摊位，电路、电线和芯片从摊位里放着的薄塑料袋中挤了出来，有些袋子有四五英尺高。有一堆计算机部件、显示器和塑料外壳铺在混凝土地面上。男男女女蹲在它们上面，把它们分拣开来。我们深入工业区，车库门后面是更多堆积如山的电路板，大小不一。台式计算机和移动设备的内部配件看上去都差不多。

一个男人跑出来告诉我们禁止拍照。另一个走了过去，苦笑着，肩上搭着一堆电路板，嘴里叼着根点燃的香烟。

为了理解这个地方为什么会存在，我们需要回到更遥远的过去。在 20 世纪七八十年代，充满塑料、铅和有毒化学品的电子产品正以前所未见的数量在消费市场上销售，如何处理这些商品，成了人们十分关切的问题。塞满阴极射线管和铅电路板（铅焊料曾经普遍存在）的垃圾填埋场构成了对环境的威胁，富裕国家的公民开始要求控制电子废物的处理活动。然而，这些控制措施导致购买电子垃圾的“有毒贸易商”的兴起，并将这些电子垃圾运到了中国、东欧或非洲。

1986 年，做这种生意的一艘名为“奇安海”的货轮满载着来自费城的 4 万吨垃圾焚烧的渣滓驶向巴哈马，它试图在那里倾倒废物，但被拒绝了。它花了 16 个月的时间寻找一个地方来卸下有毒的货物。这艘船尝试了多米尼加共和国、巴拿马、洪都拉斯和其他地方，并试图将其退回费城，但遭到拒绝。最后他们将这 4 万吨废料丢到了海地，告诉政府说这是“土壤肥料”。当绿色和平组织向海地官员说出真相的时候，他们要求“奇安海”号船只重新装载上这些废物，但船逃走了。这一事件的黑色幽默引起了国际关注，因为这艘船试图改名——首先改名为费利西亚，然后改为鹈鹕——并继续游说其他国家，让它们接受剩余的废物。最后，船长将剩下的一万吨有毒废物倾倒在了公海上。随后引发的公愤促成了 1989 年《控制危险废物的越境转移及其处置之巴塞尔公约》的出台，该公约由 185 个国家签署并认可，当然了，其中肯定有美国，你也猜到了，而且奇怪的是还有海地。这次公约是为了帮各国防止受到越来越多地被称为“有毒废弃物殖民主义”的侵害，电子废物也在其管辖范围。

如果这艘船在巴哈马境内没有转走，那么废弃物分包商的这条曲曲折折的途径可能永远都不会引起人们的注意。费城和约瑟夫·保利诺及其子公司签署了一份 600 万美元的合同，让他们来处理废物，该公司随后将这一任务转交给在利比里亚注册的“合并船运公司”。在这场大混乱中，另一家名为“沿海航运”的公司接管了处理废弃物的任务。关键的问题在于，有一连串的承包商、分包商和外国公司参与其中，这使得废物一旦离开美国本土后，就难以追查。因此，即使在今天，《巴塞尔公约》仍然难以执行。

我们回到了贵屿，这里有类似的有毒废弃物贸易商链条，它们使得世界各地的电子废物会稳定地流向香港，然后再来到这个离香港几百英里远的内地小城市。这持续到了 2000 年左右。事实证明，富裕国家的回收和废物处理公司将电子器件垃圾丢弃在了距离深圳几百英里的地方，深圳很可能就是它们的组装地。

一个叫作“巴塞尔行动网络”且总部设在西雅图的非营利组织在 2001 年披露，来自美国和欧洲的货物可能最后都被运到了贵屿这个中型城市。在贵屿，农民工们会徒手分解这些废弃设备，把它们混合在充满酸性液体的槽中，去掉里面的贵金属，然后在煤火上烧制电路板，去除上面的铅焊料。附近的河水因为电子器件掉下的灰烬发黑，田野因燃烧的塑料被熏得焦黑，孩子血铅严重超标，孕妇流产比例很高。

司机告诉我，他们现在会在过去用来焚烧电脑的田地上种大米。的确，从主路一直到城里，我们都没怎么看到可怕的迹象。随着我们离城市越来越近，我们看到一个大型的五彩广告牌，上面在宣传建设新的废弃物回收工厂的计划。在经过多年的负面报道后，地方政府似乎下了决心，要彻底改变这个城镇的形象。

官员们不再让大群工人在公开场地烧毁电路板，而是建了一个工业冶炼厂来熔化器件，他们为此盖了综合性建筑，用来回收和提炼金属，并设置了一些摊位，回收商们能租用这些摊位，来更安全地分解电子产品。我们在此停下脚步。该综合建筑仍在建设中，只有一半被占用，不过车库已经停满了车。司机说，这是因为之前的很多回收商都不想付租金，所以他们便分散开来，以更加隐秘的方式，紧闭大门经营。有的在城里，有的在郊外。他暗示说，政府的计划大部分都是面子工程，许多同样的活动和随之而来的风险其实都存在，只是它们被掩盖了而已。

对于电子废物的总体状况来说，这是一个很好的比喻。电子垃圾是科技行业方面一根越来越尖锐的刺。部分是因为 iPhone 领导的智能手机热潮使得越来越多的人在用复杂的电子产品，电子废物问题依然危害着全世界。

对美国人来说，在国外倾倒这些商品是因为拆解今日的电子产品是个单调而费时间的工作，其中的很多材料也没什么价值。

“里面真的没什么东西。”磨碎我 iPhone 的冶金师大卫·米肖告诉我。他注意到，最近有很多人在说回收手机，以获得手机中的金属，但实际上，这可能抵不上做回收的成本。“你要回收很多 iPhone 才能回本。”

2016 年，苹果推出了利亚姆（Liam），它是一个敏捷的有着 29 条手臂的回收机器人，可以快速拆卸并分类 iPhone，将它们分解为组件。苹果公司表示，利亚姆每年能回收高达 120 万部手机，但苹果公司仍将这台机器人描述为“实验品”，旨在激励其他公司处理电子废物，而且人们也不清楚，这种机器在公司的长期运营中将发挥什么样的作用。

巴塞尔行动网络于 2016 年完成了另一项研究。在这一研究中，该团队与麻省理工学院合作，将 GPS 传感器安装在得到美国认可且广受尊敬的电子垃圾回收商（如商誉公司）的 100 多台电子设备中。令人惊讶的是，关于出口电子废物的负面的媒体报道就促使公司和监管机构对电子废物的回收过程进行更强有力的控制，而在这很久之后，大多数垃圾最终被运到了海外，其中大部分来到了中国香港。有一批货物的终点是肯尼亚。电子废物回收公司表示，他们正负责任地监督美国电子产品的处理，不会将其填埋，但这些垃圾仍会运到中国和非洲。那里的二手手机市场进一步扩大，这些垃圾肯定满足了这种需求，而熟练的维修人员可以修复这些被丢弃的设备。

“2014 年大约产生了 4180 万吨的电子垃圾，其中一部分都是私下处理掉的，比如非法处理。”这是联合国 2016 年一份名为“废弃物犯罪”的报告里所说的。“这方面的金额每年可能高达 188 亿美元。如果不对电子废物进行可持续管理、监测并良好监管的话，那么非法行为可能只会增加，严重影响保护公众健康和环境的尝试，并且产生非法的雇佣关系。”

我在贵屿没看到什么良好管理方面的证据，我没有看到高端机器，没有看到防护装备，工人们仍然会拆解设备，然后手工分拣。他们不是蹲在田地里燃烧电路板，而是关起门来蹲在混凝土上燃烧，为了不让我们看，他们还要为这种特权付点额外的费用。我们和当地的一个城市官员喝了杯茶，他告诉我们，这些计划还没完成，还需要一年多时间。

至少河流不是黑的，而且我们也没看到明火。

我们开车穿过小镇时看到一座大楼，楼前面肮脏的人行道上散落着数以千计的微型芯片。我们停下来，一群穿着沾满灰尘的 T 恤衫的年轻人疑惑地看着我们。

“你们要买吗？”

我说：“当然，我要一个。”他拿起一个微型芯片，把它放在了我的手心里。他笑了。

“留着吧。”

现在，到处都有电子废物，是 iPhone 之类的设备泛滥而产生的副产品，也是它们的高丢弃率导致的。在贵屿被管理控制后，报告称加纳的阿格博格波洛西耶垃圾场成了新的“世界上最大的电子垃圾场”，但是敏特尔说这种事到处都有。电子废物的流动变得越来越复杂，更加分散，这在很大程度上是因为设备的市场也出现了这种变化。

“老实说，只要找任何一个监管不那么严的发展中国家，在里面随便找一个主要城市，去看看郊区的大型垃圾场，就能看到这种情况。”敏特尔在深圳告诉我。他说：“去肯尼亚，去蒙巴萨，去内罗毕（蒙巴萨和内罗毕都是肯尼亚的城市。——译注）。”他说，他在那儿见过最优秀的电子设备维修人员。垃圾倾倒已经不再是过去所说的“有毒废弃物殖民主义”了。一些非洲和亚洲公司渴望进口的二手手机，通常不是 iPhone，而是安卓手机，连中国的那些山寨机都能在非洲或者南亚市场获得新生。

所以，我决定尽可能地来到这一链条的最末尾。如果在玻利维亚偷窥一处锡矿能帮我弄清 iPhone 的源头，那么在肯尼亚这样一个快速发展而热爱手机的国家中，看一眼这里的垃圾填埋场，或许也能帮助我弄清 iPhone 的安息之地是什么样的。

我去了丹多拉，那里是内罗毕臭名昭著的垃圾场，也是东非最大的垃圾场。一些丹多拉居民得到智能手机的唯一方式就是在逐渐降解的垃圾堆里把它们挖出来。那里也有很多其他你可以带走的东西——如果你找得到，能把它们挖出来的话。各种各样的废弃物最终都会来到这里，这些废弃物来自城市和整片地区，来自肯尼亚的国际机场，也来自那些更为富裕的向这里出口废弃物的国家。1975 年，在世界银行的资助下，该垃圾场开始投入使用，宣称将在 2001 年填满。不过，尽管市政府多次宣布该地即将停止运行，但每年仍有约 77 万吨工业废物、有机废物和电子废物被堆在这里。

结果可想而知，一个长时间满得溢出来的垃圾场，对附近的社区和景观来说都已经成了它们抹不去的特征。

当然了，你先闻到的是味道。这里有腐败的食物、喷出的甲烷、凝固的空气和腐烂的味道。

这填埋场确实硕大无朋，你可以看到垃圾山在你视线之内不断地延伸，令人毛骨悚然。如青少年般大的鹳在周围俯冲，寻找食物，或者静静地在垃圾堆上“站岗”。

每天有 3000 人在垃圾场工作，这个垃圾场是当地主要的工作岗位来源。他们是专业的一线回收者，正在寻找一切用得上的东西。塑料、玻璃和纸张等是可以回收利用的基本原材料，还有铝和铜之类的金属，以及可以翻新并转售的高价值电子垃圾。手机，特别是智能手机，是特别吸引人的东西。如果手机仍然完好无损的话——大部分都完好无损——这些拾荒者便会把它们拿到附近的电子产品销售摊位；如果不完整，他们就会把电池、主板和含铜的材料拆出来。

建筑物直接建在垃圾堆顶上，垃圾已经成为房屋和商店的地基。一幢建筑物的门上画着骷髅和交叉的骨头。

姆博马是个演员，参加了跑步俱乐部，也是名志愿者，他说："人们在这儿出生，也死在这儿。"他自己就生长于丹多拉。我是通过一个同事的朋友认识他的，他主动提出带我四处看看。"有些人一辈子就只知道这里的垃圾。"

这是个残酷的地方。高耸的垃圾山闷烧着放出有毒气体，垃圾山中间是成堆的有毒废弃物。在这里工作的人没有任何形式的保护措施，每天都遭受污染。在我来的那天，一个大约十三四岁的男孩在垃圾场入口附近一条满是垃圾的路上睡着了。第一辆自卸货车的司机到达垃圾场——这些车是安装了履带的巨型车辆——没有及时看到这个男孩。卡车开了过去，碾碎了他。由于丹多拉垃圾场不受当地市政府的重视，所以警方和官员都不会来查看，也不会处理这里的意外事故。所以，男孩的尸体一整天都躺在那里。

我的向导在我们绕着工地走了一半的时候告诉了我这个悲剧，我们回来的时候，正好经过入口，路过了他的尸体。他被一块撕得粉碎的纸板盖住了，在那静止不动的头颅下面，有一摊已经黏稠的血液。

一个名叫 TJ 的年轻人是垃圾场中非正式的管理者之一，他看上去最多也就二十二岁，但他显然是个能做主的人。这些垃圾堆很危险，但却有利可图，所以黑社会控制了这里，决定谁进谁出。

"这些都是钱。"TJ 弯下腰，掏出一部基本完好的手机。他说，这些手机是这里最受追捧的物品，一般都能修好，可以在附近的商店再次出售。

我发现了一部华为手机，它的触摸屏看起来有点融化，但还是可以用的。TJ 告诉我说屏幕很难修复，因为这些部件非常稀缺，因此我的这一发现可能没什么价值。全职拾荒者们已经发现了一部诺基亚的机身和一部磨损的黑莓。在丹多拉，这样一部手机可以换 500 先令（5 美元，等于这里一个月的租金），无论手机是否能正常工作，都是这个价格。

“没什么不能商量的。”一位在丹多拉卖了 25 年电子器件，名叫瓦哈里的卖主说道。他这里有大量的二手智能手机，算得上是这里数一数二的卖家。

就算是在这里，需求仍然驱动着一个不小的市场。

“这里有两种物品能成为身份的象征。”企业家金亚姆告诉我，“首先是车。如果你买得起汽车的话，你得买一辆彰显你的成功。其次则是智能手机。”

事实上，即使在丹多拉这种到处是棚屋和泥地板，电力供应十分脆弱，被许多人认定是贫民窟的地方，我也看到了很多沉迷智能手机的青年。他们在人行道上绕着弯走，手上拿着手机，用手指操控着屏幕，躲开儿童和贩卖切片西瓜的人，还有那些在人满为患的剧院外聚集的人，剧院里面正在播放一场足球赛。

几乎所有人用的都是安卓。内罗毕有一些苹果转售商，但 iPhone 在这里仍然是奢侈品，这里的人都知道 iPhone，但却很难见到有人用。

“iPhone 是商人走进会议室，拿出来显示身份的终极象征，现在这个象征变成了 iPad。”

丹多拉的回收货物经销商瓦哈里说，他们隔上一段时间，便会在垃圾场发现一部 iPhone。

“哦，这很稀有。”他笑着说，摇了摇头，“非常稀有，但确实会有。那天会是个好日子。这儿就是个金矿。”

世界上很少有地方不受 iPhone 影响。就算在有些地方，它只是人们梦寐以求却很难得到的手机，它仍然驱使着人们，让他们使用与其相似的智能手机。并且，按照乔恩·艾格所说，iPhone 点燃了一种近乎遍布全球的欲望。

现在，在我们成功重新组装这个金矿，了解这台设备之前，还剩下最后一步。

在本书中，我们已经将所有探索过的部分一一叙述，可以说，在世界各地，这些材料和技术都经过了苹果的定位、收集、改良和艺术般的创新。

这就是 iPhone 走上神坛的故事。

PART

4

独一无二的手机

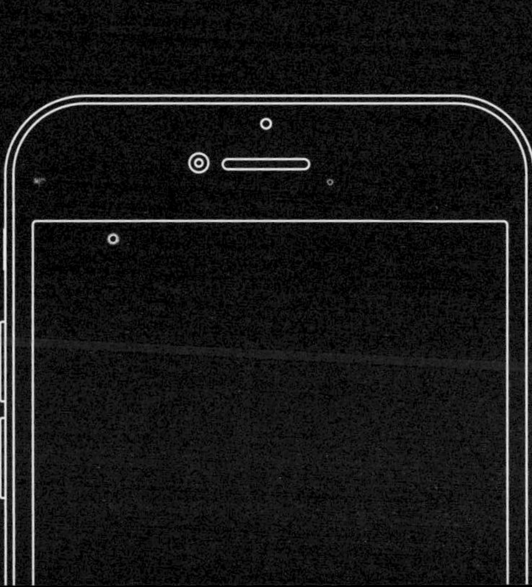

“紫色宿舍”又名搏击俱乐部，又名“无限循环”2号，位于二楼，挤满了人，是个老旧的办公空间——苹果总部建于20世纪90年代初，大厅里星星点点的都是紫色和青绿色的斑点——这里已经成为一个活动中心。建筑侧翼的会议室被人开玩笑地称为“中间”“岩石”和“硬地”。另一间则被称为“外交”，这里是克里斯蒂的成员创造出新UI的地方。“玻璃鱼缸”是主会议室，史蒂夫·乔布斯每周都会出席会议。

到2006年，iPhone项目的基本轮廓已经确定。Mac OS团队和NeXT团队的成员将设计软件；人机界面（Human Interface）小组将与他们密切合作，从而改进、整合并完善新设计；而iPod团队会在硬件方面着手。所有团队每天都在工作，从Mac OS中识别并剥离一行行代码，使其适合便携式设备。著名的ID小组已经在开始完善形态因素（一个设计学术语，规定零部件的大小、形状等因素。——译注）。巴斯·奥丁、伊姆兰·乔德里和格雷格·克里斯蒂的老办公室已经成为该项目的讨论中心。

“就好像在说‘哦，这玩意儿真能弄出来吗？’”奥丁说道，“‘现在，你到底该怎样浏览所有的照片？该如何收发邮件？键盘要怎么用？’所以说，你要搞清楚很多事情。”人机界面小组已经定好了手机造型的基本样式和摸上去给人的基本感觉，这是一个足够代替风险更低但也不那么酷的iPod手机方案的设计方案。

“从一开始，信任就是一切。”乔德里说，“大家觉得电脑太复杂了，甚至觉得Mac也一样。所以我真的设计出了连我父亲都可以使用的界面。

我们当时正努力打造人们可以直观地使用，可以信任的系统。”到目前为止，他们算是成功了。

福斯特尔手下主管软件工程的亨利·拉米洛克斯说：“这完全合乎逻辑。人机界面团队在创建UI的模型方面做得很不错。我们知道它会是什么样子，以及它将如何交互。”

拉米洛克斯是iPhone团队中最受人尊敬的工程师之一，他四平八稳的风格在危机爆发时经常能稳住他人。他与传统意义上的苹果领导完全不同，他有着淡淡的法国口音，留着白色胡茬，似乎更像是个抽象艺术的雕塑家，而不是工程师。不过话说回来，抽象雕塑也是这项工作的重要组成部分。他说：“这件事与我们计划的相比有了很大的不同，但理念一直没变。”

拉米洛克斯说：“你看到的配齐所有图标的Springboard在设计开始的第一天就已经有了。还有下面的工具栏，那是还没开始时就设计好了的。”拉米洛克斯和他的团队想出了将原本用于一台笨重原型机的理念写成代码，将其转移到一台平板电脑上的方法，现在，他们再次将其压缩，以便用到更小的装置上。

P2组员将这些受限的单位称为“小袋鼠”，它们是“紫色宿舍”的常用实验工具。

这些软件工程师之所以迁到界面工程师的大本营是有原因的——iPhone以这两个阵营之间的紧密合作为基础。设计人员可以走到一个工程师那儿，看看某个新的想法是否可行。工程师可以告诉他们，哪些元素需要调整。这些团队之间的合作非常紧密，即使是对苹果来说，也是很不寻常的。

理查德·威廉姆森说：“关于iPhone团队一个很重要的事情在于，他们有一种‘我们要团结互助’的精神。”“整个体系下有大量的协作，从设计创新UI实物模型的巴斯·奥丁，一直到约翰·赖特修改内核的操作系统团队都是如此。我们之所以能这样做，是因为我们实际上都在这个‘禁闭区’。最多可能只有 40 人，但是我们的这个中心正好就在乔尼·艾维的设计工作室上面。在‘无限循环’2 号中，你必须要拥有第二个访问密钥才能进入那里。我们几乎在这儿住了几年。”

他说，这种情况下会产生什么结果，一个名叫 Jetsam 的功能就是个好例子。如果他们希望让 iPhone 像巴斯和伊姆兰演示时那么流畅，他们就需要提出新的方法来分配设备宝贵的内存。威廉姆森提出了 Jetsam 概念，它将关闭未被使用且消耗了太多内存的应用程序。约翰·赖特接手了这一任务。

“因为大家都在，所以我可以想出像 Jetsam 一样的疯狂点子，然后和约翰谈谈，说：‘你看这是疯了呢，还是说我们可以这样做？’他会说：‘是的，这确实疯了，但是我们或许能做到。’然后巴斯会来，说：‘我想做这个疯狂的动画效果，我们能做到吗？’我们会说：‘不！’然后约翰·哈珀会说：‘好吧，我们或许能这样做。’这是特别的事情之一。那里的每个人都很了不起。”威廉姆森说。

“该项目打破了产品管理的所有规则。”初代 iPhone 小组的一位成员回忆道，“这是个全明星阵容——很明显，他们从公司挑选出了顶尖高手。我们正全速前进，所有人之前都没制造过手机。我们一边继续，一边思考着怎样做手机。在那段时间里，我觉得设计部门和工程部门能携手合作，解决这些问题。我们会坐下来一起找出答案。它是我曾经参与，或者接下来可能参与的产品设计中，影响力最大的。”

这个合作紧密的团队不仅聚在一起，而且可以说是被软禁了起来。毕竟这是苹果版的搏击俱乐部。“这是史蒂夫做得很出色的一件事。”威廉姆森说，“在一个大公司里组建一支真正的初创团队，不让它知道公司里正在发生的其他事，给他们无限的资源，让他们去做需要做的事情。”

以下是 iPhone 软件初创团队的组织结构图：史蒂夫·乔布斯是

iPhone 公司的首席执行官。直接向他报告的是 iPhone 软件负责人斯科特·福斯特尔。在福斯特尔下面是亨利·拉米洛克斯，他负责监督理查德·威廉姆森和尼丁·甘纳特拉，他们各自都管理着自己的一支小团队，威廉姆森管理 Safari 和网络应用程序，甘纳特拉管理邮件、手机等。另外，福斯特尔的下属还包括人机界面小组的负责人格雷格·克里斯蒂，这一小组包括巴斯·奥丁、伊姆兰·乔德里、斯蒂芬·勒迈、马塞尔·范奥斯、弗雷迪·安祖雷斯和迈克·马塔斯。另外，金·沃拉特也要向福斯特尔做报告，她是产品经理，负责监督质量保证部门，是 iPhone 软件团队中为数不多的女性之一。

总之，在设计和软件工程方面，iPhone 项目早期阶段有 20~25 人。如果考虑到公司在这一设备上众所周知地下了大赌注，还有这一设备最终带来的影响，这点人实在是微不足道。“其中的乐趣是我体验过的最复杂的。”乔布斯说，“就像是在研发‘胡椒博士’汽水的新口味一样。”

“主要过程的互动性非常强。”拉米洛克斯说，“我们与史蒂夫每周开一次会，所以我们会弄出一张功能列表，一张需要获得批准的事项清单。其中有一半的内容来自人机界面小组，他们会展示一些实物模型，这些模型展现的是他们心目中各种功能的样子。所以史蒂夫会来批准，他会说：‘啊，我喜欢 A。’所以我的目标就是 A 方案，尝试把它做出来。在下一次会议中，我们会说：‘A 方案实现了，你觉得怎么样？’他会说：‘哦，这太烂了，我们来试试 B 吧。’”

你收到了一封邮件

尼丁·甘纳特拉是斯科特·福斯特尔著名的招募活动所招募的第一批对象中的一员。

甘纳特拉于 1969 年出生于温哥华。和许多 iPhone 同行一样，他小小年纪就十分擅长操作电脑，在小学时就学会了编写代码，他编写了一个帮助他学习西班牙语的程序。他从 20 世纪 90 年代初就一直在苹果公司工作，熬过了黑暗的岁月，负责领导苹果的邮件客户端团队。

“斯科特进了我的办公室，并说：‘我们要在这个上面投入了。’”尼丁·甘纳特拉说，“实际上我们正在设计一部手机，已经完成了一些设计，我们需要开始制作原型机，弄清楚我们实际上该如何推出这一产品。换句话说，是时候行动了。”

“电子邮件是这些手机的一大功能。”甘纳特拉说，“我们从黑莓手机上看到了这一点，所以我们知道我们必须解决邮件问题。我认为这是斯科特和史蒂夫比较关注的事情。我们不能做一部智能手机，然后在没有任何一个大客户的情况下就说自己在电子邮件上可以称王。”

接受项目后，甘纳特被带入了一个潮湿而没有窗户的房间里，里面有着带有触摸屏的原型机。他说：“我的第一反应是惊讶。这可能类似于许多人第一次看到手机时的感觉，就好像‘是的，这就是我想要的。我现在就想把它放到我的口袋里，我现在得怎么样才能把它放在我的口袋里？’然而，这种欢乐是短促的，很快就变成了‘妈的，我们怎么才能让这台设备运行一整天？’”甘纳特拉顿了一下，继续说道，“我猜，或许工程师基本上都会遇到这种情况。几乎在任何时候，要处理的问题都比所能给出的答案要多。”

iPhone 的秘方

一位前 iPhone 工程师埃文·多尔认为，有两个独特的部分使得 iPhone 鹤立鸡群。

存在“这两样技术，每一样基本上都是由某个人创造的”，一个是韦恩·维斯特曼的 FingerWorks，“而且这是多点触控技术的唯一源头”。

然后便是一位叫作约翰·哈珀的工程师，多尔将其描述为“一个极其内向的人”，他创造了“核心动画”。“这些十分流畅、生动的用户界面就是以它为基础而产生的。然而这么多年后，谷歌的安卓还没有真正赶上来。”

这是一个引人注目的案例——当然，多点触控是乔布斯在主题演讲中所抓住的创新之处。但核心动画则是允许开发人员赋予多点触控技术以生命的框架——触碰一个图标，你便能随心控制它。

根据苹果公司的说法，核心动画“将大部分实际的绘图工作交给板载图形硬件来处理，从而加速渲染”。这是确保应用程序可以运行有吸引力的动画的一种超高效方法，它能让开发人员轻松地设计生动的应用程序。“约翰·哈珀是幕后的天才。”威廉姆森说，“这是成就计算力有限的初代 iPhone，并使其表现良好的元素之一。”

在“核心动画”的背后，紫色团队正在酝酿一种将主宰手机文化的互动方式。在苹果公司内外，已经有人想出来了某些点子，需要有人来执行它们。有些则还有待设想。例如，P2 的成员们需要一种让用户发出自己所喜欢的信号，从而激活设备的方式，不依靠史蒂夫·乔布斯所鄙视的实体开关。解锁手机后，其屏幕必须变暗，这样的话，手机就能准备接电话，而不会浪费电。按下 Home 键将唤醒手机，但如果手机放在用户的口袋里的话，则可能意外地将其唤醒，这又有大量浪费电的风险。因此，设计人员需要想出一种对用户来说很简单的解锁方式——在最理想的情况下，用户只需要用一只手便可以解锁手机——但是又要足够复杂，防止手机被意外解锁。

伊姆兰·乔德里有一个想法，让用户在屏幕上旋转自己的手指，如同转动旋钮一样，但这似乎有点复杂了。为了解决这个问题，和伊姆兰共同研究手机解锁方面理念的 UI 设计师弗雷迪·安祖雷斯从旧金山飞往纽约。该团队一直在思考解锁手机的方式，而他也想出了主意。他走进了飞机的卫生间，滑动门锁，将门锁上。然后，他又再次滑动门锁，把门打开。他认为，这将是一个伟大的设计方案。对于解锁一个传感器需要永远保持打开的触摸屏来说，这是种非常聪明的解锁方式。

后来，乔德里想到了一个测试这个概念的想法。他有个小女儿，他在她面前放了一个原型。就连她都能够完成滑动解锁步骤，所以他肯定，大家都能完成这一步骤。诸如此类的设想从设计团队和软件工程师那里流出来。这个过程是开放而多面的，只要看看相关专利就明白了。

“那些专利上署了很多名字……这是一个非常小的团队，我们都在一起工作。所以我们讨论了很多。”拉米洛克斯说，“不是那种某个人一早来到自己的办公室，而后说‘好的，我今天有个想法，嗯，我们做可视语音邮件吧’之类的。”

有些功能是强制性的。虽然运营商愿意给予苹果一定的自由，但 iPhone 仍不得不遵守某些要求。“Cingular 运营商给了我们一个必须要有的功能列表。”拉米洛克斯说，“所以我们必须有语音邮件，因为这是应有的功能。所以我们说：‘好吧，语音邮件，但是你知道，我们想要做些更好的——那么我们怎么能做得更好？呃，如果语音邮件就像电子邮件那样呢？’”

各种想法在团队中渗透着，成员们抓住这些想法，实施、测试、抛弃、拥抱它们。它们在头脑风暴会议中，在彻夜不休的编码过程中都出现过。事实上，拉米洛克斯说在这些想法之中，他所能认出的，完全归属自己的想法只有一个。他说：“我不知道你是否注意到了这一点，当你打开一个窗口时，你会看到滚动条在闪烁，滚动条会在侧面闪烁，显示你可以滑动页面。我会永远记得我想到这个的日子，当时我们正在开会，主题是‘我们怎么向人们展示页面可供滚动？’我说：‘为什么不让滚动条闪烁一下呢？’他们说：‘好的！’就是这样。”随着各种想法逐渐浮现，有一件事情变得越来越清楚了，就像之前所说的那样，工作量将会变得十分巨大。

“以电子邮件客户端为例。这里是你的邮件列表，你点击之后，观察它打开的方式，发现这很酷。”奥丁说，“但是，哦，等一下，你该如何回复，如何转发邮件，如何绑定多个邮箱呢？突然之间，你需要解决一大堆东西，这才能使其真正成为一个完整的邮件客户端。语音邮箱也是一样。它的扩展速度真的很快。你会发现，自己需要解决无数个问题，才能使其正常工作。”

是的，iPhone 受到了《少数派报告》的启发

人们一开始认为触摸式手机应该只有屏幕，但至少需要一个按钮。我们今天都很了解，这个按钮就是 Home 键。但史蒂夫·乔布斯想要两个，他觉得他们需要在后部安装一个导航按钮。乔德里认为，这纯粹是为了营造信任和可预知性。你每次按下这个按钮，它都会做同样的事：向你展示你的东西。

Home 键的故事实际上与 Mac 以及大家最喜欢的科幻式用户界面的一个功能有关——即《少数派报告》中出现的手势控制功能。该科幻电影以菲利普·迪克的同名小说为基础，由汤姆·克鲁斯主演，于 2002 年上映，那时候 ENRI 的讨论才刚开始。从那以后，这部电影已经成了未来派用户界面的缩影——电影角色在空中挥舞着手来操纵虚拟对象，并将元素滑开。它也是 iPhone 的一些用户界面核心元素的鼻祖。

“《少数派报告》非常酷，非常能启发人。”奥丁说，“你知道 Exposé 功能吗？”这是奥丁为 Mac 编写的一个功能，时至今日，它仍然是用户界面的一个核心部分——它允许你缩放所有打开的窗口，这样一来，你就能在同一时间盘点你打开的所有文件。“我盯着屏幕上的一大堆窗口，在想：‘我希望能像电影里那样，在这些窗口里来回穿梭，设法连通所有的东西。’”这成为了 Exposé 功能，而它的灵感来自《少数派报告》。反过来，Exposé 也会启发出 iPhone 的一个核心功能。

“我记得伊姆兰为 Home 键提供了一些早期的想法，就比如说有一个按钮，他原来称它为‘iPhone 的 Exposé’，所以这个按钮能让你看到你所有的应用。然后你点击一个程序，这个程序的图标就会被拉近，就像你在 Exposé 中选择一个窗口一样。然后，那就成了菜单键或者 Home 键。”

乔德里说：“这又是一个信任问题，人们能相信这个设备，相信它能做到他们想让它做的事情。其他手机的部分问题是它们的功能会被埋没在菜单中，它们太复杂了。”他告诉乔布斯，后退按钮也会使事情变得复杂。

“这场争论，我赢了。”乔德里说。

创建各种功能是个大任务。提升它们的使用体验则是另一个。

甘纳特拉说：“我们讨论了一些公认的真理，我们都知道，不能违反这些真理。”

1. Home 按钮一定会带你回到主页。

2. 用户触碰之后，一切都要反应迅速。

3. 一切至少要以每秒 60 帧的速度运行，所有操作都要有这个效果。

最重要的是，必须在各领域微调使用体验。例如：“在确定加速和放慢页面滚动方面，我们费了很大力气。”这指的是解决用户滑动文件列表时遇到的问题。乔布斯和福斯特尔在这方面对团队有着非常严格的要求。“目标一直是让 iPhone 摸上去能让人感觉是在触摸真实的东西。史蒂夫和斯科特尔确实希望用户和 iPhone 的互动是这个样子，用户按一下，然后按到的东西就会有反应，没有延迟。”拉米洛克斯说道，“你觉得你在摸一张纸，而这张纸会在你的手指下面滚动。”

这种对产品物理特性的自然程度的要求，延伸到了应用程序的设计过程中。他说：“我们在模仿人类常与之互动的东西方面下了很多功夫。”这就是 iPhone 出了名的拟真设计的来源——指的是让虚拟实体近似于真实生活中的东西。

“早期，拟真设计是设计团队故意弄出来的，这样能让人拿到 iPhone 后，可以真正理解它的使用方式——他们能参考自己在日常生活中和某些事物的互动方式，来和 iPhone 进行互动，也给他们提供了如何使用这一装置的线索。”甘纳特拉说道，“一开始确实是模仿人类对其使用方式很了解的东西，按照这些来设计的 Mac OS X 上就已经有了这个效果。事实上，我之前负责的应用程序是‘邮件’，它的图标是一个邮票，还有一个号码簿图标、一个书本图标等。我们知道的是，我们可不想弄出什么用户手册来。如果你弄出了一本用户手册，你在某种程度上来说就算是失败了。”

接入互联网

iPhone 将被誉为是手机、触屏音乐播放器和互联网通信装置的三合一。所以互联网部分很重要，必须要足够重视。“我认为网络对于我们如何与移动设备进行交互而言至关重要，所以我的观点是，除了手机和音乐播放器之外，不能轻视网络，其实这可能比其他两个功能还重要。”负责将 Safari 网络浏览器移植到 iOS 的威廉姆森说道。

当时，移动网络的标准协议是 WAP 或无线应用协议。为了限制无线数据的使用，WAP 允许用户访问网站的精简版本，通常只会包含文本或低分辨率的图像。

“我们称它为婴儿网络——你只能看到这些简化的页面。”威廉姆森说，“我们认为将网站内容完全放在一个地方显示是可能的。当时，很少有智能手机或移动设备允许用户浏览完整的网页。运营商将流量套餐视为未来发展方向，但又在实施限制，即付即用的流量套餐，这些套餐非常昂贵，大家看都不看。”

随着软件和硬件团队纷纷加入，开始制造一部可用的手机，与运营商的谈判——首先与 Verizon，然后与 Cingular（不久之后会变为 AT&T）——也已经在后台进行着。谈判在 2006 年结束，AT&T 获胜，不过做了一些重要的让步。威廉姆森说："我也参与其中，到了呼吁开放透明数据管道的程度。运营商从来没有给任何人提供过这个。直到那时为止，WAP 仍占据主要地位。"

运营商更青睐网络而非设备的情况，在速度和质量之间更愿意保证速度。威廉姆森说道："运营商曾经积极地过滤内容，这样一来他们就能在你想显示图像的时候把图片转码，降低分辨率，所以它会更小，载入速度会更快一点。于是，我们与 AT&T 谈过很多次，让他们同意设立一个洁净的数字管道。而现在，这在所有的合同中都成了约定俗成的一部分。"他们还必须与 AT&T 进行谈判，以获得持续的网络连接。"没有持续连接的话，你就没法获得应用通知这样的功能了，对 iMessage 这样的东西来说会更加困难。他们说：'不，我们提供不了持续连接！我们有数以千万计的设备！ 不，不，我们做不了！'"

他们还是做了。"那也写入到合同里。我们想让他们脱离这种'我们希望你为铃声，为短信付钱'的心态，将他们拉入这样的现实：这只是台需要 IP 连接的计算机，我们希望获得 IP 连接，并获得一切能通过 IP 连接所得到的东西。所以说，从允许 iPhone 这一设备真正成为一部现代智能手机方面来看，此事意义重大。"

这种进展的重要性怎么夸大都不为过。如果你还记得用 iPhone 之前的手机在运行电话之外的功能是什么样的话，你也会记得瀑布般的话费账单，里面是文字短信费用、铃声以及游戏下载费。威廉姆森说："AT&T 具有前瞻性，但他们也非常关心他们的商业模式。实际上，我们掏空了他们，没有人想要为短信或铃声付钱了，但他们也是 iPhone 的独家运营商，所以仍是双赢局面。"

与此同时，乔布斯对运营商发来厚厚一叠技术规范的担忧也消散了。

威廉姆森记得自己与 AT&T 及其技术人员就有关问题举行了无休无止的会议。“他们会附上这些规范书，就好像‘我们必须这样做，我们必须为之提供支持’，我们就像是说‘不，不，不’一样。最后我们胜利了，这确实来之不易。”

要想弄清这些谈判对 iPhone 项目有多重要，请考虑这一情况：苹果专门雇了一位负责监督运营商关系的项目经理。“有一段时间内，他的团队规模与软件团队的规模相同。”威廉姆森说。

一切以触控为中心

然后，当然了，还有硬件问题需要解决。托尼·法德尔开始在公司上下招人，而且由于用户界面和工业设计团队受到极端保密的条款限制，他还要雇用新的工程师和第三方供应商。

“我们必须让各种专家参与进来。”他说，“需要第三方供应商帮忙。几乎得要组建一家触摸屏公司才行。”苹果雇了几十个人来单独处理多点触控硬件。法德尔说：“团队本身有四五十个人，只做触控。”他们需要生产的触摸传感器当时还不多。他们发现有一家叫 TPK 的台湾小企业，让这一企业来进行大规模生产，该企业蓬勃发展成一家规模数十亿美元的公司，基本就是托了这一合同的福。而且那只是触控部件罢了——他们还需要 Wi-Fi 模块、多个传感器、一个定制的 CPU、一块合适的屏幕，以及更多。这份清单令人精疲力尽。

“其中任何一个的难度都不小。”法德尔说，“它们加起来就好像在造月球探测器，就像阿波罗计划那么复杂。”

得益于 2005 年收购的 ENRI 团队和 FingerWorks 团队，苹果拥有了专有技术。“我们掌握了基础科学，问题的关键在于让合适的技术人员来负责芯片，关于生产方面的合适技术。问题在于，我们是否能将其规模化，使其在所有不同的环境下都能工作。”法德尔说道，“比如说，用户出汗是个真实存在的问题，那会使它无法工作。在最后时刻，我们从塑料切换到了玻璃材质，这是个十分棘手的问题。”

由于他们的设想是在一台小型设备上运行 Mac 水平的软件，所以硬件方面有很大的限制。“一切都得优化到极致。”格里尼翁说，“所以我们自己做了芯片。”

格里尼翁是负责无线电方面的高级工程师，他负责的是一个特别复杂的工作。他说：“我们之前从未真正地将无线电引入到手持设备中。”他们用 iPod 手机做过实验，但是他们从来没有大规模尝试将其引入到供大众市场所用的设备中。“由于外壳材料所限，我们必须设计自己的天线，这些天线有自己的奇妙之处。”要制造并测试这些天线，确保它们能正常工作，需要花上很大一番力气。

“把这一切组合起来，”格里尼翁说，“你便有了一个疯狂的配方，在基本的硬件层面，一切都是新的。”

一种全新的 CPU 运行着一个全新的操作系统，这个操作系统运行着全新的应用程序，与全新的硬件交互。“想象你是一个开发人员或测试人员，你会崩溃的。”格里尼翁说，“‘哦，该死，应用程序崩溃了。为什么这个应用程序崩溃了？’嗯，问题可能出在整个堆栈的任何层，一直到用的硅材料为止。我的意思是，想想看吧。想象一整片坏了大事的硅片吧，之所以会坏事，是因为它是新的。我们会遇到实际的 CPU 错误，或者编译器错误，因为我们正在为不同的指令集构建操作系统。或者说，我们会在编码方面遭遇一个实实在在的合法性错误（Legit Bug），在应用程序方面遇到逻辑错误。妈的，简直就是场噩梦。”

键盘风波

iPhone 曾经有一个消灭 QWERTY 键盘的机会。

“激进的想法是不用物理键盘。”威廉姆森说，“事后看来，这显然是正确的。但那个时候我们都感到很焦虑。”使用实体按钮键盘的黑莓正大获成功。人们也很担心又出现苹果“牛顿”计算机输入方面的灾难。“我们都有这种恐惧，你知道，害怕‘牛顿’的灾难出现。”甘纳特拉说。

20 世纪 90 年代，“牛顿”计算机问题不断的手写软件被大众嘲笑，以至于《辛普森一家》里有一集就黑了一把这个装置。一个小混混告诉对方：“在你的‘牛顿’电脑上记下一条备忘录：‘暴打马丁。’”该装置无法识别输入内容，拼写出来的是“吃光玛莎”，所以“吃光玛莎”就成了一个警醒人的口头禅，工程师们经常在“紫色宿舍”里重复这个词。

为了确保使用该设备的人能够准确地与屏幕上的物体互动，工程师设定了一个“最小点击区域大小”，或者说是可回应笨拙手指操作的最小单位。威廉姆森说：“你在屏幕上触摸的任何东西都得比它大，否则使用起来就太难了，你会犯很多错误。”但是考虑到他们正在设计的手机屏幕的大小，QWERTY 风格的虚拟键盘实在不行——按键太小了。“所以我们遇上了这个很大的难题。事实上，我们早期设计出来的原型实在很糟糕。”

它不断触发错误的按键。奥丁说：“最初并不那么有效。所以这是重新考虑如何输入文本的好时机。因为 QWERTY 键盘是以旧式打字机为基础的，有一点点奇怪。但另一方面，人们知道如何使用它。这就是我们做了很多实验，做了很多探索的原因。”

QWERTY 这个键盘布局的名字来自其左上角的字母顺序，实际上是为了确保低效率而被设计出来的。它的设计目的是让 19 世纪的打字员不要太快地击键，防止早期打字机因此卡死。由于人们对其较为熟悉的关系，它被一直延续使用了 100 多年，知道怎么在打字机上打字的人，可以很容易地过渡到电脑键盘上，情况确实如此。尽管人们提出了一些更有效率的键盘布局（如 DVORAK 布局），可以提高打字速度，但是 QWERTY 布局仍然存在。一个新的无按键的触摸屏就在眼前，它开启了新的文本输入方式的可能性，并提供了一个摆脱存在数个世纪的键盘布局的机会。

当然，一个好键盘对于一个绝大多数功能要依赖于文本输入的设备来说，算是个“不成功便成仁”的东西，所以设计师和工程师必须要有创意才行。

威廉姆森说：“我们暂停了一段时间的整体研发工作，并且也鼓励人们写个键盘方案。这是一段有趣的时光。我们当时压力巨大，有为所欲为的自由。我们都知道自己的键盘方案不会被采用，所以感觉设计键盘方案像是消遣一样。我们做这方面的设计花了几个星期的时间，听起来时间不是很多，但对于我们这个小组来说，这确实很多。”

有的工程师提出了和弦键盘，它可以把屏幕划分成九宫格，用户可以选择通过触摸其中的两个格子来选取字母。“我们还弄出了泡沫键盘，你可以点击并滑动它。”威廉姆森说，“点击屏幕，然后会弹出一个窗口，里面包含四个字母，然后你会滑到你想要的那个字母上面。”

新的算法和新的布局都被拿去测试。大家不断对文本输入进行彻底的反思。

“很多人都在想，要大胆些。”威廉姆森回忆说，“比如说在键盘上滑动，或者双击，会有一大堆不同版本。根据键盘用途和字母的使用频率，顺序也会不同。可能需要一段时间才能用熟最新布局，但它最终会更有效率。我们试了各种各样的东西，提出各种各样的版本，让按键看起来更大，或者弄一个可以用来在字母间循环选择的多重手势（Multitap）。”

威廉姆森说：“和弦键盘可能是最疯狂的，其中一个像钢琴键盘，你就像奏乐一样‘弹奏’键盘上的字母。”另一个键盘则很类似“涂鸦”键盘，它是苹果命运多舛的“牛顿”计算机饱受诟病的输入科技的产物。“我们有一种涂鸦式的键盘，但在很早期就被毙掉了。”

这个小组为了汇集键盘设计方案，专门弄了一个网站。一个叫作肯·科齐恩达的工程师“赢得”了竞赛，最终成为了键盘项目的领导。

威廉姆森估计，他们开发了大约六种新键盘入门的方法。他们甚至设计出了通过简单的学习游戏，来介绍全新键盘的布局的方法——自然而然，这些键盘布局对用户来说肯定是完全陌生的。威廉姆森说：“我们的思路是这样，手机里会附带这个键盘游戏，它将教会你如何使用键盘。有些游戏会要求你必须在一定时间内输入字母，游戏会有倒数时间，或者说要你输入单词之类的——都是有趣的小游戏。”但是，乔布斯并不觉得它们很有趣。

“我们向史蒂夫展示了所有这些东西，他把它们全都毙掉了。史蒂夫想要一些人们能马上理解的东西。”威廉姆森说。他们最终仍选择了次优的 QWERTY 键盘布局，这与 10 年前它被用到计算机上的原因一样，因为大家熟悉它。“当人们在商店里拿起这部手机时，它必须是可以立即让人认出来的东西，可以立即使用。这就是为什么我们坚持使用 QWERTY 键盘的原因，而我们也往里面加了许多巧妙的设计。”

这些巧妙的设计很关键。“人们认为我们所呈现的键盘并不复杂，但实际上它是极端复杂的东西。”威廉姆森说，“因为每个键的触摸区域都小于最小点击面积。我们必须编写一系列预测性算法技术来考虑你可能输入的单词，人为地增加对应这些单词的后续几个键位的点击面积。”

当你按下一个字母时，预测软件会猜出你接下来要打什么，它会放大你的最小点击区域。因此，如果你点击 H 字母的话，I 和 E 周围的点击区域会变宽，使键盘更加易于使用。在这些算法的帮助下，键盘有所改进。

从另一个角度，也能看出键盘的重要性：它是整个项目中唯一一个在核心团队之外做了用户测试的项目。

威廉姆森说：“我们非常担心键盘的准确性，以至于我们找来了所有知晓这一手机，但不做软件工作的人，让他们做可用性测试。”曾经被抛弃的用户测试实验室最终发挥了它的预期功能，iPhone 的树苗就是在这里被栽下的。

搏击俱乐部的第一条规则

紧锁的“紫色宿舍”热闹非凡。“时间从来不够用，人手也从来不够。”拉米洛克斯说，“人们非常非常努力地工作着。”

他们正在向团队里加人，但速度很慢，主要是因为乔布斯和福斯特尔的保密措施。用户界面是他们皇冠上的宝石。在 P2 团队以外，或者未获得乔布斯明确批准的人都看不到它。最初只有一小部分的“紫色员工”见识过。格里尼翁说：“最多 15 或 20 个人能看到用户界面，包括绘制像素的用户界面设计师在内。作为硬件队伍的成员，他一开始也被禁止接触，看不到用户界面。”

如果乔布斯不在的话，那 P2 就不能增加任何工程师，即使工程师来自苹果内部，并且希望加入也不行。管理层将那些已经被批准加入的人称为“能见用户界面真面目的人”。

在“紫色宿舍”里，工程师们太忙了，以至于没怎么考虑安全措施。

然而，在外部，这座明显被封锁的建筑正向苹果公司的其他成员展示出一种排斥的氛围。一名 iPhone 团队成员说：“这地方如果真被一道金属门封闭了，这让人感到奇怪而不安。”格里尼翁说：“史蒂夫喜欢这玩意儿，他喜欢设立各种部门。但是对于那些进不来这座建筑物的人来说，他们会觉得自己被狠狠地羞辱了。每个人都知道这家公司里的大明星究竟是谁，当你发现，他们一个个缓缓地被挑走，离开了你的工作区域，被安置到了位于一道玻璃门后的大房间，而你又进不去的时候，就会感到很难受。”

如果“紫色团队”以外的工程人员被叫来调试技术问题的话，团队成员将用黑色布覆盖任何可能显示用户界面的屏幕。格里尼翁说："来解决问题的工程师们被一块布头分开，这实在是很愚蠢。"他说，自然而然，AT&T 的人也一直没能看到 iPhone。"他们从来没看到过。我们宣布 iPhone 问世的时候，他们才和其他人一起初次看到这部手机。"

然后又是史蒂夫·乔布斯的问题。

埃文·多尔告诉我："人们怕死了乔布斯，苹果公司里的普通员工最怕的就是他，中层管理人员也一样。这就像个人崇拜。他沿着走廊走过来的时候，我就会赶紧把自己的嘴闭上。人们更多是想到史蒂夫这种互动方式的缺点，而不是潜在的好处。我并不想把公司的环境描述成古拉格集中营，但在公司中，肯定有一种强大的恐惧和偏执感在暗中涌动。任何团队与乔布斯所进行的互动，其中都肯定包含了这种感觉，这是毫无疑问的。"

乔布斯在"紫色宿舍"外确实寻找了一些点子——他只是没告诉任何人他们在做什么而已。阿比盖尔·布洛迪是领导应用程序组的创意总监。布洛迪说，公司要求她为一个神秘的项目工作，该项目被称为"P2"。"他们告诉我：'你必须要参加一个多点触控项目。'他们给了我一个比 iPad 要小一些的多点触控原型，但是它比传统的手机要大。这玩意儿非常粗糙。如果我没记错的话，它是被人用胶带粘起来的，这样一来的话，我就能体验到操作时的手势了。"他们希望她设计一个用户界面和一个健康管理应用程序之类的东西。但人们没告诉她的小组其他任何信息。"我们什么线索也没有。"她说，"我们只是被告知，有一个清单视图和一个主菜单，我们需要一个相册（gallery）程序，如此这般——非常模糊。他们唯一没有提到的就是手机。"

同时，制造各种 iPhone 组件的第三方供应商，则会收到虚假的原理图，他们会认为该项目只是另一代 iPod 而已。iPhone 团队的成员将会假扮为其他公司的代表，和供货商会面，避免谣言的产生。每个人都必须签署严格的保密协议，其中规定，如果他们泄露有关 iPhone 的信息，那就得被炒鱿鱼。

一位 iPhone 设计师说："这整场经历就像自己是个忍者一样，一直躲在阴影中，感觉非常奇怪，像那种忍者武士的故事里才有的。"

有时，新员工不得不签一份初步的保密协议，同意不讨论他们即将签署的下一个保密协议，以防他们不想签署下一份协议。奥丁说："如果你必须要做到完全保密，总会让人有奇怪的感觉。"一开始，他被告知要将项目保密，甚至不能将秘密告诉他的人机界面团队的其他成员。

关上的大门让一些员工士气低落，同时又激怒了其他一些人，特别是那些 iPod 团队的人，他们的任务基本上是为某个设备建造硬件，而他们又不能看到这个设备的软件。他们不得不设计一个假的操作系统，这样的话，人们才能对硬件做实际测试。

"于是我们就在那个时候发明了'讨人厌手机'，这是具有苹果风格的排外性的产物，是最糟糕的偏执情绪和办公室政治混合出来的东西。"格里尼翁说，"讨人厌手机就像是有个小丑呕吐在了屏幕上一样。它是最丑的拨号设备，它能发短信，它具有所有的功能，但它是质量保证人员使用的设备。它仍然以 iOS 为核心，但没有任何关于用户界面方面的东西。AT&T 人员能用它测试，我们自己的质量保证人员也可以，但是，你知道，项目中有 80%的人看不到手机正式推出时会使用的用户界面。"

因为坚持对用户界面的保密，福斯特尔让最近晋升为高级副总裁的托尼·法德尔并不好受，而且法德尔是自己的团队中唯一一个能够看到软件部分的人。格里尼翁说："福斯特尔巧妙地利用了史蒂夫的那个缺点，他满足了史蒂夫让一切高度保密的偏执心理，将托尼隔离开来。"

这种秘密正在侵蚀苹果公司的文化，造成朋友之间的不和，阻碍了手机的实际进展。

尼丁·甘纳特拉和安迪·格里尼翁当时是好朋友，现在也是。我在硅谷周围进行采访时，在半月湾遇到了格里尼翁，我们在一家海滨酒吧聊了一会儿。第二天，我在帕洛阿尔托一家墨西哥小店里和甘纳特拉共进了午餐。我告诉他，我前天见过了他的老朋友安迪·格里尼翁，他让我给你带个口信。甘纳特拉打断了我的话。

“他是否告诉我，我该滚蛋？”甘纳特拉笑着说。确实如此。“是吗？那么，下次你看到他的时候，就对他说同样的话。”看到了吧？这就是朋友。但是，格里尼翁告诉我，在iPhone时代下共同工作，就是这样的一番景象。

“人们在工作场合外可能是最好的朋友，但在工作时，就不管这些了。我可能要做一些肮脏的事情，而那太可怕了。所以说，你知道尼丁和我是亲密的朋友，到现在也还是，除开其他所有的烂事的话，我觉得他是我一个非常亲密的朋友。我喜欢和他混在一起，但是有些时候，我会毫不犹豫地想把他扔到公交车车轮底下，如果说只需要稍施压力，就能让他更为难受，或者让他更难熬一些的话，我有些时候可能也会愿意这样做的。而他对我也是一样的，我也知道这一点。但工作之外，我们会去喝酒抽烟，然后随便找点乐子，一切都很好。”

格里尼翁离开他们，加入iPod团队之前，曾与甘纳特拉、斯科特·赫尔兹和现在“紫色团队”的其他成员密切合作过。他们以前会一起吃午餐——“我们会抱怨，咒骂自己手头上做的破玩意儿，邮件或iChat，我们会累得不行，那挺酷的”，但在研发iPhone的过程之中，人们的情绪变了。

“午餐成了一场墨西哥式的僵局。我们仍然还是照例吃午餐。他们会用代号进行交谈，比如说‘你对XYZ有什么看法’，XYZ是一些代号。我会问‘这是什么’，而他们会说‘我们不能说’之类的。”格里尼翁说道，“有段时间真的很奇怪。消极对抗的情绪非常严重。这取决于哪些人可以保守秘密。有时候我们只会坐在那里，十分安静地吃午饭，随便聊几句。但很明显的是，我们迫不及待地想要摆脱我们所处的环境。而这些人也是我的朋友，难道我不该对自己的朋友们以诚相待吗？真他妈的奇怪。”

时至今日，当谈话主题转向 iPhone 相关的办公室政治时，托尼·法德尔的语气仍会变得激动。他说：“政治真的很麻烦。随着时间的推移，它们会变得更糟。它们受到了史蒂夫的鼓励，因为他不想让用户界面——我可以看到它——被硬件团队的其他人看到，所以有了这个诊断用仿操作系统界面。用户界面变得极度保密，它鼓舞了另一支队伍……你在做任何事情之前都要获得许可，这在两队之间着实造成了巨大的裂痕。”

制造 iPhone 硬件的团队和设计软件的团队显然存在分歧。“两队不想一起工作，或者说他们只是想责备对方。”法德尔说道，“情况不应该是这样的。”在设计产品方面，这种方式十分不平常，特别是当产品的硬件和软件部分十分紧密而有力地结合在一起时，更是如此。最终，保密措施使得人们难以取得任何有意义的进展。

“情况到了荒谬的地步。”格里尼翁说，“我当时觉得我们不会有进展，我们之所以进度慢，是因为我们在工作时看不到真正的用户界面，所以托尼就直接找到了史蒂夫，他大概说的是：‘你看，我要让安迪（格里尼翁）看到用户界面。’福斯特尔争辩过，但最终让了步。托尼通过谈判成功地打开了这条路，并说：‘如果连和我们关系最密切的人都看不到，那我们他妈的什么也造不出来。这简直是瞎搞。’”

该举措推动乔布斯将五个或更多的人加到了可查看用户界面的人员列表里，令人惊讶的是，斯科特·福斯特尔自己以此为借口，将查看许可发给了他自己团队里很多没有许可的人。格里尼翁说，即使对苹果来说，保密的执行情况也失控了，最终会影响项目。

“通常，这种失控的情况只会隐藏在‘哦，苹果又在保守秘密了！’‘哦，这群家伙可真行！’的话语背后，但这很愚蠢。”格里尼翁说，“即使在这个满是苹果提纯出来的偏执情绪的空间里，这仍然是愚蠢的。到了那时候，公司政治就登场了。你能否在公司政治不插足的情况下做出好的产品？我觉得可以。我认为稍微有点政治是好的。但它确实会给产品研发过程带来过大的负担。你的工作变多了。”

工业设计

工业设计团队几乎参与了 iPhone 的每个研发步骤。邓肯·科尔是 ENRI 会议一位有影响力的参与者，工业设计团队负责形式因素设计，后者帮助 iPod 迅速普及，像麦克·贝尔这样的管理人员使用了一批工业设计部门的原型机，让它们充当“苹果手机可以获得成功”的论据。

当时，该团队正在完善乔尼·艾维已知的第一张触摸屏设计草图，它非常像最终问世时的 iPhone 屏幕。

艾维说：“我们早些时候的一些关于 iPhone 的讨论都集中于这张草图上，就在这张无尽的草图上，显示屏将神奇般地出现。”在最早的谈话中，人们强调的是凸显屏幕，如艾维所言，一切都该为显示屏让道。

关于神奇的未来的那些早期讨论，是在一张普通的老厨房桌子周围进行的。大约有 15 位工业设计师，包括艾维、科尔、理查德·霍沃斯、尤金·王、西堀、道格·萨茨格以及克里斯托弗·斯特林格在内，会定期在那儿会面。斯特林格说：“我们会带上自己的素描本，在那儿交流想法。那里诞生了最激烈、最残酷但真诚的批评和建议。”

工业设计团队制作了无数种设计方案，这些方案会经过讨论和检验，然后被否决掉。设计者的灵感会遭受打击，然后被碾碎。有一次，西堀得到命令，要看看索尼在设计些什么东西。他开了个玩笑，将索尼公司的设计特色张冠李戴到了 iPhone 的一个设计方案上，戏谑地添加了一个“Jony”（索尼的商标是“SONY”，此处西堀是在开玩笑。——译注）标志。

有两个设计概念脱颖而出，一个由斯特林格提出，并被称为 Extrudo，它受到了铝制 iPod Mini 的启发。机身由受压缩的铝制成，具有坚硬的边缘和较小的屏幕，它给人带来了一种具有侵略性的线条分明的感觉。它看

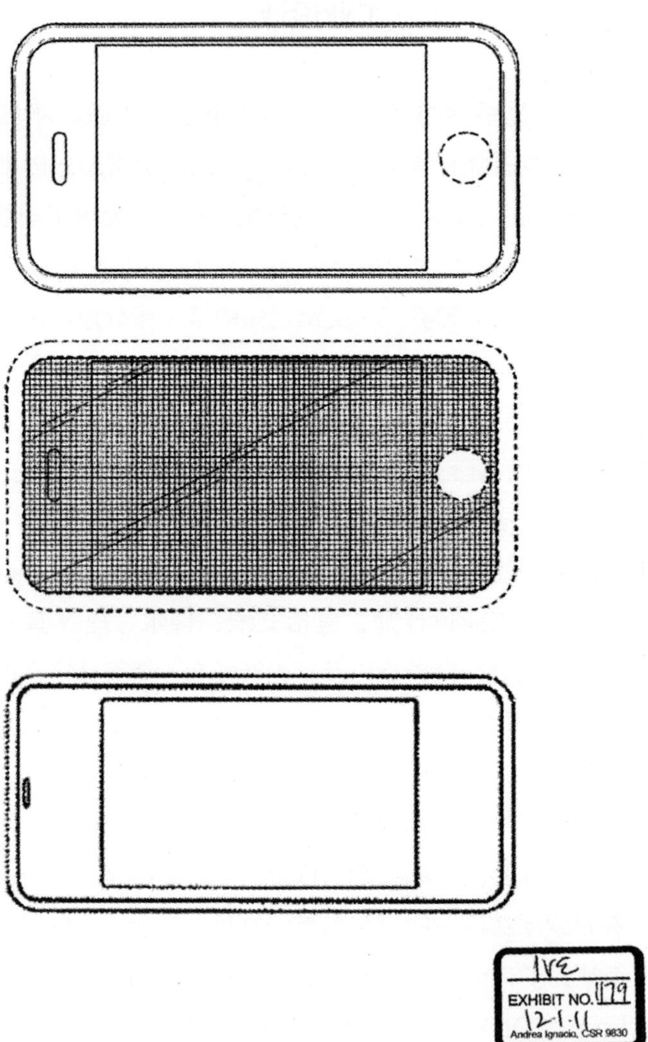

iPhone 触摸屏设计草图之一

起来有点像 iPod 和电动剃须刀结合而生的产物。像 iPod Mini 一样，可以用各种颜色的阳极氧化铝。另一个设计是霍沃斯的，被称为“三明治”，是一个带有圆形边缘的长方形，它由两片塑料制成，有一条金属带子绕着机身。

工业设计组也不能看用户界面，所以他们得使用屏幕上贴着的卡通版应用程序图标的装置来工作。也许意料之中的是，考虑到艾维对铝有着众所周知的偏爱，该团队更喜欢 Extrudo 模式。此外，苹果也已经有很多家可以大量生产棕榈叶大小的铝制电子产品的工厂，在增加供应量的时候，其中的衔接过程不会那么麻烦。Extrudo 是工业设计组发送给硬件团队的第一个设计方案。

“我们看了两个不同的形式。”大卫 · 塔普曼告诉我，“第一个像一个非常大的 iPod Mini 被拧到了一个铝管里面，然后被剪裁出了一个屏幕后形成的东西。”

“我们做了可以开机的原型，内部有电子器件。”塔普曼说，“它很漂亮，因为乔尼使这些东西变得美丽，但它的边缘很尖锐。那些尖锐的边缘几乎烦到了每个测试它的人。不幸的是，脸贴上 Extrudo 时，会很不舒服，对于一部手机来说，这是个非常严重的淘汰因素。”

同时，固体金属外壳几乎使其不可能发出信号。苹果的天线专家菲尔 · 科尔尼和鲁文 · 卡巴莱罗两位工程师不得不在与乔布斯和艾维的董事会会议中报告这个坏消息。“解释起来很难。”科尔尼说，“大多数设计师都是艺术家。他们最后一次上科学课还是在八年级的时候。但他们在苹果有很大的权力。于是他们会问：‘为什么我们不能为无线电波开一道小缝，让它们跑出去呢？’你必须向他们解释为什么这行不通。”

所以，团队试图解决粗糙的边缘和无线电方面的问题。道格 · 萨茨格说：“我们看了许多关于设计的书，想搞清楚如何不因为天线而破坏设计，如何让听筒部分变得不那么粗糙锋利等。但所有能增加舒适程度的解决方

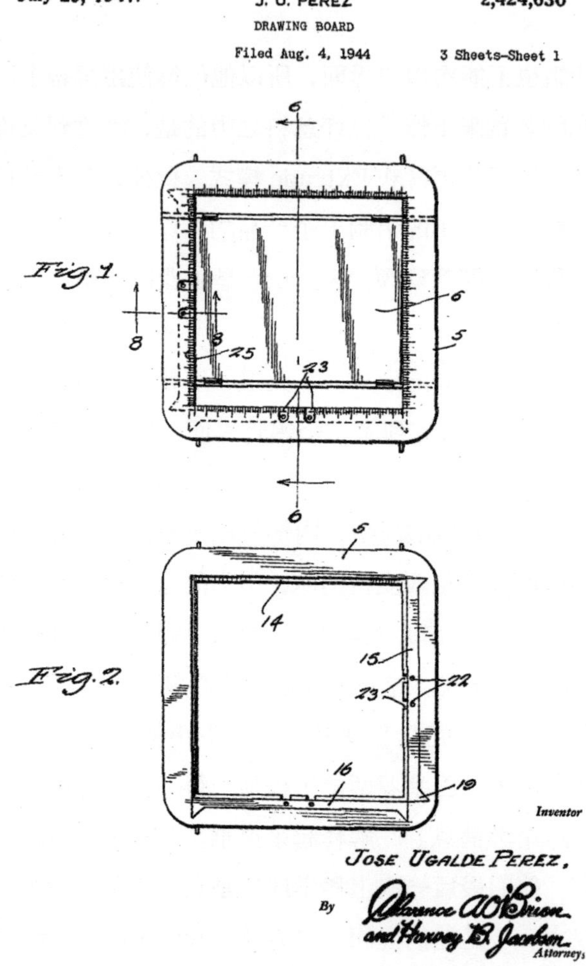

1944 年墨西哥医生何塞・乌格尔德获得专利的绘图板

法，似乎都偏离了整体的设计。”

最终，乔布斯决定毙掉这个方案。“我昨晚一夜没睡。”他说，“因为我意识到我就是不喜欢它。”他说他觉得设计方案不够服从于屏幕，方案太男性化。“他说到这点时，我记得自己感到非常尴尬。”艾维说道。而他很快便同意了乔布斯的这个说法，认为他是对的。

“乔尼和史蒂夫有一天下了决定，说：‘我们需要重做这个。’”塔普曼愉快地叹了口气。“所以我们就重启二号方案。这绝对是正确的事情。但这是个很大的挑战。”Extrudo 被拒绝后，团队暂时转向了霍沃斯的“三明治”设计。但是这一方案的原型机又胖又丑——在设计 iPhone 4 之前，工业设计团队会一直封存这个方案。之后 iPhone 4 的设计方案就是以它作为基础的，但这要等到芯片和手机结构都能适当地瘦身后了。

他们最终会采用一个更早的设计方案，这个方案看起来很像团队的第一个想法。我们不可能知道所有的灵感的源头，但可以很公正地说，它们贯穿了整个设计过程——我们可以在第一部 iPhone 的设计方案专利的引用内容中找到线索。该团队获得的第一个 iPhone 设计专利中第一个引用的是由墨西哥医生何塞·乌格尔德在 1944 年获得专利的绘图板。在他去世之前不久，有两篇报纸上的文章描述了他发明的一种“离子化”造雨机器。这两篇被归档的文章，以及他那影响了 iPhone 的绘图板，就是仅存不多的能证明他研究成果的东西了。

艾维说：“像 iPhone 这样的东西，一切都服从于显示屏。我们在设计这样的产品时，所做的很多事情似乎都偏离了设计方案。我认为，当产品的形态出于‘服从显示屏’这类原因而设计时，这些形态不是随便想出来的，而是必定会变成这样。这几乎让人觉得是偶然现象。人们觉得，当然是这样的了，怎么可能不是这样呢？”

工程学 101

大卫·塔普曼那令人厌烦的工作是这样的，协调一个小队通过过度加班，让他们负责这个变化无常的手机雏形的硬件部分。“我的团队处理的是手机内的所有电子系统，它的 RF 系统、GSM 系统、Wi-Fi、应用处理器、编解码器、摄像头、音频和扬声器之类的所有东西——这个团队实际上相当小。”大卫·塔普曼说道，“六个人？差不多这么多人。”前苹果执行官称塔普曼是 iPhone 硬件工作方面的“主角”。

塔普曼是英格兰人，他有广博的工程和物流专业知识，他开朗的性格更是锦上添花。在来苹果公司之前，他曾经在摩托罗拉为一个智能手机项目工作，后来该项目被终止。来到苹果公司后，他成了设计 iPod 的中流砥柱。他热切地接受了打造 iPhone 的挑战。首先，空间是首当其冲的挑战，乔布斯和工业设计团队希望手机尽可能纤薄。“我们在设计 iPod 时一直在这样做。有这么一句紧箍咒：‘薄即是好。’”塔普曼说道。这引发了关于形式和功能的不断争论。“我们是否能弄出一个续航足够持久的电池，”塔普曼说，“然后让它看起来和乔尼设想的外观一样？”

法德尔说，从一开始艾维便主张将耳机插孔和 SIM 卡插槽从 iPhone 上移除。“我们不得不奋力抗争，以确保在初代 iPhone 上保留 SIM 卡。”

乔尼使其尽可能薄的努力，将有助于让 iPhone 和其竞争对手区分开。但它也得能正常工作才行。“我的意思是，我们可以使它厚一英寸，让这多出来的一英寸用于延长电池寿命。”塔普曼说，“你要为每一微米作战，为每微米的厚度、每平方毫米的厚度和主板的面积而战，你要尽可能地进行创新，以使它能正常运行。”

焊接的锂电池

iPhone 会兴起一阵让许多人哀叹的风潮，在这阵风潮之下，许多手机会拥有难以卸掉或者无法卸掉的电池，就是因为减少了手机的厚度。塔普曼说："我过去的经验是，如果有电池连接器的话，就会造成问题。所以说，电池就是你的主要电力来源，如果你在这条线上遇上了任何阻抗或者电阻的话，你的电流就会有问题，在 2G 无线电系统下更是如此。如果在那条线上有任何阻抗，那它只会让手机变得很难用。因此，获得最低阻抗的最好方法是设置一个焊点。它的性能不会像连接器那样慢慢变差。"

他补充说："我们得到的任务不是'让这个设备可以被修复'，我们的任务是'弄出一款可以推出的伟大产品'，我们不在乎可拆卸的电池。我们的 iPod 的电池都不可拆卸。所以，当你刚开始做这样的事情时，并没有遇到限制。我们也都缺乏经验，看上去都不像手机工程师。"

他们必须做的最大决定之一是不兼容 3G。芯片组太大，耗电太多，他们决定优先考虑更长的电池续航时间。"这给了我们当头一棒，但拥有 Wi-Fi 则是一大优势。"塔普曼说，"其他人从来没把 Wi-Fi 安装到手机里。"

"这是一项艰苦的工作。我们每天要解决的问题有一千个。"

"每两个星期，我们将与史蒂夫、乔尼・艾维、蒂姆・库克以及所有的运营团队，托尼以及其他 iPhone 领导者开部门会议。我们会坐下来，仔细过一遍所有的问题。"塔普曼笑着说道，"史蒂夫讨厌这个。史蒂夫讨厌进度汇报会议。它们让他发疯。他讨厌听到问题。他只想让它们全被解决掉。你不得不告诉他：'哦，我们担心这个问题。'这是因为，如果过了两周，你再跟他说'哦，这个东西不行'的时候，他就会说：'你干吗不早点儿告诉我？'所以你要找平衡，你要告诉他一定量的内容，这样的话他就会知情了，而与此同时，他又不会太无聊或者感到太挫败，不会糊里糊涂的。"

在打造 iPhone 中，三星起了什么作用

其中一个问题是，他们没有中央处理单元。他们没有搞定作为 iPhone 大脑的芯片。这是一个很重要的细节。“2006 年 2 月时，出现了这样的局面，我们想的是必须在一年内发布这个产品，而我们现在还没有主处理器，”塔普曼说，“我们甚至没有给主处理器设置一条时间线。我们他妈的要怎么办？”

幸运的是，硬件团队正好和三星方面开了个会，三星为 iPod 制造了芯片，法德尔问他们是否有任何装有 ARM 11 的东西。他们有——这是一个电缆箱的芯片，不过规格是正确的。

“所以我们说：‘好，我们想修改它，这就是我们要做的。’”塔普曼说道，“顺便说一句，我们必须快马加鞭。我们会说：‘我们需要在五个月内弄出一个芯片。’芯片的开发通常需要一年到十八个月不等的时间。我们试图运用最新的处理器科技来设计这个芯片，并在五个月内获得第一批样品。”

当然，三星从未被告知自己正为 iPhone 制造芯片，不过 iPod 已经是笔大生意了，而苹果也是个大客户。塔普曼说：“三星为了完成我们这个任务，搞得天翻地覆。我是说，他们什么事都做了。他们将团队带到了库比蒂诺，我们与这些韩国的工程师团队合作，并完成了所有工作。”苹果的工程师们当时与三星紧密合作，这是因为他们还没有完成芯片的设计。“我的意思是，在他们开发芯片的同时，我们正在设计芯片的规格。”

“事实上，如果没有他们的帮助，iPhone 就无法按时发售。”

iWork

“紫色宿舍”的紧张情况愈演愈烈。人们开始争吵，开始互相仇恨，

每个人都承受着巨大的压力，而且还有种更为原始，使得人们压力倍增的东西存在。

威廉姆森说："这里臭得要死，因为我们一直都待在这儿。"门口腐烂的食物堆了起来。空气中飘着体臭和剩菜的混合味道。一个较老的工程师会时不时地去跑一会儿步，将他沾满汗水的衣服放在办公室里。

正如 iPhone 设计者所收到的保证那样，伴随着熏天的臭气，计划的要求在消耗着他们的生命。他们肯定享受不到假日。因此，肯定也享受不到陪产假。

"工作强度很高。"威廉姆森说，"我结婚了。我有三个'iPhone 宝宝'。第一个宝宝诞生时，我去了医院，然后就马上回去上班了。我没有休任何陪产假。另外两个孩子诞生时，我或许休了那么几天。是的，工作强度很高，非常高。"

工程师们日夜都在"紫色宿舍"，累瘫在那儿或者大半夜摇摇晃晃地走出库比蒂诺。一位工程师说："我记得走廊里漆黑一片，因为我们在那儿的时候，多半是晚上。"

加班之夜和永无止境的编程工作让有的人很兴奋，但对另一些人来说，则是一种折磨。耗尽精力，处于萌芽阶段的 iPhone 侵蚀着人们之间的关系。

格里尼翁说："我现在回想起来，觉得我的那段经历让人并不开心。"他一周 7 天都在工作，压力很大，他胖了 50 磅。一位工程师表示："对已婚的人尤其艰难，有很多人离了婚。"

随着计划继续进行，情况变得更糟。

威廉姆森说："座位总是不够，因为我们不得不让办公室的人数增加一倍，而且气味变得更糟了。人们都睡在那儿，没有专门设计的床位，有一张沙发和一张折叠床，睡上去也不舒服。"

"有一张很大的问题列表，上面写了我们正尝试解决的问题。"塔普曼说，“每个人都工作到很晚，全天候工作。每天都是，争取完成计划。没有人能休假，在这期间，我还结婚了，直到第二年才能去度蜜月。”如果你在苹果工作的话，你一周 7 天，一天 24 小时，一年 365 天之内都要听候调遣，“没有休假，没有假期，这些都没有”。

在和 iPhone 相关的加班故事中，也许最著名的那个与软件工程师约翰·赖特有关。他星期六上午一直在工作，到了下午，他收拾好了一些东西，准备离开。那天是他儿子的生日。产品经理金·沃拉特看到他离开，问他是否计划参加一个会议，这个会议被安排在了稍后的时间。他说了“不”之后，她开始斥责他：“你觉得我们中有谁想待在这儿？”据说，她当时讲：“我也有孩子！”他们在走廊里争吵，沃拉特愤怒地走开了。她把办公室的门狠狠地关上，力道非常大，以至于门把手都掉了，把她关在了里面。斯科特·福斯特尔找了一根铝制球棒，用它打烂了门，让她逃了出来。

“安保人员来了。”威廉姆森说，“然后我们就回去工作了。”

iPhone 团队的成员们说，当时的情况就是如此。在马拉松式的工作会议期间，破碎的门和各种吼叫根本就不算事。

“回想起来，其中的代价是很容易衡量的。”格雷格·克里斯蒂说，“当你工作时，就会投入其中。将自己完全投入到这件事上是非常容易的，容易到令人震惊。这是以我们生活的其他部分为潜在代价的，我无法准确地说明其中的理由。在一段时间内，这个工作是我们的生活中最重要的一部分。这个部分本该是家庭，是个人身体的健康。”

金·沃拉特是 iPhone 历史上另一个极端的人物，在我进行的采访中，她不止一次地被称为“战斧”，虽然有一次被加上了“有好有坏”这样的形容词。据说她能推动事情的进展，但是却在无意中惹恼别人。所以说，让我们先暂停一下，注意这个项目中巨大的性别差距。有一段时间，在设计、工程和开发过程中一位女性都没有。有几十个男人，大多是白人，没有女人。格里尼翁说，最终，性别的细分反映了整个公司的情况，不幸的是，该公司也反映了当时整个行业的情况，也就是说，只有10%到15%的人是女性。这包括质量保证和行政职务。初代iPhone专利上所有的名字都属于男性。阿比盖尔·布洛迪是创意总监，她未被允许查看用户界面，不过她说，她的一些工作成果被整合到了iPhone的外观和触感中。

对于少数员工来说，这里偶尔也可能是一个让人不爽的工作地点。一个设计者曾偷听到另一个人很罕见地讨论下班后的计划，说类似“你几点想跟我见面？是在我的地盘见，还是在你的地盘见？”这样的话，招来了管理人员的非难，他告诉这个员工：“我们这儿的人不会这样说话。”据说，当这位不是白人的iPhone员工投诉时，iPhone软件计划的负责人找到他，和他进行了一次非常奇怪的谈话，他告诉这位员工，他理解这位员工来自什么样的地方，因为给他带来最大变化的一次体验，是在斯坦福观看“全民公敌”［前文的“街区”（Hood）以及此处的“全民公敌”（一个说唱乐组合）都是美国黑人街头文化的象征，这位领导显然是白人。此处讽刺的应该是公司领导胡乱扣帽子，认为所有黑人员工都一定来自治安混乱、黑帮横行的街区。——译注］的演唱会。

由于iPhone已经获得了如此巨大的成功，值得考虑的事实是，该设备是由几乎全为男性，大多为白人的团队建设的。我们很难衡量任何设计偏见在那里产生的影响，无论这些影响有多么不刻意，这些偏见都可能影响到个人计算机范式历史上规模最大的变化。虽然苹果公司的质量保证部门对这些设备进行了测试，但设计和开发的选择都是通过屏幕上的男性双手做出来的，这些男性员工的双手也塑造了从形式因素一直到屏幕导航（Onscreen Navigation）的一切。

如果之前的情况十分糟糕的话，接下来将会变得更糟。2006年10

月，离手机发布日只剩几个月时，问题出现了。许多工程师不知道乔布斯的目标是 2007 年 1 月在 Macworld 上推出 iPhone，但计划就是这样。他遇到了一个问题：他们的主芯片漏洞太多，堪称灾难。

“现在的芯片基本上是软件。”格里尼翁说，“当你弄出一片新硅时，韩国的一些伙计们要把代码打出来，然后将这些代码编写到这块硅金属里。就像任何软件项目一样，这个里面也有漏洞，而我们碰上了其中几个。其中有一个尤其严重，会使整个程序停止。主芯片、CPU、基带、处理手机通话的芯片之间出现了一个非常糟糕的错误。”三星的团队根据苹果的设计方案制造了芯片，其中的第一批到达了库比蒂诺。它在启动时还可以，但是当工程师试图给它增加负荷时，它会崩溃。格里尼翁说：“我们没有将带宽（Bandwidth）从内存中移出去，我们本以为可以的。”

塔普曼说：“史蒂夫真准备要炒掉所有人了。那是场紧急危机。我们离产品发布还有两个月，而此时我们的系统芯片出现了一个重大问题。”“所以苹果公司叫来了他们手上的所有专家，他们是世界上最优秀的计算机科学家。”塔普曼说，“他们和三星方面坐下来讨论了细节。‘我们如何解决这个问题，我们如何才能获得更多的带宽？’”这场芯片设计总动员产生了什么结果呢？它带来了一个可用的 iPhone 大脑。

“三星做到了。”塔普曼说，“他们做了一块芯片，速度就像他们在工厂里生产芯片一样快。通常而言，做每一层都要花上几天，你要做的是 20 层或 30 层硅。一般情况下，你要等上几个月才能拿到原型。他们差不多六周就把它交过来了，这么短的时间实在是太疯狂了。”

地　图

2006，苹果和谷歌的关系仍然友好。紫色软件团队的人希望用谷歌作为 Safari 的默认搜索引擎，因为谷歌引擎已经远远超出了行业标准。在与拉里·佩奇（谷歌公司创始人之一。——译注）的一次会面中，乔布斯碰巧向他展示了 iPhone 的原型。

“拉里对其印象深刻，认为它太棒了。”威廉姆森说，“在那次会议上，他建议我们增加地图功能。史蒂夫说：‘啊，这完全有道理。’我们离实际推出产品还有一小段时间。所以，史蒂夫说：‘我们必须添加地图。’”

拉米洛克斯和威廉姆森前往芒廷维尤。“在几小时内，我们匆忙制订了一个计划，把他们的核心代码拿过来，在 iPhone 上运行。”威廉姆森说。苹果的工程师带走了谷歌地图的源代码，但没有签署任何正式的合同协议，“只是让拉里和史蒂夫握了下手”。他们发现，谈判合同所需的时间太长了，产品即将发售，他们可以稍后解决细节。当然，今天肯定不会发生这种事情了。但是那时候，两大科技巨头仍然可以随便达成协议，将最重要的软件程序之一移植到这个时代最重要的消费者设备之一上。

“我们的合作很自由。”威廉姆森说，“所以他们给了我们源代码，我们移植了它，并依靠它做了一个应用程序，我们很快就完成了它。大概就用了几周吧。这段时间，我们与谷歌的关系真的很好。”这同样在团队间建立了关系。苹果团队在设计 YouTube 应用程序时基本也是这么做的。这两个程序会成为这部手机的两大卖点，而一开始，它是要被设为一个封闭系统的。

最终，苹果在初代 iPhone 上嵌入了三大谷歌产品：地图、YouTube 和搜索。当苹果公司的团队最终回到了谈判桌上，与谷歌谈判时，他们显然获得了成功，在 iPhone 的传奇中留下了一个迷人的脚注。威廉姆森说：“我们从搜索领域赚取了足够的资金，能为 iPhone 的整个软件研发过程提供资金，然后还剩一点。”据称，iPhone 的整个研发过程花去了苹果公司 1.5 亿美元，所以与谷歌的交易确实是有利可图的。

测试，测试

格里尼翁说："我有两个关于 iPhone 的记录，这很棒，因为这两个记录别人永远都拿不走。第一个，我是第一个接到来自 iPhone 的电话的人。这是因为我的团队为所有这些功能做了所有软件设计方面的工作。"

随着芯片安装到位，硬件组装完毕，软件也正在快速改进。当然，必须要测试早期的原型，以确保它们在户外能工作。

格里尼翁说："我们刚从亚洲那边收到这些设备，它们到了我的团队手上，是软件模拟器和类似的东西，我们把软件安上了。有一天，我和某个人在我的办公室里开会，我收到了某个号码打来的电话，这通电话打给了我的办公室。我没有认出这个号码，所以我就想，管他的呢，于是便把它转接到了语音信箱。在会议结束时，我检查了我的语音信箱，好家伙！大概是这样的：'兄弟！我们正拿手机给你打电话，这是第一通电话！'"

安迪·格里尼翁刚刚成为第一个拒接他的 iPhone 所打来的电话的人。"和亚历山大·格雷厄姆·贝尔第一次接到电话时那个了不起的时刻相反，我基本上想到的是'他妈的，滚去语音信箱吧'。考虑到我们现在的状况，我觉得这非常恰当。"

他的第二个纪录就没这么令人愉快了，不过似乎也很恰当。他说："我是第一个通过这部手机浏览色情内容的人。我们刚刚获得了这些设备，可以打电话，所以我们差不多是第一次真的见到实物。我们坐在走廊上，都在浏览网页，查看一些应用程序。我不知道为什么，但我就喜欢当个怪人，我浏览了一个名为 Foobies 的网站，并且开始看这个网站上的照片。我大概说的是：'啊，过来看看这个。'然后我就缩小或放大图片，我们都在笑。是的，那是人们用 iPhone 浏览的第一个色情网站。"

巴斯·奥丁获得了第一批定型 iPhone 中的一部，像其他测试人员一样，他也希望能一直使用它。"它很酷，但同时也有问题，因为它是你的主要手机，会出现电量耗尽或者崩溃的情况，信号也并不总是那么好。”当然了，这些也都是这部手机在实际使用测试时所出现的重点问题。奥丁说：“比如电池续航问题，或者在工作时发现的问题，好比说‘哦，我们需要一个铃声开关’，或者闹铃响起来时，找不到关闭方法之类的，你很快就会发现这些小问题。”

乔布斯自己也在测试这部手机，这导致了一些有趣的故障排除会议。一支团队被派到了乔布斯家，因为这位首席执行官发现他的手机接收不到 Wi-Fi。罪魁祸首是谁？埃文·多尔回忆说：“是这个有两英尺厚墙壁的砖房。我的一个朋友在那个被派去调试 Wi-Fi 情况的团队里，他也不知道自己为什么会被派去那儿。他是一名软件工程师，不太了解 Wi-Fi，所以他就去了那儿，打开了他的笔记本电脑，开始编程，假装在做事，在帮他们。”

很快，紫色团队的所有成员都得到了 iPhone 样机，并被要求要拿这些手机作为他们的主要设备，要小心使用，并在尽可能真实的环境中测试手机。

尼丁·甘纳特拉表示：“我很讨厌提到这件事，因为我现在说起来，感觉自己很蠢，但是当时，在测试的时候，我会在开车的时候给某人发短信！是，我当时要发送条信息，但在苹果，我们开发东西的方式是和它们共同生活，尽可能地模仿别人使用它们的方式，试图预测人们会如何去使用这些东西。所以，我给开车时发短信这件事找的歪理是这样的：当你三心二意使用键盘的时候，它对你来说有多方便？要知道，如果你没时间端坐着，看着每根手指触碰屏幕上的按键，但又要使用键盘，那这种感觉和你坐在办公室里一张静止的椅子上使用键盘时，会有什么不同呢？”

“现在看来，我做的这些事情是违法的，是非常不负责任的，并且，感谢上帝，在我开车发短信的时候，没撞上任何人。”甘纳特拉说，“我想说的是，我们当时在了解其他人使用这个设备时会受到的影响。”

Macworld 大会

工作速度提升到了令人窒息的程度。Macworld 大会将在 1 月初举行。按最温和的说法，iPhone“还未就绪”。它的通话会断掉，软件会崩溃，有时根本就没法连接到网络。

但苹果并不能推迟该手机的发售。没有回头路了。Macworld 大会对新产品的亮相而言将会起到传奇般的推动作用，如果苹果不能秀出什么实质性的东西，公司的股票可能会受到影响，商誉也是一样。即使没有人知道 iPhone 的外观或触感，即使苹果尽最大努力在防止泄密，流言仍然出现了，声称苹果届时将会发布一款手机。

主芯片仍然没有准备好，所以软件工程师不得不绕过被否定的版本的缺点。他们设计了一条被称为“黄金之路”的操作序列，让科技记者们在看过它之后，会觉得 iPhone 能完美无缺地工作。

莫斯康展览中心自然也被封闭了。保安人员在这个地方驻守着，乔布斯最初试图让任何在发布会前一晚到场的人在场地内过夜，这是一个被其他高管否定了的疯狂想法。但乔布斯对让发布会保密这一点非常认真。

奥丁说：“平面设计小组在发布会一周之前向史蒂夫展示了海报、横幅。他一听说会有海报就马上将其否决了。他说：‘不，不，不，不，不要任何印刷的东西。’因为他不想冒这样的风险：在前一晚，某个印刷部门的人会看到这些海报，然后说：‘哦，这就是 iPhone 啊！’这令人印象非常深刻，因为它根本没有遭到泄漏。”

格里尼翁说：“起初，排练确实很酷，能参与排练就像是受到公司信任的证明。但它很快就变得很令人不舒服了。在极少数情况下，我看到他彻底失控了——确实有这种情况。但大多数情况下，乔布斯只会看着你，直接用非常大、非常严厉的声音说‘你他妈毁了老子的公司’或者‘如果我们失败了，那全是因为你的错’。他的情绪很激动。而且你总是感觉自己十分羞愧。”

但有一个工程师收到了这个任务。他要从库比蒂诺出发，往自己的“讴歌”车里装上 20 来部 iPhone 原型机，一路开到旧金山。

这个设备

甘纳特拉说：“直到 2007 年 1 月宣布该产品的那个早晨，当它已经登载在报纸的头版上，直到这个时候，我才感觉到了它的来临。那时我想的是‘哦，哇’之类的，当时我已经在苹果工作了一段时间，已经经历了像麦金托什电脑之类的比较重大的产品发布事件，但是没有一个出现在发布日当天的头版头条上。我的感觉就是‘老天啊——人们从没看过这玩意儿，这成了一个传奇’。”

2007 年 1 月 9 日上午，工程师、设计师和 iPhone 的贵宾们聚集在莫斯康展览中心。在场馆中，有一种敬畏的激动情绪在流动着。一个 iPhone 设计人员看到菲尔·席勒在后台摆弄着这台设备，他显然是第一次看到它。他说：“所以我确实很想知道，为什么菲尔有资格介绍这部手机，因为有其他很多人也为之奋斗过。”

比如说韦恩·维斯特曼。由于苹果公关部门的重大疏忽，这位多点触控的先驱并没有被邀请到他帮助设计的产品的发布会上。他的科技成果从一开始就在启发并支撑着整个 iPhone 项目，他自己也于 2005 年被苹果雇用。更何况乔布斯自己走上了舞台，宣布苹果发明了多点触控。

格里尼翁带了瓶酒。他说：“感觉我们好像进行了 100 多次演示，每次都会出问题。这感觉不太好。”

乔布斯暂停了 20 分钟，然后开始进行演讲。他的开场白是这样的：“每隔一段时间，一种革命性的产品就会出现，改变一切。”接下来的部分，则被铭刻到了历史之中。他轻松地在演示的各个环节间游走，展现了他所认为的主要功能：手机，特别强调了其可视语音邮件；iPod touch，强调的是其封面流显示（Cover Flow Display）；互联网通信器，强调了它能打开完整的网页。他演示了多点触控，显示了完美的惯性滚动和缩放功能，观众掌声雷动。他把谷歌首席执行官埃里克·施密特叫上台，打开了谷歌地图，搜索到了一家当地的星巴克，点击店铺名字，给它打了个电话，要了 4000 杯拿铁咖啡。接电话的咖啡师还没来得及反应，乔布斯就挂了电话，莫斯康中心里的人爆发出一阵大笑。

iPhone 成功获得了科技界无与伦比的关注。掌声将继续传递到世界各地的博客和头条新闻之中。苹果观察员迅速将 iPhone 称为“耶稣手机”，竞争对手们小心翼翼地对其展开抨击。该手机的媒体功能丰富，有基于触摸屏的界面以及美观的设计，顿时轰动四方。格里尼翁的队伍把他的那瓶酒喝干了，他们在城里喝了一天来庆祝。创意总监阿比盖尔·布洛迪表示，她在乔布斯的演示中首次看到了一些设计理念，这些理念是她为那个神秘的 P2 计划而组合在一起的，其中包括大字体和小丑鱼壁纸。她和大家一样感到惊讶，并表示荣幸。“我不知道这将会被用在第一部 iPhone 上。”

在苹果公司内部，产品的成功发布意味着福斯特尔胜利了。格里尼翁说：“这为最终将要发生的事情在政治上定下了基调，也就是说，托尼被推翻了。这是预言中的事。你在 iPhone 的介绍过程中看到了这一点，乔布斯轻轻一划，把托尼的名字删去了。在介绍过程中，史蒂夫在展示管理联系人列表到底有多简单，对吧？他正在介绍滑动删除法。就像是说，如果这有些你不想要的东西，不是什么复杂的事情的话，那么你只要把它一滑，就能把它删了——而他删掉的名字就是托尼·法德尔。你轻拂一下，就可以删除他，然后他就消失了。我的反应是‘啊’，而观众则在鼓掌——苹果公司里参与该计划的人则除外，他们的反应是‘哦不’。这是个很明确的信息。乔布斯基本上说的是‘托尼出局了’，因为在排练中他并没有删除托尼。他会删除另一个随机的联系人。”过后我才恍然大悟，这不可能是真的——它似乎太残酷了。“那就是史蒂夫会做的。”格里尼翁说，“我的意思是，你在想为什么会这样时，会发现有很多预兆，他会这么做。这件事是最明显的一例。这对每个人来说都是显而易见的。每个人的反应都是：‘我的神啊，你有没有看到刚才发生了什么？’”

乔布斯承认了产品研发过程让其职员们在生活上付出的代价，他感谢了他们的家人，以此结束了演示。“他们基本都闭门研发，在过去6个月里更是如此。”他说，“而且，正如我经常所说的，你知道，没有我们的家庭支持的话，我们做不到这些。我们要完成这个惊人的工作，而他们的家人也理解我们有时候没法及时回家吃晚饭，或者没法完成许下的承诺，这是因为我们必须在实验室里工作，因为产品演示即将来临，有事情要忙。而且，呃，你们不知道我们有多需要你们，有多感谢你们。所以，谢谢你们了。”

然而，这段感谢可能有点为时过早了，因为这项工作几乎还没完成。在正式推出这一设备前，还需要一个为期6个月的马拉松研发阶段。而紫色团队需要不小的帮助。

在产品发布当天，埃文·多尔提出了加入iPhone团队的请求。在那之前，就像大多数苹果员工一样，他根本不知道iPhone正在紧锣密鼓地准备。

“我记得是斯科特·福斯特尔面试的我。”多尔说，“而且在面试期间，他的iPhone就放在桌子上。世界上其他人甚至都没法摸到一部iPhone。手机响了起来，他拿起来，向我展示。上面显示：史蒂夫·乔布斯来电。他说：‘我得接这个电话，等我一下。’他走了出去，于是乎，我在这个会议室里坐了15分钟，等他回来。我在想：‘他是在整我吗？这是个考验吗？’当然，我自己没有iPhone，不能拿来消磨时间，所以我就一直发出‘嗯，嗯，嗯’这样的声音来消磨时间。”他轻轻地敲了几下桌子。“我们过去常常喜欢坐在房间里，盯着墙壁思考并等人来。”

他笑着说："他终于回来了。"

两周后，他加入了队伍，就像被扔到了一团烈火之中。"你看着第一批 iPhone 和屏幕上的应用程序，其中绝大部分都是一个人在负责改进，有时候是一小群人负责。"多尔很快成了个万事通，要帮助解决时钟、邮件方面的问题，或者任何需要解决的问题。当时工程团队正着急完成工作的最后部分，让 iPhone 能赶在 6 月发售。当然，其中也出现了些小问题。

"该团队的一名工程师正在尝试解决地址簿应用程序中的问题。"多尔回忆说，"这位工程师不确定他正在写的代码对他在屏幕上看到的内容到底会产生什么实际影响，所以他把地址簿中的城市地址改成了'滚蛋吧'。他很沮丧，在想这玩意儿真有用吗？然后，他不小心把这处变化保存了起来。而且，在他注意到这点，并恢复过来之前，他那个版本就是 AT&T 拿出去测试运营商时所使用的版本。"

不久之后，斯科特·福斯特尔接到了 AT&T 首席执行官的电话，他说："为什么我的 iPhone 会让我滚蛋？"管理层并不觉得这很好笑。"那位工程师不得不向整个团队发送一封电子邮件，说自己让他们这个大家庭丢了脸，对此表示抱歉。"与此同时，一位安全工程师将他那部未发售的手机带上，出门旅游去了，期间将它展示给了一个酒保。这个酒保转手便在一个苹果流言网站上发布了关于这部全新手机的完整概述。这位工程师本该被解雇，但他是唯一一个了解该手机部分加密系统的人员。"所以他不得不发出一份装装样子的道歉声明，什么'我对不起我们的努力'之类的玩意儿。"

一些年轻的工程师认为，队友们必须在团队中以这种公开方式受到惩罚，实在很奇怪。一个人回想道："这非常类似公开的羞辱，感觉好像极权政府，类似富士康的工人在工友面前悔过那样。是的，有一些令人毛骨悚然的相似之处。"

接下来的三个月里，工作将会继续以一种疯狂的速度进行着，工程师们会手忙脚乱地推动手机朝着黄金之路的远方前进。在三星永不疲倦的芯片团队的帮助下，定制的 ARM 完工，并且被安装到了手机上。在演示结束一个月之后，乔布斯做出了他那个著名的决定，从塑料屏幕转向了玻璃屏，并催着康宁公司制造出足够多的大猩猩玻璃，能覆盖初代 iPhone 的屏幕。错误被修复。地址簿里的粗口消失了。手机的断线情况（基本）停止了。

理查德的团队一举解决了网页简陋的问题，并成功地将 Safari 压缩到了 iPhone 上。考虑到地图演示受到热烈欢迎，乔布斯最后一刻批准将 YouTube 也加入 iPhone 中。在谷歌的帮助下，工程师们在几周内就成功设置好了这一功能。

“我们当时没有意识到自己在做什么。”拉米洛克斯说，“我会永远记得他（乔布斯）坐在沙发上——我们刚上线了 YouTube 应用程序，并且能使其运行，他正坐在那里捣鼓 YouTube 应用程序，他说：‘伙计们，你们可能不知道，你们正在做的事情比我们在初代 Mac 上的工作更重要。’我们的反应是：‘好的。谢谢，史蒂夫。’但我认为他是对的。”

传奇启航

iPhone 于 2007 年 6 月推出时，全球的苹果商店都在大排长龙。死忠粉们争相成为第一个拥有“耶稣手机”的人。铁杆粉丝们等待了几个小时，甚至几天。媒体对其进行了无休无止、铺天盖地的报道。尽管有这些奇观，但销量在周末开售走强后，速度慢了下来。在开售的那个周末，苹果声称他们在 30 小时内卖掉了 27 万台 iPhone。目前为止，应用程序的选择依然有限，手机只能上速度奇慢、令人焦头烂额的 2G 网络，没有任何东西能自己设定，连壁纸都不能换。而且它太贵了。微软首席执行官史蒂夫·鲍尔默嘲笑道：“要 500 美元？有全面的补贴？还附带套餐？这是世界上最昂贵的手机了。”

最受欢迎的功能可能是 Safari 和地图——它们是两个多媒体的多点触摸技术体验程序，这两个，连同触摸屏本身，为 iPhone 所能做的一切铺设了舞台。5 年前，那个探索着崭新而丰富的互动方式的小组，确实将他们所设想的，人类在和设备互动时所希望拥有的互动方式变为了现实。巴斯、伊姆兰和团队成员创造出来的突破性的用户界面引人注目、无比直观，并且令人上瘾。

苹果公司降低 iPhone 的价格，并在第二年增加了应用商店后，iPhone 成为世界手机巨头。然而，自第一次迭代以来，基本层面上的变化十分少，但想想这仍然令人感到震惊。屏幕变得更大了，但我们打开手机的时候，仍会面对一堆边角圆润的应用程序图标所组成的网格。我们仍在依靠 Safari 搜索，依靠消息功能聊天。我们通过多点触控来导航，我们仍然在使用它的黑色镜面屏幕来观看视频。核心动画的即时性仍然诱使我们去滑动、按压和敲击屏幕，我们仍然在用手指轻轻地在信息列表之间滑动。

托尼·法德尔说：“它经得起时间的考验。你看看基本的假设，有什么改变了吗？商业模式改变了，当然，相机更好了。但是，基本上的东西并没有改变。它一直在变得更大、更快，但没有什么是真正变了的。让你能用上 iPhone 的那些设想还是和以前一样。一号版本的 iPhone 是正确的选择。即使你必须进行迭代，不停地毙掉各种方案——当你的基础是正确的，就会发生这样的事。这让你知道自己有一台经典的设备。”

经典是对它的一种描述。“如水一般”则是另一种。

“iPhone 造成的影响如此之大，如此之快。”拉米洛克斯说，“与 Mac 相比，我认为 iPhone 对我们今天的生活造成了更大的影响。但是如果你想一下的话，就会发现 iPhone 也是一台 Mac。我们拿起了一台 Mac，把它压成一个小盒子，就成了一台 Mac 二号。其中有同样的 DNA，同样的连续性。”

这点很重要。即使那些创造出 iPhone 的工程师们也知道他们站在了巨人的肩膀之上，或者，如同比尔·巴克斯顿所说，他们是创新那长鼻子上的一部分。iPhone 看上去似乎是一个新的跨越式发明，但它的创作者不仅依靠了苹果公司之外的人用几十年来开发的大量技术，也利用了公司内部创造已久的遗产，并对其加以提炼。

多尔说："像多点触摸一样的产品已经酝酿了很多年。核心动画在开始设计手机之前，已经研发了一段时间。担任副总裁，领导整个 iPhone 工作的斯科特·福斯特尔在还是普通工程师的时候，他设计的程序框架在进化之后，演变成了你用来设计 iPhone 应用程序的东西。那些并不是在一年内发明出来的，也不是在一年内创造出来的，它们大概是在 20 多年之前创造出来的，或者是在 iPhone 诞生前 15 年创造出来的。"

这些框架是由 20 世纪 80 年代以来编写、改进以及重组的代码组成的。自 NeXT 时代开始，直到现代的苹果时代为止，编写这些代码的同一批人，也对 iPhone 的设计有着重要帮助。威廉姆森说："如果你现在在 iPhone 上使用任何框架的话，它们都有一个 NS 前缀。任何具有 NS 前缀的内容都是一个 NeXTSTEP 代码，而且几乎是完全相同的代码。现在事情出现了很多变化，变得越来越复杂。"但是，从 NeXT 到 Mac 再到 iPhone 的路，不是一条不明确的路，而是一条直截了当的路。"

当时，苹果已经花了 20 多年来储备代码、想法和人才了。"这是一种复合效应。"多尔说，"我认为这是描述它的最好方式。好比说你的银行账户已经累积了一段时间的利息，你每年的利率本来是百分之三，而当你存上 20 年的时候，突然间，你开始看到存款数字明显上涨。我认为这基本描述了这里的情况。"另一大因素是什么？纯粹是运气罢了。

ENRI 团队在实验性触摸屏设备上做了一批互动演示——正好在苹果公司需要 iPod 的后继产品前做了出来。FingerWorks 这种对消费者友好的多点触摸技术被推向了市场——这正好能让 ENRI 人员以此为基础。电脑芯片不得不微缩化。“成功的大部分原因是时机正确和走运。”多尔说，“也许驱动 iPhone 的 ARM 芯片已经研发了很长时间，也许在这些芯片的功能方面，我们也走了好运，碰到福星了。”他们还结合了锂离子电池技术，并且将相机压缩进了手机里。还加上中国熟练的工人，以及世界各地储量巨大的廉价金属。这份名单还能继续列下去。多尔说：“不是说 2006 年的某天早上起床，然后一拍脑门，就决定要造出 iPhone 来了；而是要做一些不能直接看到回报的投资，弄出一些失败的产品，进行一些疯狂的实验——而且还能够在这么长的时间跨度上进行。大多数公司都无法做到这一点。苹果也几乎失败了。”

当恰当的市场机会临门时，苹果便利用了这笔积累了几十年的非营利性投资。苹果从其资产的积累中汲取着从代码基础到设计标准的一切，将人们历史悠久的通用通话装置之梦，变成一部智能手机。它也利用了其强大的人才库，召集了数百人，并且不仅仅组建了编写神奇软件的紫色团队和搞定硬件的 iPod 团队，也包括苹果内外的其他许多团队，如三星的芯片团队、康宁的大猩猩玻璃团队，以及一长串的第三方供应商。他们拼了命地设计、发明，做着创造这一设备所需的苦差事。

史蒂夫·乔布斯会经常在演示和采访中喊出“苹果团队”或“伟大的团队”，但他很少会说出具体的名字，主管的名字除外。他告诉他的传记作者沃尔特·伊萨克松，他最喜欢的苹果产品是苹果团队——但他肯定不想把这个产品展示给全世界。

伊姆兰说：“苹果很幸运，能拥有如此喜爱彼此的员工，让他们为了一个对公司未来至关重要的计划工作。在我经历的所有合作中，没有哪个能与之媲美。”

一位 iPhone 设计师告诉我，他并不认为最初的设计团队留下了哪怕一张照片。他说：“就像迈克尔·乔丹成了幽灵一样。这个幽灵在场上得分、灌篮，赢得了所有这些比赛，没有人知道它实际上到底存不存在。”

事实是，为它做出贡献的设计师、工程师和程序员都知道它是存在的，尤其是他们异常努力地工作，以至于牺牲自己的家庭、健康和一切，为苹果创造这个产品的时候。

理查德·威廉姆森说：“在一开始的那些日子里，我的家人确实吃了苦头，因为我不在身边。”他的妻子在他差不多从苹果离职的时候死于脑癌。“我现在正在弥补，因为我现在是全职爸爸了。我每天给我的孩子做晚餐。这是我该做的事，也是该为他们做的。但我不会用任何东西来换做 iPhone 的那番经历。”

布雷特·比尔布里不是 iPhone 团队的核心成员，但当时参与了一些周边的科研和工程项目，他解释说：“我因为诸多原因而退休。压力是其中之一。当时很乱，公司政治非常荒谬，大家各自为政。史蒂夫是统治他们的王者。周围不少人去世了。有的因为心脏病发作，有的因为癌症。我的确想念苹果。这是我梦寐以求的工作。”他说，他身后的妻子这时喊道：“直到这个公司几乎杀了你为止！”他说，他的医生给他下了一个最后通牒。要么做这两件事情——减肥和辞职，要么就等死。“我在苹果公司的同事已经死了 36 个了。”他说，“工作强度太大了。”

这种工作强度也可能是制造 iPhone 的团队自那以后各奔东西的原因。截至 2017 年，除了乔尼·艾维之外，苹果的所有高管都没有切实参与创造 iPhone。法德尔在 iPhone 推出一年后退出。在苹果地图错误地发布后，斯科特·福斯特尔被解雇了，许多人猜测这是蒂姆·库克和乔尼·艾维间长期处于紧张关系的结果。尽管为公司服务了 10 多年，理查德·威廉姆森也被解雇了。安迪·格里尼翁精疲力竭，在 iPhone 推出后不久就退出了苹果公司。巴斯·奥丁于 2013 年离开，在特斯拉工作——他厌倦了花时间打专利官司。由于健康原因，在 2013 年推出 iOS 7 后，亨利·拉米洛克斯也退休了。人机交互团队的负责人格雷格·克里斯蒂于 2014 年离职。大卫·塔普曼也在那一年离职了。伊姆兰·乔德里也许是最后一位留在苹果的 iPhone 之父，他于 2017 年初离职。

威廉姆森说："我觉得现在没有人了解 iPhone 的由来了。"事实上，连苹果内部的人都不怎么了解制造 iPhone 的故事，以及谁为创造它出过力。

iPhone 项目再也不会将交互方面的新鲜点子集合起来了，也不会发明出新的方式，将移动计算推广给大众——现在的目的是卖更多的 iPhone，这当然无可厚非。这是生意。一位最早的 iPhone 团队成员说："现在一看，人们过去和现在看待这家公司的方式，其中发生了怎样的变化，实在很有趣。现在再没有那种义军同盟的气氛了——我们现在是老大哥（"义军同盟"是电影《星球大战》中的正义组织，目标是让银河系回归民主，推翻皇帝。而"老大哥"则是小说《1984》里的一个概念，指代的是极权力量。——译注）。"

一些公司可能会试图留住有过如此伟大创新的团队，让它的职员升职，甚至复制它的一切。但这世上只有一个紫色项目。至少，它的遗产是令人敬畏的。

"现在没有人会说'我不知道电脑是什么'了。"伊姆兰·乔德里说，"这种情况一去不复返，这都是因为我们的工作。"

迭　代

第一台计算机是人，是为天文学家和数学家工作的熟练工人，他们经常以团队为单位，完成冗长、复杂的计算，总是用手算。这些人通常是学徒或女人，他们会花费几天甚至几周的时间，完成现代人按一个按钮就可以在数纳秒内解出的方程式。但是从 17 世纪到 20 世纪中期，这些计算者帮助军方计算武器轨迹，或计算美国航空航天局的飞行计划所需的地图时，计算机一词描述的是工作的人。不仅描述了劳动者，也描述了那些时常默默无闻的劳动者。他们为某人或某组织的利益而努力工作，而这个人或者组织最终会隐瞒他们的存在。

事实上，我们今天所知的“计算机”一词，实际上可能不是来源于像查尔斯·巴贝奇、艾伦·图灵或史蒂夫·乔布斯这样的人物，而是源自法国天文学家亚历克西斯·克莱奥。为了解决三体问题，他征召了两位天文学家来帮他计算，这样一来，计算工作分了出去，他能更有效地计算他的方程式。两个世纪以后，6 位女性计算员为 ENIAC 编写了程序，它是第一台真正的计算机，但她们没有被邀请到宾夕法尼亚大学公开发布这台计算机的活动，在活动中也没人提及她们。今天，iPhone 隐藏了一个事实，即它的内在其实是一台计算机。

当然，“计算机”这个词的意思已经改变了，但将计算机——尤其是 iPhone 这个历史上发售量最大的计算装置——看作被人的工作所驱动的装置的想法有其道理。因为 iPhone 隐藏着巨大的努力和创造力，比它的许多前辈更专业。随着屏幕变得更加时髦，应用程序变得更加令人上瘾，手机更加无缝地被集成到了我们的日常工作中，我们越来越不觉得计算活动是人类的工作，而实际上，曾几何时，这是很多人类的工作，从事这一工作的人数比任何时候都要多。

我说的“人类”不是哪一个人，而是很多人。现在，史蒂夫·乔布斯将永远和 iPhone 连在一起。乔布斯把它介绍给了世界，他将其作为一种福音传播，他领导了生产 iPhone 的公司，但并不是他发明了 iPhone。即使现在，我也会回想起大卫·埃杰顿的评论，在我们这个通过这一特别的设备，让信息更加活跃的时代，智能手机的创作神话必将恒久流传。对于每一个史蒂夫·乔布斯来说，都有无数的弗兰克·卡诺瓦、索菲·威尔逊、韦恩·维斯特曼、大岛光昭。我想到了比尔·巴克斯顿“创新长鼻”概念，还有进步会持续不断地推动思想解放的观念。否认乔布斯“孤独发明者”的神话并不会削弱乔布斯作为策展人、编辑、执行者的角色——iPhone 提升了其他所有人的角色，让我们看到乔布斯在创造 iPhone 的道路上并不孤单。我希望前往 iPhone 核心的旅行有助于说明这一装置是无数发明家、工厂工人、矿工、回收者、伟大的思想者、童工、革命的设计师以及足智多谋的工程师创造的；也是长期演化的科技，需要集体逐步积累的工作；是初出茅庐的初创公司以及大规模的公共研究机构的产物。

所有这些力量直至今日仍在塑造它。iPhone 汇集了来自世界各大洲的思想、材料和零件。它在某个地方被设计好，原型被制造出来，在另一个地方开采出所需矿石，然后又在另一个地方被制造出来。它的影响力遍及所有这些地方，以及其他许许多多的地方。

在我采访时，曾问过那些为初代 iPhone 项目工作过的人，他们对这台由自己推向世界的设备有何感想。我惊奇地发现，他们普遍存在近乎矛盾的心理。大多数人对该设备的影响范围，以及它导致的应用程序浪潮感到敬畏。许多人也提到了它娱乐功能过强，总使人分心的缺点，感叹着夫妻一起吃晚饭，却沉默不言，各自盯着自己手机的情景。

其中一个人，格雷格·克里斯蒂，有着制作一台移动计算机的梦想，他把一部初代 iPhone 埋在了自家地底下。“我让负责硬件的伙计们把电池从初代 iPhone 中取了出来，把它和 iPhone 发布那天的报纸一起储存着。旁边放着我一家人的照片，还有一段说明。”他说，“它们被放到了一个盒子里，然后被埋到了我家的门廊下面。这算是我的毕生之作吧。”

不过，最让我感到困惑的回答，则来自监督软件工程环节的那个人。他监督的是我们这个时代最具影响力的设备。

拉米洛克斯说：“我发现人们随时随地都带着手机。我觉着不错，挺棒的。但是，你知道，软件不像——这样讲吧，我的妻子是画家，她画油画，画完之后，作品会永世流传。至于科技，20 年后，谁会在乎 iPhone？”

他的意思是，科技是一股不断前进的潮流，就算会产生像 iPhone 一样受欢迎、影响力巨大的成就，可能最终也会被冲走。“它没法流传百世。”

他说道。他也表示，自己几十年来一直在编写代码，这些代码几乎全部被删除和替换掉了。“不过框架没变。”实际上这是技术进步方面的一个很好的比喻。他的工作为一个更大、更永久的体系做出了贡献，其他人将以这个框架为基础，在其上构建，他们会接入这个框架，进一步开发它，利用它。

他说：“不像你创造的其他什么东西，比如一首将被人传唱很久的曲子。iPhone 只会消失，被更好的东西取代，一去不复返。”如果没有消失的话，那也会渐渐被忽略。它会被卷入各种进步所汇集成的海洋中，流向未知的前方。这一成果最终可能会无人知晓，但它依然是不可或缺的，它为人类不断进步的技术以及人类联系世界的框架添砖加瓦。

计算机曾经是人，而且，从某种程度上说，它们也永远是人。这是因为，在无数探索者、工程师、劳务者、设计师、科学家、交易者、研究者以及采矿者的帮助下，更好的事物肯定会逐步发展。毫无疑问，下一部像 iPhone 这样独一无二的设备，正在准备着登上人类社会的舞台。

信息
来源

iPhone 确实是一种融合技术，或者像计算机历史学家克里斯·加西亚所说，是一种聚合技术。在这台轻薄的长方形装置里，有这么多高度发展和成熟的技术，它们天衣无缝地结合在了一起，融合成了魔法般的产品。因此，调查这种设备的起源和灵感来源，成了一项复杂的任务，调查者要选择调查的技术、地点和人物。

这意味着我要辨识出那些我认为是 iPhone 关键元素的东西——梦幻般的视听通信器、多点触控技术、低功耗高性能处理器、开创性的用户界面设计等，并探索它们的起源。所以在每一章中，我都会采访某个技术的发明家和创新者，也会采访研究该技术的历史学家和分析师，筛选出与该领域相关的已发表的研究和专利，并实地探究那些感受到这一主题的影响，或对 iPhone 的兴起具有贡献的地区。例如，在多点触控方面，我采访了该领域的早期先驱比尔·巴克斯顿，前往欧洲核子研究组织，亲身体验了 iPhone 演化过程中的一个环节，并回顾了触摸屏先驱 E·A·约翰逊的专利申请。这帮助我很好地了解了常常被忽视的科技史，让我可以反驳世人推崇的说法，即史蒂夫·乔布斯发明了多点触控。与巴克斯顿以及触控科技方面的创新者本特·斯顿普的对话，帮助我描绘出一幅极其复杂的发明图景，其中交织着那些和自己的工作以及自己的历史地位关系复杂的人。

同时，也许在了解 iPhone 的起源时，最重要的部分是采访矿工、工厂工人、电子废物回收商和维修人员，他们揭示了我们这个时代最无处不在的设备那些难以让人接受的真相。我愿意“非法侵入”富士康的地盘，是因为我相信，更好地了解世上最无处不在的科技产品的制造过程符合公众的利益。

关于苹果的章节则完全不同。如前所述，苹果公司非常重视保守秘密，其严格的保密政策意味着泄密的员工可能会被当场解雇。我被告知，哪怕苹果的前员工在离开公司后，对媒体开口的话，也会失去各种福利（当然也会失去声誉）。所以我在这个部分必须小心——我在领英上寻找采访者，撰写电子邮件的这个过程似乎花了好几天，接触每个能找到的 iPhone 成员，我靠着在 iPhone 的主要专利或在访谈、感言和媒体报道里出现的名字找到了他们。那些还在苹果公司的人不得不匿名发言，要不然就会有被开除的风险，其他人则拒绝透露。我认为在这部分值得加上匿名消息来源——我信赖的所有这些人都提供了值得信赖的证言——这是因为苹果具有极度重视保密的特质。我也仔细钻研了法庭档案、证词和公众证言，特别是三星版权审判期间的那些。大多数，甚至是绝大多数为 iPhone 创建软硬件的团队的关键成员自那以来，已经离开了苹果公司，我这才得以采访他们，留下采访记录——你看到的就是这些记录。

拆　卸

为了弄清智能手机到底有多普及，我从研究机构和市场数据那儿寻求帮助。皮尤公司 2011 年初开始跟踪智能手机的持有情况和使用情况，当时估计有 35% 的美国人拥有智能手机。仅仅 5 年后，这个数字就翻了一番。根据 Com Score 的数据，2007 年有 900 万美国人拥有智能手机。考虑到当时有 3.1 亿美国居民，这意味着智能手机拥有率仅为 3%。此后，这一情况经过了更彻底的调查。皮尤 2017 年报告的结论是，有 77% 的美国人拥有智能手机。

今天，尼尔森和一系列营销公司跟踪着人们在智能手机上花费的“屏幕时间”［使用带屏幕电子产品（电脑、手机等）的时间。——译注。］2014 年营销云公司的《移动行为报告》称，85% 的受访者认为手机是日常生活中的重要部分。这一研究结果是由诺丁汉特伦特大学的心理学家萨莉·安德鲁斯领导的小组得出的。市场研究小组计算出来的“屏幕时间”是平均每天 4.7 小时。霍雷斯·德迪尤认为，iPhone 是“历史上最受欢迎的产品”，这一观点可以在 Asymco 网站的同名帖子中找到。iPhone 盈利高达 70% 的数据来自 Recode 的一份报告，以英国市场研究公司 IHS 的原始成本调查结果为基础。《独立报》在《iPhone：历史上最赚钱的产品》中也涉及了这项研究。2014 年瑞士信贷的分析认为其利润率为 41%。根据标普资本 IQ 公司的数据，华尔街网站的分析结论是，iPhone 比香烟的利润更高，这一结论被刊登在了《时代》杂志的网站上。

在这些章节和之后的章节中，为了解历史背景，我采访了移动技术历史学家乔恩·艾格，他是《持续触控》一书的作者，该书是为数不多对这一部分进行了调查的历史作品。我通过电子邮件与大卫·埃德加敦通信，他是技术史学家，是《冲击旧世》一书的作者。马里亚纳·马祖卡托的书《创业国度》用一整个章节写了 iPhone 以及政府支持的机构和计划是如何为其各个关键技术做出贡献的。在有些圈子中，这是本有争议的书，批评者认为它往政府身上加的功劳太多了，给企业家的功劳不够。但它的论点是无可争议的——最杰出的科技产品的基础通常由国家铺就，因为它们需要巨大的资金，只有这样规模的机构才能提供这种资金。你会在本书中发现很多这样的例子，无论是为舰队无线通信系统投入资金的英国海军，还是培育了从网络到触摸屏这些技术创新的欧洲核子研究中心，或是投资了人工智能助手的美国国防部高级研究计划局，都是如此。

同样不可缺少的是马克·莱姆利的《独立发明家的神话》，这是在 2012 年的《密歇根法律评论》中发表的一篇论文。莱姆利是一位受人敬重的专利律师，他提出的观点是，发明都是人们协同之下同步产生的，各种灵感四处传播是本书的中心概念。这样一部有影响力的设备，其功劳不能归到某一个发明者的头上，也没人能当得起这种功劳。在书中的“拆卸”部分，我前往了加利福尼亚州圣路易斯·奥比斯波，那里的 iFixit 总部过去是个旧车经销商店，现在已经重新装修。除开在安德鲁·戈德堡指导下进行拆解之外，我还采访了 iFixit 的首席执行官凯尔·韦恩斯和其他几个成员。

智能手机

为了探索智能手机的概念以及融合技术的根源，我与一些科技史学家、行内老手和科幻专家进行了交谈，其中包括帕洛阿尔托计算机历史博物馆馆长克里斯·加西亚，Paleofuture 博客的博主马克·诺瓦克以及马凯特大学专门研究科幻小说的文学教授格里·卡纳万。曾经担任苹果多媒体实验室的首席执行官克里斯蒂娜·伍尔西和苹果公司的前执行制片人法布里斯·弗洛林提供了背景资料。

赫伯特·卡森的《电话史》出版于 1910 年，可在 iBooks 上免费阅读。这本书观察了电话领域，令人着迷，其观察角度就和 iPhone 流行 10 多年后，今天我们看待它时的角度一样。卡洛琳·马文的《当旧科技变新》则提供了关于电子时代黎明的背景故事。艾格的《持续触控》则是对移动科技的进化历程的参考。阿尔伯特·罗比达的《20 世纪》则是一本预示了未来的书，能让我们猜测视听科技在未来会变成什么样，其他信息来源包括：万尼瓦尔·布什的《我们可能会这样想》，它设想了一个人类知识被增强，记忆得到扩展的未来；J·C·R 里克莱德的《人机共生》用一种奇特的方式，在一定程度上预测到了 iPhone 的出现；诺伯特·魏纳的概述了计算机控制系统影响生活的方式的《控制论》；阿伦·凯和阿黛尔·戈德伯格的《个人动态媒体》，这本书勾勒了对个人计算技术的展望，设立了一个长期适用的标准。

本章的核心是弗兰克·卡诺瓦。他十分热心，能为我演示原始版本的“西蒙”，我在他位于圣克拉拉的办公室里采访了他。

手机里的矿物元素

我采访塞罗里科是通过一个当地的矿山旅游公司进行的，该公司在我进行个人考察的时候接待了我和我的向导。我们与在矿山上遇到的矿工和一位当地机构的老板交谈过，我采访了像伊弗兰·马内内这种曾经在矿上打过工的人。他和其他人跟我确认，塞罗里科的矿石被送到了位于苹果清单上的冶炼厂里。ITRI 这个最优秀的工业交易组织则确认，锡从波多西一路流向了苹果的冶炼厂。

《华盛顿邮报》《卫报》以及英国广播公司等许多组织对为科技行业提供原料的采矿活动进行了调查，他们这些宝贵的工作为本章提供了信息。英国广播公司《未来》栏目的记者蒂姆·摩根提供了关于包头稀土提炼场的重要看法。我的前同事维斯·恩津纳为 VICE 杂志撰写的《无人陪伴的矿工》一文讲述的是玻利维亚肆虐的童工采矿现象，这也是新闻报道方面宝贵的信息来源。美国国家公共电台的《数千名儿童在玻利维亚矿厂内工作，最小者仅有 6 岁》新闻片段，则确认了工作者的年龄数据。

经营“911 冶金学家”这一采矿咨询公司的冶金学家戴维·米肖设法粉碎了我的 iPhone 6，并找化学家对其做了分析，准备了一份结果报告。我们在出版此书时，也会发布这些研究结果。我们也采访了米肖，询问他对结果的看法。计算是他做的，并且有参考现有的采矿作业数据。这些数据可以被看作行业标准，而非来自苹果采集了矿石的矿山，这些矿山大部分都未被公开。他还指出，“20.5 克氰化物的数字取决于黄金的来源。这是一个平均数。具体从 5 到 60 克不等”。关于采矿和污染的数据、信息来自美国环保局、世界银行和联合国儿童基金会。记者伊丽莎白·沃克的《智能手机：行业解剖》概述了技术所需的原材料的情况。杰克·怀特福德的著作《印第安给予者：美洲的印第安人如何改变世界》一书，则提供了关于波托西及其土著的历史背景。

防刮擦

伊萨克松的《史蒂夫·乔布斯》一书中提到了康宁如何成为 iPhone 玻璃制造商的故事，弗雷德·沃格尔斯坦的《移动风暴：苹果与谷歌的科技之战》一书详细地讲述了这方面的故事，布莱恩·加德纳为《连线》杂志撰写的优秀封面故事《玻璃故事》则进一步为之增添了细节。加德纳十分热心，他答应了我的电话采访，并提供了进一步的细节。康宁肯塔基州工厂工人的话来自美国国家公共电台 2012 年名为《肯塔基州小城在乡下农田中制造高科技玻璃》的报道。更多信息来自丹尼尔·格罗斯和戴维斯·戴尔的《康宁一代》。此书对该公司的历史进行了介绍，其中包括“肌肉计划”以及微晶玻璃的细节。最后，康宁公司对玻璃制品普及的世界的愿景在其虚拟设计作品《玻璃构成的一天》中做了详细阐述，这是一段在 2012 年发布的视频。

多点触控

要想介绍触控科技的历史，可以专门写上一本书，也应该专门写一本。我采访了比尔·巴克斯顿，他在 1984 年于多伦多大学发表了一篇论文，是第一个使用了这个术语的人。他关于触控科技的概述《我所了解并热爱的多点触控系统》是关于这个主题的最棒的资源之一。我还查了 E·A·约翰逊的第一个触摸屏的专利，早期的欧洲核子研究组织黄皮书以及苹果和

FingerWorks 的专利。我去了欧洲核子研究组织，并采访了本特·斯顿普和大卫·马祖尔以及该集团的其他一些在职员工。斯顿普向我展示了他最早制作的触摸屏原型之一，他说这一原型具有多点触控功能。

我探究了合成器先驱的早期工作，并听了很多由克拉拉·罗克莫尔和谢尔盖·拉赫玛尼诺夫表演的特雷门琴和钢琴二重奏。由詹姆斯·C·沃西撰写的威廉·诺里斯传记《特立独行者的肖像》，提供了有关 CDC 和诺里斯数十年来倡导触摸技术的详细信息。

为了搞清楚韦斯特曼故事的中心——苹果不会让他接受采访——我采访了他的姐姐艾伦·赫勒，她是韦斯特曼唯一一个活着的核心家庭成员。韦恩 1999 年关于多指手势的文笔生动的论文是本章必不可少的信息来源，令人惊讶的是，它读起来十分有趣。我钻研了他母校的报纸，以及《纽约时报》和《新闻报》在早期对他进行的采访，本章中引用的那些韦斯特曼说的话，都来自这些采访。杰夫·怀特曾是 FingerWorks 的首席执行官，他接受了一个科技网站的采访，这章引用的他的话都来自这一采访。

虽然下面说的这种装置不是触摸屏装置，不过在此也值得一提。蒂姆·伯纳斯—李使用一台 NeXT Cube 计算机创造了万维网——这是创始人乔布斯被苹果公司逼走后，由他创立的新公司制造的计算机。

锂离子电池

SQM 组织了一场旅行，让人参观他们在阿塔卡玛的设施，并允许我们留在现场，所以我们才能参观采集锂的萨拉尔·德·阿塔卡玛和萨拉尔·德·卡门，后者是对锂进行提纯，并使其做好运输准备的地方。蒸发池主管恩里克·佩纳接受了采访，更多的细节来自克劳迪奥·乌里韦。大卫·米肖提供了具体情况。有关锂销售量的数据由 SQM 提供。我也去了位于玻利维亚附近，世界上最大的锂离子矿萨拉尔·德·乌尤尼，但当地的开采活动还没有那么发达，我的这些冒险经历得等到讲述下个故事的时候再说了。

为了解锂离子电池的历史背景，我采访了斯坦·惠廷汉姆和约翰·古德纳夫，他们是锂离子电池技术的两位教父。史蒂夫·列维恩的《动力源泉》一书很好地讲述了现代电池的历史，前几章的信息在这一主题方面更是给予了我很多启示。《新科学家》中关于“未知领域”组织探索玻利维亚的《锂梦想》一文则是另一个宝贵的资料来源。

成像稳定

当我在寻找 iPhone 摄影师时，我希望找到的是一个因为该设备提供的机会，而在职业生涯早期声名鹊起的人，而且他的照片应该能独特地体现出新的拍摄风格。大卫·卢拉斯基是完美的人选。采访布雷特·比尔布雷（通过电话和电子邮件）和大岛博士（通过电子邮件）帮助我了解了相机技术的进步，这种进步促成了现代智能手机相机的出现。本章中另外的一些话则来自某人对大岛博士过去所做的一次采访，这一采访记录被保存在日本专利局。《60 分钟》节目就苹果相机工厂做的一个专题报道则提供了该公司目前在相机方面的数据。

感应运动

本章一开始，我参观了巴黎工艺美术博物馆。除了拥有著名的钟摆之外，著名的雅卡尔织布机、帕斯卡尔的计算器和其他早期计算机的祖先也被摆放在这里。希德·哈尔扎向外行人士（也就是我）解释了 MEMS 技术，而布莱恩·胡皮则在这里解释了苹果公司是如何开发传感器的，布莱特·比尔伯里为传感器研发的概况提供了更多信息。《经济学人》作者格伦·弗莱施曼关于 GPS 的文章很有参考价值。在加速计方面，帕特里克·L·沃尔特在《声音与振动》中发表的《加速计的历史》中提供了和阿尔曼·阿明的运动协处理器的帖子完全相同的观点，在红迪网的 r/Apple 版面能找到这个帖子。

强大的 ARM 处理器

没有办法将计算机或计算机处理器的整个历史压缩成一个章节，所以请将这一章看作两大最重要事件的精彩回放：晶体管的诞生和摩尔定律的建立。耐人寻味的是，晶体管的问世敲开了手机的大门，在贝尔实验室发现前者后，后者便几乎立刻被创造了出来。詹姆斯·格雷茨克的《信息》一书提供了历史框架，沃尔克·伊萨克松的《创新者》则介绍了晶体管兴起的历史背景。

为阿波罗进行导航的计算机有 4100 个或非门，每个具有三个晶体管，总共有 12300 个晶体管。据前任 IBM 微处理器执行官保罗·勒达克介绍，这意味着截至 2015 年，iPhone 6 的晶体管数目比阿波罗系统的数量高出 13 万倍。半导体博物馆的网站描述了单晶体管助听器。

我在阿伦·凯位于布伦特伍德的家中采访了他，他建议我读一读尼尔·波兹曼的《娱乐至死》，我照做了，我也建议你读读。这是对我们被娱乐所扰乱的文化的深刻批判，相比以往，这一问题现在更贴近实际。不过我离题了。我在 FaceTime 上采访了索菲·威尔逊，她慷慨地允许我占用她大量的时间来深入探究 ARM 的早期起源，这次采访的时间比我期待的要长很多。

Anandtech 的瑞恩·史密斯向我介绍了了解苹果芯片开发流程所需的关键背景，对业界分析师霍雷斯·德迪尤的采访则从行内人的角度，深入地探究了应用程序经济的兴起。大卫·埃德加敦和亚当·罗斯斯泰因则提供了电子邮件通信方面的历史背景，指出“应用程序经济”只是对由来已久的服务起了个新名字而已。我通过电话采访了约尔·康姆，以获得早期应用程序成功的例子。

iPhone 团队的前苹果员工——亨利·拉米洛克斯、尼丁·甘纳特拉以及其中最主要的安迪·格里尼翁——向我们提供了关于应用商店为何被否决，然后又为何被推出的理由和具体采用的方式。与穆图里·金亚姆、埃里克·赫尔斯曼、内尔逊·夸梅、埃拉诺·马尚以及其他人的访谈，帮助我了解了移动应用程序是如何塑造肯尼亚的科技产业和创业圈的。

从噪声到信号

乔恩·艾格让我上了一节关于无线网络历史的速成课。在网上可免费查到 ALOHAnet 项目的核心文件，并能让人们窥探一眼 Wi-Fi 的诞生。飞利浦的克里斯多佛·赫尔齐格对蓬勃发展的分布式网络提供了深入的见解，并将 SmartPole 赞誉为未来的方向，不过本书没有足够的篇幅详细介绍这些。2012 年，ProPublica 和美国公共广播公司做了一个很好的系列报道，报道的是维护塔楼所导致的人员伤亡。Wireless Estimator 网站会跟踪报道因维护塔楼而出现的死亡事件，并对其进行更新。智能手机所有者的数据来自 2016 年的一份 Comscore 报告。

嘿，Siri

关于 Siri 这章的核心内容是对苹果公司的 Siri 高级研发主管汤姆·格鲁伯所做的长时间访谈。人工智能显然是一个复杂的话题。我试图通过 Siri 可以做到的事情，或者尝试做到的事情，来介绍这一主题。任何关于 AI 的书籍阅读列表中，第一站都会是阿兰·图灵的经典作品《计算机器与智能》。额外的一些研究涉及 Hearsay II 论文。查尔斯・巴贝奇学院的《口述历史合集》是很好的资源，与拉吉・雷迪进行的采访也一样，这次采访让我们了解了第一批人工智能先驱之一令人着迷的生活经历。从雷迪出版的谈话作品中，我也有所收获。

关于 Siri 的数字和它收到的请求数量由苹果发布，并未被其他独立来源证实。

安全飞地

任何人想要在网络安全防范课程方面上一场速成课的话，那 Def Con 绝对是个好地方。我在拉斯维加斯待过一段时间，和黑客混在一起，采访了早期的 iPhone 越狱者和分析师。我也参加了黑帽大会，我在那儿听到了苹果安全总监伊万・科尔斯蒂奇关于“安全飞地”的讲话，他的一席话甚至让我周围的网络安全记者都感到困惑。专业知识和背景资料来自对安全专家丹・圭多、苹果开发团队的越狱者大卫・王（推特 ID 为 planetbeing）和为 PhishMe 工作的罗尼・托卡佐夫斯基的采访。苹果已经发布了“安全飞地”的工作原理，描述相当详细，但很少有人能够具体了解它实现的方式。一些背景资料来自大卫・库什纳在《纽约客》杂志上发表的对乔治・霍尔兹的概述，此人又称“Geohot”。在阿莱克斯・希茨的文章《苹果欠越狱团队一个道歉》中，列举了 Cydia 对 iOS 的一系列影响。

加利福尼亚设计，中国制造

有关中国电子工厂劳动条件的报道很多，其中最重要的是《纽约时报》获得了普利策奖的系列作品，由查尔斯・杜希格、基思・布拉德谢尔以及大卫・巴尔博萨撰写。“中国劳工观察组织”是一个非常宝贵的消息来源。

我在 2016 年夏天与一位翻译一起采访了李旺。“未知领域”的利亚姆·杨在我出发前和我见过一次，提供了关于中国的供给链以及工作条件的背景资料。

我的向导和翻译王阳——我们选择使用假名来保护她的身份——给我们提供了巨大的帮助，让工厂工人愿意接受采访。在几次访问过程中，我们和十来个人进行了谈话，她居功至伟。我们参观了富士康的龙华、观澜工厂和上海的和硕工厂，以及芯片制造商台湾积体电路制造股份有限公司等供应商工厂。在富士康的员工中，徐先生、赵先生以及他们的朋友最为坦率，但很多工厂工人也愿意在门外，在午餐时间的面馆，以及在当地的市场中与我们谈话。通过这些采访，再加上对上述信息来源的研究，我有信心能看到中国电子工厂真实的发展状况。

美国广播公司的《夜线》节目记录了生产一部手机所需的步骤数——不过时间是在 2012 年，而时至今日，步骤的数量很可能会多很多，因为这些设备只会变得越来越复杂。深圳各大新闻将自杀浪潮的受害者许立志的诗歌收集并刊登了出来，其中就包括《一颗螺丝掉在地上》。

大卫·霍恩塞尔的《从美国系统到大规模生产，1800—1932 年》一书对福特在流水线上的创新做了详细介绍。斯蒂芬·萨斯的材料科学史《文明的物质》一书认为大规模生产在数千年前便出现了。

“神”机

要理解苹果为什么如此受欢迎，要理解它为什么如此擅长创造奇迹，你必须去看一场苹果的发布会。苹果的发布会像是给产品开的摇滚音乐会，他们会以某种方式让你的血液沸腾，就算你完全明白，你在观看一场经过精心编排的专题广告，但你的感觉还是如此。大卫·奈是《崇敬美国技术》的作者，他帮助我弄清了这种现象，除开莱特兄弟的例子外，他还举了爱迪生和胡佛大坝的例子。

《大西洋月刊》的阿德里恩·拉弗朗斯多年来一直在编辑该刊的科技版面，她为尼曼新闻实验室撰写了文章，写到了报道受科技保密限制的难处。我们在电话采访时询问了这个现象。iPhoneLife 杂志的主编们参加了一次电话采访，在此期间，我尝试了解每天撰写与 iPhone 相关的文章，以此来维持生计，究竟是怎么样的一种体验。在电话采访中，科里·莫尔详细介绍了在苹果公司成立工会是什么感觉。马克·斯普诺尔是科技新闻方面的编辑，也跟了很久的苹果发布会，他提供了背景资料。我采访了几十个苹果商店员工，但都是隐秘地进行的，所以我并没把他们说的任何话放到本书中——苹果的零售代表不允许与媒体说话。我也采访了在 iPhone 7 发布当天排队等待的十来个顾客。

至于蒂姆·库克的电子邮件事件，一位苹果公关代表确认，蒂姆已经打开了我的电子邮件并转发了它。她说他读过了我的邮件。Streak 的代表告诉我，他们的技术可以“非常准确地”确定一个人用来打开电子邮件的设备。当然了，也还有其他的解释——公关代表没有获得正确的信息，库克正在使用外包他流量的 VPN，或者他的电子邮件被外包了，外包公司使用的是 Windows 系统。

黑　市

在 2016 年夏天，我去 iPhone 黑市的时候，能证实的事情很少——没人会和记者说话，不过它的规模否定了它是“秘密经营”的说法。不过，亚当·敏特尔是我为了本章访问的电子垃圾和二手市场的专家，他几个月后又回到了同一地点。以“巴塞尔行动网络”研究为主导，人们对贵屿令人担忧的情况做出了许多不错的报道。《60 分钟》的一个片段追踪报道了 2008 年美国的废弃物流向贵屿的情况。对废弃物排放量的数据估计来自联合国大学。

Part 1~Part 4

本书前两个关于苹果的部分，Part 1 和 Part 2，主要基于与团队的访谈，该团队负责打造形成 iPhone 基石的互动范式——用户界面、多点触控软件、早期硬件。除了原始 iPhone 团队的其他成员之外，我还采访了巴斯・奥丁、伊姆兰・乔德里、布莱恩・胡皮、约书亚・斯特里克顿和格雷格・克里斯蒂。关于乔尼・艾维的更多细节和他所说的话，来自沃尔特・艾萨克森的《史蒂夫・乔布斯》、利安德・卡尼的《乔尼・艾维》以及布雷特・施兰德的《成为史蒂夫・乔布斯》。在由沃尔特・莫斯伯格和卡拉・斯威舍尔每年举办的“D: 数字化一切”会议的问答环节，乔布斯“记错”了 iPhone 触摸屏的起源。

在 Part 3 和 Part 4 章节中，大多数消息的来源都是对原 iPhone 团队成员和匿名的苹果员工所进行的采访，以前的研究和报道，以及从法庭或依靠《信息自由法案》获得的文件。在接受留下记录的采访的苹果工作人员中，有巴斯・奥丁、伊姆兰・乔德里、理查德・威廉姆森、托尼・法德尔、亨利・拉米洛克斯、格雷格・克里斯蒂、尼丁・甘纳特拉、安迪・格里尼翁、大卫・塔普曼、埃文・多尔、阿比盖尔・布洛迪、布莱恩・胡皮、约书亚・斯特里克顿和汤姆・格鲁伯。

本书引用了 2012 年苹果和三星专利纠纷案的审判内容，当时菲尔・席勒和斯科特・福斯特尔出庭做证。以下这些书籍提供了非常有用的背景资料、细节和研究成果：弗雷德・沃格尔斯坦的《移动风暴：苹果与谷歌的科技之战》、沃尔特・艾萨克森的《史蒂夫・乔布斯》、布雷特・施兰德的《成为史蒂夫・乔布斯》、亚当・拉辛斯基的《苹果内幕》和利安德・卡尼的《乔尼・艾维》。本章引用的乔尼・艾维、史蒂夫・乔布斯、麦克・贝尔和道格·萨茨格的话都来自这些书中信息。约翰·马可夫的《纽约时报》报道和史蒂文·列维的书《完美之事》及其在《新闻周刊》的作品都是参考对象。

本书引用的销售数据都由苹果提供，除非另有说明。

致 谢

这本书的一个关键主题是，如果没有深入的合作和持续的集体努力，就很难有进步，对于撰写本书而言，这话非常正确。如果没有家人、朋友、同事支持，甚至说，如果有时候没有陌生人的支持的话，这本书根本就写不出来。缺少了他们中的任何一个，这本讲述这一设备诞生之路的书就压根儿不会诞生。在某种程度上，我们都是这本书的作者。

首先，我要感谢我的妻子，不可思议地支持着我的科罗娜。她不仅做出了巨大的牺牲，以确保我可以疯狂赶工完成此书，而且与此同时，对本书而言，她也是一位很棒的评论家、编辑，是一个很好的灵感来源。她在考虑我下一步该写什么的时候，往往比我想的更好。她也可能是唯一一个比我更不愿意听到“iPhone”这个词的人了，我怎么感谢她都不够。我也想感谢我一岁的儿子阿尔德斯，要感谢他一直没闹出什么事。知道他有一天会读到这本书，或者至少会用下一个像 iPhone 这样独一无二的设备将本书的内容数据植入到他的颅骨里，这使得我愿意精益求精，将本书写得更好。

感谢埃里克·卢普佛，他当然是我见过的最好的经纪人，而且还是一位技艺精湛的编辑和思想家。没有他，这本书就不会存在。也要感谢我的编辑迈克尔·塞泽斑，他周全的考虑帮助我将这一大堆内容压缩到合理的大小，成为一本书。当我告诉他，第一稿将有 20 万字时，他只是大骂了一声而已。我还要感谢利特尔·布朗公司的整个团队——本·艾伦、尼基·格雷罗、伊丽莎白·加里加、我具有科学眼光的文字编辑特雷西·罗和其他所有人。我应该补充说一句，这个团队一直非常出色。

致 谢

非常感谢我在《主板》的朋友和同事，没有他们的专业技能、协助和人脉的话，这本书的绝大部分都写不出来。杰森·科佩勒帮我帮得太热情了，以至于有次我不得不告诉他，别帮我了，他用假期和我去了智利和玻利维亚，担任翻译和向导，并安排我们访问塞罗·里科，除此之外，他的见解、想法和对技术的介绍都是非常宝贵的资源。世上最好的网络安全记者之一的洛伦佐·弗朗切斯基－比凯莱长期观察大型计算机，有足够的专业知识、专业技能供我使用，而且还把 Def Con 的床给了我。他黑入了我的电脑，仔细地查看了关于安全的这一章，要说有啥问题的话，那就是他偷了我的密码，还改了它。感谢尼古拉斯·德莱伦，他介绍了他在苹果的联系人，也和我分享了关于电子产品界消费者的深刻见解，并且使我能够进入苹果主办的活动，且找到机会和苹果的公关人员愉快地对话。我希望自这以后，这些苹果的人还会愿意搭理你！

我要感谢王阳，我在中国的翻译和向导。她的进取心和热情使得我们能更进一步。我也要感谢埃拉诺·马尚，在内罗毕的科技圈里，他是一位大方而知识渊博的向导。

还要感谢克莱尔·埃文斯和基思·瓦格斯塔夫，他们对初稿章节和终稿的仔细阅读都为本书提供了深刻的见解和灵感。也要感谢阿莱克斯·帕斯捷尔纳克和迈克尔·拜恩，他们对科学、技术和地缘政治的了解使他们成为不可或缺的非正式“事实检查员”。约纳·贝克托尔特也一样，他有着百科全书般的苹果知识，对该行业有着独到的见解，也希望在发售日当天搞到一部 iPhone 7。他帮助我更好地了解了 Appledom。

感谢我的父母汤姆和沙朗，他们帮着照看孩子，给予我鼓励，继续为成年的我提供最棒的支持，我也要感谢我的兄弟艾德。感谢我的岳父岳母提姆·劳格林和特蕾莎·劳格林，每次在我盯着最后期限赶工时，他们都为我提供了巨大的支持。也要感谢我了不起的祖父母琼和艾尔，他们十分善良，让我在硅谷时借用他们位于帕洛阿尔托的家来当作根据地。朱莉·卡特和齐普·莫尔兰，感谢你们的沙发、潜水酒吧和饺子。感谢迈克·珀尔，因为我差点把你的 iPhone 给拆了。感谢布赖恩·帕里斯谈论商店，也感谢科伦·沙德米在早期艺术方面的贡献。感谢尼克·卢瑟福和杰德·卡塔 - 普雷塔，感谢你们当我在纽约时待在我的身旁，支持我，还给我提供了住所。感谢阿莱克西斯·马德里加尔和杰夫·马诺格阅读了书稿，感谢蒂姆·摩根、罗宾·斯隆和利亚姆·杨分享笔记和对 iPhone 的讨论。

感谢 iFixit 的全体员工，尤其是凯尔·韦恩斯和安德鲁·戈德堡，他们帮助我开始了这趟旅程，并提供了必要的资源。感谢亚当·敏特尔，我偶然之间让他成为我在 iPhone 废弃物方面的导师。感谢约尼·海斯勒，他友善地分享了那些自己从联邦公共访问法院电子档案里搜出来的文件。感谢弗雷德·沃格尔斯坦，他分享了自己对苹果的报道，内容太棒了。感谢布莱恩·加德纳，因为他和我谈论了大猩猩玻璃。感谢阿什利·万斯，他批评了我，也鼓励了我，他不需要这样做的——最终，他催着我写出了一本比最初更为优秀的书。

也感谢埃里克·尼尔森，是他帮我开始的。

最后，我要感谢很多采访对象，尤其是那些冒着丢掉工作或身份地位的人，在他们的帮助下，我讲述了关于 iPhone 的更加真实的故事。也要感谢那些为了让 iPhone 焕发生机，而要做单调、危险而又无人赏识的工作的人。